仿制药企
兴衰启示录

Rise and Fall of Generic Companies

魏利军　王海盛◎编写

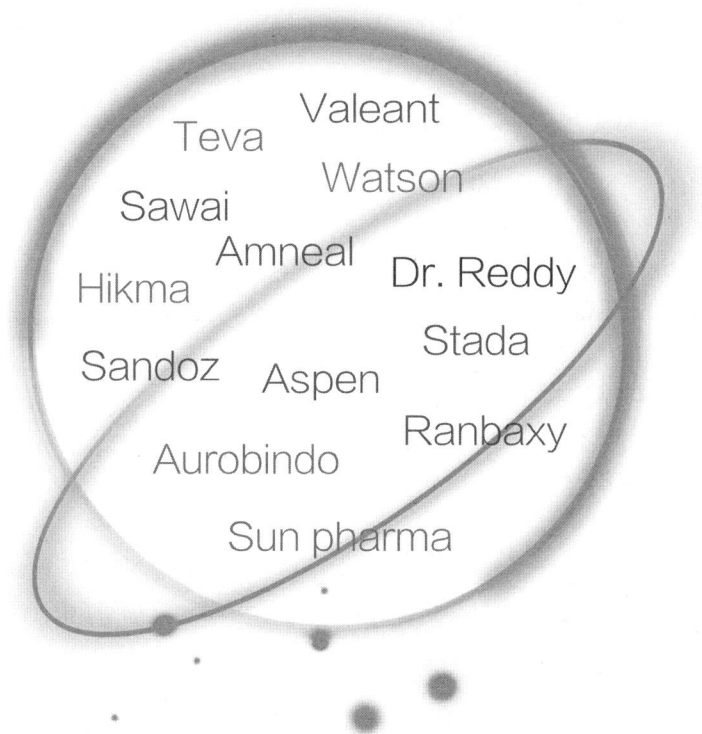

Valeant

Teva

Watson

Sawai

Amneal

Hikma

Dr. Reddy

Sandoz

Stada

Aspen

Aurobindo

Ranbaxy

Sun pharma

中国健康传媒集团
中国医药科技出版社

内 容 提 要

　　本书共 22 个章节，分为 3 大部分。第一部分（1~5 章）重点讲述了仿制药的历史意义、国际仿制药市场的概况，旨在帮助读者厘清仿制药行业运行的逻辑与发展趋势。第二部分（6~20 章）介绍了 15 家仿制药巨擘的成长经历，它们来自不同的国家，起源于不同的时代背景、迥异的发展模式和生存状态，归纳了它们应时代和环境而变的风险评估、战略布局和产品线规划经验，望广大读者能够取长补短、汲取精华、择善而从。第三部分（21~22 章），简述了我国仿制药企业的生存环境，并结合跨国仿制药企业的案例和作者自身的专业特点，为我国仿制药企业战略转型、产品线设计和出海布局提出了思考与建议。

图书在版编目（CIP）数据

　　仿制药企兴衰启示录 / 魏利军，王海盛编写. — 北京：中国医药科技出版社，2023.3

　　ISBN 978-7-5214-3775-1

　　Ⅰ. ①仿⋯　Ⅱ. ①魏⋯ ②王⋯　Ⅲ. ①制药工业—产业发展—研究—中国　Ⅳ. ① F426.7

　　中国国家版本馆 CIP 数据核字（2023）第 036253 号

责任编辑　吴思思　王　梓　高雨濛　曹化雨　张　睿
美术编辑　陈君杞
版式设计　也　在

出版　**中国健康传媒集团** | 中国医药科技出版社
地址　北京市海淀区文慧园北路甲 22 号
邮编　100082
电话　发行：010-62227427　邮购：010-62236938
网址　www.cmstp.com
规格　710 × 1000mm $\frac{1}{16}$
印张　23
字数　365 千字
版次　2023 年 3 月第 1 版
印次　2023 年 3 月第 1 次印刷
印刷　三河市万龙印装有限公司
经销　全国各地新华书店
书号　ISBN 978-7-5214-3775-1
定价　**98.00 元**

获取新书信息、投稿、为图书纠错，请扫码联系我们。

延边大学医学硕士，副主任药师，云南大理人，北京药眼信息咨询有限公司 CEO，北京元珈生物科技有限公司战略顾问。曾在研发一线担任药物制剂、分析项目负责人和部门负责人。2015 年开始从事产品分析立项、产品线规划布局工作，已先后完成近百个产品的立项，并规划、组建了哈药北京创新制剂研究中心。2017 年以后，在《药学进展》《中国新药杂志》《中国食品药品监管》《科学大观园》《中国医药报》《医药经济报》期刊报纸上发表了数十篇行业研究性文章，参与《2019 年中国药品蓝皮书》的编写，代表著作为《跨国药企成功启示录》。

魏利军

北京大学医学部博士，教授级高级工程师，中欧国际工商学院 EMBA，思合基因（SicaGene Bioscience）创始人兼 CEO。思合基因以利用生物硬科技解决未满足临床需求为目标，致力建设寡核酸新药研发技术平台，为难治型疾病提供新型治疗药物，解除患者痛苦。在医药工业界工作超过 15 年，曾任哈药集团研发副总裁，Bioduro、BeiGene 和扬子江药业高管，负责药物研发工作，主持和参与数十项新药的研发，对企业的新药研发战略、产品规划和团队管理有丰富的实战经验。

王海盛

仿制药具有与原研药品相同活性成分、剂型、规格、适应证、给药途径和用法用量的药品，又称"通用名药"（Generic drug）或非专利药，指已失去相关专利保护、其他药品生产商可注册生产的药品。这个概念大约形成于 1951 年。在此之前，药物市场的竞争主要依靠品牌：拜尔公司的阿司匹林，默克公司的阿司匹林，德国、英国、法国和苏联等各国都有药企生产、销售阿司匹林，也没有相关法规要求药企生产的阿司匹林应该是什么样、达到什么样的质量标准。1951 年的《Durham–Humphrey Amendment 修正案》提出了处方药和非处方药的概念，并要求处方药必须写明具体的品牌和具体生产商的通用名药。20 世纪 60 年代，美国的药物专利申请大规模兴起，药品的市场从品牌竞争转向专利的竞争，真正意义上的专利药和仿制药（通用名药）的竞争也由此开始。1962 年，由沙利度胺引起的"海豹畸形"事件导致了《Kefauver–Harris 修正案》，首次提出上市药物必须"安全、有效"，随后针对 1938~1962 年上市的药物进行了"药效再评价工程"（DESI），第一次有了"简约新药申请"（ANDA）的概念。但是对于通用名药是否可以直接引用专利药提交新药申请（NDA）时的申报数据，美国 FDA 一直没有明确，导致很多仿制药还需要重复动物实验和临床研究，以证明药物的"安全、有效"。由此导致美国的仿制药上市缓慢，至 1983 年，处方药中仿制药的处方量占有率还不到 20%，药物价格居高不下。

直到 1984 年，美国出台了《药品价格竞争和专利补偿法案》，又称《Waxman–Hatch 修正案》，平衡了原研创新药与专利到期后进行仿制药开发上市之间的利益，由此开创了仿制药快速增长的时代。无论是在美国还是欧洲，仿制药的研发和申报自此掀起了一股热潮，药价大幅下降，处方量和销售量增加，普通患者通过使用专利过期的仿制药，负担大幅降低。经过近 40 年的发展，仿制药在各国的处方占有率都大幅度提高；例如，在美国，仿制药的处方量由 1983 年的不足 20% 增长到 2018 年的 90% 以上；在欧洲各国和日本，仿制药的处方量占有率也在 50%~80% 左右。我国是一个以仿制药为主的制药大国，据统计，截至 2016 年仿制药一致性评价工作之前，我国药品批准文号总数高达 18.9 万个，其中 95% 以上为仿制药，而且在 3244 个化学药物品种中，262 个主要品种占据了药品批准文号总量的 70%。

我国制药行业集中度较低，仿制药行业集中率（CR8）占比仅 19%，印度 CR8 占比 52%，美国 CR8 占比 53%，因此我国药企的竞争力不强，存在同质化竞争和低水平重复建设，产能利用率不高的现象，且仿制药疗效与原研药相比有明显差距。2016 年 2 月《国务院办公厅关于开展仿制药质量和疗效一致性评价的意见》发布，对保障药品安全性和有效性，促进医药产业升级和结构调整，增强仿制药的国际竞争能力，都具有十分重要的意义。

由魏利军和王海盛两位年轻学者编著的《仿制药企兴衰启示录》，从国际视角出发，以 15 家全球知名的仿制药企的发展脉络为案例，分析了不同药企在各自的市场机遇中，以产品战略为导向的发展与演变。该书对我国广大仿制药企以史为鉴，加快转型发展，持续保证质量，提升我国制药的国际竞争力提供了典型学习案例，具有较好的启迪作用和借鉴意义。

张伟

2022 年 9 月

自改革开放以来，我国医药工业飞速发展，2021 年的总营业收入达到了 33707.5 亿元，创下了历史新高。长期以来，我国医药工业以生产仿制药为主，4400 多家制药企业中，绝大部分都是仿制药企业，不仅生产的品种重复，产能也严重过剩。尤为堪忧的是，企业生产的仿制药与原研药相比较，药品质量标准大相径庭，几乎都是低质量重复，高门槛、高品质的仿制药却少有企业研发申报。另外，由于特定的历史原因，我国医药市场长期存在"以药养医"和"带金销售"，也助长了我国仿制药企业粗放经营和低水平发展。可以预见，随着《国务院关于改革药品医疗器械审评审批制度的意见》、中共中央办公厅 国务院办公厅《关于深化审评审批制度改革鼓励药品医疗器械创新的意见》《国务院办公厅关于开展仿制药质量和疗效一致性评价的意见》等政策措施的全面落实，以及国家药品带量采购的常态化实施，这种粗放的盈利模式将逐渐地成为历史，仿制药企业在理念、管理、运营和战略上将会发生本质性嬗变。

近年来，国家一直鼓励新药创制，据国家统计局数据显示，2021 年全国规模以上制药企业的研发投入已达 942 亿元，相比十年前几乎翻了 3 倍。这说明，我国的创新环境正在发生天翻地覆的变化。有条件的仿制药生产企业，应落实国家政策，积极转型升级，大力创新发展；对于不适合或无能力布局创新药的传统制药企业，则可以考虑整合重组或转型转行。

我国传统仿制药企业，出路何在？毋庸置疑，只有通过积极开拓海外市场，才能将"过剩"的产能有效地利用。截至 2020 年，我国已经有约 120 家企业的制剂车间通过了欧美 cGMP 认证，但大部分企业的产品出口尚未形成规模。随着医改的不断深入，国家药品带量集采已进入常态化，国内市场的总利润盘正在快速缩小，传统的中小制药企业要充分利用现有优势，积极开拓海外市场才能进一步发展壮大。

综合上述，我国仿制药产业是一个人力密集型的产业，管理也较粗放。但随着医改的不断推进，仿制药企业必须拥有高质量、低价格和可替代性，才能在国内和国外两个市场的竞争中取得主动，不断做大做强。《仿制药企兴衰启示录》一书，从仿制药企业战略规划和产品布局的视角，深入浅出地介绍了国际仿制药市场的形成与演变、发展现状与未来趋势，列举了 15 家国际仿制药巨头随形势而变的战略布局与产品线打造案例，同时还结合我国仿制药行业的现状，对仿制药企业的转型或出海给出了专业的意见和建议，这是一本难得的好书，希望广大医药行业的同道，特别是仿制药企业的读者，能够从中汲取可资借鉴的精华。

2022 年 9 月

我国虽为全球第二大仿制药市场，但产业大而不强，集中度较低，产品低水平重复，高技术门槛、差异化的产品稀缺，产能利用率普遍较低。随着新一轮医改的逐步深入，我国医药市场结束了高速上涨，加之仿制药质量和疗效一致性评价和带量采购的不断推进，仿制药的利润被无限摊薄，一部分企业发展受阻。在激烈的市场环境中，企业如想继续生存和发展，必须做出必要的改变。在本书编写过程中，笔者与多个企业的高管进行了交流和探讨，并结合自身的专业知识和实战经验，希望为广大读者提供参考意见。

我国仿制药企业必须拥有最优的质量和最低的成本，否则只能面临转型、出海或资源整合。然而，每一条路径都充满了挑战，这也就是此前行业里流传"不转型是等死，而盲目转型是找死"的原因。为了帮助广大企业的转型和出海，笔者研究了大量海外制药企业的发展历程以及美国、日本和欧洲的监管法规和市场运作机制，希望广大读者对仿制药行业的发展规律、海外市场的发展状况有宏观的认识，与其说是"书"，不如说是行业研报。

由于国际行业环境的不断变化，大部分仿制药巨头的生存状况并不如人意，部分巨头更是因为一时的战略失误而步入深渊，Teva、Viatris的市值都跌破了净资产，Valeant、Endo则几近破产，而Allergan（Watson）已彻底消失。然而，也有逆风起飞的仿制药企业，如Amneal、Intas、Prasco和Alvogen，这些企业虽诞生于竞争高度激烈的大环境中，但凭借特色的模式和出色的操盘，实现了快速发展壮大。在资源严重过剩的大环境下，大家切勿再"跑马圈地"，而是要强调特色发展。

纵观各跨国巨头的产品战略，可高度概括为"提高议价权"和"降低生产成本"。提高议价权的主要方式是增加高门槛品种在产品线中的比例，强调率先上市的机会，布局专科药、特色小众化品种，细分差异化市场等，而降低生产成本则主要是生产设施升级或向低收入地区转移，供应链整合，控制原料供应，提升人员效率等。新锐 Amneal 之所以能够快速发家，是因为该企业有效结合了印度企业的低人力成本优势和西方企业的高效率特征。

目前，我国人力成本介于印度和发达国家之间，生产设施的现代化程度也介于两者之间，但由于国内资源严重过剩，产能利用率普遍不高，如果行业资源大幅整合，并积极开拓海外市场，生产成本必将随产能利用率的提升而迅速下降，所以我国企业完全有能力与印度巨头拼成本。除了发达市场和成熟市场，我国制药企业应注重寻找"一带一路"的机遇，积极开拓非规范市场和非法规市场，因为全球仍有近 40 亿人口面临缺医少药的问题，这将是仿制药市场未来十年的主要增长点。

本书编写力求言简意赅、通俗易懂，既专业又不乏生动，读者可在读"故事"中思考战略与转型。书中案例各有侧重，每个企业都被定性为一个"典型"，虽然在典型之外内容被一笔带过，但依然有可能为企业的转型或产品布局带来思路。为了更好地反映市场和体现案例，本书引用了大量的数据，这些数据均为公开的数据，包括企业年报、公开的文章、专利，以及政府、协会或数据情报机构（如 IQVIA）发布的市场监测报告。

笔者希望"抛砖引玉"的形式来激发"有志者"的灵感，引导大家更深入地研究，然后结合企业的自身情况，规划出适合自身发展之路。在此，诚挚的感谢张伟、郭云沛两位老师为本书作序，感谢北京兰贝石恒温技术有限公司、北京民康百草医药科技有限公司、昆明龙津药业股份有限公司、上海博志研新药物技术有限公司对本书出版给予的大力支持。

目 录

在撰写《跨国药企成功启示录》和本书的过程中，笔者深刻地意识到，创新药行业拼的是技术、投入和"运气"，为高投入、高风险的行业；非处方药（OTC）和快消品行业拼的是企业对市场的敏感度、业务开拓能力和商业化能力，几乎是一种纯商业的行为，或者叫"生意"；而仿制药行业介于两者之间，拼的是战略战术、操盘能力和产品布局能力。目前，我国仿制药行业正处于调整期，战略战术、操盘能力和产品布局能力将决定企业的成败。而为了练就这些能力，企业必须先了解行业的发展规律、市场的运行逻辑、法律法规和国内外市场发展的状况与特点。

一、现代制药的发展与人类寿命的延长

有史以来，长寿是人类从未改变的美好愿望，从秦始皇寻找仙药到道士炼丹，再到现代医学与生命科学探索，其终极目标都是实现人类长寿。虽然基于现有的科学技术水平，永生还只是一个遥远而缥缈"幻想"，但是高速发展的现代医药技术正在让人类一点点地"改命"（基因编辑意为人为改命）。从提取汤剂到化学合成药物，再到生物制品和基因治疗，人类在一次次现代医药的"技术革命"之中，寿命不断延长，生活质量也不断改善。据国家卫生健康委最新数据，2021 年的中国人均预期寿命已达 78.2 岁（表 1-1），而在 1 个世纪以前，我国人均预期寿命只有三十几岁。即便是美国，在 19 世纪的人均寿命约三十六七岁。

表 1-1 中国预期寿命变化表

年份（年）	1962	1970	1980	1990	2000	2010	2020
出生时的预期寿命（岁）	50.8	56.6	64.4	68.0	71.9	75.6	78.1

数据源自世界银行（World bank）。

因为人类对"长寿和高质量生活"的追求，所以有了医学和制药，虽然人类医药史已有千年，但以往千年的发展不及近 100 年的沉淀。所以故事就从 100 多年前的 19 世纪说起。现代制药业可溯源为提取天然药物和合成化学药物两大方向，提取药物历史较早，在 19 世纪初期就有企业（如德国默克），加工并销售吗啡、奎宁和士的宁等药品，因为当时没有良好的制剂手段，剂型基本都是汤剂或酒剂，稳定性不好，服用也不方便，更不适于长途运输，制药企业只能在一个很小的区域内发展。另外，提取药物也存在很大的局限性，不仅受限于原材料，而且产品类型也仅限于为数不多的几种容易提纯的药物。

19 世纪末 20 世纪初，得益于化学和染料工业的高速发展，德国和瑞士的化工巨头开始用化学方法合成药品，乙酰苯胺、安替比林、阿司匹林、非那西丁、肾上腺素、普鲁卡因、巴比妥等划时代意义的化学成分相继被合成出来，人类疾病的治疗水平有了极大的提高。而几乎在同一时期，现代制剂学研究也取得了巨大突破，让药品的长期保存和长途运输成为可能，到 20 世纪初，人类已经能够批量生产片剂、胶囊剂、丸剂和注射剂等现代化的剂型。随着药物的广泛普及和环境卫生条件的不断提升，美国人均预期寿命在 1900 年上升到 47.3 岁（表 1-2）。

表 1-2 美国预期寿命变化表

年份（年）	1850	1890	1900	1950	1970	1990	2010	2020
出生时的预期寿命（岁）	38.3[*]	42.5[*]	47.3	68.2	70.8	75.4	78.7	77.0

* 数据源自 U.S. Dept. of Commerce，Bureau of the Census，Historical Statistics of the United States，其余数据源自美国疾控中心（CDC）。

以往的新药都是在偶然中发现，而普鲁卡因的成功，意味着天然药物的结构可以被简化或改造，创新药的探索与发现路径又增加了一条，大大加速了行业的发展。随着化学药物技术的突飞猛进，从事提取药物生产的企业逐渐开始转型。20 世纪 20 年代，流水生产线的引入使生产效率大幅提高，使得现代制药迅速普及，美国平均寿命提高至 54 岁。

由于当时的卫生条件低下，感染是导致人类死亡的第一大要因，但此时的人类尚无有效的方法对抗细菌。1928 年，英国医生弗莱明发现了青霉素，增强了人类对抗细菌的信心，但因当时发酵技术的限制而无法批量生产。1932年，拜耳的化学家发现了磺胺的抗菌活性，并以"百浪多息"为商品名推向了市场，在人类对抗感染的过程中迈出了坚实的一步。二战爆发以后，因为没有对抗细菌感染的有效手段，大量的伤员在痛苦中死去，为了实现青霉素的量产，英国牛津大学科学家带着青霉素的资料远赴美国请求帮助，最终在美国政府的扶持下，在 1943 年实现了量产。青霉素的量产是人类抗菌史上的伟大飞跃，同时也为创新药的探索与发现再次增添了一条全新的路径。由于青霉素没有专利，各国在二战后的几年里纷纷实现了量产，市场的蛋糕被迅速瓜分。为了守住既得利益，美国制药巨头们只能花重金开发青霉素的替代品，它们以青霉素的发现过程为鉴，派遣科学家到全球各地采集土壤样本，然后分离出细菌菌株培养研究，在短短几年间相继发现了氨基糖苷类（链霉素，1943）、氯霉素（1947）、四环素类（氯四环素，1948）、大环内酯类（红霉素，1952）、万古霉素（1952）和头孢菌素类（头孢菌素 C，1953）抗菌药。因为抗菌药的快速发展，人类的细菌感染性疾病得以初步解决，美国的人均寿命在 20 世纪 50 年代进一步延长到 68 岁，日本也在 1955 年达到了 65 岁。

抗菌药的迅速发展带来了人类历史上的第一个"创新药黄金时期"，在抗菌药快速发展的同时，人们在 20 世纪四五十年代相继合成了糖皮质激素、苯二氮䓬类镇静催眠药、氢氯噻嗪、氯丙嗪、氮芥衍生物、组胺 H_1 受体拮抗剂等具有划时代意义的药物，据美国 FDA 统计数据，美国在 1940~1960 年共批准了 413 种新分子实体上市，在极大地丰富了人类疾病治疗选择的同时，也让制药业从化工业里被分离出来，成为一个独立的工业类别。

20 世纪 60 年代以后，创新药研发遇到了瓶颈，而且日益严格的药品监管环境让创新药研发变得更加困难，适逢当时多元化风靡全球，大大小小的企业都开始疯狂多元化，创新药的发展热度由此走低，美国 FDA 统计数据显示，在 1960~1980 年间，美国仅批准了 333 个新分子实体上市，不仅数量上无法与此前 1940~1960 年媲美，而且创新质量上也存在明显的差距，除了

β 受体拮抗剂、免疫抑制剂、钙通道阻滞剂、肾上腺素转换酶抑制剂和组胺 H_2 受体拮抗剂是首创外，大部分是迭代升级品或 me-too。

20 世纪 70 年代以后，现代药物筛选技术、基因重组技术和单克隆技术的出现，让药物发现的瓶颈被打破，与此同时，石油危机让化工业衰退，化工巨头们将业务重心转向了制药，于是制药领域又兴起了一波研发热。因为效率高、投入低（约 1 亿~2 亿美元），见表 1–3，20 世纪七八十年代被称为创新药发展的第二个黄金时期。随着审批标准的不断提高，创新药的研发周期长达七八年，这些产品几乎在 20 世纪 80 年代以后才陆续获批上市。根据美国 FDA 的统计数据，在 1980~2000 年，美国共批准了 579 个新分子实体上市，不但数量达到以往历史之最，而且有效解决了人类"三高"（高血糖、高血压和高血脂）的问题，发达国家的人均预期寿命首次延长至 75 岁左右。

表 1–3　创新药研发成本变化表（PhRMA）

年代	20世纪70年代	20世纪90年代	21世纪10年代
平均研发费用	1.8 亿美元	10 亿美元	26 亿美元
平均研发投入	9.3%	14.4%	17.0%

随着治疗水平的不断提升，20 世纪 90 年代以后，创新药研发不再像黄金时代那么高产，研发成本逐年飙升，巨头们为了保证盈利水平，只能不断提升药价。2000 年以后，虽然美国 FDA 批准的新药数量有增无减（在 2000~2020 年共批准了 686 个新分子实体），但是人类的预期寿命并未得到显著延长。一方面是人类的最大死因癌症迟迟未被攻克，20 年的药物研发进展仅能够为患者带来几个月到几十个月的寿命延长；另一方面是人们提倡"精准治疗"和"罕见病治疗"，每年虽有大量的药物获批上市，但只有很少一部分患者受益。

二、高涨的医疗支出与费用控制

如上所述，"长生"是人类的终极诉求，虽然人类目前尚无法实现"永生"，但人类预期寿命已经随现代医学的发展而得以较大幅度延长。*Protecting American's health：FDA business and one hundred years of regulation* 一书中提到："19 世纪初的美国人均寿命只有 37 岁，与几千年前的古埃及人（36 岁）

相当"，而现代医学产生后的一个多世纪里，大部分发达国家的人均寿命已超过了 80 岁，日本更是超过了 85 岁。然而随着人均寿命的增加，带病生存期不断延长，随之而来是治疗需求的倍增。故现代医学让人类不断延长寿命的同时，也大幅增加了医疗开支。另外，创新药研发成本的不断攀升，导致药价的不断上涨，进一步加重了各国的经济负担。近年来，因为经济增速的减缓，大部分发达国家的医疗开支出现了失控的态势。

出生率随经济的发展而下降已是人类社会发展中显而易见的规律，出生率下降必然会导致人口结构的老龄化（表 1-4），而且人均寿命越长，人口老龄化就越严重。由于人类适合劳动的年龄段是有限的，人口老龄化的结果是增加医疗负担，拖累国民经济，使得医疗支出在 GDP（国内生产总值）中的占比不断攀升。日本医药制造协会（JMPA）统计的数据显示，在过去的 50 年里，发达国家医疗支出占 GDP 的比重普遍翻了 2~3 倍，美国在 2020 年的医疗支出占 GDP 的比重高达 19.7%。

表 1-4 我国人口出生率变化表

年份（年）	1952	1962	1970	1980	1990	2000	2010	2020	2022
出生率（‰）	37.0	37.0	33.6	18.2	21.1	14.0	11.9	8.5	6.8

数据来源：国家统计局。

当今，发达国家几乎都面临着不同程度的人口老龄化和经济增长的乏力的问题，而两大问题所导致的共同结果就是政府医疗开支和财政赤字快速增加。为了应对人口老龄化带来的社会负担，富有预见性的国家早在 20 世纪就已经开始了"控费"。由于药品支出是医疗支出的重要组成部分，控制药品支出也顺理成章地成为各国"控费"的重要举措。而在控制药品开支方面，发达国家常用的两种方式为：品牌药价格谈判和促进仿制药普及与替代。因为高效的仿制药替代，2020 年为美国节省的药品开支达 3384 亿美元，而美国同期的总处方药开支仅为 3484 亿美元，也就是说，如果没有仿制药替代，美国的药品开支可能在现有的水平上翻倍。虽然欧洲和日本的仿制药替代水平远不及美国，但由于近年来仿制药替代战略的有效实施，欧洲每年可节省医疗开支高达 1000 亿欧元（2016 年），而日本每年也可节省 1.3 万亿日元（2017 年）。

表 1-5 各国医疗开支占 GDP 的比重变化（%）

年份	澳大利亚	奥地利	比利时	加拿大	丹麦	法国	德国	爱尔兰	意大利	日本	韩国	荷兰	挪威	葡萄牙	西班牙	瑞典	瑞士	英国	美国	中国
1970	/	4.8	3.9	6.4	/	5.2	5.7	4.9	/	4.4	2.6	/	4.0	2.3	3.1	5.4	4.8	4.0	6.2	/
1975	5.8	6.5	5.5	6.5	8.5	6.2	8.0	6.6	/	5.4	2.3	6.2	5.2	4.7	4.2	6.5	6.1	4.9	7.2	/
1980	5.8	7.0	6.2	6.6	8.4	6.8	8.1	7.5	/	6.2	3.4	6.5	5.4	4.8	5.0	7.7	6.4	5.1	8.2	3.1
1985	6.1	6.0	6.9	7.6	7.9	7.7	8.5	6.8	/	6.5	3.3	6.5	5.5	5.4	5.0	7.2	7.3	5.1	9.5	3.1
1990	6.5	7.7	7.1	8.4	8.0	8.0	8.0	5.6	7.0	5.8	3.6	7.0	7.1	5.5	6.1	7.2	7.6	5.1	11.2	4.0
1995	6.9	8.9	7.5	8.6	7.8	9.9	9.5	6.1	6.8	6.3	3.4	7.3	7.3	7.2	7.0	7.2	8.6	5.6	12.5	3.5
2000	7.6	9.2	8.0	8.2	8.1	9.6	9.9	5.9	7.6	7.2	3.9	7.7	7.7	8.6	6.8	7.3	9.1	7.2	12.5	4.6
2005	8.0	9.6	9.3	9.0	9.1	10.2	10.3	7.6	8.3	7.8	4.6	9.1	8.3	9.7	7.7	8.2	10.0	8.4	14.6	4.6
2010	8.4	10.2	10.2	10.7	10.3	11.2	11.1	10.5	8.9	9.2	5.9	10.2	8.9	10.0	9.1	8.3	9.9	9.8	16.3	4.8
2011	8.5	10.0	10.4	10.4	10.2	11.2	10.8	10.7	8.8	10.6	6.0	10.2	8.8	9.7	9.2	10.4	10.0	9.8	16.2	5.0
2012	8.7	10.2	10.5	10.5	10.2	11.3	10.9	10.7	8.8	10.8	6.1	10.5	8.8	9.7	9.2	10.7	10.2	9.9	16.2	5.2
2013	8.8	10.3	10.6	10.4	10.2	11.4	11.0	10.3	8.8	10.8	6.2	10.6	8.9	9.4	9.1	10.9	10.5	10.0	16.1	5.3
2014	9.0	10.4	10.6	10.2	10.2	11.5	11.0	9.5	8.9	10.8	6.5	10.6	9.3	9.3	9.1	10.9	10.6	10.0	16.3	5.5
2015	9.3	10.4	10.4	10.7	10.2	11.4	11.2	7.3	8.9	10.9	6.7	10.3	10.1	9.3	9.1	10.8	11.0	9.9	16.5	5.9
2016	9.2	10.4	10.4	11.0	10.1	11.5	11.2	7.4	8.7	10.8	6.9	10.3	10.6	9.4	9.0	10.9	11.3	9.9	16.8	6.2
2017	9.3	10.4	10.8	10.8	10.0	11.3	11.3	7.1	8.7	10.8	7.1	10.1	10.3	9.3	9.0	10.8	11.5	9.8	16.8	6.3
2018	9.2	10.3	10.8	10.8	10.1	11.2	11.5	6.9	8.7	10.9	7.5	10.0	10.0	9.4	9.0	10.9	11.2	9.9	16.7	6.4
2019	9.4	10.4	10.7	10.8	10.0	11.1	11.7	6.7	8.7	11.0	8.2	10.2	10.5	9.5	9.1	10.9	11.3	10.2	16.8	6.7
2020	10.2	11.5	11.1	13.7	10.5	12.2	12.8	7.1	9.6	/	8.4	11.1	10.5	10.6	10.7	11.4	11.8	12.8	19.7	7.1

注：数据来自日本医药工业协会、欧盟官方，日本尚未公布 2020 年数据。

三、仿制药的概念与现实意义

仿制药与原研药相对应，泛指"模仿"上市产品而开发的产品，或上市产品的复制品。因为是"模仿"或"复制"，仿制药是依附品牌药的存在，只有品牌药专利到期后，它才会出现。在不同的国家，仿制药的定义也不相同。美国仿制药没有法定的概念，美国 FDA 所采纳的"generic drug"定义是剂型、规格、给药途径、质量、疗效特征和预期用途与参照药品（reference drug）一致的药品，"generic"一词源于拉丁语"genus"，意为通用的，既为"通用"，就不应被授予商品名加以区分。但事实上，美国一部分仿制药仍具有商品名，其中大部分是《Waxman– Hatch 修正案》实施前批准的产品，还有一小部分是复杂制剂，如 Mylan 的 Wixela Inhub（氟替卡松 / 沙美特罗吸入剂）、UCB 的 Parcopa（左旋多巴 / 卡比多巴口崩片）。在日本，仿制药被称为"後発医薬品"或"ジェネリック医薬品"，"後発医薬品"也只是相对"先発医薬品"而言的，也没有法定概念，PMDA 所采纳的定义为"先発医薬品"（新药）专利到期以后开发上市的，主活性成分量与"先発医薬品"相同，且给药途径、安全有效性和用法用量也一致的药品。在英国和德国，仿制药甚至没有确切的概念，仅是在注册上进行区分，主活性成分相同（API）、非活性成分（辅料）相似的产品就被视为仿制药。然而，仿制药在一部分国家也有法定的概念，法国的法定概念为与原研药成分和剂型相同且生物等效的产品，意大利法律则限定为不受专利（含延长期）保护且与原研有相同的活性成分、相同的剂型和适应症、生物等效的药品。事实上，这些概念都几乎是在八九十年代才提出的，并没有完全地兼顾历史。

尽管当今的监管机构普遍接受使用生物等效性数据来佐证仿制药与品牌药的疗效一致性，但仿制药在生物等效性理论成熟以前的 20 世纪 20 年代就已经出现。在美国《Waxman– Hatch 修正案》实施以前，仿制药也需要开展全面的安全有效性研究，1962 年以前，美国 FDA 批准的仿制药仅是基于安全性的考虑，为此在 1966 年启动了"疗效再评价"。美国尚是如此，其他诸多国家在缺医少药或监管体系不成熟的背景下，低门槛准入了大量的仿制药品，这些产品因为是模仿原研药开发出来的，但并未经过严格的生物等效性检验，甚至都不存在标准的参比制剂，按照美国 FDA 的标准，它们并不能称为严格意义的"generic drug（通用药）"。由于这些产品通常拥有商品名或商标名，所以也称为品牌仿制药或早期上市的仿制药，属于广义的仿制药范畴。

在笔者看来，狭义的"generic drug"是发达国家医疗费用控制过程中推行仿制药替代的产物，它的使命就是替代原研药，压缩药品开支。而品牌仿制药是仿制药发展史上早期阶段的产物，其历史意义是在原研未上市或不可及的情况下，充当市场教育的先锋，提高药品可及性和医生用药知识水平。美欧等发达国家因原研药可及性较高，仿制药的监管体系也成型较早，品牌仿制药在市场上所占的比例已很小，即便是现存的品牌仿制药也经过再评价，充分证明了其安全有效性。然而在第三世界国家，品牌仿制药依然广泛存在。IQVIA 2019 年的报告显示，品牌仿制药占全球药品市场的 20%，而狭义仿制药仅占 9%。

综合上述，仿制药具有两大历史意义：一是提高药品可及性；二是仿制药替代。从历史的发展进程而言，如药品可及性得到了解决，就可能向仿制药替代发展。在"提高药品可及性"的阶段，仿制药是稀缺或相对稀缺的资源，而进入"仿制药替代"以后，仿制药就可能很快成为过剩或相对过剩的资源，低价仿制药不但会替代原研，也会替代高价仿制药，这就是仿制药价格竞争的根本逻辑。

四、仿制药的发展简史与仿制药替代

欧洲莱茵河沿岸是化学工业的发源地，也是化学药品的发源地，在一战以前，德国、瑞士等国家已经开发出大量的化学药品，而且几乎控制了全球 80% 的原料供应。一战爆发以后，欧洲的原料供应被中断，美国出现了药品短缺。为了摆脱对欧洲药品的依赖，美国化工巨头开始仿制或自主开发药品和化工品。一战以后，德国企业在海外的资产和专利相继被罚没，这为仿制药的开发上市也创造了有利的条件。

由于一战，德国的化工业受到巨大的破坏，美国趁机赶超了欧洲，成为化工和制药的领头羊，化学原料几乎不再依赖进口，而且当时美国的《纯净食品、药品法案》及修正案要求药品的成分写入标签，这使得仿制药拥有了标准的仿制对象。20世纪20年代，美国已经出现了仿制药，公认为第一个仿制药品为阿司匹林。几乎同一时期，日本等工业实力较强的资本主义国家，也出现了现代化的工厂，开始仿制西方药品。

1928年，美国有医学杂志报道有少数药房使用相同成分的"仿制药"替代品牌药的现象，从此"仿制药替代"的理念初现雏形。在1938年的《食品、药品和化妆品法案》出台之后，要求所有药品在上市前都要提交NDA，"仿制药"也与新药一同审批监管。因为早期的《食品、药品和化妆品法案》存在疏漏，40~60年代，美国FDA批准的8605个NDA中，除了529个是新分子实体外，大部分都是仿制药或改剂型产品。而且这些仿制药品的审批，大多仅基于安全性数据，这是近4000个品种在1966年被要求再评价的原因。

40年代末，仿制药替代的概念正式被提出，但遭到了行业主流的反对，由于当时的技术和理论难以证明仿制药与原研药的一致性，加之当时行业的种种乱象，美国FDA对仿制药也心存芥蒂。最终，美国的各州陆续立法以反对仿制药替代，因为反替代法，美国仿制药一直处于压制的状态。然而在美国以外的其他地区，仿制药却得到初期的快速发展。中国、印度和日本等国家为保障药品供应开始大力发展仿制药。

《Kefauver-Harris修正案》出现以后，新药和仿制药审批得到了极大的规范，美国出现了专业开发仿制药的公司。1965年，美国出台了公立医疗保险制度，政府开始关注医疗开支的问题，于是开始探索仿制药替代的可行性。为了解决历史遗留问题，美国FDA于1966年开始对市售药品进行再评价，最终于1969年初步完成了3000多个药品的"有效""无效""需进一步研究"的筛分，为仿制药的扩大使用奠定了基础。70年代以后，美国FDA在增加仿制药审批的同时，还为寻找适合仿制药的审评路径开展了多种尝试，试图让仿制药提交简化新药申请（ANDA），并利用生物等效性指标来评估仿制药与对照药的一致性。在美国FDA探索仿制药审批路径的同时，各州相继取缔了反替代法，部分州还以替代法取而代之，让仿制药替代成为鼓励或强制性行为。除此以外，Medicare制定了费用控制计划，推出有利于仿制药的报销制度。1979年，美国FDA为帮助各州有效实施费用控制计划，建立了橙皮书，并于1980年出版发行。据美国联邦贸易委员会（FTC）的数据，美国仿制药替代率从 1980 年的 5.5% 上升到 1984 年的 9.5%，年节省药品开支从 1.30 亿美元增加至 2.36 亿美元。

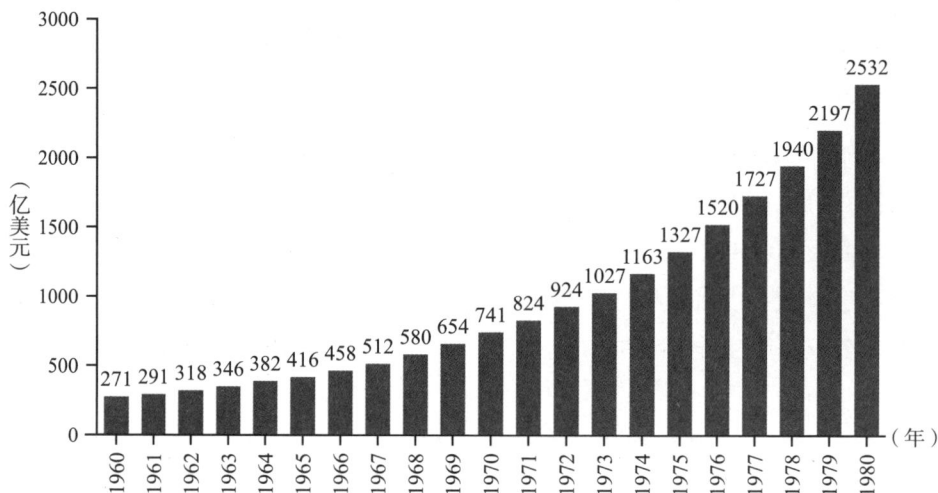

图 1-1　1960~1980 年美国医疗支出变化

1984 年秋天，《Waxman-Hatch 修正案》获得通过，美国 FDA 从此拥有了使用新路径批准仿制药的法律依据，而且持续了多年的"创新"与"仿制"的争议得以厘清，仿制药替代进入新的历史阶段。因为仿制药研发的简化，研发成本低至 100 万~150 万美元，于是很快就迎来了仿制药的申报潮，在 1985~1989 年间有近 1800 个 ANDA 获得批准，为仿制药的快速替代奠定了基础。在美国 FDA 开足马力审批的同时，美国 CMS（Medicare 和 Medicaid 服务中心）、FTC（联邦贸易委员会）和各州政府也都配套了有利于仿制药替代和扩大使用的措施，加之 PBM（药品福利管理）服务机构在仿制药的流通链条中能更高比例的获益，在仿制药的扩大使用和替代过程中发挥了不可替代的作用。

美国的"一系列举措"非常成功，仿制药处方量占比从 1984 年的 19% 迅速上升至 2020 年的 93%，2020 年为美国节约的药品开支高达 3384 亿美元，节省率超过了 50%。另外，在高效替代的同时，美国还利用增加竞争的方式让仿制药价格逐渐下滑，使得 90% 的处方量的仿制药仅消耗了 18% 的药品支出。因为成功的仿制药替代，在过去的 20 年间（2002~2021），美国节省的药品开支总额高达 35660 亿美元。

美国是仿制药替代最成功的国家，其成功的经验广泛被借鉴。于是在美国之后，诸多发达国家也兴起了仿制药的替代潮。与美国各州相似地，欧洲对仿制药替代的态度也有强制替代、鼓励替代、禁止替代和部分场景禁止替代等多种。1983 年，英国率先提出了仿制药替代的计划，经过长达 30 年的持续推进，英国是欧洲仿制药使用率最高的国家。在英国之后，德国、法国、西班牙、意大利等欧洲国家也陆续开展了仿制药替代的行动。但是欧洲因国家众多而体系复杂，英、德等国家仿制药渗透率已经超过 80%，少数国家仍不允许仿制药替代。据欧洲仿制药协会的数据，2021 年的仿制药平均处方量占比为 67%，销售额占比为 29%。

与美国不同的是大部分欧洲国家都是以公立医疗保障体系为主导，政府是药品的直接或间接"买单人"，所以各国政府都在大力控制药价。在药品定价机制上，国与国之间也有明显的不同，在药品采购上，大部分国家都实施了集中招采制，但招采的频率、覆盖范围有很大的差异。这使欧洲市场丰富多样，也是大部分仿制药巨头迟迟无法打开欧洲市场的一大原因。相比美国药价控制的"温水煮青蛙"策略，大部分欧洲国家则在国家的主导下一步到位，几乎所有国家都有符合国情的药价控制政策，例如法国要求仿制药定价必须低于原研药价格的 60% 以上，卢森堡更是高达 70%。

相比美国，德国、法国、西班牙和意大利等欧洲大国的仿制药替代政策都比较直接而强硬，从开始到结束的整个过程基本在 10 年内就完成。在政策的引导和强制之下，这些国家的仿制药替代率飞速提高，仿制药市场在 2000~2015 年间，先后出现了约 10 年的"井喷"式发展期，而在"井喷"期结束以后，市场仅有缓慢的增长、甚至多年无增长。虽然欧洲国家直接控制仿制药价格，但药价普遍较美国高，根据欧洲仿制药协会的说法，欧洲国家更加着眼于行业的长远发展，注重医疗支出、企业利润和政府预算之间的平衡。IQVIA 数据显示，近 5 年来，欧洲 Top 5 市场的仿制药平均单价有略微的、不同程度的上涨趋势，当然其中也有产品升级和迭代的因素。另外有文献报道，英国和德国等国家仿制药销售价格较高，但出厂价较低，因为普遍存在"折扣"的行为。

日本是继美国之后，第一个推进仿制药替代的亚洲国家。因为日本早期上市的药品较为混乱，在 20 世纪已经开展了多次再评价。90 年代以后，日本经济几乎停止了增长，严重的老龄化让医疗开支逐渐趋于失控，于是在 1993 年提出了扩大仿制药使用和替代的战略构想。1997 年，日本启动了一致性评价，开始统一标准，2002 年，扩大仿制药使用的战略正式提出。

由于特殊的历史原因，日本跟法国一样是品牌药忠诚度极高的国家，为了推进仿制药替代，日本政府制定了大量的鼓励措施，为仿制药流通链条提供各种利益补偿。2013 年之后，在引导的同时逐渐加入强制措施，以确保完成"仿制药替代率在 2020 年达到 80%"的预定目标。在仿制药战略出台之初，政策对仿制药行业普遍利好，市场得以飞速发展，但随着替代率的逐渐提升和市场机制的基本形成，日本开始频繁调控药价，仿制药企业逐渐感到无利可图，2016 年以来，日本仿制药市场出现了跨国巨头逃离，本土企业出海的现状。

综合上述，美国的仿制药政策是通过自由竞争实现药价下降，因为市场较大，仿制药替代最为彻底，给仿制药市场带来了近 30 年的发展期。德国、法国、意大利、西班牙、日本等国家因为市场较小，无法充分发挥竞争效应，而且这些国家都以公立医疗保障体系占主导，所以政府主导着药品价格。在政府政策的控制下，这些国家仅 10 年左右就基本完成了预期的仿制药替代，价格也实现了大幅下降，但替代并不彻底，仍有大量专利失效的品牌药在市场上销售。

在日本之后，我国也推行了仿制药的替代。2009 年，我国实施了全民医保制度，但随着该制度的实施，我国医疗支出快速增长，医保结存率逐年下降，2020 年的医疗支出已经达到了国内生产总值（GDP）的 7.12%，几乎达到中等发达国家的水平。虽然我国经济仍然保持高速增长，但严峻的老龄化趋势不得不将医疗费用控制提上日程。为了推行仿制药替代，我国在 2016 年开展了仿制药质量和疗效一致性评价，而为了实现医疗费用控制和支付结构转移，2018 年推出了药品"集中带量采购"（集采）制度。虽然我国的仿制药替代实施较晚，但在符合国情的条件下，发达国家的成功经验都可以被借鉴使用，使得药品价格迅速下降同时，仿制药替代率也随着集采的推进而快速升高。

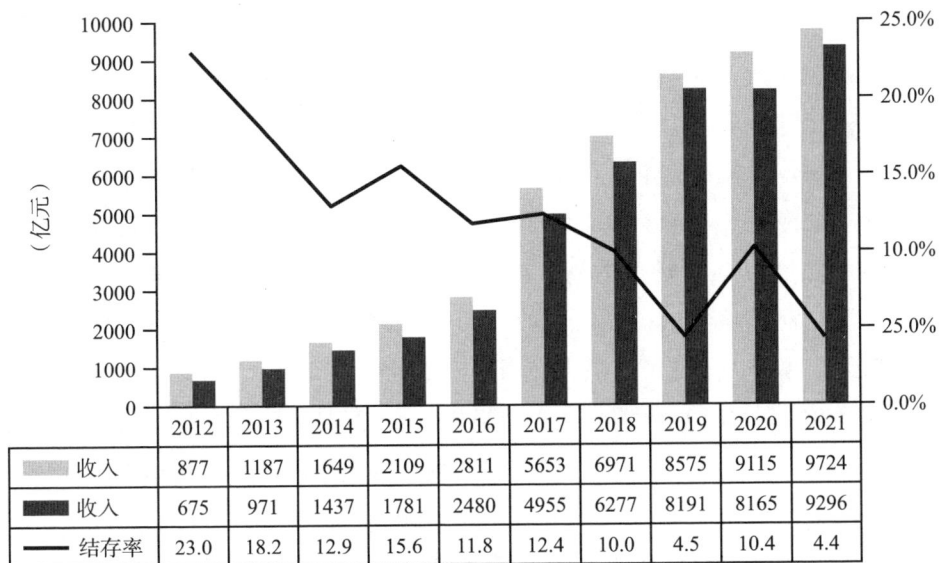

图 1-2 我国医保收支和结存率变化

	2012	2013	2014	2015	2016	2017	2018	2019	2020	2021
收入	877	1187	1649	2109	2811	5653	6971	8575	9115	9724
收入	675	971	1437	1781	2480	4955	6277	8191	8165	9296
结存率	23.0	18.2	12.9	15.6	11.8	12.4	10.0	4.5	10.4	4.4

然而，与发达国家不同的是，我国一直是一个以仿制药占主导地位的国家，IMS 报告显示，2017 年我国的仿制药销售占比为 58%，是世界第二大仿制药市场。但由于历史的原因，我国仿制药质量标准较低，质量参差不齐，专利失效的品牌药仍占据着 20% 的市场。由于我国不需要"通过替代实现控费"，而是"在控费的过程中实现替代"，而控费的主要目的是砍掉药品在流通渠道中的价格加成。

截至目前，我国已经完成了 6 批国家集采，涉及近 240 个品种，自 2018 年实施以来，已累计节省费用超过 2600 亿元，如按约定采购量测算，则每年节约药品费用 1016 亿元。根据国务院办公厅印发的《"十四五"全民医疗保障规划》，在 2025 年前要完成 500 个品种的集采，而前 500 个品种几乎占据我国仿制药市场的 90%，故我国仿制药价格控制和仿制药替代有望在未来 3~5 年内初步完成。

五、丰富多样的全球仿制药市场环境

对于创新药企业而言，在成本升高的情况下可以通过提高销售价格来保障盈利水平，但对于仿制药企业而言，成本升高意味着丧失竞争力。因为仿制药不是稀缺的资源，所以仿制药企业并没有议价权，而且仿制药的价格会随着仿制药数量的增加而下降，准入门槛越低、市场规模越大的品种，价格竞争就会越激烈。为了保证盈利水平，仿制药巨头通常会瞄准率先上市的机会、开发差异化、高准入门槛、小众化的产品、有选择地进入优势市场来避开竞争的锋芒。与此同时，为了提高产品竞争力，他们通常也会控制原料来源、优化供应链结构、提高生产效率。因为一系列成功的运作，Teva 和 Sandoz 等仿制药巨头的盈利能力相比 20 世纪 90 年代都稳中有升，但也有诸多仿制药企业因一步不慎而消失在历史的长河。

根据 IQVIA 2019 年的报告，仿制药占全球药品市场的 29%，其中非品牌仿制药为 9%，而品牌仿制药占 20%。按照当前的全球药品市场估算，全球仿制药市场规模在 4000 亿美元上下，是一个非常庞大的市场。但这 4000 亿美元的市场广泛分布在全球 200 多个国家和地区，而且这些国家或地区之间又极具多样化，客观地了解市场并有选择地进入自己擅长的市场，根据市场的情况建立接地气的特色产品包，是仿制药业务成功扩张的关键所在。

如上文所述，仿制药起源于美国，同时美国也是最早推进仿制药替代国家。因为高效的仿制药替代，美国仿制药的价格竞争已经非常激烈，一般的仿制药价格已经低至无利可图。由于美国一直强调仿制药的价格竞争，仿制药市场在 2015 年以后呈现出逐年萎缩的态势，如今市场规模约 680 亿美元（出厂价），相比 2015 年的巅峰已经萎缩了近 20%。为了对抗价格冲击，仿制药巨头通过建立领先的技术平台来开发高技术门槛的产品，但随着仿制药企业的不断技术升级，这些所谓的壁垒逐渐被广大企业攻破，它们再也无法守住既得的市场份额，美国仿制药市场的竞争格局由十年前的"低集中度向高集中度转变"过渡为"高集中度向低集中度转变"。

随着美国市场的不断萎缩，欧洲已经超越美国成为全球最大的仿制药市场。虽然欧洲拥有近 700 亿美元（出厂价）的仿制药市场，但是零碎的分散在约 50 个不同的国家，这些国家语言文化、政治态度和药品政策都存在巨大的差异，为跨国仿制药企业的产品准入和市场运营带来了巨大的挑战。虽然德国、法国、意大利、英国、西班牙 Top 5 国家集中了欧洲 50%~60% 的市场，但这些国家之间也存在巨大的差异，很少有跨国仿制药巨头能在三个及以上国家建立起龙头地位。但欧洲这种零碎的市场也有效地分散了竞争，仿制药企业需要根据自身的优势和长远的发展战略，有选择地进入部分国家。整体而言，欧洲的仿制药价格仍高于美国，而且替代率也没有发展到极致，另外，欧洲国家已经开始注重医疗支出、企业利润和政府预算之间的平衡，在未来五至十年里，欧洲市场仍有望保持低速增长。

亚洲方面，日本是近年来增长最快的市场，由于日本大力推广仿制药普及和替代，仿制药市场规模在短短的20年里翻了8~9倍，在2020年达到了175亿美元（报销价），但由于日本政府近年来频繁地控制药价，让仿制药变得无利可图。一方面，日本价格谈判和降价机制，让品牌药价格几乎已经是发达国家中的最低，而仿制药的定价则以品牌药的40%~50%作为上限，而且每年都有降价要求；另一方面，日本没有统一的采购机制，仿制药也需要学术推广，并不像欧美那样生产出来就能卖掉。因为日本市场的诸多特色原因，国际仿制药巨头一直未打开日本市场，而且还有外逃的趋势。对于日本本土仿制药企业而言，跨国巨头外逃或许是个好消息，但频繁的药价控制也让他们的利润持续下滑，逼着他们出海开拓新市场。

对于发达或相对发达的药品市场而言，发展仿制药是为了替代与控费，而对经济欠发达国家而言，仿制药的主要意义是提高药品的可及性。由于发达国家原研药可及性高，几乎不存在药品可及性的问题，但是经济和产业的发展具有严重的不平衡性，大部分国家存在或在一定历史时期存在"缺医少药"的问题。在"缺医少药"的国家或"缺医少药"的特定历史时期，政府通常会制定有利于仿制药发展的政策，以迅速提高药品可及性。纵观当今世界，仍有30亿~40亿人口存在缺医少药的问题，部分国家还没有自主的监管体系，甚至还处于小作坊生产药品的时期。

综合上述，根据仿制药品市场的成熟程度，可分为发达市场、规范市场、非规范市场和非法规市场四类。①发达市场（如美国、德国、英国、日本）监管体系完善、市场机制成熟，基本实现了仿制药替代；②规范市场（如中国、韩国、印度、巴西）监管体系完善、市场机制相对成熟，已具备开展仿制药替代的条件或正在推行仿制药替代；③非规范市场（如拉美和亚洲大部分国家）监管体系相对完善、但市场机制不成熟，还存在着一定缺医少药的问题，不具备仿制药替代的条件；④非法规市场（非洲和亚洲部分国家）无独立的监管体系，存在严重的缺医少药问题，通常需要借助发达国家或世界卫生组织的认证体系来控制药品质量，部分国家甚至还处于小作坊生产药品的时代。

在发达市场，仿制药行业资源过剩，竞争非常激烈，平均药价一直处于下行区间，美国因仿制药处方量占比达到极限而市场逐步萎缩，英国、德国、加拿大、西班牙、意大利、日本、澳大利亚等国家因政策的原因而竞争压力稍微缓和，而且仿制药替代率也未达瓶颈，在短期内（如5年），还具有缓慢增长的空间。在规范市场，市场规模在中长期内（5~10年）会因各国大力发展仿制药替代而逐步扩大，但药价也会因替代水平的逐步提高而快速下降。韩国、印度、中国、俄罗斯和巴西将是未来10年里，仿制药销量的增长极，其中我国和巴西可能会因为费用控制而出现市场波动，但可能会很快"触底反弹"，然后进入持续增长的区间。此外，在非规范市场和非法规市场生活着30亿~40亿人口，他们或多或少存在着药品可及性的问题。截至目前，美国FDA已批准了2000个新分子实体，扣除已退市的品种和加上新复方制剂，大部分发达国家在销品种数量在1800~2500，如果一个国家在销品种数量低于1500个，就可能存在药品可及性不足的问题，然而世界很大一部分中低收入国家的市售品种数甚至不到800个。对于这些国家而言，他们需要从"解决药品可及性"到实现"仿制药替代"，将是未来仿制药市场的远景所在。

六、仿制药后的另一场盛宴：biosimilar

如果从广义的仿制药定义而言，biosimilar也应属于仿制药的范畴，故也被称为生物仿制药，但biosimilar与化学仿制药不能直接等同。首先，生物大分子较为复杂，不但具有一级结构，还具有二级和三级结构，单纯的氨基酸序列结构（化学结构）一致，并不能等同于安全有效，更别说疗效一致；其次，通过临床试验验证后的biosimilar虽然安全有效，但不像化学仿制药一样具有较强的可替代性；另外，biosimilar基本都有商品名，性质上不同于generic drug。根据美国的《生物制品价格竞争和创新法》（Biologics Price Competition and Innovation Act，BPCIA）要求，生物仿制药必须高度相似，与参考药物没有显著性的临床差异，必须进行免疫原性、药代动力学、药效学研究，还有可能要开展药效动力学研究，biosimilar也按BLA（biological license application）路径申报，而且只能在参照药物获批 4 年后提交申请，上市 12 年后批准。

biosimilar 始于 21 世纪初，源于基因工程技术和单克隆技术成熟后的第一波上市产品的专利悬崖。2006 年，欧洲医药管理局（EMA）批准了两个生长激素的 biosimilar 而进入了人们的视野，但美国 FDA 因为没有找到评估"仿制药品"与"对照药品"之间一致性的有效方法而迟迟不敢开绿灯（简化批准程序），直到 2015 年，美国才批准了首个 biosimilar 上市，而在 2006~2014 年，EMA 已经批准了 21 个 biosimilar，产品涉及促红细胞生成素、粒细胞集落刺激因子（非格司亭）、英夫利昔单抗、生长激素、卵泡素和胰岛素（美国视为化药，其仿制药归为 505b2）等产品，甚至有部分医疗费用控制的国家（如德国）已经将 biosimilar 纳入到替代计划。

自人类进入生物技术时代以来，美国 FDA 一共批准了 180 余个新生物药（不包括血液制品、疫苗、蛋白和细胞制品），但这些"为数不多"的生物制品却占据了全球 1/3 的药品销售额，市场非常巨大。而这 180 多个品种中，1980~2005 年批准的产品有 65 个，这些产品几乎都专利已失效或即将面临专利悬崖，若除去被市场淘汰的和因不良反应退市的产品，有价值开发为 biosimilar 的产品约 30 个，2030 年市场规模可达 1300 亿美元。

巨大的商机早已让仿制药公司垂涎，但碍于技术壁垒、研发投入和审批路径的原因，很多企业早已望而却步。早在 2010 年以前，Sandoz、Watson 和 Teva 等仿制药巨头已经开始布局 biosimilar，但生物技术并非是化学仿制药企业的强项，而且 biosimilar 高达上亿美元的研发投入也足以让一般仿制药企业望而却步。最终大部分仿制药公司的 biosimilar 项目不是中途流产就是长期搁置，只有 Teva、Mylan 和 Sandoz 等为数不多的仿制药巨头坚持了下来，而且三大仿制药巨头中，只有 Sandoz 目前处于领先优势。根据诺华的年报显示，Sandoz 的 biosimilar 销售额已超过 20 亿美元，占到仿制药销售额的 1/4 以上，相比之下，Teva 与 Mylan 的 biosimilar 还未形成规模，在仿制药销售额中的占比仅有 5% 左右（表 1-6）。

除了仿制药巨头，辉瑞、安进、渤健等创新药巨头利用生物技术的领先优势也强势切入到 biosimilar 市场，而且很快成了竞争赛道的领跑者。尽管 Teva、Mylan 等仿制药巨头在奋力追赶，但 biosimilar 也会像化学仿制药一样随着获批数量的增加而价格逐渐下降，待他们追上时，辉瑞、安进、Sandoz和渤健可能已经吃尽的碗中的肉，剩下的只有稀汤。

表 1-6　制药巨头的 biosimilar 销售额变化（亿美元）

公司＼年份	2015	2016	2017	2018	2019	2020	2021
Biogen	0	1.01	3.8	5.45	7.38	7.96	8.31
Pfizer	0.63	3.19	5.31	7.69	9.11	15.27	23.43
Amgen	0	0	0	0.55	5.68	16.96	21.77
Llily	0	0.86	4.32	8.01	11.13	11.24	8.93
Samsung	1.27	2.71	2.78	3.35	6.57	6.59	7.40
Sandoz（Novartis）	8.01	9.27	10.72	13.88	15.71	19.42	21.43

注：Llily 只包括甘精胰岛素的数据。

biosimilar 市场前景好，蛋糕足够大，增长也足够快，必然是化学仿制药盛宴结束后的另一场盛宴，也是化学仿制药企业转型的一大选项。但 biosimilar 可"仿"的产品较少，目前有价值开发的 biosimilar 的品种一共就二三十个，赛道必然异常拥挤，而且生物制剂的市场通常以高价为支撑，销量一般都很小，如果有 10 家以上的企业同时推出 biosimilar，各家分到的平均销量可能只有几千到几万支，甚至部分品种可能只有几百支，在激烈的价格竞争之下，必然无利可图。因此，biosimilar 的布局必须差异化选品，以保证拟立项品种的赛道领先优势，并有选择地进入某个市场。

七、全球新形势下仿制药企业的生存之路

综上所述，仿制药是"模仿"品牌药而开发的产品，并没有专利或法规赋予其长期的市场独占性，注定不是市场稀缺的资源。由于准入门槛较低，仿制药很容易被竞争产品替代，制药企业为了守住市场份额，降价在所难免。事实已经证明，仿制药的价格因仿制药批文数量的增加而下降，而仿制药批文的数量则取决于产品准入门槛的高低和拟仿制品种市场规模的大小，因此处方量越大、准入门槛越低的品种，市场竞争就会越激烈，价格也会越低。

所以在美国，"大品种"和"小品种"的仿制药销售额几乎都是几百万到几千万美元。

由于发达国家广泛通过"推行仿制药替代""促进仿制药竞争"来控制药品支出的增长，美国、欧洲、日本、印度、澳大利亚、巴西和加拿大等成熟或相对成熟的市场，仿制药价格都呈现出普遍下降的趋势。而价格下滑所致的结果就是市场萎缩或总利润盘缩小，仿制药企业只有不断布局新品（尤其是高门槛、差异化的产品）才能维持业务的增长，在竞争过于激烈、开发新品也无法维持业务时，企业只能开拓新市场或转型。在美国、欧洲、日本、中国、印度、巴西、加拿大之外，全球还有 40 亿人口和 1500 亿美元的仿制药市场，如何在这 200 多个不同政治、经济、语言、文化和监管体系的"琐碎"市场中筛选出蓝海区域并建立特色产品管线，是近年来仿制药巨头保障盈利能力的一大关键。

虽然近年来兴起的 biosimilar 被视为化学仿制药之后的下一场盛宴，但 biosimilar 并不适合普通仿制药企业布局。一是 biosimilar 技术壁垒高，研发投入大，一般仿制药企业不具备开发条件；二是 biosimilar 的仿制对象较少，销量小，未来的价格竞争依然十分激烈，能够真正盈利的可能只有处于赛道领头地位的企业；三是 biosimilar 研发周期长，仿制药企业现在才开始布局，几乎很难占据赛道的领先优势。因此，biosimilar 的机会只属于少数企业和少数人。对于一般仿制药企业而言，开发高壁垒的产品、建立差异化的产品管线、优化供应链、产线升级、选择蓝海市场出海或许是更可行的措施。

目前，我国仿制药行业正处于洗牌期，资源已经明显过剩，仿制药企业必须要熟悉行业的发展规律、运行逻辑和国内外市场的状况，积极转型、整合、出海。为此，笔者总结了十余家企业的发家历程，生存状态，基于时势变化和企业自身情况的风险评估、战略规划和产品线打造的经验，以期为广大读者带来参考或借鉴。

参考文献

[1] WHO. Life expectance at birth（years）[EB/OL]. https://www.who.int/data/gho/data/indicators/indicator-details/GHO/life-expectancy-at-birth-(years)

［2］CDC. Life expectancy at birth，age 65，and age 75，by sex，race，and Hispanic origin：United States，selected years 1900–2018［EB/OL］. https://www.cdc. gov/nchs/data/hus/2019/004–508.pdf.

［3］Zaffiri，L.，Gardner，J.，& Toledo–Pereyra，L. H. History of Antibiotics. From Salvarsan to Cephalosporins［J］. Journal of Investigative Surgery，2012，25（2）：67–77.

［4］Wouters O J, Kanavos P G, Mckee M. Comparing Generic Drug Markets in Europe and theUnited States：Prices，Volumes，and Spending［J］. Milbank Q，2017，95（3）：554–601.

［5］Thayer A M. 30 Years Of Generics［J］. Chemical & Engineering News，2015，92（39）：8–16.

［6］Developmentof the generic drug industry in the US after the Hatch–Waxman Act of 1984［J］. Acta Pharmaceutica Sinica B，2013，3（5）：297–311.

［7］Ascione FJ, Kirking DM, Gaither CA, et al. Historical overview of generic medication policy［J］. J Am Pharm Assoc（Wash），2001，41（4）：567–77.

［8］G.F Meyer.History and regulatory issues of generic drugs［J］. Transplantation Proceedings. 1999，31（3ASuppl）：10S–12S.

［9］日本制药工业协会. Databook 2022［EB/OL］. https://www.jpma.or.jp/news_room/issue/databook/en/rfcmr00000000an3-att/DATABOOK2022_E_ALL.pdf.

［10］Wouters O J, Kanavos P G, Mckee M. Comparing Generic Drug Markets in Europe and the United States：Prices，Volumes，and Spending[J］. Milbank Q，2017，95（3）：554–601.

［11］NHS. Generic substitution［EB/OL］. https://api.parliament.uk/historic-hansard/commons/1983/jul/22/generic–substitution–national–health.

［12］蒋昌松，祁鹏，郭丹. 我国药品集中采购制度历史变迁及改革发展趋势［J］. 中国医疗保险，2022（4）：5–11.

［13］魏际刚. 中国医药体制改革与发展［M］. 北京：商务印书馆，2009.

［14］魏利军，王立峰，王海盛. 跨国药企成功启示录［M］. 北京：中国医药科技出版社，2022.

［15］国家统计局，统计数据［EB/OL］. http://www.stats.gov.cn/tjsj/

［16］Medicines for Europe. Generic medicines save European countries 100 billion Euro per year［EB/OL］https://www.medicinesforeurope.com/news/generic-medicines-save-european-countries-100-billion-euro-per-year/#:~:text=Generic%20Medicines%20save%20European%20Countries%20100%20Billion%20Euro，billion%20euros%20more%20per%20year%20to%20treat%20patients.

［17］国家医疗保障局. 2021 年医疗保障事业发展统计快报［EB/OL］. http://www.nhsa.gov.cn/art/2022/3/4/art_7_7927.html.

［18］国家医疗保障局. 2021 年全国医疗保障事业发展统计公报［EB/OL］. http://www.nhsa.gov.cn/art/2022/6/8/art_7_8276.html.

［19］世界银行，中国［EB/OL］. https://data.world bank.org.cn/country/China?view=chart

第二章
美国仿制药品监管法规的历史演变

美国是世界上最早探索药品监管的国家，美国的药品法规不但有效约束着美国医药市场，而且影响着全球的医药行业。美国药品法规的演化史是一部血与泪的斗争史，其正确与合理性在一次次的"流血"事件中得到了检验，所以一些国家的药品监管部门都在大量借鉴美国的经验。在长达百年的现代药品监管中，美国不但实现了药品市场从"无序"到"有序"的转变，而且有效地平衡了"创新"和"仿制"之间的利益关系，不仅创新药研发遥遥领先世界，还是仿制药替代率最高、价格最低的国家之一，据美国仿制药协会（AAM）数据，仿制药占据美国市场 90% 以上的处方量，但仅占 18% 的销售额，2021 年节省药品支出高达 3730 亿美元。

一、《纯净食品、药品法案》

19 世纪的美国，食品掺假问题异常突出，食品安全事件频发，数以千计美国人因此死亡。食品安全问题已经是当时美国人的切肤之痛，而药品安全更是有过而无不及。由于美国是一个移民国家，并不像其他国家一样拥有完整的古典医药传承，缺医少药的问题尤其突出，加之当时整个社会都在追求利润，严重的食品安全问题，恶劣的劳动环境、漫长的工作时间和繁重的劳动任务，都让美国人的患病率和死亡率急速上升。由于没有有效的监督和管理，不法药商通过掺假、欺骗等手段牟取暴利。他们为了利润而编造谎言，将无效的假药吹嘘成各种秘方、包治百病的神药。由于当时的医疗水平极其低下，人们对疾病的了解大多局限于症状，而疼痛、咳嗽、腹泻、发热是大多数疾病都具有的表象，于是能够控制这些症状的吗啡就当成了万能神药。后来的研究发现，数以万计的万能神药中，很大一部分不过是含酒精、吗啡的汤剂。由于吗啡、可卡因和大麻等毒品的大量使用，导致大量人群染上毒瘾，据文献报道，到 19 世纪末，每 200 个美国人中就有一个是药物成瘾者。不仅如此，为了利润，商家在造假的基础上还掺假，万能药吗啡也被加入其他成分，以次充好销售。

因为当时药品上市前无需开展临床试验，也不需要注册审批，小作坊也能随便生产，所以药商们所要考虑的不是产品是否安全有效、是否能稳定生产，而是如何能更多地卖出去、如何以最低的成本赚到更多的利润。因为当时申请专利无需严格审查，而"专利药品"的配方也因受到保护而无需对外公开。为了让"药品"占领市场，他们通常取上亮眼的名字，宣称是各国的传统秘方。为了扩大宣传，他们绞尽脑汁打广告，据文献报道，当时美国的专利神药有 5 万个，五花八门的药品广告登上了大大小小的报纸，成为报社收入的主要来源，据 1858 年的《新英格兰医学杂志》报道的数据显示，药品广告占到了报纸版面的 1/4。

1846 年，美墨战争爆发，两年的战争让 1.3 万美军死亡，但战死的仅占 9%，病死的却高达 87%，而伪劣药品被公众视为导致这一结果的主要原因。因为该事件被广泛关注，社会矛盾也被逐渐激化。为了缓解社会矛盾，政府把进口产品当成掺假、伪劣药品的罪魁祸首，于是在 1848 年出台了《药品进口法案》，以控制假药进口。虽然进口假药在一定程度上得到遏制，但没有专业的监管机构，也没有专业的检查人员，该法案并没有产生真正的效力。而几乎在同一时期，行业里有志提高技术、推动历史前行的人纷纷站出来对抗假药，1847 年，美国医学会成立（American Medical Association），该协会在各种杂志上刊登文章，揭露行业的真实现象，1852 年，美国制药协会（American Pharmaceutical Association）成立，该协会要求会员不得销售伪劣药品的同时还应积极打假——对药品抽检并结果公布。

虽然行业极其混乱，但行业依然存在有良知企业和有底线的人，其中礼来家族、施贵宝医生在推动药品联邦监管方面做出的贡献值得后人学习。19

世纪 50 年代，纽约发生了"泔水奶"事件，食品、药品的安全问题上升到前所未有的高度，1862 年，美国农业部组建了化学局，负责监督海关对食品药品的审查。随着调查的深入，他们发现了含硼砂、甲醛、亚硫酸盐等滥用有害添加剂的食品，也发现了含吗啡、可卡因、乙酰苯胺的万能神药，随着真相的不断被揭露，19 世纪 70 年代以后，化学局开始主张联邦立法来约束和惩治各种掺假和造假行为。而且几乎在同一时期，美国民众对政治改革的呼声不断高涨，社会矛盾进一步激化，妇女组织也开始站出来大规模活动。1874 年，首个有关伪劣食品的法律在伊利诺伊州获得通过，随后的 10 年间，其他 20 多个州也通过了相关的法律。

虽然各州的立法可以在一定程度上遏制行业的乱象，但推动联邦立法是更加有历史意义的艰巨任务。因为立法会切割不法药商的奶酪，他们会想尽一切办法阻止法案的通过，自 1879~1905 年的二十多年间，美国化学局提交的 200 个立法提案都未获通过。1883 年，哈维·威利（Harvey W. Wiley）被任命为美国化学局的首席化学家，他拥有化学和医学的双重背景，他通过演说、发表文章等方式，与协会、组织联合起来呼吁社会、影响政府。他呼吁国家为了公民的健康，应建立最起码的质量标准。幸运的是，他的提议获得了罗斯福的支持。在罗斯福的帮助下，威利终于能在国会召开听证会，并在 1902 年获得了 5000 美元的食品药品安全性试验资金。随后，威利成立了"试药敢死队"，通过人体试验证实了防腐剂对人体的危害。威利的一系列报告，让政府和民众感到震惊。

随着真相的不断被揭露，社会各层人士的呼声也不断高涨。1906 年，美国终于迎来了第一部有关食品、药品的联邦法规《纯净食品、药品法案》。因为该法，农业部获得了对食品、药品纯度监管的权利，伪劣食品、药品被禁止销售。因为该法，标签上不得做任何虚假性或误导性声明，药品必须在标签上注明成分，如含有吗啡、海洛因、水合氯醛、三氯甲烷、可卡因等 11 种具有成瘾性的成分，还必须注明含量或比例等。《纯净食品、药品法案》的实施是历史的伟大进步，但也存在一定缺陷，该法案仅是在标签上做了要求，对药品的准入和监管并没有作出限制，药品上市前依然不需要进行安全有效性评估，对广告也没有实质性要求。因此，虽然数以万计的"专利药"受到了一定的限制，但还是无法将其彻底清出市场。不法分子很快找到了漏洞：虽然要求药品的成分必须列入标签，标签禁止任何虚假或者误导性的声明，但不适用于对药品疗效的声明。尽管化学局有证据证明 Johnson's Mild Combination Treatment for Cancer 是一种虚假宣传的无效产品，但仍以该行为不在《纯净、食品法案》的管辖范畴而被判败诉。另外，广告传单、宣传手册、报纸广告、张贴广告都不算作标签，各种虚假宣传依旧存在。为了避免这种"漏洞"，美国在 1912 年通过了《Sherley 修正案》，严禁伪标、标签上的疗效欺诈。

虽然修正后的《纯净食品、药品法案》依然存在诸多弊端，但混乱的行业得到很大的遏制，继《Sherley 修正案》之后的 1914 年，美国又出台了《哈里森麻醉品法案》，对含吗啡、海洛因、大麻等毒品的万能神药造成了二次打击，此后，美国药品生产企业的数量大幅减少，逐渐告别了小作坊的时代。尽管《纯净食品、药品法案》存在诸多不足，但为行业健康发展做好了铺垫。

二、《食品、药品和化妆品法案》

19 世纪后期，染料技术的快速发展带来了整个化工业的突飞猛进，到 19 世纪末，科学家已经能够使用化学方法合成药物，乙醚、三氯甲烷、阿司匹林、乙酰苯胺、安替比林都是那个时代的产物。而几乎在化学药问世的同一时期，药物制剂技术也得以飞速发展，片剂、胶囊剂、注射剂、丸剂等现代制剂被机械化生产出来，不但克服了产能的限制，而且长期保存和长途运输也成为可能，于是欧洲的化学药品开始迅速占领美国市场。

20 世纪初，美国的化工业也有了显著的发展，已经逐渐拥有与德国、瑞士等传统强国抗衡的能力，这为现代制药业的发展奠定了基础。然而在《Sherley 修正案》实施后不久，一战爆发，欧洲药品供应被迫中断，高度依赖欧洲原料的美国企业不得已自主开发化学原料。因为具备成熟的化工产业基础，美国很快实现了弯道超车，到 20 世纪 20 年代，美国已经取代了欧洲，成为全球化工和制药的中流砥柱。

一战以后的 10 年是美国经济增长的黄金时期，创下了诸多前所未有的奇迹。但随着经济的高速增长，人们的价值观念也发生了明显的变化，食品、药品安全问题一次又一次地进入公众的视野。1919~1920 年间，美国发生了油橄榄罐头肉芽杆菌污染事件，导致近 20 人死亡。毒罐头事件的社会影响极大，但该事件尚未完全平息，又出现了"睫毛诱惑（Lush lure）"和"疯狂水晶（Crazy water crystal）"事件，成百上千的人深受其害，尤其是"睫毛诱惑"事件的主人公，虽然经过 8 次手术治疗，但最终还是永久性失明。后来据销售类似产品的公司记载，因溃疡感染导致失明或死亡的事件高达 370 件。除了食品、药品安全问题，当时的广告也因没有专业的审查而极其混乱，某知名品牌的漱口水，居然宣称他们的漱口水不但可以漱口，而且可以预防疾病（因为有杀菌作用），包括肺结核。

《纯净食品、药品法案》原本就存在缺陷，且 1912 年之后再无重大修正，加之社会的高速发展，行业里又出现很多法规尚未提及的"新鲜事物"，故立法对 20–30 年代的美国而言是大势所趋。1927 年，原化学局改名为食品药品和杀虫剂管理局（Food, Drug and Insecticide Administration, FDIA），由 Walter G. Campbell 出任局长。1930 年，FDIA 再次更名为食品药品管理局（Food and Drug Administration, FDA）。1929 年底，美国进入了"大萧条时期"，为了稳定经济，政府不得不考虑立法。1933 年，美国 FDA 首席教育官 Ruth deForest Lamb 和首席检查官 George Larrick 创建了一个有影响力的巡回展览，重点展示了约 100 种美国 FDA 无权从市场上移除的危险、欺骗性或无价值的产品，该展览让美国人深感震惊，同年，美国 FDA 将《食品、药品和化妆品法案》首次提交到了国会。在草案提交到获得通过的 5 年间，美国又出现了磺胺溶剂中毒事件。

磺胺溶剂中毒事件

磺胺本是 20 世纪初期欧洲化工企业在染料合成中发现的副产物，后来发现磺胺具有抗菌作用，逐渐被神化。在那个感染致死率极高而没有抗生素的时代，磺胺在人们心中的地位极高。1937 年，田纳西州的 Massengil 开始出售这种期待已久的药物，但因为磺胺的水溶性较差，市面上销售的通常是片剂或丸剂。作为第一种能够对抗细菌感染的制剂，医生和病人都喜欢这种药物，但讨厌它的口感，尤其是儿童和老人。后来该公司的首席化学家 Harold Cole Watkins 使用二甘醇和水制成了醑剂

Elixir sulfanilamide。因为二甘醇有甜味，而且解决了磺胺的溶解性问题，被宣传成口感良好的磺胺制剂。当时药品上市前无需安全性审查，该公司也忽略了辅料的毒性，很快就将 240 加仑（约 910L）的磺胺醑剂投放了市场。磺胺醑剂按每瓶 4 盎司（约 114g）分装，于 1937 年 9 月正式上市销售。当年 10 月份开始，陆续有患者使用后死亡。后来的调查研究发现，导致患者死亡的原因是二甘醇中毒。虽然美国 FDA 对该事件很快进行了调查，但仍有 130 多名患者失去了生命，Watkins 最终也因为巨大的压力而选择了自杀。当时的《纯净食品、药品法案》无法裁定和惩戒这种违法行为，因为该产品既不是假药，也没有添加违禁成分，又没有做欺诈性宣传。磺胺事件在美国引起了极大的反响。

磺胺事件发生后不久，罗斯福总统签署了争论已久的《食品、药品和化妆品法案》。该法案赋予了美国 FDA 对食品、药品、化妆品和医疗器械的监管权利，要求药品上市前必须进行安全有效性审查。该法案的通过是历史的伟大进步，从此药品进入了注册制的时代。因为该法案要求药品在提交新药申请（NDA）以前都需要开展安全有效性研究，药品研发成为行业发展必不可少的一环，据文献报道，美国前 200 强制药公司的研发队伍从 20 世纪 20 年代的几千名上升至 20 世纪 40 年代的 6 万名。

虽然《食品、药品和化妆品法案》已是伟大的历史进步，但依然不够完善。一是药品上市前虽然需要注册审批，但没有规范的临床试验开展方式和评价标准，而且"60 日默许制"（美国 FDA 60 日内对 NDA 无异议，即可合法上市），让伪新药仍有空可钻，导致了大量劣质新药上市；二是处方药和非处方药（OTC）之间没有形成统一的分类标准，含有同一活性成分的药品，分类可能因企业的不同而定性不同；三是未强制要求不良反应纳入标签，美国 FDA 也无权清理安全有效性不充分的市售药品；四是未授予美国 FDA 对药品广告的审查权，但处方药广告的高度专业性，FTC 无法形成有效监管，导致了大量隐瞒不良反应、夸大疗效的广告。

在 20 世纪初，"自我医疗"被视为神圣的权利，而且药商可以自行定性产品是 OTC 还是处方药，广告也无需美国 FDA 的审查，所以市售药品以 OTC 为主。《食品、药品和化妆品法案》实施以后，医药市场的乱象得到很大改善，新专利"神药"基本被杜绝，很多销售专利"神药"的大公司也陆续放弃了自己的产品。随着专利神药的逐渐淡出和创新药的快速发展，处方药市场地位有了显著提升，市场占有率从1929年的32%上升至1949年的57%。为了规范处方药与OTC间的混乱，美国于1951年通过了《处方药修正案》，为处方药和OTC给出了法定界限，处方药必须凭借医师的处方才能购买。《处方药修正案》的出台，还在一定程度上也遏制了广告，至少处方药广告不能直接面向患者。

三、《Kefauver-Harris 修正案》

因为药品广告不需要美国FDA的专业审查，美国药品市场依然因药品广告而混乱，并且药商们的广告混战从报纸、杂志扩展到广播和电视。因为沉浸于广告营销，大部分制药公司对"劳民伤财"的创新药研发并不感兴趣，甚至牛津大学科学家抱着青霉素上门谈合作的时候，大家都以投入高、技术难、不能量产、没有专利保护等理由对这个伟大的发现嗤之以鼻，直到美国政府派科学家出面，才有默沙东等少数几家企业加入到青霉素的工艺开发和生产。

在政府的扶持下，青霉素的发酵工作在1942年初取得重大突破，并开始进入人体试验。1944年，辉瑞通过发酵工艺改进而实现了青霉素的大批量生产。二战结束后，美国政府允许青霉素民用，制药企业们由此赚得盆满钵满。看到青霉素带来的巨大商机，资本家们逐渐认识到抗生素经济的巨大前景，碍于青霉素没有专利，于是掀起了一波寻找新抗生素的狂潮。随着氨基糖苷类（链霉素，1943年）、氯霉素（1947年）、四环素类（氯四环素，1948年）、大环内酯类（红霉素，1952年）、万古霉素（1952年）和头孢菌素类（头孢菌素C，1953年）抗生素的相继被发现，第一个创新药发展的黄金时期由此被掀起，美国的药品市场从1939年的3亿美元迅速增长到1959年的23亿美元。

除了抗生素，糖皮质激素、苯二氮䓬类镇静催眠药、降血压药也相继被研发上市，美国20世纪50年代的人均寿命延长到了68岁，几乎比19世纪翻了一番。因为创新药的迅速发展，专利神药开始大幅减少，但药品安全性问题依然存在。虽然《食品、药品和化妆品法案》要求药品上市前注册审批，但对临床试验并没有规范性要求，大量鱼龙混杂的"新药"涌向市场，在数以百计的"新药"中，真正安全有效的寥寥无几。为了迅速扩大销售规模，"创新药公司"也进行广告"轰炸"。据统计，20 世纪 50 年代的药品广告费高达制药企业总营收的 24%，而研发费用仅占 6%，辉瑞公司为了促销土霉素，两年在美国医学会杂志（Journal of the American Medical Association）上投放的广告费就达 750 万美元，而土霉素在此期间的销售额不过 4500 万美元。

　　整个 20 世纪 50 年代，美国的医药行业依然混乱不堪，药品质量低劣、广告泛滥、药品不良反应频发。50 年代初期，美国因滥用氯霉素，出现了严重不良反应事件，但美国 FDA 拿不出有效的办法来解决问题、惩治生产企业，更可悲的是氯霉素的生产者 Parke-Davis，因为氯霉素的大卖而一度成为当时全球第一大制药企业。面对混乱不堪的行业，美国社会对新立法的呼声已久，50 年代后期，美国国会也开始召开听证会，讨论立法的问题。然而立法的结果总是有部分人的利益要被切割，总是一个长期博弈的过程。在新法呼之欲出的几年间，全球爆发了著名的"反应停事件"，在该事件的影响之下，美国终于迎来了新法。

反应停（Kevadon）事件

　　沙利度胺是 Ciba（汽巴）公司于 1953 年合成的镇静剂，但由于活性不够理想，放弃了开发。后来，西德 Chemi Grunenthal 公司重新测试了活性，并声称镇静效果出色、非常安全、无依赖作用和自杀倾向，在哺乳动物的试验中也未发现毒性。由于当时德国的药品监管机构经验不足，沙利度胺（商品名：Contergan）很快就能够在德国推出上市，而且是 OTC。到 20 世纪 50 年代末，沙利度胺已在全球 46 个国家上市，受欢迎程度堪比阿司匹林。沙利度胺相继被广泛用于各种呕吐治疗，妊娠期妇女也开始大量使用。1960 年，美国 Richardson-Merrell 公司以 Kevadon 为商品名向美国 FDA 提交了 NDA，根据美国当时的法规，美国 FDA 只要在 60 天内无异议，产品就可以合法上市，但如果提出问题缺陷，则 NDA 自动撤回，申请人需要补充数据，并重新提交。当时负责审查沙利度胺的 Frances Kelley 医生认为该产品的临床试验数据存在大量缺陷，坚决抵制沙利度胺登陆美国市场。在多次的"60日等待"中，Richardson-Merrell公司变得非常不耐烦，从电话催促到上门拜访，最后通过各种途径向美国FDA施加压力。好在Frances Kelley医生得到了其上司的支持，顶住了外界压力，成功将Richardson-Merrell公司的预期获批时间延长了大半年。而在这大半年里，沙利度胺诱发"海豹胎儿"事件被揭露。因过往几年的广泛使用，全球已出生一万多名海豹胎儿。1961年11月，沙利度胺从德国撤市。虽然沙利度胺最终没能在美国上市，但Richardson-Merrell公司已经将大量的药品以临床研究的名义分发给了两万多名美国人，需要彻底清除药品带来的后患也是一个巨大的工程。因为Frances Kelley在该事件中的敬业精神，成功挽救了成千上万的美国婴儿，成为美国人民心中的英雄。

美国关键性医药法规的演化历程见表2-1。

表2-1　美国关键性医药法规的演化历程

年份	出台法规	意义
1848	药品进口法案	限制进口掺假药品
1902	生物制品控制法案	确保生物制品的安全性和纯度
1906	纯净食品、药品法案	要求说明书上注明成分
1912	Sherley 修正案	阻止伪标（虚假说明书）的行为
1938	食品、药品化妆品法案	要求药品上市前必须提交安全有效性证据，须美国FDA批准才能上市
1951	Durham–Humphrey 修正案	OTC 和处方药正式有官方的界定标准
1962	Kefauver–Harris 修正案	药品临床试验前须提交 IND；取消 NDA 60 日"默许制"，改用科学的审评路径；药品须在 GMP 条件下生产，授权美国 FDA 对上市药品监管等
1983	孤儿药法案	鼓励罕见病用药的研发和申报
1984	Waxman–Hatch 修正案	确立仿制药使用 ANDA 申报，确定"生物等效性"为审批标准，规定专利到期前研发申报不构成专利侵权
1994	乌拉圭回合协议法案	修正专利法，专利保护期从 17 年提高至 20 年

虽然美国在"反应停事件"中得以幸免，但再次暴露了美国法规的缺陷，加之公众关注度极高，立法的节奏也不得不加快，于是争议已久的《Kefauver- Harris 修正案》在 1962 年终获通过。该修正案在 1938 年《食品、药品和化妆品法案》的基础上有以下六大改变：①取消 NDA 审批的"60 日默许制"，取而代之的是更严格、更科学是审评、审批程序；②提交 NDA 之前，必须提供完整的安全有效性证据；③对于安全有效性不明确的上市药品，美国 FDA 有权将其清出市场；④开展临床试验之前必须提交临床试验申请（IND），并提供必需的安全性证据；⑤药品广告投放前必须经过美国 FDA 的审查审批；⑥药品生产必须在 GMP（药品生产质量管理规范）条件下进行，制药公司必须保存不良反应记录。

《Kefauver- Harris 修正案》出台以后，美国的药品法规体系终现雏形，美国 FDA 也获得了其必须拥有的权利，行业环境得到极大地规范，在专利神药彻底退出历史舞台的同时，创新药也得到了良好的发展。从《食品、药品和化妆品法案》实施以来，美国 FDA 已经累计批准了 2000 个新分子实体，极大地丰富了治疗需求，为人类的医学发展做出巨大的贡献。

美国历年批准的新分子实体数见图 2-1。

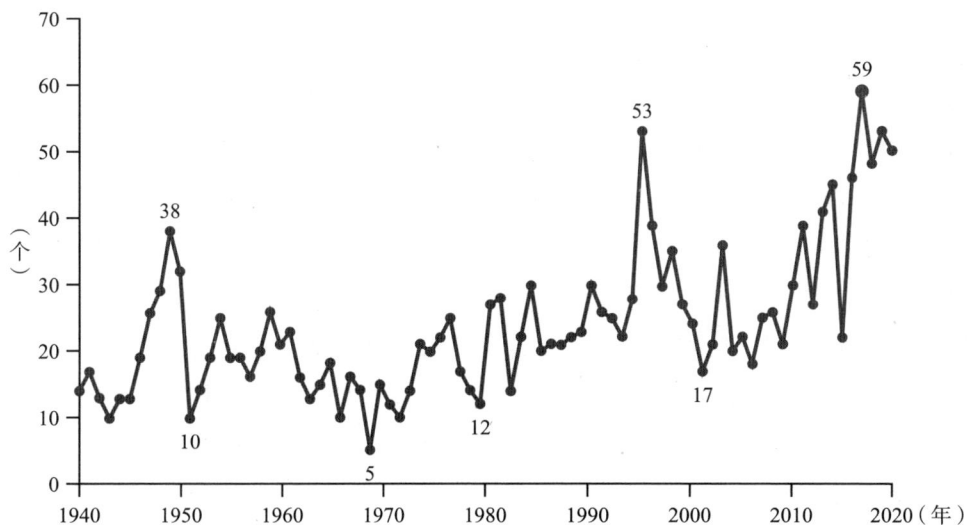

图 2-1　美国历年批准的新分子实体数统计

四、《Waxman-Hatch 修正案》

《Kefauver- Harris 修正案》的实施，药品研发、生产和销售环境得到极大的规范，为认真做药的人和企业营造了前所未有的环境，但也带来诸多问题。一方面，高度规范化的药品审批环境大幅增加了研发成本和研发失败率；另一方面，因为此前的种种经历，美国 FDA 行事异常谨慎，审评时限被大幅延长，专利保护期大幅缩短。两大原因导致了创新药的投资回报率大幅下降，加之多元化理论的逐渐发展成熟，很多制药企业把重心转向多元化，创新药研发由此进入了低谷。

创新药研发成本上升，而专利保护期缩短，必然导致药品价格上涨。为了控制医疗开支，美国在 60 年代后期开始酝酿仿制药替代。而要实现仿制药的相互替代，必先确定产品的安全有效性，以便统一标准。1966 年，美国 FDA 委托美国国家科学院（NAS）对 1938~1962 年期间批准的药物进行全面安全有效性审查，即著名的 "药效研究实施方案（drug efficiency study implementation）"，又被称为有效性再评价。在 "再评价" 期间，美国 FDA 一方面对新提交的上市申请收紧了审评尺度，另一方面则根据有效性评估结果对市售的 3400 多种药品按照 "有效"、"无效" 和 "需进一步评估" 进行筛分，其中 "无效制剂" 被清出市场。

随着专利神药的退出和《处方药修正案》的实施，美国处方药市场占有率进一步提高，1969 年达到了前所未有的 83%，几乎接近现代水平。但是因为药价逐年上涨，医疗支出居高不下，为了控制药价，美国政府开始推动仿制药替代。然而根据美国当时的法规要求，仿制药的审评路径几乎与创新药相同，申报仿制药也需要开展完整的安全有效性评估，加之受反替代法的影响，仿制药市场很小，研发申报也不活跃。为了推动仿制药发展，美国 FDA 进行了多种审批路径的尝试。虽然这些尝试非常成功，但始终不具有法律依据。70 年代以后，因为石油危机，化工巨头的业务重心开始向利润较高的制药转移，加之基因工程和药物筛选技术的巨大突破，美国迎来了历史上第二个创新药高速发展黄金时期。大力推动仿制药替代必然会伤害创新药公司的利益，于是 "创新" 与 "仿制" 之间又开始了多年的博弈。

　　一方面是日益增长的医疗开支，另一方面是日益恶化的经济环境，美国政府不得不向仿制药偏移。于是各州陆续废除了反替代法，而随着反替代法的逐渐废除，仿制药替代的市场条件逐步具备，剩下的障碍就是适合仿制药的合法审批路径。经过此前多年的探索与尝试，美国FDA的经验已非常成熟，剩下的就是立法。80年代初期，美国业界又对仿制药的立法展开了无休止的争论，直至1984年秋天，《Waxman-Hatch修正案》才终于出台。该法案授权美国FDA新增505b（j）通道，仿制药按简化新药申请（ANDA）申请注册，确定生物等效性证据和文献数据来代替药品的安全有效性研究。

　　《Waxman-Hatch修正案》使得仿制药的开发周期、研发成本和研发难度大幅下降，而且为了鼓励仿制药研发申报，该法案对挑战专利上市的仿制药还授予180天的市场独占期，并联合美国专利法增设了Bolar例外条款，确定在原研专利到期前开展研发和申报的活动不构成侵权。《Waxman-Hatch修正案》为仿制药行业带来了快速发展的春天，但为了平衡创新药公司的利益，该法案也授予创新药不超过5年的专利期补偿期（批准后总有效专利期不超过14年）和一定年限的市场独占期。与此同时，该法案还就创新药和仿制药之间的专利纠纷规定了长达30个月的"等待期"。

"Bolar例外条款的由来"

　　在仿制药历史上，Bolar pharma是一家非常有名的公司，有名的原因不是因为该公司地位显赫，而是美国专利法中著名的Bolar例外条款。1983年，Bolar由于进口地西泮原料用于仿制药研发而被罗氏告上法庭。地西泮（Valium）是罗氏的畅销药，其专利在1984年1月到期，而按照当时的审批速度，仿制药的上市时间预计在2~3年之后，Bolar认为不会造成侵权。负责一审的纽约东部法院也认为Bolar是按照美国FDA的要求开展试验，对罗氏专利药品的使用属于试验行为，不构成专利侵权，但负责二审的联邦法院巡回法庭（Federal Judicial Circuits）认为Bolar的试验行为仍基于商业缘由，于是裁定Bolar败诉。Bolar的败诉引起了轩然大波，而法院也认为这无形中延长了专利保护期。这一案例的争议最终导致了美国专利法的改革，为了平衡创新药"专利期太短"和仿制药"不能尽快上市"的问题，美国在1984年9月24日通过了《Waxman-Hatch修正案》，又称为《药品价格竞争与专利期修正案》(Drug Price Competition and Patent Term Restoration Act),该法案规定仿制药公司在专利到期之前为达到美国 FDA 申报要求而开展相关试验的活动不构成专利侵权,也就是著名的 Bolar 例外条款,为了配套《Waxman-Hatch 修正案》,美国专利法也进行了修订,后来在全球范围内被借鉴。

《Waxman-Hatch 修正案》是美国药品监管史上的伟大进步,对世界制药业都产生了极其深远的影响。该法案为仿制药开辟新天地的同时,有效地平衡了"仿制"与"创新"的利益关系。一方面,该法案让仿制药开发门槛大幅下降,为挑战专利的首仿药创造了"市场独占期",使得创新药在专利失效的第一时间就受到仿制药的竞争,让药品价格大幅下降;另一方面,创新药公司得到专利补偿,增加了其创新积极性,但专利悬崖也成为悬在他们头顶的"达摩克利斯之剑",倒逼他们持续不断地创新来实现企业的基业长青。因为该法案,仿制药也不再是稀缺的资源,在激烈的仿制药竞争中,抢首仿获得市场独占期就成为美国仿制药盈利的主要方式。

五、美国仿制药法规近 30 年的查缺补漏

《Waxman-Hatch 修正案》为挑战专利的仿制药授予"180 天市场独占期",同时也对创新药给予专利补偿。这些规定要求药品监管法规与专利法接轨,美国 FDA 必须建立专利链接制度。为此,美国 FDA 丰富了"橙皮书"的内容,要求创新药公司在产品获批后的一定期限内将产品关键专利提供给美国 FDA,并纳入橙皮书,以便对药品专利期限提供补偿。对于仿制药公司,在 ANDA 提交之时,必须提交专利声明。根据要求,paragraph 1 为橙皮书内无专利,paragraph 2 为有证据证明专利已经过期,paragraph 3 为存在有效专利且申请人承诺不在专利有效期内上市,paragraph 4 为存在有效专利但申请人声明不构成侵权。对于声明是 paragraph 4 的情况,申请人必须同时通知专利权人,如果专利权人在 45 日内不提请诉讼或专利在审评期间过期,美国 FDA 有权批准仿制药上市,而如果专利权人发起诉讼,美国 FDA 只能在"不超过 30 个月的专利等待期"后或申请人获得胜诉与和解的情况

下批准仿制药上市。对于后者，性质上都属于挑战专利的行为，理论上都应被授予180天的市场独占期，但如在30个月的等待期结束后，专利纠纷仍未解决，仿制药公司可以根据专利挑战成功与否的把握选择是否冒险强行上市。"冒险强行上市"是一种风险极高的行为，如果后续专利挑战成功或与原研公司达成和解，回报将极其丰厚，而如果专利挑战失败，将面临巨额赔偿。无论如何，专利纠纷都不影响美国FDA的审评进度，在美国FDA审评结束之后，如果ANDA符合技术审批条件，美国FDA就可以"暂时性批准（tentative approved）"仿制药，但未达到正式批准条件之前，仿制药不得上市。

对于动辄年销售额上亿乃至几十亿美元的品牌药而言，仿制药的"杀伤力"非常强大。因为仿制药低廉的开发成本，上市后可以低价迅速抢占市场。通常首仿药的销售价格在原研药的70%以下，加之美国使用和报销均实行仿制药优先的原则，仿制药在180天市场独占期内足以抢占一半以上市场份额。对于仿制药公司而言，企业的营收和利润都可能因一个品种的市场独占期而实现暴涨，而对于原研企业而言，则可能面临数亿乃至数十亿美元的销售额损失。根据Mylan年报，该公司在丁环螺酮的市场独占期内成功拿下1.68亿美元的销售额，而根据Barr pharma年报，该公司在氟西汀的市场独占期内获得3.65亿美元的销售额……因此，对于原研公司而言，在专利战中胜诉率不高的情况下，与仿制药公司达成专利和解，共享专利独占期或收取和解费是减小损失的最有效方式。

与以往的经历如同一辙，《Waxman-Hatch修正案》在刚出台之时同样存在漏洞。虽然该法案已经为专利提供了补偿，但创新药公司并未就此满足。一方面是创新药的研发成本越来越高，另一方面是越来越严格的临床试验要求使得药品的专利保护期限越来越短，当时美国的专利保护期仅为17年。为了尽量延长专利期以最大限度得到利润，专利药企业利用《Waxman-Hatch修正案》的漏洞多次申请专利等待期，以延缓仿制药的上市时间，为了多次获得市场独占期，他们不断增加新专利，反复提交诉讼，其中最具代表的就是百时美施贵宝的紫杉醇、丁环螺酮和顺铂（均获得2次等待期）、葛兰素帕罗西汀（获得多次等待期）、华纳－兰伯特的加巴喷丁（获得2次等待期）等。

反复地专利等待期大幅延缓了仿制药的上市时间，不利于药品价格的下降。1994 年底，美国修正了专利法，将专利期限从 17 年调整为 20 年，仿制药与创新药之间的利益关系必须进行二次平衡。为了防止滥用"专利等待期"的行为，美国于 2003 年再次修订了《Waxman-Hatch 修正案》，美国 FDA 对橙皮书进行了修订，只允许化合物、配方、晶型、水合物、获批适应症相关用途以及配套的器械等核心专利纳入橙皮书，而且一个药品仅授予一个"不超过 30 个月的专利等待期"。对于制备工艺、异构体、中间体、起始物料、代谢物、获批适应症不相关用途等非核心专利则不得纳入橙皮书，专利纠纷也不能申请"专利等待期"。

由于 20 世纪七八十年代，美国制药经济的空前发展，药品申报数量从 1970 年的 4200 份快速增长的 1989 年的 12800 份，药品不良反应报告也从 12000 份上升到 70000 份，另外还有高达 16000 份的医疗器械不良反应报告，以及错综复杂的社会事务，美国 FDA 的工作量变得越来越庞大。然而因为政府财政赤字的不断扩大，美国 FDA 的人员规模不但未增加，反而被压缩了近 15%。一方面是人均工作量的逐年增加，另一方面是空前的合规性要求，美国 FDA 的审批速度变得越来越慢，最终出现了申请资料的大规模积压。虽然美国 FDA 制定了"先报先批"的原则，但腐败分子从中找到了可乘之机，他们通过行贿等方式，想办法将资料派发到审评速度较快的审评员手中，而竞争对手的资料则被分给速度较慢的审评员，甚至还出现了申报资料屡屡丢失的现象（被人撕毁或藏匿）。审评速度的不对等性很快就被行业发现，但害怕被"报复"，大部分企业选择了忍气吞声。美国 FDA 官员的腐败严重影响到仿制药巨头 Mylan 公司的利益，于是该公司聘请私家侦探对美国 FDA 的审评官进行了长达 1 年的暗中调查，获得了大量的受贿证据，最终美国 FDA 的腐败丑闻在 1989 年曝光于众。这次丑闻，严重影响了美国 FDA 的声誉，为了平息这次事件，包括仿制药办公室主任在内的 5 名官员被投入监狱，参与腐败的 30 多名药企工作人员也受到不同程度的刑罚，30 多家仿制药公司的资料被要求重新申报，近 130 个涉腐、作弊获批上市的 ANDA 批文被吊销等。

"腐败丑闻"的影响极大，为了预防腐败的再次发生，美国 FDA 更加谨慎，审批速度大幅减缓。90 年代初期，ANDA 的批准数量达到了《Waxman-Hatch 修正案》实施以来的低谷，很多仿制药公司都对美国 FDA 的审批速度不满，Mylan 在年报中提到，通过尝试多元化来平衡业务增长需求和美国 FDA 审批速度放缓之间的矛盾。为了重塑自己的形象，美国 FDA 不得不再次申请立法，最终《仿制药强制法案》（Generic Drug Enforcement Act）和《处方药使用者费用法》（Prescription Drug User Fee Act）在 1992 年获得通过。《仿制药强制法案》对作弊的企业和个人规定了最严厉的惩罚，作弊者被要求终身不得从业，违法企业被要求禁止或限制申报，涉腐、作弊获得的批文，美国 FDA 有权吊销。而《处方药使用者费用法》让美国 FDA 获得了对申请人收费的权利，从而获得大幅扩充人员编制的经济基础，1995 年以后，审批效率逐渐回升，2004 年前后，ANDA 的年度批准数量回到了 80 年代后期的水平（表 2-2）。

表 2-2　美国 FDA 仿制药审评速度变化（月）

年份	1995	1996	1997	1998	1999	2000	2001	2002	2003	2004	2005	2006
受理号数	283	307	330	345	296	365	320	392	479	635	563	766
中位审评时间	27.0	23.0	19.3	18.0	18.6	18.2	18.1	18.2	17.0	15.7	16.3	16.5

年份	2007	2008	2009	2010	2011	2012	2013	2014	2015	2016	2017	
受理号数	793	880	859	813	898	1103	958	1473	539	852	1306	
中位审评时间	18.8	21.7	25.0	27.9	29.5	/	44.0	37.0	26.0	22.0	14.0	

《处方药使用者费用法》实施以后，药品的审评、审批变得更加透明，而且有了可预测性。因为审评效率的不断提高和美国仿制药替代的需求，仿制药的批件数量出现大幅增长。2000 年以后，美国仿制药市场进入了高速发展的黄金时期，世界各国的仿制药公司都来到美国申报仿制药，美国 FDA 再次出现了受理号积压，为了解决积压，美国在 2012 年通过了《仿制药使用者费法案》（Generic Drug User Fee Amendment，GDUFA），要求美国 FDA 逐渐解决受理号积压，并且在 10 个月内完成第一轮审评，但收费相较以往出现大幅上涨。随着编制规模的不断增加，ANDA 的批准数量和批准速度明显升高。然而因为仿制药批文数量的大幅增长，美国仿制药价格因激烈的竞争而大幅下降，几乎每个美国人都享受到廉价仿制药的福利。近年来，美国 FDA

通过研究发现，美国仿制药的竞争存在不平衡性，部分品种的竞争并不充分或几乎不存在仿制药竞争，于是在 2017 年，美国又通过了《美国 FDA 再授权法案》（FDA Reauthorization Act），该法案授权美国 FDA 针对这些仿制药开辟一条新审评通道——"竞争性仿制药疗法"（Competitive Generic Therapy，CGT），旨在加快缺乏竞争品种的仿制药研发和审评，鼓励制药企业开发缺乏竞争的仿制药品。获得 CGT 认定的仿制药不仅可以享受优先审评，而且可获得 180 天的市场独占期。

2015 年之后，价格下降导致的市场萎缩超过了销量增长所带来的增量，美国仿制药市场开始逐渐萎缩，但为了进一步增加仿制药竞争，美国 FDA 制定了一揽子的"药品竞争行动计划"（FDA Drug Competition Action Plan）。虽然美国 FDA 加大了仿制药的审批，但制药企业对几乎"无利可图"的美国仿制药失去了积极性，出现大量"僵尸"批文。为了进一步加大仿制药的竞争，美国 FDA 只能从降低仿制药准入成本的角度考虑，提出了"全球统一标准，ICH 国家申请互认"的设想。根据该设想，仿制药公司只需在统一的标准下研发一套申报材料，就能够同时在 ICH 成员国申请上市，这样不但可有效降低仿制药的开发成本，还能够进一步加大仿制药的竞争。事实上，美国 FDA 并非是凭空设想，而是进行了大量的研究和探索，而且"互认程序"已在欧盟实施多年，是有望下一步推行的举措，不过需要推动美国立法和协调 ICH 成员国的利益，这对于美国 FDA 而言，都是漫长而艰巨的任务。

六、总结与讨论

美国的药品法规是在无数次血与泪的斗争中形成的，经过多年的查缺补漏，法规得以不断健全和完善。因为世界其他国家的药监系统形成较晚，所以或多或少都会参考美国的相关法律。通过对美国法规演变历程的研究，能够更好地理解市场形成机制和行业演变逻辑，为战略规划与调整提供有效帮助。

参考文献

［1］ Philip J Hilts. Protecting American's health：FDA business and one hundred years of regulation［M］. The University of North Carolina Press，USA，2004.

［2］ Reputation and Power：Organizational Image and Pharmaceutical Regulation at the FDA［M］. Princeton University Press，USA，2014.

［3］ 王建英. 美国药品申报与法规管理［M］. 北京：中国医药科技出版社，2005.

［4］ 南晨. 百年前震惊美国的"泔水奶"事件［J］. 文史博览，2009（2）：24-25.

［5］ Richard A. Mecke. Save the Babies：American Public Health Reform and the Prevention of Infant Mortality，1850-1929［M］. University of Michigan Press，USA，1998.

［6］ Donohue J. A history of drug advertising：the evolving roles of consumers and consumer protection［J］. Milbank Q，2006，84（4）：659-699.

［7］ M. Weatherall. In Search of a Cure：A History of Pharmaceutical Discovery［M］. Oxford University Press，UK，1991.

［8］ University of st augustine for health science. Cures and Curses：A History of Pharmaceutical Advertising in America［EB/OL］：https://library.usa.edu/cures-curses-exhibit.

［9］ Young JH. Botulism and the ripe olive scare of 1919-1920［J］. Bull Hist Med. 1976，50（3）：372-91.

［10］ FDA. Taste of Raspberries，Taste of Death The 1937 Elixir Sulfanilamide Incident［EB/OL］. https://www.fda.gov/about-fda/histories-product-regulation/sulfanilamide-disaster.

［11］ ELIXIR OF SULFANILAMIDE-MASSENGILL：Ⅱ［J］. JAMA，1937，109（21）：1724-1725.

［12］ Kingston W. Antibiotics，invention and innovation［J］. Research Policy，2000，29（6）：679-710.

［13］ Zaffiri，L.，Gardner，J.，& Toledo-Pereyra，L. H. History of Antibiotics. From

Salvarsan to Cephalosporins [J]. Journal of Investigative Surgery, 2012, 25 (2): 67–77.

[14] Nelson, M. L., & Levy, S. B. The history of the tetracyclines [J]. Annals of the New York Academy of Sciences, 2011, 1241 (1): 17–32.

[15] Aronoff DM. Mildred Rebstock: Profile of the Medicinal Chemist Who Synthesized Chloramphenicol [J]. Antimicrob Agents Chemother, 2019, 63 (6): e00648–19.

[16] Levine, D. P. Vancomycin: A History [J]. Clinical Infectious Diseases, 2006, 42 (Supplement_1): S5–S12.

[17] Abraham, E. P. Cephalosporins 1945–1986 [J]. Drugs, 1987, 34 (Supplement 2): 1–14.

[18] Bush, K., & Bradford, P. A. β–Lactams and β–Lactamase Inhibitors: An Overview [J]. Cold Spring Harbor Perspectives in Medicine, 2016, 6 (8): a025247.

[19] Botting J. The History of Thalidomide [J]. Drug News Perspect, 2002, 15 (9): 604–611.

[20] Chanapa Tantibanchachai. US Regulatory Response to Thalidomide (1950– 2000) [EB/OL]. https://embryo.asu.edu/pages/us–regulatory–response– thalidomide–1950–2000.

[21] The mastery institute. History of GMP [EB/OL]. http://www.themasteryinstitute. org/gmpmastery/history.htm.

[22] Munoz Tellez, V. Bolar Exception. In: Correa, C.M., Hilty, R.M. (eds) Access to Medicines and Vaccines [EB/OL]. Springer, Cham. https://doi. org/10.1007/978–3–030–83114–1_5.

[23] Wouters O J, Kanavos P G, Mckee M. Comparing Generic Drug Markets in Europe and theUnited States: Prices, Volumes, and Spending [J]. Milbank Q, 2017: 95 (3): 554–601.

[24] Thayer A M. 30 Years Of Generics [J]. Chemical & Engineering News, 2015, 92 (39): 8–16.

[25] Developmentof the generic drug industry in the US after the Hatch–Waxman Act

of 1984［J］. Acta Pharmaceutica Sinica B，2013，3（5）：297–311.

［26］ FDA. Drug Efficacy Study Implementation（DESI）［EB/OL］：https://www.fda. gov/drugs/enforcement–activities–fda/drug–efficacy–study–implementation–desi.

［27］ FDA. FDA Drug Competition Action Plan［EB/OL］：https://www.fda. gov/drugs/guidance–compliance–regulatory–information/fda–drug– competition–action–plan.

［28］ 霍春芳，吕霖，李慧. 美国仿制药专利挑战制度及策略［J］. 中国发明与专 利，2017，14（11）：6.

［29］ FDA. Federal Food，Drug，and Cosmetic Act（FD&C Act）［EB/OL］：https:// www.fda.gov/regulatory–information/laws–enforced–fda/federal–food–drug– and–cosmetic–act–fdc–act.

［30］ 美国国会. H.R.1 – Medicare Prescription Drug，Improvement，and Modernization Act of 2003［EB/OL］. https://www.congress.gov/bill/108th–congress/house– bill/1.

第三章

美国"仿制药替代"和仿制药市场的兴衰

美国是全球第一个推行仿制药替代的国家，同时也是全球第一大仿制药市场，在鼎盛时期占据全球仿制药市场份额的 40%。为了推行仿制药替代和促进仿制药竞争，美国各大行业协会、美国 FDA（美国食品药品管理局）、FTC（联邦贸易委员会）和 CMS（Medicare 和 Medicaid 服务中心）等联邦政府部门开展了深入而又科学的研究，并联合搭建了高效的市场运作体系，使得美国成为仿制药替代率最高、节省药品开支最高的国家。因为高效而成功的仿制药替代，美国成为全球各国争相效仿的榜样，研究美国的仿制药的市场运营机制和发展趋势，有利于更好地理解仿制药行业，为仿制药公司的战略规划和产品选项提供理论基础。

一、美国仿制药的早期发展史

"仿制药"一词源于拉丁语"*genus*"，意为通用的。根 G. F Meyer 报道，美国并未在法律层面上对仿制药定义，美国 FDA 所采纳的概念是 Roger Williams 博士提出的，即主成分、剂型、规格、给药途径、质量、疗效特征和预期用途与参照药品（reference drug）一致的药品。如果按 Williams 的概念严格限定，则在美国《Waxman- Hatch 修正案》实施以前批准的产品几乎都不能视为"generic drug"。但事实并非如此，美国仿制药始于 20 世纪 20 年代，而且在 1962 年以前，就已有近 4000 个品种。为了解决这些历史遗留的问题，美国 FDA 在 1966 年开展了"再评价"。虽然经历了安全有效性的"再评价"，但这些产品并没有指定参比制剂，也无法开展 BE 试验证明生物等效。此类产品大多具有商品名，故被称为品牌仿制药（branded generics），或早期上市的仿制药。

与仿制药对应的是专利药，专利药在 19 世纪的美国非常盛行，因为配方受专利保护而不对外公开，所以无从谈仿制，即便是仿制，那也只是主成分和剂型相似的产品。在《纯净食品、药品法案》出台之后，要求药品成分纳入标签，仿制药才拥有了仿制的"对象"。20 年代前后，最早期问世的那一批化学药品的专利陆续失效，仿制药由此出现，而最早的产品公认为是阿司匹林。1928 年，美国有杂志报道少数药房尝试使用相同成分的"仿制药"替代品牌药，于是"仿制药替代"的概念也由此诞生。

20 世纪二三十年代的美国，药品市场极其混乱，不良反应事件频发，如何让混乱的市场有序化是监管机构首要解决的问题。《食品、药品和化妆品法案》出台之后，美国 FDA 要求所有药品上市前都要提交 NDA，"仿制药"也不能例外。由于当时并没有形成严格的仿制药概念，也没有建立起合适的评价标准，虽然要求开展安全有效性研究，但临床试验并没有严格的标准约束，加之"60 日默许制"，让投机者有很多漏洞可钻，安全有效性都难以保障，一致性更是无从谈起。由于法规存在疏漏，美国 FDA 在 1940~1960 年之间批准的 7812 个新药中，除 413 个是新分子实体外，其他的几乎是"仿制药"或改剂型产品。

20 世纪 40 年代末期，仿制药替代的概念正式被提出，但很快就遭到了行业主流的反对。品牌药行业组织"国家药品委员会"（NPC）率先站出来表示抗议，他们认为仿制药替代是扼杀创新，而且凭借当时的技术理论体系无法支持仿制药替代。在 NPC 的作用下，美国医学会（AMA）和美国药师协会（APhA）也站出来反对，他们认为药师在配药时使用仿制药替代医生开具的品牌药是削弱了医生的作用，违背了药品行业的道德和标准。在几大行业协会的影响下，44 个州在 50 年代相继通过了反替代法，规定仿制药只有在医生开具处方的条件下才能使用。因为反替代法，早期的仿制药一直处于压制的状态，据文献数据，美国 1958 年的仿制药处方量仅占 10% 左右。

因为早期的《食品、药品和化妆品法案》漏洞较多，美国在反应停的阴影之下于 1962 年通过了《Kefauver- Harris 修正案》。修正案出台的目的是查缺补漏，美国 FDA 于是根据修正案的要求，严格控制药品的审批，同时在 1966 年启动了"药效学再评价"，旨在对 1938~1962 年之间批准的产品进行二次安全有效性评估。

二、美国药品市场独特的流通链条

美国的医疗费用由个人、公立医疗保险、商业保险和其他各种医疗援助项目（如军人保障、基金会等）共同付费，药品的支付机制极为复杂。1965 年，美国通过了《社会保障法修正案》（Social Security Act），由此建立了两大公立医疗保障体系 Medicare（主要面向 65 岁以上老人）和 Medicaid（主要面向低收入人群）。由于美国公立保险并不覆盖一般公民，他们想要获得医疗费用报销，只能自行购买或通过雇主购买商业保险，其中很大一部分人群存在无保险的情况。因为保险体系较为复杂，美国并没有统一的报销目录，商业保险通常根据购买者购买的承保范围确定药品目录，而公立保险的报销目录通常由各州建立和更新。美国处方药支付系统结构变化见图 3-1。

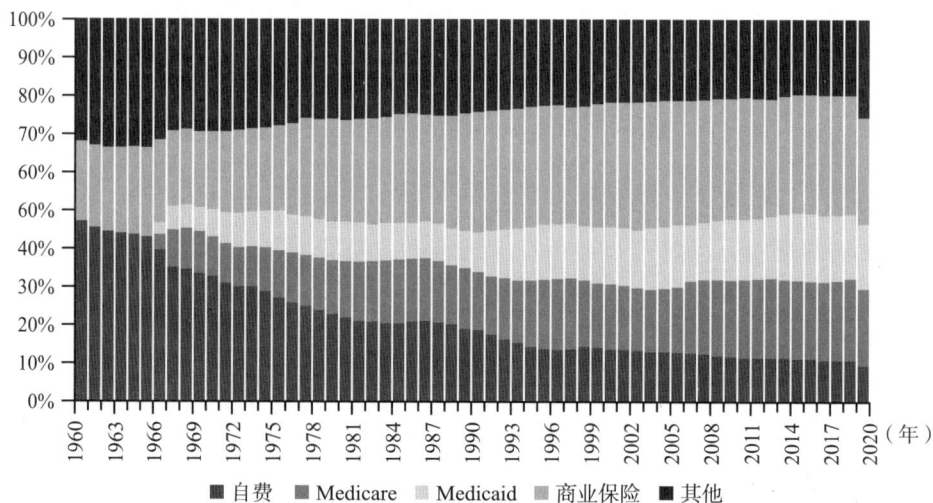

图 3-1　美国处方药支付系统结构变化

美国是一个崇尚自由竞争的资本主义国家，政府不直接干预药价，2003 年通过的《医疗保险现代化法》（Medicare Modernization Act）规定政府不得直接与药商进行价格谈判。由于政府不能直接干预药价，影响药品市场价格的主要是各流通链环节，包括药品生产企业、批发商、配送商、药房、医疗机构、PBM 和医疗保险机构。复杂的报销机制和纯粹的市场定价行为必然导致错综复杂的药品价格。美国几乎是全球药价机制最复杂的国家，很少有人能够说清楚美国的药品价格。1989 年，Medicaid 根据《社会保障法修正案》授权而建立了处方药返款计划（Prescription Drug Rebate Program），该计划要求制药公司让利，并按比例向政府返款。这种返款在购药合同、支付账单上均不显示，企业财务报告中也不披露，但药品的销售价格可能不是真实的支付价，而且存在同物不同价的现象。

根据销售渠道的不同，美国药品的流通链主要有两条。在医院渠道（约占 25%），制药企业主要通过药品集中采购组织（GPO）将药品卖给批发商或配送商，再由批发商或配送商供应至医院。而在零售渠道（约占 75%），制药企业则主要将产品卖给批发商或配送商，再由批发商或配送商供应给药店，当然大型连锁药店也存在直接向制药企业采购药品的情况。价值链方面，患者和医疗计划提供者首先向保险公司购买保险，然后在购药时，患者（自费部分）和保险公司（报销部分）按比例将药费支付给药房，药房再回款给批发商或配送商，最后再按比例支付给制药企业。在整个供应链中，不但每个环节都有利润抽成，而且充当药房、保险之间协调角色的 PBM 也要得利，最终 100 美元的药品价值链，平均只有 70 美元流到制药企业，根据 AAM 2020年的数据，创新药有 76 美元能够到达制药公司，而仿制药仅为 36 美元。

虽然 PBM 并不是药品流通链条上的主要环节，但却是不可或缺的角色。PBM 兴起于 20 世纪 60 年代后期，其存在的意义是对医疗费用进行管理，以达到节省支出，提高治疗获益的作用。在整个药事环节中，PMB 的主要作用包括：①药品目录、处方集管理；②药品采购、药价谈判，节省医保费用支出；③处方审核、用药评价，促进合理性用药；④健康管理，提高治疗获益；⑤药物返款需经过 PBM 才能回到政府。经过多年的发展，PBM 的商业模式已经非常成熟，而且在医疗费用控制过程中起到至关重要的作用。

在整个药事活动中，仿制药替代可以直接节省政府医疗开支，而政府医疗计划中 Medicaid 是联邦政府和各州共同付费，这样大力推行仿制药就成为联邦政府和州政府的共同利益所向。另外，根据 AAM 的药品供应链数据，在每 100 美元的药品价值链中，按人头收费的 PBM 从仿制药价值链的获利是 7 美元，而品牌药仅 2 美元，故 PBM 是政府之外，重点推行仿制药替代的组织。

经过了多年的发展，美国药品的流通产业链高度集中，这种集中能够降低制药企业的议价能力，是政府利益所向，而制药企业过于集中则会受到反垄断法的干预。目前，美国前三大批发商（Amerisource Bergen、Cardinal Health 和 McKesson）占据了美国 90% 的市场份额，前三大 PBM（Caremark、Express Scripts 和 Optum Rx）也占据了近 80% 的市场份额，而且批发商、配送商和 PBM 之间的业务还有合拢的趋势（图 3-2）。在高度集中化的流通产业链面前，仿制药公司的议价能力越来越小，尤其是中小型的仿制药公司。

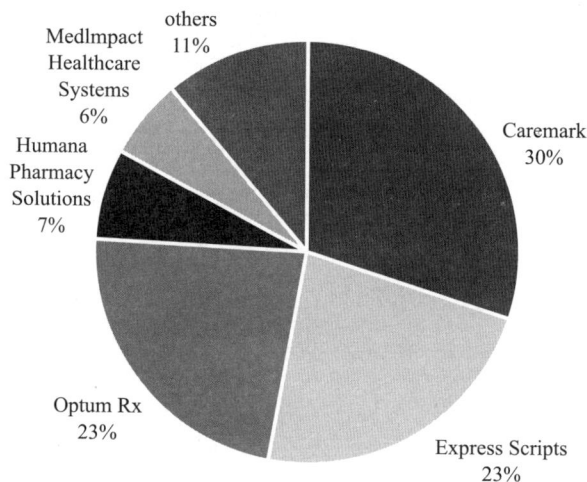

图 3-2　2020 年美国 PBM 市场格局

三、高效的仿制药替代

1965 年，美国建立了两大医疗保障体系，而公立医保体系的建立往往是国家医疗费用控制的开始。随着《Kefauver- Harris 修正案》的实施，新药研发难度增加，研发周期延长，研发成本大幅升高，创新药的投资回报率大幅下降，于是药价开始逐年上涨。为了控制医疗支出，有远见的政治家们开始考虑"仿制替代"的问题。1967 年，参议员 Gaylord Nelson（参议院垄断和反垄断委员会主席）在一次制药行业竞争问题的听证会上，向立法者、医生和药商发问，为什么具有相同成分的仿制药和品牌药价格相差 10 倍？为什么化学等效不能转化为治疗等效？为什么患者要支付更高的费用？同年，美国司法部反垄断部门官员 Donald Turner 也公开表示，"所有品牌的阿司匹林都是相同的，建议消费者购买最便宜的品牌（仿制药）"。还有官员甚至提出联邦立法，以帮助医疗计划（Medicare 和 Medicaid）对药品的分配与控制，让消费者和国家的药品支出得以下降……然而在有拥趸的同时，反对的声音也很洪亮，尤其是品牌药组织"美国药品生产协会"（今为 PhRMA）、APhA 和美国零售药师协会（今为 NCPA）。反对者认为仿制药替代不会大规模节省费用，还会增加不良反应风险，甚至对医药行业造成损坏等。

1966 年，美国 FDA 依据《Kefauver- Harris 修正案》，开始对上市药品再评价，经过 3 年多的努力，于 1969 年初步完成了 3000 多个药品的"有效""无效""需进一步研究"的筛分。70 年代以后，美国 FDA 在增加仿制药审批的同时，还为寻找适合仿制药的审评路径开展了多种尝试，包括开通新审评路径、尝试使用简化新药申请（ANDA）申报、利用生物等效性（BE）来证明仿制药与对照药一致性等。70 年代末期，美国 FDA 还尝试让 1962 年以后批准的、安全有效性熟知的品种，在申报仿制药时使用文献新药申请（paper new drug application），允许仿制药的安全有效性数据引用文献数据。1979~1983 年，共有 19 个仿制药按照该路径获得了批准。

虽然美国 FDA 在审批和监管方面的探索取得了出色的成绩，但要在美国范围内开展仿制药替代同样是一个漫长的博弈过程。20 世纪 70 年代，全球范围内发生了两次石油危机，而且美国国内也发生了三次经济危机，这些危机导致美国经济下滑，通货膨胀，数据显示，美国通货膨胀率从 6% 上升到 12%，财政赤字从 1970 年的 28.4 亿美元增长到 1980 年的 738.3 亿美元。为了填坑补漏，美国政府不得不大规模发行国债，压缩各项开支。尽管当时正值创新药快速发展的黄金时期，但在高速增长的医疗开支面前（图 3-3），政府的意志还是向仿制药替代一方发生了偏移，加之 PBM 的从中斡旋，仿制药替代才得以逐步推动。

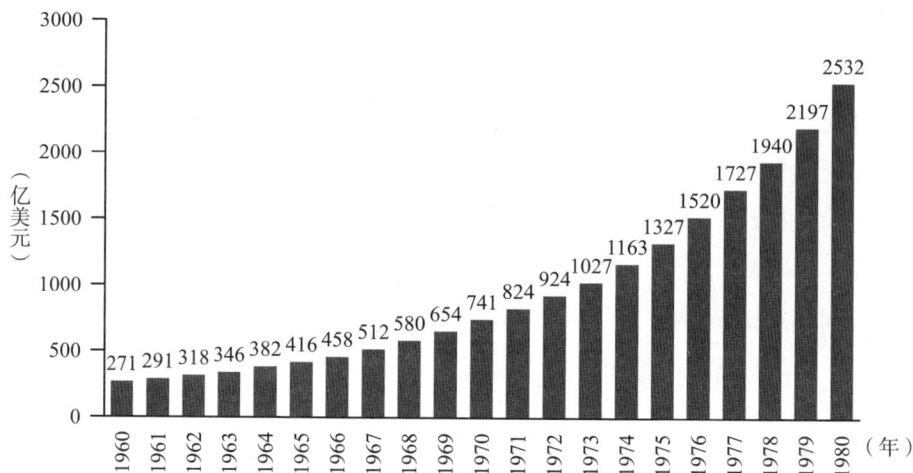

图 3-3　1960~1980 年美国医疗支出变化

除了 PBM 和政治家的游说，部分行业组织也站出来表明观点，早期反对仿制药替代的 APhA 也在 1971 年呼吁各州废除反替代法。与此同时，Medicare 对药物效益成本进行了深度地研究，并促使美国卫生、教育和福利部制定了最高付费价——估算采购价（MAC-EAC）计划，该计划于 1976 年开始实施，因为 MAC 设定了药物报销上限价格，非常有利于仿制药的发展。在多方面因素的促进下，各州加速了反替代法的废除，截至 1982 年，50 个州已全面废止了该法，部分州甚至还以替代法取而代之，让仿制药替代成为强制行为。为了帮助各州实施医疗费用控制计划，美国 FDA 于 1979 年初步建立了治疗等效性评价体系和治疗等效的品种列表。1980 年，该文件被出版发行，即橙皮书（orange book）第一版。

1972 年以后，美国 FDA 逐渐加大了仿制药的批准数量，加之各州反替代法的逐渐废除，美国仿制药市场得到了初步的发展，处方量占比从 1975 年的 9.5% 逐渐上升到 1984 年的 19%，到 70 年代末期，美国仿制药市场规模已经接近 10 亿美元。FTC 研究数据显示，美国仿制药替代率从 1980 年的 5.5% 上升到 1984 年的 9.5%，年节省药品开支也从 1.30 亿美元扩大至 2.36 亿美元。

20 世纪 80 年代初期，美国再次出现了经济危机，财政赤字在 1983 年达到空前的 2030 亿美元，为了控制费用，关于仿制药替代的联邦立法进程被加速。1984 年秋天，《Waxman-Hatch 修正案》正式出台，仿制药研发被简化,研发成本也被降至 100 万~200 万美元,仿制药行业迎来了快速发展的春天。据文献报道,1983 年前失去专利保护的畅销药中,仅 35% 的品种存在仿制药竞争,美国 FDA 统计数据也显示,1984 年的美国有 150 个专利失效的品牌药不存在仿制药竞争。此外,FTC 也从市场的角度对当时的仿制药现状进行了报告——仿制药替代率只有 9.5%,销售份额仅有 8%,总处方量仅占 19%……

一方面是尚待开采的大型仿制药金矿,另一方面研发成本的大幅下降,很快就迎来了仿制药的申报潮。在《Waxman–Hatch 修正案》推出后的第二年(1985 年),美国 FDA 收到的 ANDA 数高达 1050 项。随着申报数量的爆炸式增长,美国 FDA 也开足了马力,1985~1989 年批准了将近 1800 个 ANDA 文号,大量的仿制药投放市场,为仿制药的替代奠定了基础。

为了快速推进仿制药替代,俄勒冈州在 1981 年率先通过了治疗替代法,随后各州也陆续通过了类似的法案,由此仿制药替代成了药师的义务,虽然有一部分州最终未批准类似的法案,但也积极鼓励药师使用仿制药替代。20 世纪 80 年代中后期,两大医疗计划又制定了多项措施,如"Medicaid Instituted A Cost–Savings Program""Medicare Savings Programs"等,要求医生使用通用名开具处方或在仿制药可及的情况下尽量开具仿制药处方,要求药师配药时在仿制药可及的条件下必须使用仿制药替代,除非医师处方中写明不允许替代或患者主动诉求。在支付和报销端方面,各州政府和商业保险公司在 PBM 的作用下制定了利于仿制药的报销的措施——药品处方集。虽然"药品处方集"(drug formularies)早在 60 年代就已出现,但一直根据药品的可及情况或治疗获益情况不断更新,仿制药获得批准后,通常会在第一时间被纳入该目录,而只有纳入 drug formularies 的药品才能被优先使用和报销,部分保险公司更是要求在仿制药可及的条件下不予报销品牌药或患者使用品牌药必须多付费。

以美国药都新泽西州为例,该州在 1977 年废止了反替代法,并出台了一系列措施促进仿制药替代,指定由药物应用审查委员会(Drug Utilization Review Council,DURC)编制和颁布可与品牌药替换的仿制药清单,要求可替代的仿制药进入药品处方集以前必须经过严格的审查,如必须在 GMP 条件下生产、提供美国 FDA 的审批文件备案等,还要求正式进入目录前必须公开召开听证会。在药物进入处方集之后，仿制药替代就成为一种强制行为，除非医师指定某个产品或不允许替代（表 3-1）。

表 3-1 新泽西州仿制药替代率变化

指标＼年份	1979	1980	1982	1985	1986	1987	1988	1989	1990
调研处方数（张）	22,241	20,439	3704	10,001	10,001	1000	9721	9145	8752
净替代率（%）	6.6	6.7	7.6	11.9	13.3	14.2	16.0	17.6	19.2
通用名开方（%）	15	14	13	16	13	13	14	15	14
仿制药配方（%）	22	21	21	28	26	27	30	32	32

不得不说，美国的"一系列举措"非常成功，仿制药处方量占比从 1984 年的 19% 迅速上升至 1990 年的 33%。根据 FTC 的报告，1990~1993 年专利到期的 13 个品种中，有 11 个在失效后的 2 个月内出现仿制药的竞争，这相比 1984 年的情况已经有很大的改观。

因为准入门槛的大幅降低，ANDA 申报数量大幅增加，美国 FDA 批准的仿制药数量见图 3-4，而美国 FDA 却因政府缩减预算而大幅裁员，最终导致了申报文件积压。为了尽快拿到批文，有的企业走上了歪路。1989 年，美国

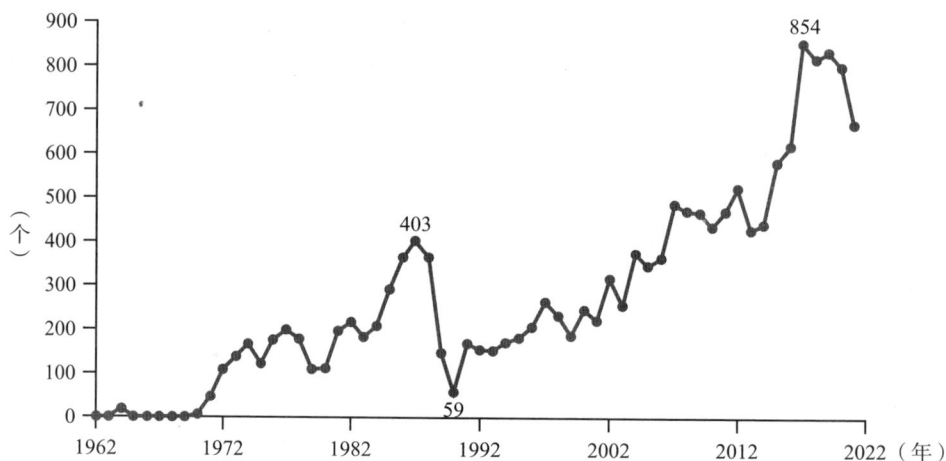

图 3-4 美国 FDA 历年批准的 ANDA 数量变化

注：数据基于 2022 年 7 月统计，很多早期的批文可能存在退市、撤市或被吊销的情况，数据可能与早期文献的报道存在差异，仅供参考。

FDA 的"腐败丑闻"被曝光,药品评价与研究中心(CDER)的仿制药办公室几乎被"端掉",仿制药审批数量和审批速度都大幅下降。这种低审批速度持续了很长一段时间,令仿制药公司非常煎熬,"竞争激烈""审批放缓"成为 90 年代行业的代名词。为此,有的仿制药公司还调整了发展战略,如 Mylan(多元化,发展品牌药),Watson(发展品牌药),也有的公司为了快速发展批文数量,开始频繁兼并,而有的公司则因运营不善而消失在视野,如大名鼎鼎的 Bolar Pharma、Alpharma 等。

为了挽回形象,美国在 1992 通过了《仿制药强制法案》和《处方药使用者费用法》,ANDA 的审批数量和审批速度在 1995 年之后逐渐回升,仿制药处方量占比也在 1999 年达到了 47%。回顾整个历史,虽然 90 年代取得了不错的成绩,但并不卓著。1996 年以后,美国 FDA 制定了加快审批的计划,仿制药的审批速度变得越来越快(图 3-5)。2003 年,美国修正了《Waxman-Hatch 修正案》的漏洞,"滥用专利等待期"的现象也得到有效遏制,挑战专利的效率也得以明显提高。

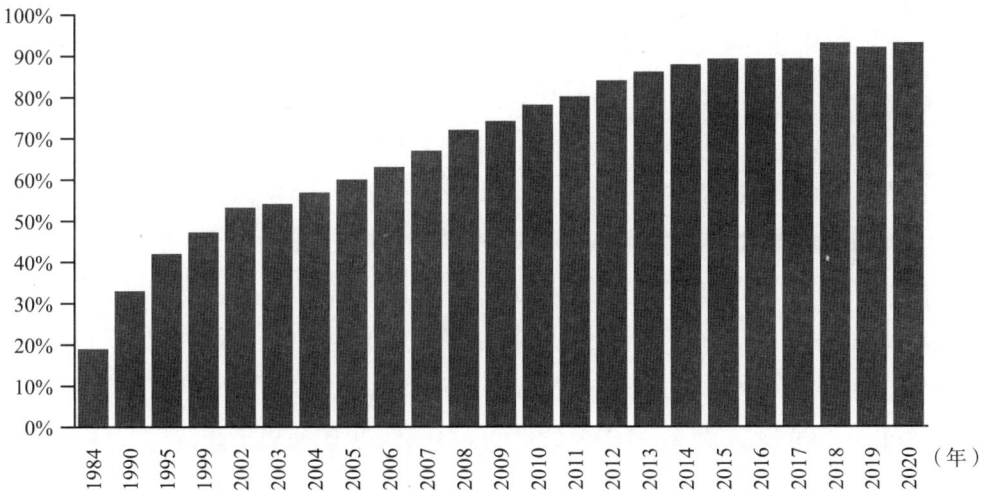

图 3-5 美国仿制药处方量占比(AAM,IMS)

随着审批的逐步提速和仿制药市场的快速增长,ANDA 的申报量也越来越大,而且还出现了大量海外仿制药公司。美国仿制药协会(AAM,GPhA)的数据显示,美国仿制药处方量占比在 2020 年达到了 93%。而在高效替代的同时,美国还利用扩大竞争的方式让仿制药价格逐渐下滑,使得 90% 的处方量的仿制药仅消耗了 18% 的药品支出。因为成功的仿制药替代，在过去的 20 年间（2002~2021），美国节省的药品开支高达 35660 亿美元（图 3-6）。

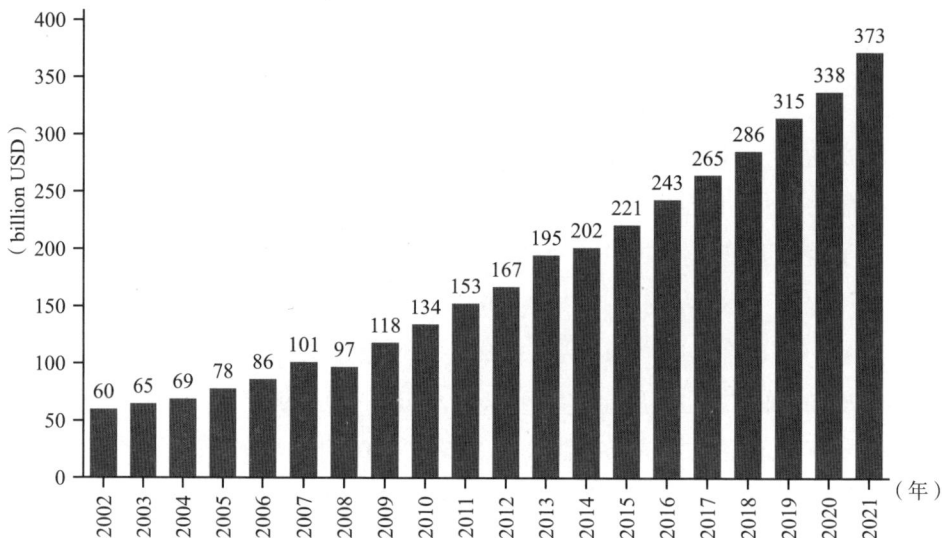

图 3-6　2002~2021 年仿制药为美国节省的药品开支统计（AAM，GPhA）

然而随着仿制药替代率的逐渐上升，市场逐渐趋于饱和，激烈的价格竞争让广大仿制药公司无利可图。2015 年之后，仿制药公司开始"外逃"，而且美国 FDA 批准的 ANDA 中，近 35% 的文号从来未在美国上市（僵尸批文）。为了进一步增加仿制药的竞争，美国 FDA 在加快仿制药审批的同时，提出了"仿制药竞争计划"，开通了 CGT 的新审评通道，鼓励开发竞争不充分的品种，并对授予 CGT 资格的仿制药给予 180 天市场独占期。除此以外，美国 FDA 还在探索统一仿制药评估标准，寄希望于全球统一标准，让申报资料在 ICH 范围内互认，以降低申请人的开发成本，增加仿制药申报的积极性。2017 年，美国 FDA 新批 ANDA 数量创下了 854 个的历史最高位。

四、美国仿制药经济的形成与发展

20 世纪 70 年代，世界范围内经历了两次石油危机，化工业因此受到重创，为了谋求发展，化工巨头们陆续把战略重心转向利润较高的创新药，而且在此期间，药物筛选技术、基因重组技术、杂交瘤技术相继获得了突破，创新药得到飞速发展。而且在 70~80 年代初期，因缺乏仿制药的有效竞争，创新药的投资回报率非常高，被称为第二个"创新药发展的黄金时代"。但是随着监管环境的不断规范和治疗水准的不断提高，研发成本逐渐高涨而专利保护期不断缩短，据 FTC 的报告，在 70 年代和 80 年代初，创新药的平均研发成本是 1.1 亿美元，而研发周期是 7 年，上市后实际专利保护期只有 10 年左右。这一系列的原因都导致了药价的高速上涨，为了控制药品开支，美国推动了仿制药替代。

在当时，创新药公司几乎代表了整个行业，也是影响政府行为的主要力量。但是失控的处方药总支出（医疗支出中的一部分），让美国出现了"创新"与"仿制"之间的多年博弈。数据显示，美国在 1960 年的处方药总开支仅为 20.76 亿美元，但在 1980 年增长到了 120.49 亿美元，翻了约 6 倍。为了探索仿制替代，有人在 70 年代就对仿制药的价格进行了研究，发现仿制药的平均价格仅为品牌药的 40%，而且 FTC 也作了研究报告，得出的结论是仿制药数量越多，药价下降越快。对于只有一个仿制药的品种，其价格在原研药的 70% 左右，然而有 5 个以上仿制药的品种，其平均价格通常在原研药的 30% 以下。

尽管 20 世纪 70 年代已有了初步的发展，但市场规模仍不值得一提，专注仿制药开发的公司也寥寥无几。到 80 年代初期，美国仿制药的市场份额也仅有 5%（部分文献报道为 8%），销售额规模约为 10 亿美元。《Waxman-Hatch 修正案》通过以后，美国产生了大量的专业仿制药公司，汽巴-嘉基、惠氏、百时美施贵宝、雅培等制药巨头也布局了仿制药业务，市场规模进一步增加到 15 亿~20 亿美元，有别于品牌药的"特色"行业才逐渐形成。因为仿制药节省开支的效益非常明显，政府为仿制药行业的发展打通了审批、销售、使用和支付的各个产业链条，通过政策调整，赋予了仿制药六大优势：①仿制药无需向医生推广；②仿制药无需市场营销；③药师可不经医师的批准而直接使用仿制药；④患者不需要主动理解仿制药；⑤在价值链条上，PBM 和药房可获得更高利润；⑥患者和保险都可以节省费用……

为了迅速降低药价，高效的美国 FDA 在 1985~1990 年间，授予了近 1800 个 ANDA 批文，平均每个专利失效的品种达 10 个。随着仿制药批文的快速增加，美国仿制药市场占有率也获得快速上升，1990 年的仿制药处方量占比相比 1984 年提升了约 15 个百分点，市场规模达到了 40 亿美元。彼时，美国有近 200 家仿制药供应商，其中前 30 家企业占据了 80% 的市场份额，第一梯队的仿制药公司（如 Teva、Mylan、Geneva、Par 等）已经拥有数十个 ANDA 批文，销售额近 1 亿美元，而第二梯队的公司（如 Watson、Alpharma、Ivax、Barr、Taro、Bolar）等公司，销售额也达到了数千万美元。

20 世纪 90 年代以后，基本已不存在原研药专利失效后还无人仿制的现象，FTC 的调查数据显示，13 个在 1990~1993 年专利失效的品种中有 11 个在专利期满后的 2 个月内出现了仿制药。自此，以往积累的"可仿资源"几乎被用尽，后续仿制药市场的增长须以新"可仿资源"的大小为依托，每年失去专利保护的品牌药市场规模便决定了仿制药市场的增长潜力。文献数据显示，1991~1995 年，有 57 个药品面临专利悬崖，其中新分子实体有 14 个，这些产品在 1989 年的总销售额为 84 亿美元。由于"可仿资源"并不可观，仿制药市场增长也比较缓慢，加之此前的"腐败丑闻"，美国 FDA 在 90 年代初期的审批速度大幅下降，仿制药市场竞争变得非常激烈。数据显示，美国 1995 年的仿制药市场规模约为 64 亿美元，仅相比 1990 年增长了 60%。尽管如此，美国仿制药处方量占比还是达到了 40%，据国会预算办公室（CBO）估计，"仿制药替代"为美国 1994 年的药品开支（530.2 亿美元）节省了 80 亿~100 亿美元，节省率达 14%~19%。

1995 年以后，可仿资源进一步减少，仿制药替代率的提升也明显放缓，5 年间仅从 42% 上升至 47%，市场规模也仅增长了约 50%。在此期间，斯坦福大学和美国仿制药协会联合发布了一项报告，称"仿制药处方量每提高 1%，美国药品支出就能多节省 11.6 亿美元"。然而节省的背后是残酷的竞争，20 世纪 90 年代后期，美国还有 140 多家仿制药供应企业，平均每家企业分到的市场份额仅 4000 万美元，其中 Teva、Perrigo、Mylan、Ivax、Forest、Alpharma、Watson、Schein、Barr、Ranbaxy 等 10 大仿制药公司占据了约 40% 的市场份额，雅培、百时美施贵宝旗下的 Copley 和 Apothecon、American Home Products（惠氏的前称）旗下的 ESI Lederle、诺华旗下的 Geneva、葛兰素史克旗下的 Penn Lab、先灵葆雅旗下的 Warrick 和爱尔康旗下的 Falcon 也在拼命地抢占市场，竞争异常激烈（图 3-7）。

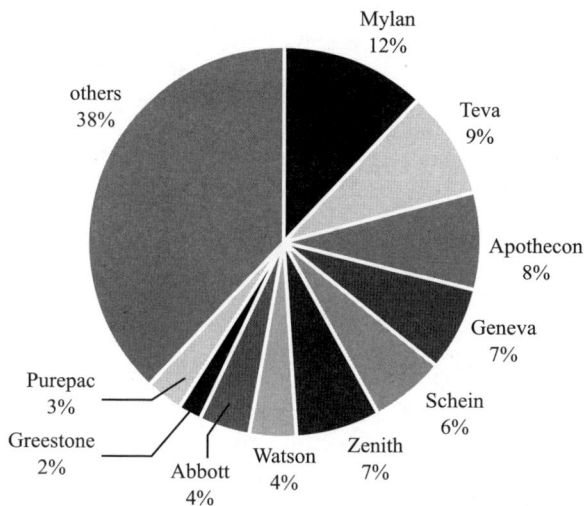

图 3-7 1997 年美国仿制药市场格局（按处方量）

因为仿制药行业资源较为分散，仿制药公司的议价能力较弱，盈利能力也比较低。据文献报道，40 个在 1992~1998 年间专利失效的品种中，多个仿制药品种的平均价格在原研专利失效后的 12 个月内降至原研的 10% 以下，卡托普利更是降至 5%。在激烈的价格竞争中，仿制药公司的利润被无限摊薄。2000 年前后，美国大部分仿制公司的毛利水平为 20%~40%（不及当今的前三大仿制药巨头），加之运营效率低下、固定资产占比较高，管理费用居高不下，十四大仿制药公司在 1996~2002 年间的总平均盈利水平（营业利润/营收）仅为 7.56%。为此，有远见的仿制药公司开始考虑优化供应链结构和提升运营效率，其中动态调整业务、收购原料工厂、升级制剂产线、调整销售模式、精简人员、提升管理效率是最常见的方式（表 3-2）。

表 3-2 美国仿制药公司营业利润率比较（%）

年份 公司	1996	1997	1998	1999	2000	2001	2002	平均
Teva	11.48	13.69	11.24	14.98	14.32	17.63	20.81	14.88
Mylan	13.63	22.34	23.3	28.22	2.36	35.78	32.62	22.61
Watson	38.84	37.65	31.80	34.18	0.99	8.70	22.00	24.88
Taro			9.78	12.90	15.51	21.96	25.17	17.06

公司 \ 年份	1996	1997	1998	1999	2000	2001	2002	平均
Endo	34.02	−25.46	13.69	14.20	−74.91	−11.07	16.36	−4.74
Barr	4.25	1.29	6.55	12.39	−1.73	11.72	25.09	8.51
Alpharma	0.81	9.37	10.75	11.72	13.80	2.50	5.45	7.77
Ivax	−26.4	−33.6	−0.57	10.11	17.23	22.04	12.51	0.19
Par	−21.86	−27.97	−24.25	−4.16	−1.46	28.31	32.67	−2.67
Schein	3.94	7.22	−30.42	35.85				4.15
Copley	−13.01	1.65	7.52					−1.28
Purepac	−9.21	7.84						−0.69
平均	3.32	1.28	5.40	17.04	−1.54	15.29	21.41	7.56

进入 20 世纪 90 年代以后，发展良好的仿制药公司兼并经营不善的仿制药公司逐渐成为一种趋势。彼时，仿制药公司规模都不是很大，兼并的成本并不高，而且行业正在快速发展，只要有技术、有批文，不良资产都有望被快速盘活。随着规模的不断扩大，到 90 年代后期，仿制药企业间的兼并逐渐演变为强强合并，大型仿制药公司为快速增加批文数量、获得新技术、降低产品线竞争压力、增加区域供应能力或优化产业链而频繁发动兼并，个别企业甚至动用了债务杠杆。

1994 年，Watson 以 6 亿美元的价格收购 Circa 而迈出了美国仿制药公司大规模兼并的第一步；1996 年，Mylan 以 4750 万美元的价格吃掉了 UDL Lab，Teva 以 2.9 亿美元收购 Biocraft；1999 年，Teva 以 2.2 亿美元吞并了 Copley Pharma；2000 年，Watson 以 6.7 亿美元兼并了 Schein Pharma，Teva 以 2.65 亿美元吞并 Novopharm……经过几次大规模的兼并，美国仿制药行业的竞争格局在短短的几年间就发生了天翻地覆的变化。

除了制药企业，美国药品渠道商的竞争格局也在不断集中，到 20 世纪 90 年代中期，5 大批发商几乎包揽了 90% 以上的仿制药销售，虽然大部分仿制药公司保留着一定比例的自营，但已无需大规模的营销队伍。Mylan 的年报显示，三大批发商包揽了该公司 40%~60% 的销量，其余的产品主要是卖给配送商、药品集中采购组织（GPO）、连锁药店和医疗援助机构，销售额高达4亿美元的仿制药巨头，营销队伍不足80人。随着营销模式的逐渐转变，营销和市场费用在美国仿制药公司的财务支出中，占比越来越小。

五、美国仿制药市场的黄金十年

进入21世纪以后，美国医药市场出现了几大变化，一是《处方药使用者费用法》实施后，审批效率得以明显提高，仿制药审批速度大幅加快，ANDA的中位审评时间从1995年的27个月下降至2004年的14.7个月；二是创新药研发难度加大，研发成本日益提高，整体药品市场增长放缓，仿制药成为药品市场的一大亮点，诺华等制药巨头将仿制药业务纳入重点业务，导致竞争加剧；三是低成本的印度仿制药大规模进口到美国，本土仿制药公司受到剧烈的低价冲击；四是自费的比例从1980年的66%逐渐下降至27%，商业保险从20%支付比例上升到53%，商业保险的提升加速了仿制药的替代速度；五是PBM和批发商的集中度进一步提高，4大PBM管理了美国近60%的药品销售，而四大批发商也占据了70%以上的配送市场，中小仿制药公司的议价能力进一步下降；六是零售和邮寄成为药品销售的主导，自营仿制药的利润明显不如代销，仿制药品的自营比例越来越小；七是通过几年资源整合，行业资源变得更加集中，前五大仿制药巨头占有50%以上的市场份额，而且已经有能力在全球范围布局业务。

因为此前的"创新药黄金时代"，美国FDA在1970~1990年之间批准了1702个新药，其中包括410个新分子实体，这些品种在跨世纪期间陆续失去了专利保护，为仿制药带来了巨大的可仿资源。据研究数据显示，在2000年有22个产品失去专利保护，为仿制药带来高达53亿美元的初始市场，使得仿制药市场规模从90多亿美元暴增至130多亿美元。不仅如此，2001~2005年，每年有销售额高达260亿美元的产品失去专利保护，这些品种每年可为仿制药行业带来数十亿美元的增量，文献显示，2001年美国仿制药市场的增幅达到了55%。

2001~2005年，平均每年有260亿美元销售额的产品面临专利悬崖，而2006~2010年，平均每年为220亿美元。巨大的"可仿资源"足以让美国仿制药市场快速增长，IMS 数据显示，美国仿制药市场从 2000 年的 130 亿美元迅速增长到 2009 年的 310 亿美元，复合增长率高达 9.1%，远远超过品牌药和行业平均水平。受仿制药市场的高速增长的影响，美国仿制药替代速度大幅加快，2002~2007 年，美国零售仿制药替代率从 77.3% 上升到 86.4%。

仿制药市场的高速增长，大大增加了仿制药公司的申报活力，每年 ANDA 申报数量从 2000 年的 300 左右逐渐上升到 2009 年的 800 左右，申报数量的大幅增加使得美国 FDA 再次出现申请积压，审评时间随之延长，与此同时也导致了更加激烈的竞争。据文献报道，2002 年以后，美国仿制药的平均价格呈现出逐年下滑，部分品种的仿制药平均价格在原研专利失效后的两年内下降至原研的 5% 以下。

相比创新药企业，仿制药公司虽然无需大规模市场推广，但固定资产占比高，管理费占比大，为此，仿制药巨头们为了保障盈利水平，一直强调资源整合、技术升级与供应链优化。随着跨世纪几年间的高效整合，美国仿制药公司的优胜劣汰逐渐得到分化，2002 年前后，Teva、Mylan、Sandoz、Watson、Alpharma、Ivax、Barr 和 Taro 等巨头占据了美国 60% 以上市场份额，然而 Alpharma、Ivax、Barr 和 Taro 等巨头因经营不善，在短短几年间相继被吞并，到 2009 年时，美国一半的仿制药市场被 Teva、Mylan、Sandoz 和 Watson 四大仿制药巨头瓜分（图 3-8）。

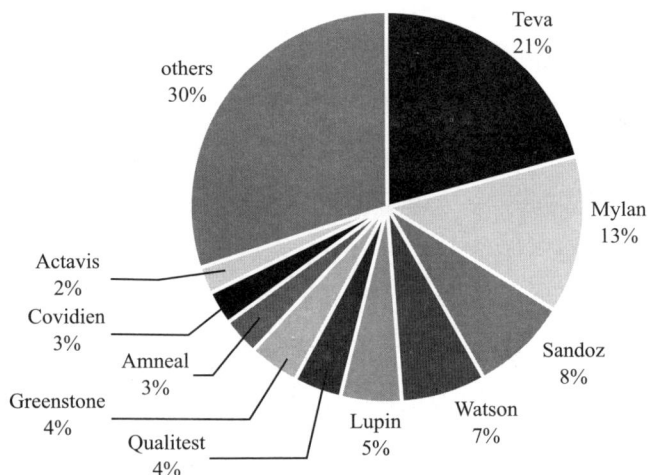

图 3-8　2009 年美国仿制药市场竞争格局

随着规模的不断扩大，美国仿制药巨头逐步具备了从美国走向世界的能力，此外，由于欧洲、日本等国家和地区的大力推进仿制药替代，为它们迅速全球化增添了动力。为了在全球范围内迅速布局业务，他们频繁地开展大规模的兼并，四大仿制药巨头在 2009 年的总销售额达到 250 亿美元，几乎占据了全球五分之一的市场份额。由于兼并频发，2000 年以后，引起巨头们财务波动的主要原因，已不再是"抢到首仿"或"受到美国 FDA 处罚"，而是"兼并企业支出"。

由于处于仿制药发展的黄金时期，加之销售数据和业务版图的迅速扩大，仿制药巨头们也成了资本市场的"宠儿"，市值、市盈率屡创新高。一般中小型企业，虽然盈利能力远不及巨头出色，但出于市场的高速增长的原因，憧憬同样十分美好，估值也得以大幅上涨，大部分企业的市盈率在 2010 年前后达到历史之最。

六、正在结束的"仿制药"盛宴

20 世纪 90 年代是创新药黄金时代的集中收获期，但 90 年代新开发出来的新分子实体数量已较七八十年代明显下降。在 90 年代美国 FDA 批准的 857 个 NDA 中，有 311 个是新分子实体，虽然美国 1994 年版的新专利法将药品专利保护期调整为 20 年，但上市后的平均专利有效期也仅有 13 年左右，故这些品种在 2010~2015 年间相继面临专利悬崖，每年可为仿制药带来 160 亿美元的"可仿资源"。因为"可仿资源"的持续增加，美国仿制药市场也得以持续高速发展，并在 2015 年达到了 810 亿美元，相比 2009 年翻了近 2.4 倍，期间的复合增长率达 13.7%。虽然一系列增长数据更加喜人，但市场环境已明显不同以往。

一方面，美国仿制药市场一度占到全球 40% 的份额，招致了世界各地的仿制药公司前来淘金，竞争程度不断加剧；另一方面，美国零售处方药的仿制药替代率在 2013 年达到了前所未有的 97%，这几乎已是极限，2015 年，美国仿制药处方量占比已达 89%，这几乎也是极限。在两个"极限"之下，仿制药市场已经达到饱和，可仿资源带来的市场增量已经无法抵消价格下降引发的市场萎缩，2015 年之后，美国仿制药市场的大盘开始萎缩（图 3-9，

图 3-10)。

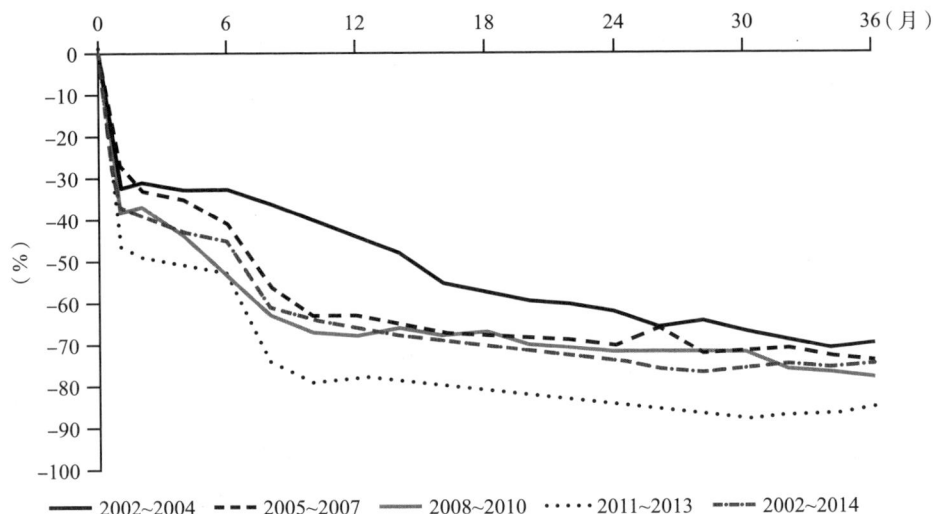

图 3-9　美国药品在专利失效后的价格下降速度趋势变化（来源：IMS）

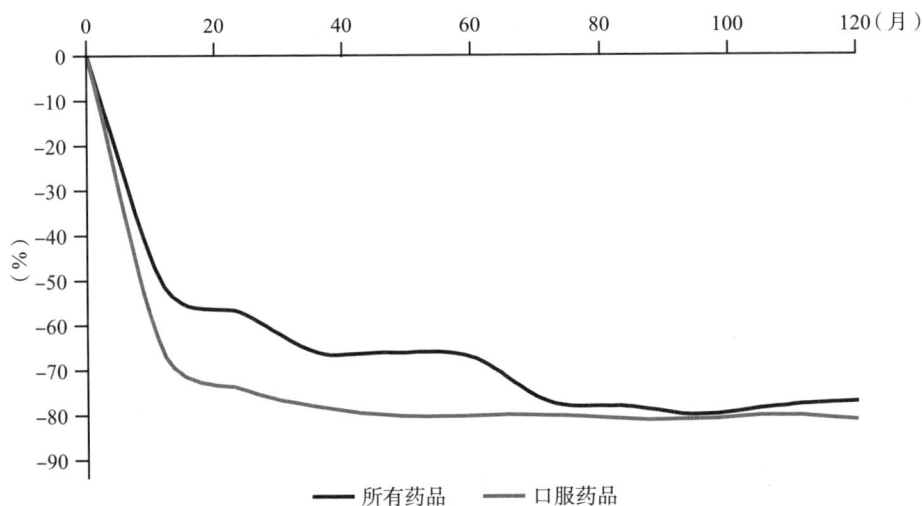

图 3-10　美国药品在专利失效后的平均价格变化（来源：IMS）

　　因为市场的逐渐转凉，大部分仿制药公司的市值在 2010 年前后达峰以后开始缓慢下降。为了掩盖这种颓势，2012~2016 年，全球仿制药行业发生了大规模的资源重组，不但兼并规模是历史之最，而且兼并的频率也堪称历史之最。因为极其活跃的资本重组，仿制药公司的市盈率再次被抬高，并于

2015 年前后二次达峰。然而大规模的重组掩盖不了行业的颓势，2013 年之后，欧洲 Top 5 市场几乎停止了增长，2015 年之后，美国仿制药市场也开始萎缩，仿制药股市泡沫在 2016 年之后开始破裂，而在此期间疯狂兼并的仿制药巨头，几乎都因大规模的资产减值而背上沉重的债务，例如 Teva、Mylan、Watson、Endo 和 Valeant 等。

随着美国仿制药市场竞争的不断加剧，美国本土仿制药巨头逐渐力不从心，开始向外转移资源，大量关闭美国工厂。这就如 Endo 前 CEO Paul Campanelli 所述："我们无法提供更大的降价幅度，只能停止生产产品，并关闭工厂。"据 AAM 2020 年数据，美国年仅存 149 个仿制药生产设施，大约 5 万从业人口，年产仿制药约 600 亿剂，仅占美国每年仿制药消耗量的四分之一。但相比美国和欧洲的仿制药企业，印度公司因拥有绝对的环保和人力成本方面优势而在美国市场如鱼得水。2000 年，印度仿制药公司一共只有 18 个 ANDA 获得美国 FDA 批准，仅占当年新批准 ANDA 总数的 7%，但这一比例在 2005 年上升到了 14%，2008 年以后则几乎维持在 30% 以上。2014~2021 年，印度仿制药公司一共获得了 1914 个 ANDA 批文（仅限申报获得），占美国 FDA 此间批准 ANDA 总数的 34.1%，销售份额从 12.8% 上升到了 22.5%，销量份额则从 20.5% 上升至 38.8%，成为不折不扣的"美国仿制药房"（图 3-11）。

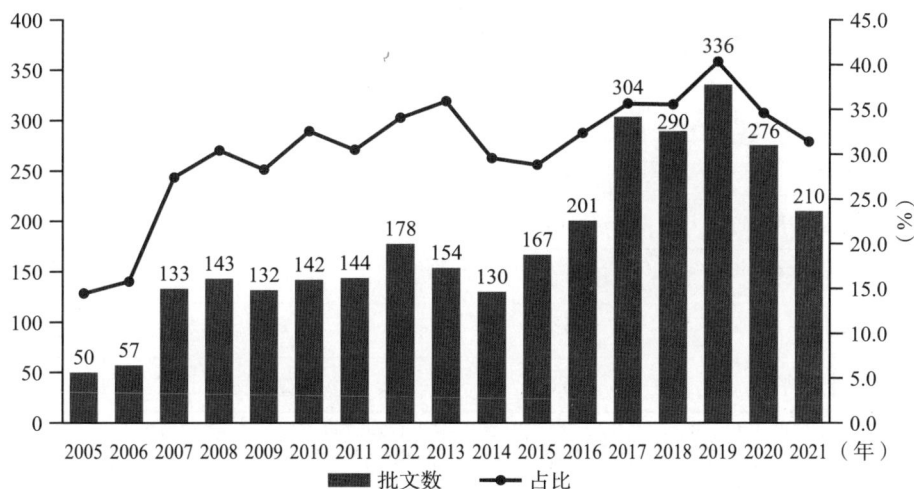

图 3-11　印度制药企业获得的 ANDA 数量变化

随着印度出海产业链的逐渐形成，如今印度已有 50 余家仿制药公司能够在美国申报 ANDA 批文，然而随着印度仿制药公司的大量涌入和美国仿制药巨头的不断撤出，美国仿制药市场的竞争格局又逐渐走向了多元化，前四大仿制药巨头的市场份额从 2014 年的 44%，下降至 2021 年的 23%。然而竞争多元化的结果是更激烈的竞争和议价能力的不断丧失，进一步加速了药价的下降速度。

虽然 2010~2017 年，美国还存在可观的"可仿资源"，但"僧多粥少"形势已经非常严峻。在每年屈指可数的专利失效品种中，美国 FDA "暂时性"（tentative）批准的 ANDA 就可能多达数十个，无市场独占期的一般首仿药也变成"一地鸿毛"。而非首仿药的竞争更加激烈，部分品种的仿制药平均价格不足原研药的 1%。AAM 每年都报告节省药品支出最多的品种清单，其中的大部分品种的平均价格都不足原研的 5%（表 3-3）。

表 3-3　2017 年节省药品支出最多的品种（AAM）

药物	原研（$/Unit）	仿制（$/Unit）	差价（%）
氯吡格雷	8.98	0.09	98.95
阿托伐他汀	3.29	0.11	96.66
昂丹司琼	21.67	0.17	99.22
奥美拉唑	3.31	0.08	97.58
加巴喷汀	1.02	0.03	97.06
瑞舒伐他汀	2.62	0.11	95.80
氨氯地平	5.78	0.02	99.65
阿立哌唑	21.68	1.07	95.06
孟鲁斯特	3.74	0.11	97.06
辛伐他汀	2.62	0.03	98.86
喹硫平	6.00	0.42	93.00

另外，因为饱受争议，美国 FDA 在新世纪以后收紧了"me-too"药物的审批，21 世纪前 10 年上市的新化学药（尤其是普药）数量明显减少，这导致了 2018 年之后，"可仿资源"逐渐下降的情况，而"可仿资源"的下降必

将进一步加速仿制药市场的萎缩。数据显示，美国仿制药市场规模仅剩下675亿美元，相比鼎盛时期的810亿美元已经下降了20%。

起初，高门槛仿制药是仿制药巨头们躲避低价仿制药冲击的避风港，但随着竞争压力的不断加剧，载药技术也变得极其"内卷"，高难度的缓（控）释制剂、吸入剂、透皮贴剂也不再是稀缺的资源，Teva、Mylan等国际仿制药巨头的优势不断缩小，进一步加速了他们业务的转移，数据显示，2021年美国前4大仿制药公司的市场份额仅占23%，前10大仿制药公司也仅占41%，曾经红极一时的Watson（Actavis）、Mylan消失在视野，而Sandoz也跌出了前五名。

仿制药市场在不断下滑，但美国FDA的GDUFA费用却在不断攀升，在不算项目研发费用的情况下，单个ANDA的申报费就高达75万美元，如加上开发费用，平均开发成本超过了200万美元，部分品种可能高达500万美元。然而，根据美国仿制药市场的现状，大部分品种的年销售额都很难超过1000万美元，仿制药公司似乎已无利可图，于是近几年来，美国ANDA的申报数量也呈现出下滑的趋势。

化学仿制药的盛宴正在结束，仿制药公司的未来被投资者看空，加之不断扩大的债务规模，2017年以后，仿制药巨头的股价持续走低，2022年Teva市值的最低点仅70亿美元，不足2015年的1/8，Mylan虽然与普强合并为Viatris（Mylan股东持股43%），但2022年的最低市值仅120亿美元，Mylan股份（按比例折算）的市值也降至2015年的1/7……

虽然化学仿制药的盛宴正在结束，但是处方药品支出仍在持续高涨（图3-12），美国要进一步节省处方药支出，只能重点发展biosimilar替代。事实上，早在2010年前后，美国政府已经开始布局，Sandoz等仿制药巨头也已把重心转向了biosimilar，时至今日，Sandoz的biosimilar已占销售额的20%以上，成为当今总毛利水平最高的仿制药巨头之一。Teva、Mylan等企业布局相对较晚，竞争赛道略显落后，加之辉瑞、安进、渤健等巨头的"杀入"，Teva、Mylan再难获得显著的竞争优势，这也是股价下滑的另一大原因。

虽然化学仿制药的春天已经结束，但biosimilar带来的新一轮盛宴已经开始，AAM报告显示，biosimilar为美国2020年的药品支出节省了80亿美元，并预计在2021~2025年为美国节省药品开支1330亿美元。

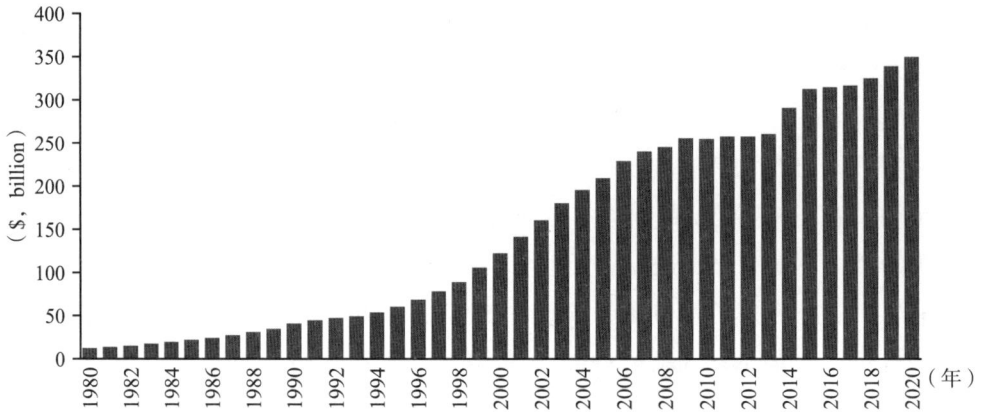

图 3-12　美国处方药品总支出变化

参考文献

［1］Ascione FJ, Kirking DM, Gaither CA, et al. Historical overview of generic medication policy ［J］. J Am Pharm Assoc（Wash）, 2001, 41（4）: 567-77.

［2］G. F Meyer.History and regulatory issues of generic drugs ［J］. Transplantation Proceedings, 1999, 31（3ASuppl）: 10S-12S.

［3］AAM. The US Generic & Biosimilar Medicines Savings Report ［EB/OL］. 2021: https://accessiblemeds.org/sites/default/files/2021-10/AAM-2021-US-Generic-Biosimilar-Medicines-Savings-Report-web.pdf.

［4］USP. Timeline: Generic medicines in the US ［EB/OL］. https://www.usp.org/our-impact/generics/timeline-of-generics-in-us.

［5］Kimberly Amadeo.US Budget Deficit by Year Compared to GDP, the National Debt, and Events ［EB/OL］. https://www.thebalance.com/us-deficit-by-year-3306306.

［6］Saha A., Grabowski H., Birnbaum H. G., et al. Generic Competition in the US Pharmaceutical Industry ［J］. International Journal of the Economics of Business, 2006, 13（1）: 15-38.

［7］Boehm G, Yao L, Han L, et al. Development of the generic drug industry in the US after the Hatch-Waxman Act of 1984 ［J］. Acta Pharmaceutica Sinica B,

2013, 3（5）: 15.

［8］ Gidley M. The US FTC publishes a report ongeneric drug entry prior to patent expiration raising issues onpatent-shortening settlement agreements［R］. 2002.

［9］ Jeremy A. Greene. When Is a Medicine Good Enough?: Science, Similarity, and the History of Generic Drugs［J］. Clinical pharmacology & therapeutics, 2019, 105（2）: 290-291.

［10］ Sullivan CG. A brief history of generic substitution in the USA［J］. Pharm. Pat. Analyst, 2012, 1（1）: 9-11.

［11］ Atanu Saha, Henry Grabowski, Howard Birnbaum, et al. Competition in the US Pharmaceutical Industry［J］. Int. J. of the Economics of Business, 2006, 13（1）: 15-38.

［12］ Howard JN, Harris I, Frank G, et al. Influencers of generic drug utilization: A systematic review［J］. Res Social Adm Pharm, 2018, 14（7）: 619-627.

［13］ Ascione FJ, Kirking DM, Gaither CA, et al. Historical overview of generic medication policy［J］. JAm Pharm Assoc, 2001, 41（4）: 567-577.

［14］ Suh D. Trends of generic substitution in community pharmacies［J］. Pharm World Sci, 1999, 21: 260-265.

［15］ Kirking DM, Ascione FJ, Gaither CA, et al. Economics and structure of the generic pharmaceutical industry［J］. J Am Pharm Assoc., 2001, 41（4）: 578-584.

［16］ Covington TR. Generic Drug Utilization: Overview and Guidelines for Prudent Use［J］. Clinical Research and Regulatory Affairs, 1992, 9（2）: 103-126.

［17］ CMS. National health expenditure data［EB/OL］. https://www.cms.gov/Research-Statistics-Data-and-Systems/Statistics-Trends-and-Reports/NationalHealthExpendData/NationalHealthAccountsHistorical.

［18］ 美　国 FDA. Generic Competition and Drug Prices: New Evidence Linking Greater Generic Competition and Lower Generic Drug Prices［EB/OL］. https://www.fda.gov/media/133509/download.

［19］ FTC. Understanding competition in prescription drug markets: Entry and supply chain dynamics［EB/OL］. https://www.ftc.gov/system/files/documents/public_

events/1255653/understanding_competition_in_prescription_drug_markets_workshop_slides_11-8-17.pdf.

[20] FTC. Generic Drug Industry Dynamics [EB/OL]. https://www.ftc.gov/sites/default/files/documents/reports/generic-drug-industry-dynamics/industrydynamicsreiffenwp_0.pdf.

[21] Dave C.V., Brill G., Kesselheim A.S. Changes in Price for Generic Drugs in the USA, 2008-2016 [J]. J GEN INTERN MED, 2019(34): 1677-1679.

[22] Generics and biosimilars initiative. IMS Health, BCC: Generics sales continue to climbP [EB/OL]. https://gabionline.net/pharma-news/IMS-Health-BCC-Generics-sales-continue-to-climb.

[23] IMS health. Medicine use and shifting costs of healthcare, A review of the use of medicines in the United States in 2013 [EB/OL]: https://oversight.house.gov/sites/democrats.oversight.house.gov/files/documents/IMS-Medicine%20use%20and%20shifting%20cost%20of%20healthcare.pdf.

[24] Nash DB. The use of medicines in the United States: a detailed review [J]. Am Health Drug Benefits, 2012, 5(7): 423.

[25] GAO. Drug Pricing: Research on Savings from Generic Drug Use [EB/OL]. https://www.gao.gov/products/gao-12-371r.

[26] GPhA. Report: Savings: $1 Trillion Over 10 Years – Generic Drug Savings in the U.S [J]. Journal of Pharmaceutical Health Services Research, 2012, 3(4).229-236.

[27] CMS. Health care industry market update pharmaceuticals [EB/OL]. https://www.cms.gov/Research-Statistics-Data-and-Systems/Statistics-Trends-and-Reports/CapMarketUpdates/Downloads/hcimu11003.pdf.

[28] NBER. The Landscape of US Generic Prescription Drug Markets, 2004-2016 [EB/OL]. https://www.nber.org/system/files/working_papers/w23640/w23640.pdf.

[29] Chazin H, Woo J, Han J, et al. 美国 FDA's Generic Drug Program: Decreasing Time to Approval and Number of Review Cycles [J]. Ther Innov Regul Sci, 2020, 54(4): 758-763.

［30］张奇林. 美国医疗保障制度研究［M］. 北京：人民出版社，2005.

［31］魏利军，王立峰，王海盛. 跨国药企成功启示录［M］. 北京：中国医药科技出版社，2022.

［32］邱福恩. 美国药品专利链接制度实践情况及其启示［J］. 知识产权，2018（12）：87–93.

［33］IMS health. The Use of Medicines in the United States：Review of 2011［EB/OL］. https://kff.org/wp-content/uploads/sites/2/2012/10/ihii_medicines_in_u.s_report_2011.pdf.

［34］IQVIA. The Use of Medicines in the United States：Review of 2011［EB/OL］. https://www.fdanews.com/ext/resources/files/2022/04-21-22-IQVIAreport.pdf?1650562104.

［35］SEC. SEC数据库（查询年报数据）［EB/OL］. https://www.sec.gov/edgar/searchedgar/companysearch.html.

［36］Nguyen NX, Sheingold SH, Tarazi W, et al. Effect of Competition on Generic Drug Prices［J］. Appl Health Econ Health Policy, 2022, 20（2）: 243–253.

［37］Rahalkar H. Historical Overview of Pharmaceutical Industry and Drug Regulatory Affairs［J］. Pharmaceut Reg Affairs, 2012：S11–002.

［38］Covington TR. Generic Drug Utilization：Overview and Guidelines for Prudent Use［J］. Clin. Research & Reg. Affairs, 9（2）: 103–126.

［39］IQVIA. Price Declines after Branded Medicines Lose Exclusivity in the U.S.［EB/OL］. https://www.iqvia.com/-/media/iqvia/pdfs/institute-reports/price-declines-after-branded-medicines-lose-exclusivity-in-the-us.pdf.

［40］The Congress. H.R.1-Medicare Prescription Drug, Improvement, and Modernization Act of 2003［EB/OL］. https://www.congress.gov/bill/108th-congress/house-bill/1.

［41］National bureau of economic research. Pricing and reimbursement in U.S. pharmaceutical markets［EB/OL］. https://www.nber.org/system/files/working_papers/w16297/w16297.pdf.

［42］李颖. 程序、优先和决策美国俄勒冈州药品报销目录制定方式［J］. 医院院长论坛–首都医科大学学报，2009, 6（3）: 59–63.

第四章
日本仿制药市场的发展历程与现状

　　日本是全球第三大药品市场，同时也是第五大仿制药市场（IQVIA 数据口径），由于中日医疗政策的演变过程具有高度的相似性，研究日本的仿制药替代过程，有助于理解我国当前的医疗政策逻辑和预判未来的医疗政策趋势。曾经的日本是一个品牌药忠诚度极高的国家，为了控制医疗支出，20 世纪 90 年代以后，日本政府推行了仿制药扩大使用和仿制药替代的战略。经过持续多年的一致性评价，日本仿制药扩大使用的相关政策在 2002 年终于出台。在多个维度政策的鼓励与引导下，日本实现了 2020 年替代率达 80% 的目标。然而随着仿制药替代率的不断升高，日本政府开始频繁控制仿制药价，并有意取消当年为发展仿制药而实施的各种政策补贴，仿制药行业利润大幅下滑。为了发展图存，日本大型仿制药企业开始出海发展，堪称日本制药史上的第二次出海。

一、日本现代制药工业的早期发展

　　日本是当今世界制药工业最发达的国家之一，但日本的现代制药工业的诞生与成型都大幅晚于欧洲和美国。在一战以前，日本已拥有多个药品批发商从西方进口药品分装销售，但因为一战的原因，欧洲的药品供应被中断，于是部分批发商开始建设工厂、引进技术，并自主生产药品。20 世纪 30~40 年代，日本政府非常重视国民健康和体魄的提升，制药企业通过生产维生素而获得快速发家的基础。因为日本连年战争而对药品的需求巨大，药品经济也因此而繁荣。随着实力的不断增加，日本制药企业逐渐具备了多种药品的生产能力，40 年代以后，日本制药企业已开始生产磺胺和青霉素。

二战后期，日本本土遭到轰炸，生产设施基本被摧毁，经济受到巨大破坏。为了快速恢复经济和解决温饱问题，占领当局（主要是美军）和日本政府制定了一系列措施，严格限制进口，以振兴国内制造业，并促进就业和投资。由于药品关系国民健康，而被作为重点发展的产业，但战后日本的制药工业仅剩下战前的 15%，为了保护本土制药工业，进口药品受到严格配额的限制，未经政府核准无法获得药品生产许可证。另外，海外投资也被严格限制，只有制造型企业才能在日本投资，而且合资企业只能在 2 年后才能在当地生产产品……

1947 年，盟军当局敦促日本政府重建和扩大医疗保险计划，以提高国民福利。在随后的几年里，日本经济迅速得到恢复，于 1955 年几乎达到战前水平，为构建全民医保制度奠定了基础。50 年代后期，日本制药企业开始大量引进西方先进技术，迅速扩大了产能，为 60 年代日本制药工业的腾飞铺平了道路。1960 年，日本通过了《国民收入倍增计划》，旨在进一步提高经济水平。因为经济的高速增长，日本在 1961 年实施了全民健康保险制度。虽然此前，日本已经拥有国民健康保险（NHI），但只能部分人享有。根据该制度规定，普通民众只需要承担 50% 的医疗费用，特殊关怀民众为 30%。1963 年，该制度进一步调整，普通民众也可获得 70% 的报销。

由于全民医疗健康保障制度的实施，日本制药工业迎来了快速发展的春天。制药企业按一定的折扣价将药品卖给医疗机构，而医疗机构则以报销价将药品卖给患者并获得医保报销。因为医生和药师都能从折扣价与报销价的差额获利，用药积极性被大幅提高，促进了药品销量的快速增长。另外，为保证药品供应，日本在 1953 年实施了 90% 位点法（90% bulk line）的定价方法，医疗机构可以间接地享受高比例的药品加成，进而形成了日本特色的"以药养医"，这也为制药行业的快速发展提供了核心动力。

由于五六十年代的日本制药工业还非常薄弱，药品的审批监管也非常原始，本土企业只能进行简单地仿制。为了迅速提高药品的可及性和促进本土企业的发展，日本在专利法修订中，始终把药品的关键专利排除在外。由于当时西方药品没有专利（工艺除外）的保护，日本制药企业可以随心所欲地仿制，只需使用不同的工艺即可。然而改了工艺的仿制药都有商品名，被日本药企拿作品牌药推广和销售，利润非常可观，几乎没有创新的动力。这导致了新技术、新产品都需要通过授权引进，进口药品在市场中所占的比例逐年提高。

由于上述历史原因，日本早期的药品异常混乱，为了处理这些历史遗留的问题，在后来的数十年里，日本开展了多次安全有效性和质量再评价。为了改变这种低端仿制、混乱的局面，日本政府在 1967 年放弃了原有的开放式监管制度，一方面要求"临床前和临床试验的标准不能与西方相同，必须在日本本土建立支持性的数据"，以间接地限制西方药品进入；另一方面则确立了"以证明新化学实体优点为前提"的审批标准，在原有药品分子的基础上改变药动学或药效学参数的新化合物均被视为新药，这为"me-too"药物的兴起铺平了道路。与此同时，NHI 为将"me-too"药物视为"适度创新"，给予突破性新药相同的价格补偿，也就是所谓的"创新药享受高价"。由于当时的日本医生既能开方，也能配药，可以通过"折扣价"和"报销价"之间的差额按比例获益，多开高价的"创新药"处方、尽量开大处方成为他们增收的主要方式。而医生的这一系列行为人为地扩大了药品需求，促进了药品市场的快速增长。在这一系列的制度之下，日本制药企业的新药研发难度和成本大幅降低，收益回报却大幅增加，于是陆续开始向"me-too"药物创新转型。

20 世纪 60 年代后期是日本经济增长最快的时期，平均 GDP（国内生产总值）增速达 12% 左右，短短几年内，先后超越了英、法、德，成为第二大经济强国。因为拥有强大的经济实力基础，高涨的医疗开支并不是十分突出的矛盾，日本制药工业也借此东风得以高速发展，医药市场规模从 1965 年的5000 亿日元增长到 1970 年的 10000 亿日元。

1971 年，Fujisawa（藤泽）将头孢唑林的专利授权给美国礼来公司，开启了"me-too"创新药出海的先河。随着创新实力的逐步增强，日本的政策也进行了调整。1975 年，日本开始允许跨国企业在日本成立独立法人公司，但仍不允许独立开展安全有效性研究和临床试验，也不允许独立销售药品。与此同时，专利制度的改革让"使用化学方法制造的物质"和"药品或两种以上药品混合成一种药品的制造方法发明"纳入专利保护。因为西方制药企业不能独立开展临床试验和独自销售药品，只能通过成立合资公司或产品授权的方式与日本本土企业合作，这不但进一步增强了本土企业的实力，而且加强了本土企业与西方的交流，为后来的药品出海奠定了基础。

日本药品专利制度的发展过程：

● 1885 年，专卖专利条例规定医药不能申请专利。

● 1888 年，专利条例规定医药的混合方法不能申请专利。

● 1921 年，专利法规定化学物质不能申请专利。

● 1959 年，专利法规定使用化学方法制造的物质不授予专利。

● 1975 年，专利法规定"使用化学方法制造的物质""药品或两种以上药品混合成一种药品的制造方法发明"可以申请专利。

● 1987 年，专利法规定创新药品可获得不超过 5 年的专利延长，但上市后总保护期不超过 14 年。

新专利法实施以后，日本制药企业无法再随意仿制西方药品，也不能随意用西方的药物分子乱改剂型，只能走上自主创新的道路。为了促进日本药企的"创新"，当时日本药品监管机构用最低的审批标准和最快的审评速度批准了大量的创新药，文献数据显示，日本在 20 世纪 70 年代研发出 75 种新化学实体，仅次于美、德、法，位居世界第四，传统强国英国和瑞士都被甩在其后。而 80 年代的日本更是"疯狂"，一共研发出 130 种新化学实体，几乎已经与美国（145 种）看齐，其他欧洲强国则被远远甩在后边。另有文献显示，日本在 1983~1987 年，一共批准了 72 种新药，远超同期美国的 15 种，德国的 29 种和意大利的 33 种。

二、医疗控费下的日本制药行业

因为此前的"保姆政策"，日本的药品市场得以飞速发展，从 1970 年的 10000 亿日元增长到 1980 年的 40000 亿日元，成为全球第二大药品市场。80 年代以后，日本经济增长减速，医疗支出在 GDP 中的占比日渐升高。日益高涨的医疗支出，不断减速的国民经济和日益加剧的老龄化，控制药品开支的战略不得不提上日程。1980 年，日本政府开始控制药价，以协商定价的方法制定了药物价格目录（Yakka Kijun），要求创新药上市后的第二年开始，每年价格递减 5%，以实现药价的梯度下降。日本医疗开支变化见图 4-1。

经过了 20 世纪 80 年代的药价控制，日本医药市场的增速大幅下降，仅从 1980 年的 40000 亿日元增长到 1990 年的 60000 亿日元，药品支出的增长速度得到有效控制。90 年代以后，日本泡沫经济破裂，加上日益严峻的老龄化形势，日本政府不得不采取进一步措施。1992 年，日本开始使用合理区间法（reasonable zone）控制药品价格，随着"合理区间"的不断压缩，医疗机构的购销差价从 1991 年的 23.1% 下降至 2009 年的 8.4%。在控制品牌药价格的同时，在 1993 年提出扩大仿制药使用的长期战略。为了统一仿制药标准，日本在 1997 年启动了质量和疗效的一致性评价，也称为第三次再评价。

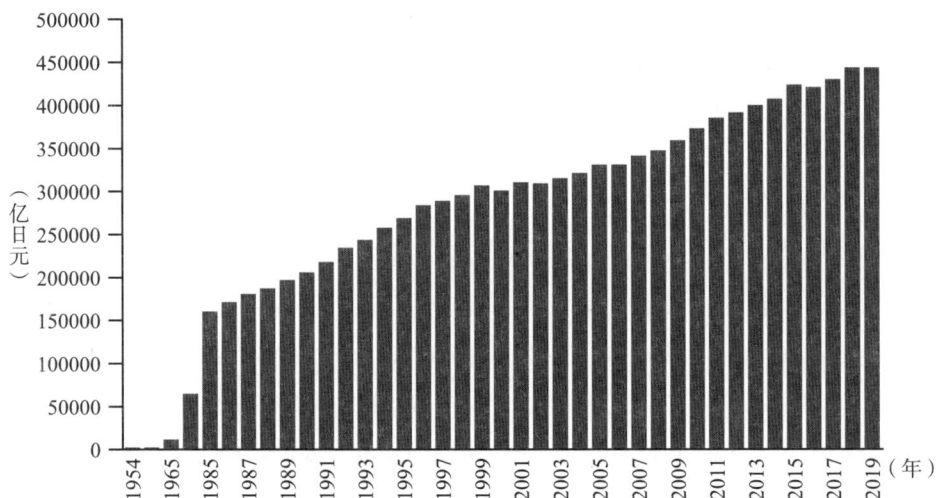

图 4-1　日本医疗开支变化

因为日本政府的严格控制药价，日本医药市场增速开始大幅放缓，整个 80 年代仅增长了 50%，缓慢的市场增长速度早已无法满足日本制药企业的快速发展需求，想要继续发展壮大，只能开拓海外市场。经过多年的"鼓励创新"，日本制药企业的财务状况得以极大改善，龙头企业武田，在 1985 年的世界制药企业销售额排名中位居 17，而且研发投入也达到了欧美巨头的水准。然而，因为早期排外的"保姆政策"，日本医药市场几乎是封闭的，排名榜上的其他巨头早已国际化，而武田却还是一家地道的日本公司。

经过多年的"创新"，以武田为代表的日本大型制药企业已经积累了多个有价值的"me-too"，财务能力上也具备了全球化的基础。加之此前的"保姆政策"，跨国企业为打开日本市场，都与日本企业保持着很好的关系，这为它们出海战略的实施也提供了便利。在整个 20 世纪 80 年代，日本制药企业的出海风都非常盛行，大大小小的企业纷纷到美国、欧洲寻找机会，武田与雅培成立了合资公司，盐野义与默沙东成立了合资公司，麒麟投资了安进……除了产品出海，日本制药企业在积极寻求技术引进。

相比 20 世纪 80 年代，20 世纪 90 年代才是日本企业真正的寒冬，在层层加码的控费高压下，医药市场的增长基本陷于停滞，在整整 10 年中仅增长了 15%。日本企业为了生存不得不加大出海的力度，卫材与辉瑞、强生，大冢与百时美施贵宝，中外与罗氏陆续达成了合作，随着大量"me-too"的成功出海，日本制药企业的国际影响力得以大幅增强，前五大巨头对国内市场的依赖度也明显下降。

因为 20 世纪 90 年代的成功出海，21 世纪的前 10 年是日本制药企业的鼎盛时期，武田通过兰索拉唑、吡格列酮、坎地沙坦等"重磅炸弹"赚得盆满钵满，安斯泰来凭借坦索罗辛、他克莫司、索利那新和米卡芬净，第一三共依靠左氧氟沙星、奥美沙坦和普拉格雷，大冢依靠阿立哌唑，卫材依靠多奈哌齐和雷贝拉唑也相继成为世界巨头。然而 2000 年以后，"me-too"类药物广受争议，美国 FDA 逐渐控制了"me-too"的审批，使得"me-too"出海之路被几乎被阻断，除了盐野义的瑞舒伐他汀（与阿斯利康合作）、多替拉韦（与葛兰素史克合作）和日本烟草的艾维雷伟（与吉利德合作）等少数"me-better"获得成功外，大部分企业都被迫转型开发源头创新（first-in-class）。不过当时日本基础研究的积累和对"first-in-class"新药开发的经验远远不及西方，在"me-too"的盛宴之后，进入了"失去的 10 年"。

关于"me-too"的争议

在跨世纪的几年间，美国 FDA 批准的"me-too"数量大幅增长，一度占到总批准新药数量的 50% 以上，很多专家学者广泛提出了质疑。根据笔者的总结，"me-too"的争议主要体现在以下 6 点：①新增临床获益有限，但大幅增加了医疗支出；②伤害了源头创新者的利益，间接地扼杀突破性创新；③美国的药品广告一直很流行，"me-too"广告的大量推广，扰乱了市场环境；④部分学者认为"me-too"出现的根本原因是美国 FDA 使用安慰剂为对照批药、使用非劣性标准批药，他们对这种审批标准存在质疑；⑤引发不良反应事件，尤其当时万络事件的爆发更将此事推向风口浪尖；⑥药品过度推广行为，部分企业为了扩大销售额，超标签限制向未成年人推广抗抑郁药。在各种因素的共同作用下，争议在 2005 年前后推向了高潮，随后批准"me-too"药物所占的比例呈现出明显的下降。另外需要说明的是，不仅日本制药企业在研发"me-too"，其实广大美国的制药公司也在开发"me-too"，尤其是在 20 世纪八九十年代。

虽然很多日本制药巨头在"me-too"受阻后的第一时间就布局了首创性新药的研发，但收益却非常差强人意。20 世纪 90 年代成功出海的"me-too"几乎都在 2010 年前后面临专利悬崖，所以武田、第一三共、卫材、大冢和安斯泰来等日本五大制药巨头的销售额都在 2010~2012 年达峰后下滑，虽然这些企业也积极通过兼并重组，收购研发项目等措施挽救，但仍经历了"失去的 10 年"（图 4-2）。

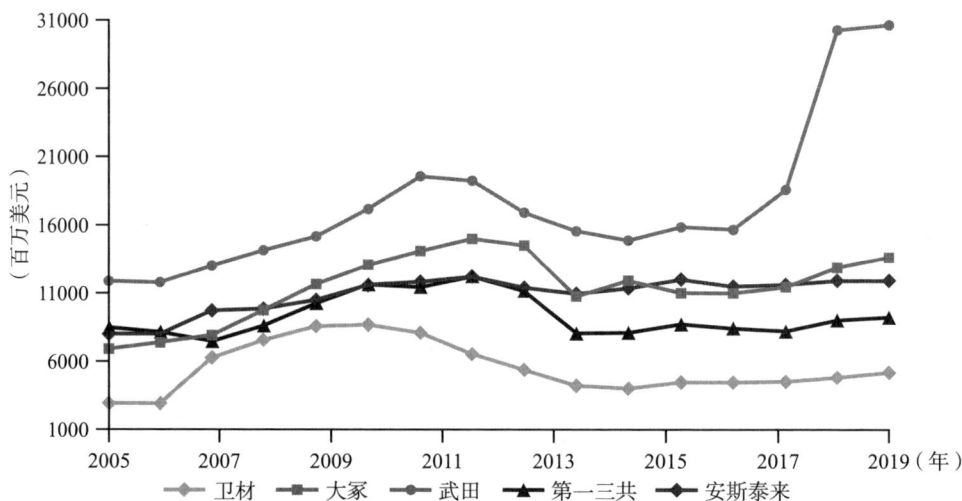

图 4-2　日本制药巨头销售额变化

由于制药企业的大规模出海，为了促进国内行业与国际接轨，日本加入了 ICH（国际人用药品注册技术协调会），并完全放开了国内医药市场。2000 年以后，日本制药巨头基本已经国际化，与此同时，它们将生产设施转移到了国外，导致药品出口增长乏力。相反，因为国内市场的放开，外国药品大规模涌入，药品进口额在短短 10 年间（2000~2009）翻了 3.5 倍，达 2.1 万亿日元，进口药品所占的比例刷新了历史纪录。在"失落"的 10 年之后，日本制药企业的国际影响力相比鼎盛时期大幅下滑，而且日本国内销售额排名前 10 的制药企业中，只有 3 个是日本本土制药企业（表 4-1）。

表 4-1　日本医药产值变化（亿日元，MHLW）

年份	进口	出口	产值	市场*
1970	/	/	10,253	/
1975	1348	409	17,924	18,863
1980	2633	939	34,822	36,516
1985	3332	1318	40,018	42,032
1990	4695	357	55,954	60,292
1991	4855	427	56,972	61,400
1992	5888	499	55,742	61,131
1993	5845	443	56,951	62,352
1994	5713	420	57,503	62,796
1995	5892	512	61,681	67,061
1996	5818	485	61,000	66,333
1997	6205	471	61,478	67,213
1998	5662	426	58,421	63,657
1999	6723	449	62,900	69,174
2000	6159	509	61,826	67,476
2001	7199	495	65,043	71,748
2002	7645	801	64,893	71,737
2003	8810	1001	65,331	73,140
2004	12,979	1270	61,212	72,921
2005	14,191	1252	63,907	76,847

续表

年份	进口	出口	产值	市场*
2006	15,648	1326	64,381	78,703
2007	17,084	1440	64,522	80,165
2008	18,494	1626	66,201	83,069
2009	21,265	1628	68,196	87,833
2010	23,166	1447	67,791	89,510
2011	25,313	1384	69,874	93,803
2012	28,174	1376	69,767	96,565
2013	30,773	1297	68,940	98,416
2014	31,884	1260	65,898	96,521
2015	40,220	1535	68,204	106,889
2016	39,455	1757	66,239	103,936
2017	34,382	1669	67,213	99,927
2018	31,481	1892	69,077	98,666
2019	27,531	4425	94,860	117,965
2020	28,534	5125	93,054	116,463

注：*市场＝产值＋进口－出口。因为统计口径的不同，该数据可能与文献数据存在差异。

除了出海，日本企业应对市场寒冬的另一举措主要是合并重组。日本制药企业的资源整合始于20世纪80年代，但高峰期是21世纪的前10年。头部企业为了提高国际竞争力而合并，小企业则为了生存而重组。合并方面，2005年，藤泽与山之内合并为安斯泰来、大日本制药与住友合并为大日本住友；2007年，第一制药和三共制药合并为第一三共，田边制药与三菱合并为田边三菱；2008年，协和发酵与麒麟合并为麒麟协和。并购方面，交易更是数不胜数，在短短10年间，日本制药企业总数从1123家下降至376家（日本医药工业协会），前50家企业占据了处方药销售额的94.7%（MHLW）（图4-3）。

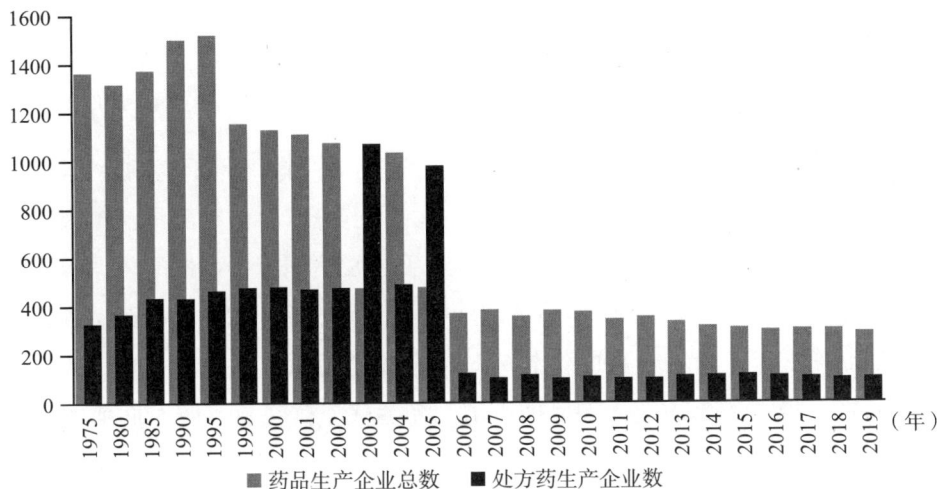

图 4-3　日本制药企业数量变化（日本制药工业协会）

经过了十余年的调整期，日本创新药逐渐形成了特色，不但 2010 年之后的新产品获批数量开始明显回升，而且研究靶点、治疗理念均与欧美形成了明显的差异化。EFPIA 数据显示，2016~2020 年，日本成功研发上市了 38 种新化学实体，相比 10 年前的低谷期，已经翻了 2 倍，但相比八九十年代，依然有巨大的差距（表 4-2）。

表 4-2　全球研发上市的新分子实体数量变化（EFPIA）

年份 国家 或地区	1986~ 1990	1991~ 1995	1996~ 2000	2001~ 2005	2006~ 2010	2011~ 2015	2016~ 2020
欧洲	104	78	94	51	49	75	64
美国	70	73	83	61	72	89	138
日本	51	54	31	23	19	31	38
其他	13	6	3	14	11	31	48

三、艰难的仿制药替代

早在 20 世纪 80 年代，美国和英国通过仿制药替代来节省医疗开支，取得了非常不错的初期效果。受此影响，日本业内也开始推广"新仿制药"的概念。1993 年，日本召开了仿制药行业的"吹风会"，提出了"扩大仿制药使用""仿制药替代"替代的初期思想。为了这两大战略，日本在 1997 年启动了仿制药的一致性评价。

经过了多年的一致性评价，日本基本拥有了仿制药替代的基础。但由于多年以来，日本一直在"鼓励创新"和"发展创新药"，仿制药早就被人"嗤之以鼻"，不但市场小，而且处方量占比几乎是发达国家中最低的，据日本仿制药协会的数据，日本 2003 年的仿制药销量占比仅为 14.3%。在药品按比例加成的制度之下，价格低廉的仿制药对医生和药师而言都无利可图，加之民众对品牌药极高的忠诚度，如何推进仿制药替代是摆在日本政府面前的一大难题。

2002 年 4 月，日本开始为"促进仿制药使用"吹响了前奏，提出了扩大仿制药使用的战略。为了促进仿制药发展，NHI 提高了患者自费的比例，让民众在费用的压力之下自愿接受仿制药，在医院推行 DPC（日本版的 DRG）支付系统，对医生施加压力，让医生使用仿制药开方。但事实上两大政策效果有限，于是对仿制药处方引入额外补贴，引入处方信息费和配药费，让使用仿制药的医生和药师直接获益。2007 年，日本出台了"扩大仿制药使用的行动计划"（Action Program for Expanding Generic Medicine Use），提出在 2013 年 3 月 31 日前将仿制药的销量占比提高至 30% 以上。为此，该计划还提出了"稳定仿制药供应""确保质量信心""信息公开（仿制药提供完整的药品说明书信息）""促进仿制药使用环境的改善""NHI（国民健康保险）联动（仿制药使用补偿）""执行状态监控"等六项保障性措施。除了允许仿制药替代使用，日本 NHI 先后引入了仿制药配药系统补偿（premiums for generic dispensing systems）、医疗系统仿制药使用补偿（premiums for constructing systems for generic use）、通用名处方补偿（premiums for prescribing by generic name）等政策，让配药、入院和使用等各供应链环节均可补偿，而且是以销量挂钩的补偿。

虽然日本推出了大量的鼓励措施，但效果并不明显，日本的仿制药替代率仅从 2005 年的 32.5% 提升至 2011 年的 39.9%（图 4–4），总处方量仅从 2003 年的 14.3% 提升至 2011 年的 22.8%。2013 年 4 月，日本又提出了"进一步推动仿制药应用的路线图"（Roadmap for Further Promotion of Generic

Medicine Use），目标是在 2018 年 3 月 31 日前，实现仿制药替代率超过 60%
的目标。为了实现目标，日本首次提出了强制性措施，要求医生在为福利享
受者开具处方时，在仿制药可及的条件下必须尽量开具仿制药。2014 年，日
本对"配药系统补偿"进行了修订，要求具有 DPC 系统的医院加入仿制药
指数（generic index）功能，要求医师用通用名开方，如患者不接受仿制药，
可能要完全自掏腰包。随着形势的迅速好转，日本政府在 2015 年又提出了
"2020 年仿制药替代率达到 80%"的目标。

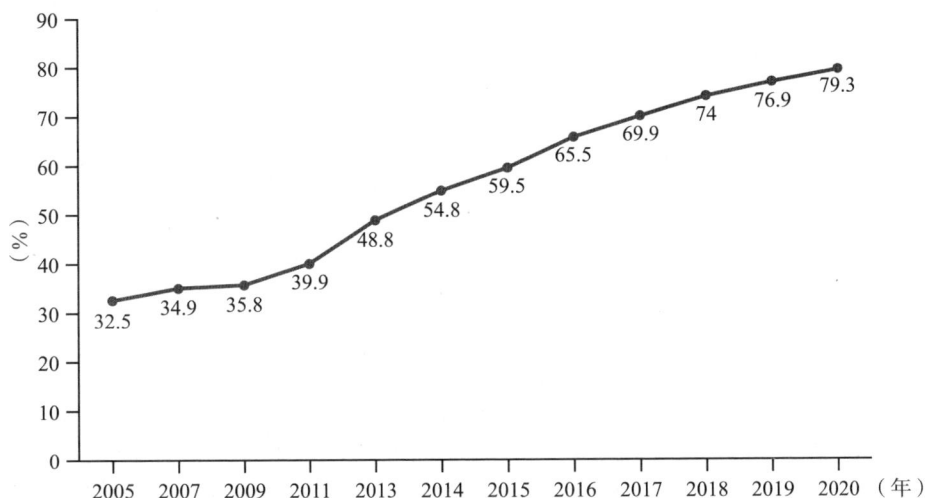

图 4-4　日本仿制药替代率变化

另外，为了促进仿制药替代，MHLW 还出台了"Z2 规则"，规定成熟的
品牌药（长期在目录里的产品）的价格与仿制药相关联，要求每两年一次下
调药价，直至仿制药的销量份额达到 60% 为止。通过"恩威并施"，日本人
对品牌药的忠诚度大幅降低，仿制药替代取得实质性的成果，时至今日，日
本的仿制药替代率已近 80%，仿制药总处方量也超过了 50%。因为仿制药替
代，日本仿制药逐渐得到普及，市场规模也在逐渐增大，并在 2021 年达到了
175 亿美元，成为全球五大仿制药市场之一。然而随着仿制药替代率已接近
80% 且趋于稳定，日本政界又出现了新的呼声，呼吁取消仿制药的各种补偿，
以节省更多医疗支出。

四、日本仿制药市场

相比创新药，仿制药长期以来的地位非常低下，在 20 世纪 90 年代以前基本可以忽略。一则因为国家长期鼓励创新药，日本国民对品牌药有很高的忠诚度，医生和药师对仿制药的安全有效性也一直心存怀疑。二则当时但凡大一点的公司都搞品牌药了，只有小公司从事仿制药开发，民众对他们稳定提供优质药品的能力抱有怀疑的态度。三则在药物加成、创新享受高价的制度之下，医生和药师都没有使用廉价仿制药的动力。四则日本药师在配药时无权使用仿制药替代品牌药，这一状态直到 2008 年才获得实质性的改变。此外，日本并没有像美国一样，对挑战专利上市的首仿药授予市场独占期，而且审评速度还很慢，仿制药企业的积极性也不高。

20 世纪 90 年代以后，日本为了控制药价，提出了大力推广仿制药应用的战略，仿制药才得以明显的发展，投资环境也有了明显的变化。1999 年，日本仿制药的处方量占比仅为 10.8%，市场规模仅为 2318 亿日元（约合 20 亿美元，年平均汇率，下同），有 71 家企业在从事仿制药的生产和销售，平均每家企业销售额 2800 万美元。由于历史的诸多原因和没有形成统一的药品采购机制，日本仿制药也需要推广销售，仿制药企业的利润水平非常低下。

由于仿制药市场很小，日本不能像美国一样通过自由竞争来控制药价。日本政府此前已制定了药物价格目录（NHI price list），只有进入该目录的产品才能获得 NHI 报销。而为了进入该目录，新药上市时必须在国家科学的评估和谈判后定价，而且还有定期的梯度降价，这使得药物价格目录内的品牌药价格远低于美欧等发达国家或地区，甚至不及亚洲周边国家的水平。仿制药的定价则以品牌药为参考，如果有多个品牌药已进入价格目录，那么新进入目录的仿制药的价格不得高于新药的 50%，如果是口服制剂，而且品牌药的个数超过 10 个，则价格不能高于新药的 40%。价格目录两年一调整，每次都会尽量接近批发价，而批发价则随着竞品数量的增多而逐渐下降（图 4-5）。因为严格的价格控制，如今的日本是全球仿制价格最低的国家之一。

年份	1999	2000	2001	2002	2003	2004	2005	2006	2007	2008	2009	2010
市场（亿日元）	2318	3124	2356	2819	2663	N/A	3130	4034	4249	3944	4429	7970
企业数（家）	71	66	71	75	71	69	72	25	22	64	18	27

年份	2011	2012	2013	2014	2015	2016	2017	2018	2019	2020
市场（亿日元）	8010	8372	9959	9490	9757	7412	12,991*	13,987*	16,166*	18,619*
企业数（家）	23	22	31	34	37	32	33	35	39	N/A

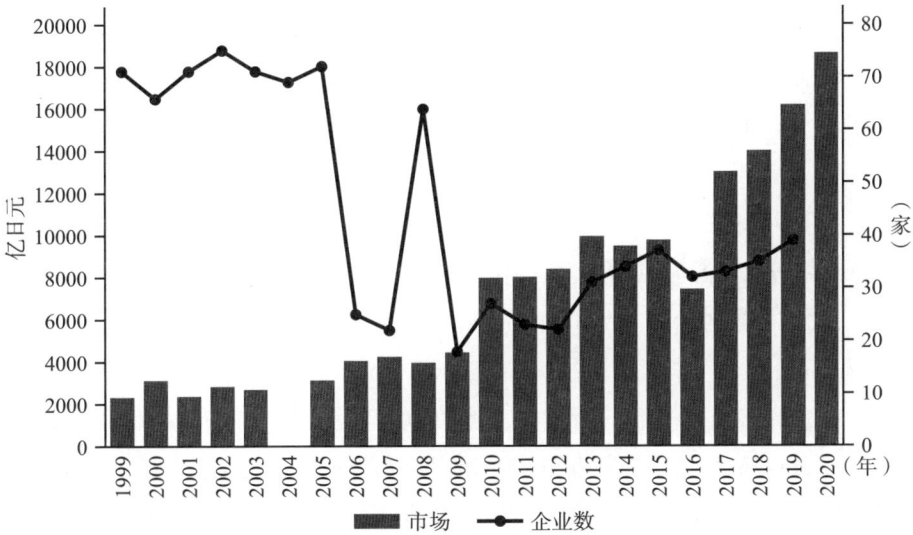

图 4-5　日本仿制药市场概况（日本制药工业协会）

* 表示数据来自 MHLW。

2002 年，日本推动仿制药普及的道路迈出了实际的一步，而当年仿制药的处方量占比仅为 12.2%，销售额占比仅为 4.8%，虽然相比 1999 年的水平有了提高，但增幅不值一提。随着普及仿制药的相关政策逐渐出台，2003 年以后，日本仿制药的市场增长已经明显加快，短短 7 年间翻了 3 倍，达 8000 亿日元（约合 91 亿美元）。由于鼓励仿制药发展的措施不断出台和仿制药市场的高速增长，武田、卫材、大冢、第一三共等创新药企业开始布局仿制药业务，国际仿制药巨头也第一时间涌入日本淘金，导致了日本仿制药的申报数量大幅增长，2009 年以后，日本新仿制药的申请和批准数量都超过了同期的美国。随着第一三共控股 Ranbaxy，Zydus Cadila 收购 Nippon Universal Pharma，Teva 与 Kowa 建立合资公司，跨国巨头在日本仿制药市场站稳了脚跟，市场份额一度接近 20%。但因为日本政府近年来频繁控制药价的原因，跨国企业陆续逃离，市场份额上升后又下降，2020 年已经回落至 12%（表4-3）。

表 4-3　新仿制药申报和审批数量

年份	2009	2010	2011	2012	2013
申报数	1117	1247	1154	1764	1467
批准数	1879	1011	1185	1539	1438

随着仿制药逐渐被日本民众所接受，日本的仿制药替代率已经在 2019 年接近 80%，而且近年来一直稳定在该水平，据 MHLW 报告的数据，日本 2020 年的仿制药总销售额按报销价已达 18619 亿日元，相比 2017 年增长了 43.3%，四年期内的复合增长率为 9.4%，其增长速度几乎是全球之最。如果按 2020 年的平均汇率换算，日本仿制药市场已达 174.78 亿美元。据日本业内估计，因为仿制药替代，日本药品开支节约了 1.3 万亿日元，节省率约为 13%。

然而随着市场规模的不断扩大，竞争也明显加剧，加之日本政府频繁地调控药价，仿制药的收益率显著下滑。沢井（Sawai Pharma）、日医工（Nichiiko Pharma）、大东（Daito Pharma）、东和（Towa Pharma）、富士（Fuji Pharma）和日本化药（Nippon Chempharm）等六大仿制药企业在 2005~2009 年的平均盈利水平（营业利润 / 销售额）是 11.83%，2010~2014 年略微提升至 13.12%，而 2015~2019 年却只有 10.17%，尤其是 2017 年之后，六大仿制药企业的盈利能力都出现大幅下滑，2017~2021 年的平均利润水平仅剩 6.1%（图 4-6）。

仿制药销售方面，除了大东以外，日医工、沢井、东和、富士、日本化药都保留着相当规模的自营队伍，2018 年的数据显示，东和拥有 700 多名医药代表，沢井和日本化药也有 400 多名，日医工和富士的规模为 200~400 名。这 5 家企业平均市场和管理费用为 25%~40%，近年来有明显的下降趋势。虽然自销企业的毛利水平较高，但大部分被市场和管理费用抵消，盈利水平反而不及大东。近年来，日本仿制药企业也开始向西方接轨，逐渐压缩了自营的比例，五大仿制药企业的平均市场和管理费从 2005~2009 年的 36.33%，下降至 2017~2021 年的 27.89%，尤其是日医工，2015 年之后的市场和管理费投入已不足 15%，而沢井和日本化药也在逐年递减，目前仅有 25% 左右（图 4-7）。

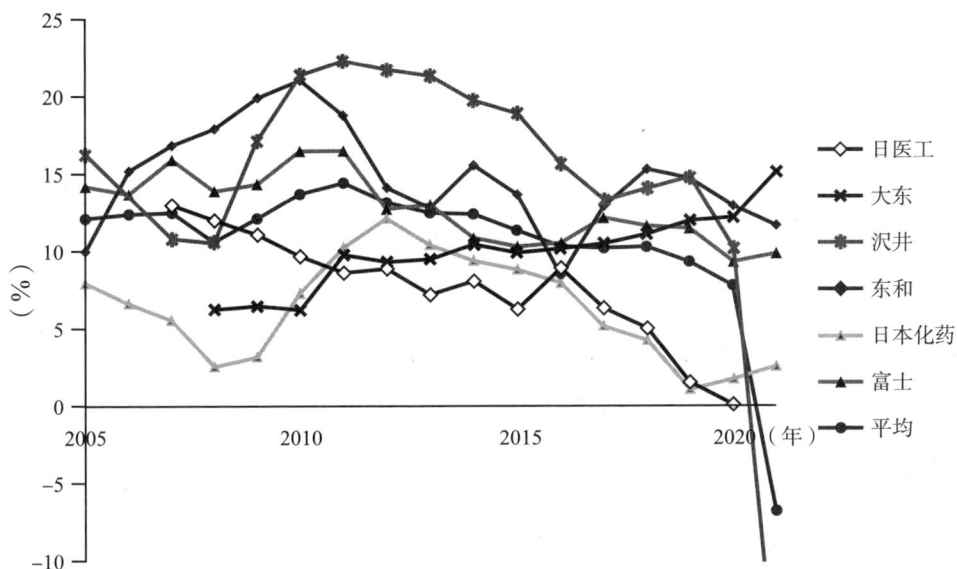

图 4-6　日本上市仿制药企业的营业利润水平变化

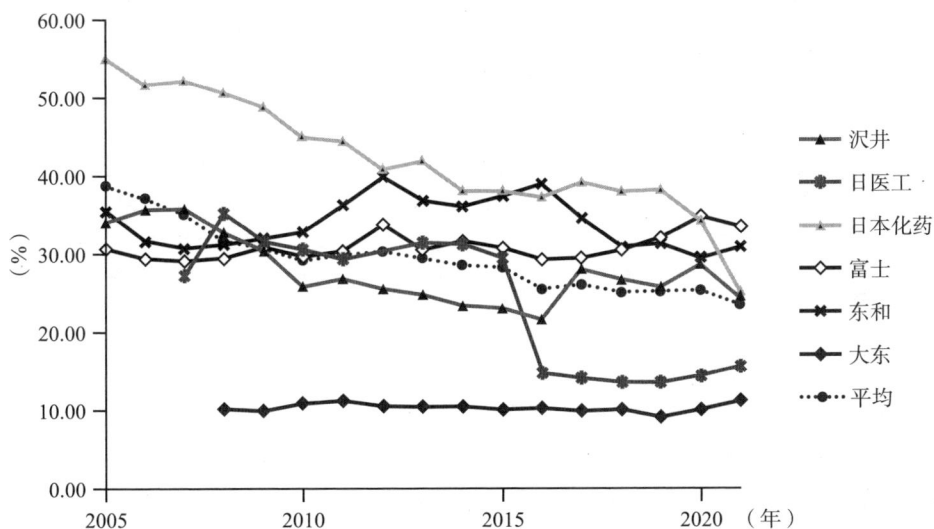

图 4-7　日本仿制药企业的市场和管理费率变化

由于日本政府坚持发展仿制药的决心和尚不激烈的竞争环境，日本仿制药市场曾被广泛看好，Teva、Mylan、Sandoz 和 Sun Pharma 都在 2010 年前后进行了大规模布局，但业务一直未有起色，部分巨头近年来还有逃离的趋势。Teva 先后与 Kowa（兴和）和武田成立了合资公司，还先后收购了日本保健巨头 Taisho 和第三大仿制药企业 Taiyo（大洋），原本认为拥有全球最丰富的产品组合、最高效的供应链，会比当地仿制药企业有巨大的优势，然而事与愿违，因为不熟悉日本仿制药市场独特的运作机制，2013 年的销售额开始下滑。2016 年之后，因为日本政府频繁地调控药价，Teva 感到无利可图，加之瘦身还债的原因，盈利低下的日本业务逐渐被剥离，生产设施也被关停，2021 年的市场份额仅剩下 2%。Mylan 于 2013 年开始布局日本业务，通过与辉瑞达成战略合作而进入日本，随后收购了 EPD，但业务一直没有起色，市场份额不足 1%。除了 Teva 和 Mylan，Aspen 和 Sun Pharma 等国际仿制药巨头也在剥离日本仿制药业务，Aspen 在 2019 年向 Sandoz 出售了其日本资产，而 Sun Pharma 则剥离了 Kayaku，外资逃离的趋势已经非常突出。

除了外资撤出，日本仿制药企业也被迫出海。由于 2015 年以后，日本仿制药市场的逐渐变天，日本六大仿制药巨头的销售额几乎无增长，甚至还出现了萎缩。为了继续生存发展，日本大型仿制药企业也开始出海。2016 年以来，日医工、泽井和东和都在迅速布局海外业务，日医工收购了 Sagent 和 SterRx 迅速布局美国市场，泽井在通过吞并 Upsher-Smith 来实现美国扩张，而东和则收购了 Esteve 而转战美国和欧洲（表 4-4）。

表 4-4　日本六大仿制药公司本土销售额变化（亿美元）

企业＼年份	2016	2017	2018	2019	2020	2021	CACR（%）
大东	3.5	3.6	3.7	4.1	4.6	4.0	2.11
日医工	12.4	11.5	11.9	14.2	14.2	12.7	0.42
泽井	12.2	12.0	13.1	13.2	14.4	14.9	3.45
东和	7.6	8.1	9.5	10.1	11.1	11.5	7.19
日本化药	3.3	3.2	3.1	2.9	3.0	3.0	−1.70
富士	3.1	3.2	3.4	3.3	3.2	3.1	−0.27
合计	42.1	41.5	44.7	47.9	50.4	49.2	2.63

　　仿制药企业出海堪称日本制药企业的第二波出海，虽然出海企业的数量、出海规模远远不及当年的"me-too"出海，但这也足以成为一种行业形态。然而日本仿制药行业的真正严冬还未到来，如果各种仿制药补偿被取消，仿制药市场可能会出现萎缩。

四、总结与讨论

　　由于日本的特殊历史原因，民众普遍对品牌药有非常高的忠诚度，尽管国家大力推进仿制药扩大使用或替代，但前期发展依然缓慢。相比西方，日本并没有形成统一的药品采购机制，药品销售过程非常复杂，也需要医药代表的推广和专业的销售，这是仿制药巨头迟迟未能够打开日本市场的一大原因。2015年之后，由于日本政府的频繁控制药价，巨头们逐渐失去了继续开拓市场的动力，这导致了日本仿制药市场依然是日本制药企业占主导地位。虽日本仿制药巨头的人均效率已是全球最高（2021年泽井、日医工、东和的年人均销售额分别达78.6万美元、61.3万美元和43.6万美元），但依然抵不住利润的下滑，在日本仿制药市场迅速由热转凉的大背景之下，日本仿制药企业也被迫出海发展，但凡规模较大的仿制药企业都在欧美布局业务，而规模较小的企业，也希望与周边国家达成合作，通过产品授权或交易等方式积极地开拓海外市场。

　　由于日本仿制药市场的独特性，跨国巨头并没有吃上"肥肉"，最终的结果是乘兴而至，铩羽而归。除了日本，英国零售药品市场也没有统一的采购机制，大量的仿制药企业仍在直营销售药品，虽然跨国巨头在英国市场也花费了大量的精力，但无一能够获得遥遥领先的地位。因此，仿制药企业在出海以前，务必研究目标市场的政策和药品采购机制，以免大量的努力徒劳。

　　如果抛开时间差不谈，中日两国医药市场的演变过程具有较高的相似性，日本仿制药市场的今天极有可能是我国的明天，行业重组、出海发展似乎已经箭在弦上而不得不发，望业界同仁有备无患。

参考文献

［ 1 ］ Gelijns AC，Halm EA. T. Japan's Pharmaceutical Industry Postwar Evolution［M］. Washington DC：National Academies Press，1991.

［ 2 ］ Umemura M. A second-tier performance：reflections on Japan's pharmaceutical industry，1945–2005 ［J］. Japan Forum，2011，23（2）：207–233.

［ 3 ］ Umemura M. Unrealised potential：Japan's post-war pharmaceutical industry，1945–2005 ［M］. London：University of London，2008.

［ 4 ］ Deammrich A. Where is the pharmacy to the world international regulatory variation and pharmaceutical industry location（Harvard business school）［EB/OL］. https://www.hbs.edu/ris/Publication%20Files/09–118.pdf.

［ 4 ］ Umemura M，Fujioka R. Comparative Responses to Globalization ［M］. London：Palgrave Macmillan，2013.

［ 5 ］ MHLW. Promotion of the Use of Generic Drugs ［EB/OL］. https://www.mhlw. go.jp/english/policy_report/2012/09/120921.html.

［ 6 ］ Sawai. Saturation of generics in japan ［EB/OL］. https://www.sawai.co.jp/en/ generics/.

［ 7 ］ A Contemporary History of the Japanese Pharmaceutical Industry（1980–2010）Task Force. A contemporary history of the Japanese pharmaceutical industry（1980–2010）［J］. Yakushigaku Zasshi，2014，49（1）：18–38.

［ 8 ］ Yoshioka R，Matsumoto K. Transitions in pharmaceutical market，production and sales in Japan（1980–2010）［J］. Yakushigaku Zasshi，2014，49（1）：64–76.

［ 9 ］ Sakakibara N，Yoshioka R，Matsumoto K. Transitions in drug-discovery technology and drug-development in Japan（1980–2010）［J］. Yakushigaku Zasshi，2014，49（1）：39–49.

［ 10 ］ Kobayashi E，Karigome H，Sakurada T，et al. Patients'attitudes towards generic drug substitution in Japan［J］. Health Policy，2011，99（1）：60–65.

［ 11 ］ 于宝荣，陈柏廷，日本医疗保险制度及介保护险制度介绍［J］，中国卫生经济，2005，24（6）：75–76.

[12] 何文威，李野，洪兰．日本药品专利战略浅析及对我国的启示［J］．中国药房，2006，17（12）：887–888.

[13] 丁汉升．日本药物价格的管理制度及其思考［J］．中国卫生资源，2013，16（32）：433–436.

[14] 日本厚生劳动省．2021年医药工业视野资料汇编［EB/OL］．https://www.mhlw.go.jp/content/10800000/000831974.pdf.

[15] Kuribayashi R，Matsuhama M，Mikami K. Regulation of Generic Drugs in Japan：the Current Situation and Future Prospects［J］．AAPS J，2015，17（5）：1312–1316.

[16] 日本制药工业协会．Databook 2022［EB/OL］．https://www.jpma.or.jp/news_room/issue/databook/en/rfcmr00000000an3-att/DATABOOK2022_E_ALL.pdf.

[17] MHLW. 医药产业资料汇编2021［EB/OL］．https://www.mhlw.go.jp/content/10800000/000831974.pdf.

[18] MHLW. Drug Pricing System in Japan［EB/OL］．https://www.pmda.go.jp/files/000243257.pdf.

[19] Datamonitor healthcare. Japan Pharma Outlook 2027 Report Extract［EB/OL］．https://pharmaintelligence.informa.com/~/media/informa-shop-window/pharma/files/reports/japan-pharma-outlook-2027-report-extract-v2.pdf.

[20] MHLW. 革新的医薬品の創出に向けて［EB/OL］．https://www.mhlw.go.jp/file/05-Shingikai-10801000-Iseikyoku-Soumuka/0000082661.pdf.

[21] Lee TH. "me-too" Products　—— Friend or Foe?［J］．New England Journal of Medicine，2004，350（3）：211–212.

[22] Régnier S. What is the value of 'me-too' drugs?［J］．Health Care Manag Sci，2013，16（4）：300–313.

[23] EfpiA. The Pharmaceutical Industry in Figures［EB/OL］．https://efpia.eu/media/602709/the-pharmaceutical-industry-in-figures-2021.pdf.

[24] Shimura. Boosting generic drug use in Japan：Evidence from the 1980s United States［J］．J. Generic Med，2020，doi：10.1177/1741134320917429.

[25] 常峰，崔鹏磊，夏强，等．日本医保药品支付价格调整机制对我国的启示［J］．中国医药工业杂志，2015，46（8）：915–920.

［26］陈致远. 日本医药分业实施路径分析及对我国的启示［J］. 上海医药, 34
        （13）: 40–42.

［27］邵蓉, 席晓宇, 裴佩, 等. 日本药品费用控制的措施与借鉴［J］. 中国医
        疗保险, 2020（1）: 78–80.

第五章
欧洲仿制药市场的发展历程与现状

　　欧洲是现代制药的发源地，早在 19 世纪 80 年代，德国就已经开始使用化学技术合成药品，到 20 世纪初，以德国、瑞士为中心化学药产业已经形成，最鼎盛时期几乎可以控制全球 80% 化学药品供应。虽然在漫长的制药工业发展历程中，欧洲国家也在积极探索现代化的药品监管，但是由于两次世界大战，欧洲的制药产业遭到巨大的破坏，各国对现代化药品监管的体系建设也被长期搁置。"反应停"事件的出现，挑动了大部分欧洲人的神经，欧洲国家自此才兴起了标准化的药品监管潮。由于欧盟内国家众多，市场琐碎，为了节省资源，欧盟国家在 60 年代开始探索建立泛欧盟的药品监管体系，最终欧洲医药管理局（EMA）和联合药品管理首脑机构（HMA）在 90 年代中期投入运行。除了参与泛欧盟的药监机构建设，部分经济实力较强的国家为了加强对本国药品市场的监管和控制，也几乎在同一时期建立了独立的药监机构。

　　欧洲是全球最早探索社会保障制度的地区，也是社会福利最完善的地区，欧洲国家的医疗保障以公立保险为主，商业为辅，高昂的医疗开支使得各国对药价的控制非常迫切，早在 20 世纪 50 年代，英国就出台了药价管控措施。但由于战争的破坏，欧洲制药工业逐渐被美国赶超，在第一个创新药黄金时代（40~60 年代）开发上市的新药中，美国占据了 60%，而整个欧洲 40% 不到。所以在重振药品经济的大背景之下，欧洲在医疗费用控制的同时也兼顾行业发展。

20 世纪八九十年代，欧洲创新药研发与美国的差距逐渐缩小，但随着经济的减速，医疗开支在 GDP 中的占比越来越大，于是各国加强了对医疗支出的控制力度，在增加对品牌药价格控制的同时，大力推进仿制药的普及或替代。除英国（2020 年脱离欧盟）以外，大部分欧盟国家的仿制药战略几乎在东欧剧变以后才提出，有效地推进与实施几乎在 2000 年以后，因此相比美国，欧盟仿制药市场的兴起大约有 10~20 年的滞后，目前竞争压力没有美国大，而且在短期内还存在增长的空间。

一、丰富多彩的欧洲仿制药市场

欧洲有 7.5 亿人口，大约有 50 个国家，其中欧盟范围内有 27 个，生活着欧洲约 60% 的人口。虽然欧洲占据了全球五分之一的仿制药市场，但广泛分布在 50 个国家，这些国家的经济、政治、语言、文化、药监体系和社会保障制度千差万别，几乎没有一个跨国仿制药巨头能够逐一建立起领先优势。尽管欧盟内的 20 多个成员国有泛欧盟的药品监管体系，但因各成员国对品牌药的忠诚度、对仿制药普及与替代的态度都不相同，仿制药市场依然极具多样性，而这些多样性和与美国的差异可以体现在以下方面。

1. 审批方面

在欧盟范围内，仿制药的市场准入路径有 EMA "统一审批"、HMA "互认程序" 和各国 "独立审批" 三种。相比美国 FDA，EMA 成立时间（1995 年）相对较晚，其审评效率和法律效力都不及美国 FDA，而且申请费也比较高，故仿制药注册多以 "互认程序" 和各国 "独立审批" 为主。然而不论是何种方式，欧盟理事会指令（如 65/65/EEC、87/21/EEC、92/97/EEC）基本都适用，而且这些法规与美国也是大同小异（表 5-1）。虽然欧盟也实行了 "专利补偿" 和 "市场独占期" 制度，但并未对挑战专利的首仿药设定市场独占期，故原研药的 "专利悬崖" 效应并没有美国那么显著。据欧盟 2009 年的调查结果发现，从品牌药专利到期到首个仿制药上市的平均间隔为 7 个月，而且在不同国家，仿制药滞后的程度也各不相同。由于仿制药的滞后现象，欧盟国家每年在品牌药上不得不多花 30 亿欧元。欧盟仿制药法规演变过程见表 5-1。

表 5-1　欧盟仿制药法规演变过程

时间	法规	主要内容
1965 年	65/65/EEC	对药品上市许可、已上市药品的终止和废止及药品标识进行了规定，要求仿制药也需要开展全面的临床研究
1978 年	75/318/EEC 75/319/EEC	对药学、毒理及临床实施标准提出了具体要求；上市许可人制度及其相关要求
1986 年	87/21/EEC	简化仿制药申报标准，仅需提供生物等效性证据
1989 年	89/105/EEC 89/343/EEC	补充放射性药品、血液制品的特殊规定
1992 年	92/97/EEC 92/98/EEC	人用药品标签问题和广告问题进行了规定

2. 定价方面

美国崇尚自由竞争，政府并不直接干预药价，但欧洲各国的市场相对较小，无法像美国一样充分发挥自由竞争效应，而且大部分欧盟国家以公立保障体系为主，政府有权直接干预药价，故大部分欧盟国家的仿制药以指导定价为主。虽然部分国家可以自由定价，但要获得保险报销，其也必须受到国家的价格机制约束。欧盟各国的仿制药定价方式千差万别，大体可以分为自由定价式、协商定价式、最高价限制式、原研药最低折扣价式、企业利润关联定价式、动态平均价格式和多重方法联用式等。由于各国的定价方式不同，仿制药的价格差异较大，其中英国和德国等国家因存在流通环节的大比例"价格折扣"而仿制药市场价普遍偏高。另外，也有文章研究显示，印度药能够拉低平均价格，同一品规的仿制药品在有印度药上市的国家，其价格相比没有印度药上市的欧洲国家低 63%。

3. 采购方面

欧洲普遍使用集中招采制，但大部分国家仅在医院端实施集中招采，只有德国、荷兰等少数国家在零售端实施集中招采。这种制度的好处是可以快速降低药价，但也有人认为这会引起不良性竞争，可能导致部分药品短缺。故欧洲仿制药协会的报告中提到，欧洲在试图让药品进一步降价的同时已在考虑"政府预算""药品支出"和"药企利润"之间的平衡，以寻求行业的可持续发展，毕竟欧洲还有 19 万人在从事仿制药的研发与生产。

4. 报销方面

德国、英国等少数国家使用的是"阴性目录"（negative list）制，除了目录规定的产品不予报销外，市场上的产品都能报销。相比之下，大部分国家使用的是"阳性目录"（positive list）制，只有进了目录才有报销的资格，在实施阳性目录的国家，通常有多重限价措施，仿制药的价格相对较低。

5. 使用方面

只有英国等少数国家的医生自然养成了通用名开方的习惯，但大部分国家属于强制或鼓励性的行为。英国和德国的医生还要为患者的治疗预算考虑，开方时有最高价格限制，而在部分国家，医生开低价药处方还会有相关补偿。在处方配置方面，除了比利时、爱尔兰等为数不多的国家外，其他欧盟国家均允许仿制药替代，但替代的适用范围也天差地别。在英国，只有专业医疗机构才允许被替代，而且有类似美国橙皮书的产品目录，在德国，仿制药替代是强制性的，是药师的义务，而在另外一些国家，仿制药替代是鼓励性的，药师使用低价仿制药替换高价的品牌药会有相关补偿。总之，对仿制药普及或替代的态度不同，仿制药的市场渗透率千差万别（图 5-1），另外，各国民众对品牌药忠诚度的差异和医生处方习惯的不同，也是影响仿制药应用的关键原因之一。

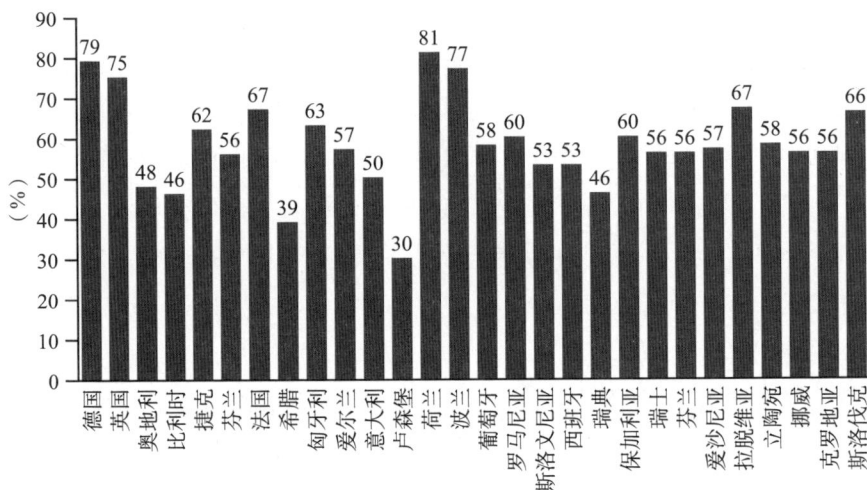

图 5-1　2021 年欧洲各国仿制药销量占比（欧洲仿制药协会）

6. 市场方面

仿制药处方量占比最高的是英国、德国和荷兰，其仿制药处方量占比均已经超过了 80%，比利时、保加利亚和爱尔兰等国家因不允许替代而仿制药市场份额较低，其他大部分国家集中在 30%~70%。因为 21 世纪以来，欧洲经济增长乏力，财政预算紧张，大部分国家都提出了压缩药品开支的实施计划。经过 10 余年的推动，欧洲仿制药普及率已经显著提高，根据欧洲仿制药协会的数据，2021 年的仿制药平均处方量占比为 67%，销售额占比为 29%。欧洲各国的仿制药市场份额见图 5-2。欧洲各国仿制药政策对比见表 5-2。

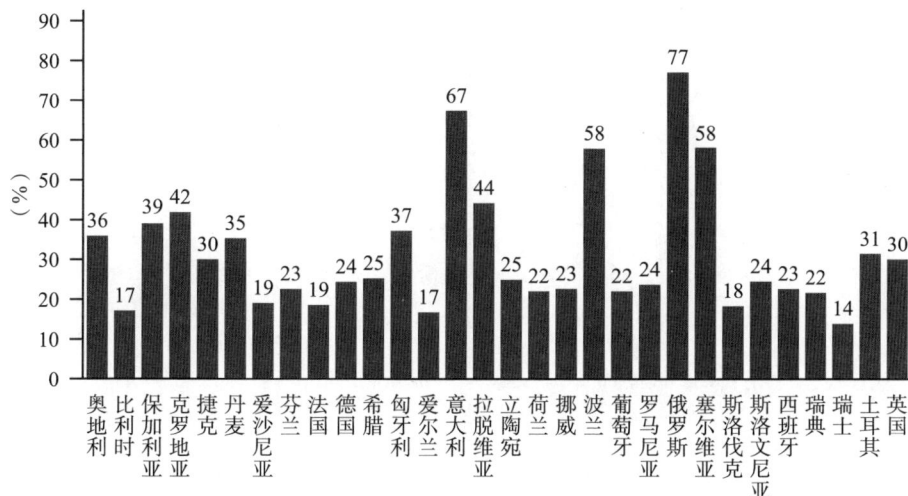

图 5-2　2019 年欧洲国家仿制药销售额占比（EFPIA）

表 5-2　欧洲各国仿制药政策对比 *

国家	价格机制	定价要求	医院招采	零售招采	仿制替代	处方补贴	药价折扣	药房利润限制
德国	自由 / 指导定价		是	是	是	是	是	是
英国	自由定价		是	否	是（医院）	是	是	是
奥地利	指导定价		是	否	否		是	是
比利时	指导定价	低于原研 30%	是	是	否	是	是	
捷克	指导定价	低于原研 40%	是	是	是			

续表

国家	价格机制	定价要求	医院招采	零售招采	仿制替代	处方补贴	药价折扣	药房利润限制
丹麦	自由定价		是	否	是	是	是	
芬兰	指导定价	低于原研50%	是	否	是	是	否	是
法国	指导定价	低于原研60%	是	否	是	是	是	
希腊	指导定价	低于原研35%	是	否	是			
匈牙利	指导定价	低于原研40%	是	否	是			
爱尔兰	指导定价	低于原研60%	是	是	否			
意大利	指导定价	低于原研20%以上	是	否	是		是	是
卢森堡	指导定价	低于原研70%	是		是			
荷兰	指导定价		否	是	是	是	是	是
波兰	指导定价	低于原研25%	是	否	是		是	
葡萄牙	指导定价	低于原研35%	是	否	是		是	
罗马尼亚	指导定价	低于原研35%	是	是	是			
斯洛文尼亚	指导定价		是	是	是			
西班牙	指导定价	低于原研40%	是	是	是		是	是
瑞典	指导定价		是	否	是		是	
土耳其	指导定价		是		是			
保加利亚	指导定价		是	否	否			

续表

国家	价格机制	定价要求	医院招采	零售招采	仿制替代	处方补贴	药价折扣	药房利润限制
瑞士			是	否	N/A			
芬兰	指导定价		是	否				
爱沙尼亚	指导定价		是	是				
拉脱维亚	指导定价		是					
立陶宛	指导定价		是					
挪威			是	否		是	否	
克罗地亚	指导定价		是					
斯洛伐克	指导定价		是	是				

注：* 以上数据来自文献汇总，因各国政策随时调整，可能与实际情况有误差，而且不同时期不同来源的文献，结果也存在差异，仅供方向性的参考。

二、英国的仿制药发展历史与市场现状

尽管所取得的成就和历史影响力不及美国，但英国也是世界上最早探索现代药品监管的国家之一，早在 1815 年，英国就颁布了《药剂师法》（Apothecaries Act）开始对行业进行监管。几乎在美国 FDA 成立的同一时期，英国也曾考虑建立独立的监管机构，但在长期的争论中战争爆发，建立监管机构的事长期被搁置。"反应停"的悲剧发生后，英国开始建立药品监管体系（the Dunlop Committee）以对新药实施控制。1968 年，英国出台了《医药法》（Medicines Act），并依据该法成立了多个独立的药品委员会，这些委员会负责药品的评估和审查。1973 年，英国加入欧盟，欧盟理事会指令（65/65/EEC）也从此引入了英国，同时英国也加入了欧盟药品监管体系的构建之中。在积极参与 CPMP（专利药品委员会）和 EMA 两大欧盟药品监管体系构建的同时，英国也在 1988 年建立了自己的药品监管局 MCA（药品控制局）。2003 年，英国将药品和医疗器械两大监管系统整合成今天熟知的 MHRA（英国药品和健康产品管理局）。

　　英国并未对仿制药进行严格地定义，仿制药被认为是主活性成分、剂型、剂量和适应症与原研药相同的产品。按这一逻辑，英国的仿制药可追溯至20世纪四五十年代，青霉素巨大的经济价值使得英国部分制药企业也加入到了青霉素的仿制之中。1948年，英国建立了对全民免费的医疗服务体系——国民医疗服务体系（NHS），巨大的药品需求加速了英国制药行业的发展。但NHS作为公立免费医疗体系，巨大的医疗开支让英国不得不考虑制定有效的药价控制措施。当时正值创新药发展的黄金时期，而且英国有明显的掉队趋势，在40~60年代上市的创新药中，英国仅奉献了5%，为此英国政府在控制药价的同时还要兼顾行业的可持续发展。1957年，英国推出了与企业利润相关联的药品价格监管计划（Pharmaceutical Price Regulation Scheme，PPRS），药品的价格由卫生部门和行业协会共同协商制定，且每5年更新一次。PPRS根据实际情况制定可接受的利润限度，并监控企业的营业情况，如果利润超过限度就必须降价，否则超额利润就会被收缴。

　　虽然"仿制药品"早已出现，但是在审批和监管上也跟同期的美国一样——与新药一视同仁，根据欧盟理事会指令65/65/EEC的规定，上市申请必须提供全套试验的、理化的、药理毒理的和临床的支持性数据。直到1987年，65/65/EEC的修正案87/21/EEC出台，仿制药的申报才得以简化。尽管在英国市场上，主流仿制药都不授予品牌名，但改剂型、改规格或改适应症的仿制药例外，而且这些产品在获批前也需要提供生物等效性证据。

　　1983年，Laurie Pavitt等人提出一项议案，允许药师在配方时使用仿制药替代NHS全科医生开具的处方，除非医生在处方中说明不允许替代外。虽然该议案并没有正式实施，但政府相关的鼓励措施让仿制药替代得以推进。1988年，英国出台了"处方分析和成本计划"（Prescribing Analysis and Cost Scheme，PACT），旨在引导医生的处方行为，让他们开低价药。1990年，英国政府又引入了基金持有计划（fundholding scheme），要求医生对患者一揽子的费用预算负责，间接地向医生施加压力让他们使用低价药和仿制药。这一系列的措施，取得非常不错的成效，到1993年，仿制药使用率从80年代中期的35%左右上升至41%，但仅消耗了NHS 11%的药品开支。

　　英国约三分之二的仿制药品销售额来自零售渠道，但只有专业医疗机构的药师才允许使用仿制药替代医师的处方，社区药师并没有擅自替代的权利。

然而自 1970 年以来，英国一直鼓励医生养成使用通用名开处方的习惯，如医生未指定商品名，药师依然可以使用仿制药配药。英国的药店拥有基础运营补贴和按处方量的配药服务费补贴，虽然也允许有药品的加成利润，但超出国家规定限度的部分被要求上缴，而且药品加成幅度也被严格管制。这一制度为药师使用低价仿制药提供了动力。另外，英国零售仿制药的报销价格通常由"药品定价计划"（drug tariff scheme）确定，该价格通常是四五个大仿制药企业的平均价格，通常价格制定部门还会采集经销的采购价格对销售价格进行佐证，另外也会参考药店的利润，基于销售价格和利润分解来确定最终的偿付价格。一般情况下，药店采购药品时通常会争取到一定比例的价格折扣，这也间接地为仿制药普及使用提供了动力。

药品流通方面，药品的直接购买人主要是政府卫生部门（专业医疗，如大型医院）和拥有医保资金支配权的全科医生（初级医疗，如社区卫生服务中心，诊所）临床医疗委托团，国家会直接或间接的管制药价，品牌药价格管制通过 PPRS 来进行，仿制药则可以自由定价。为了促进仿制药降价，英国在医院端实行了集中招采制，具体由卫生部商业药品处负责（Commercial Medicines Unit）确认采购需求和组织投标，由地方政府执行，在多个区域内实施招采。英国一般采用多标制（允许多家企业中标）、最低价中标制，合约期为 12~18 个月，该机制与我国当前实行的"集中带量采购"较为相似。在招标的过程中，多个仿制药商供应商同台竞争，可以让药价迅速下滑。据欧洲仿制药协会的报告，英国仿制药竞争体系可以让部分品种的价格在原研专利失效后的几周内下降 90%。而在零售端，则是自由流通，主要路径也是制药企业→批发商或配送商→药店，不过英国的批发商集中度远没有美国高，而且很大一部分制药企业也保留有自营队伍，流通机制相对较为复杂。虽然有"药品定价计划"来控制报销价格，但事实上英国的仿制药价格在欧洲是偏高的。其原因是制药企业为流通环节提供的折扣，最大折扣甚至超过了"药品定价计划"价格的 50%。

因为价格较高，仿制药行业才能蓬勃发展，数据显示，2008 年英格兰地区的仿制药处方量占比达到了 83%，几乎达到欧洲最高水平。为了进一步降低医疗支出，2009 年，英国政府希望通过新版的药品价格监管计划推行仿制药强制替代，以进一步提高仿制药替代水平。但民间对这一举措并不买账，很多从业者认为通过生物等效性获批上市的仿制药并不一定与原研药治疗等效，而且因安全性问题争议不断，加之"折扣"问题饱受诟病，于是英国政府在 2010 年宣布不再向英格兰地区的初级医疗机构推行仿制药替代计划。

由于近年来英国经济增长乏力，日益增长的医疗开支在 GDP 中的占比越来越高，药价控制的问题更加突出（图 5-3）。2014 年实施的新版 PPRS 进一步加大了药价限制力度，允许新药的涨价幅度被大幅压缩。仿制药方面，数据显示英国 2014 年的处方量占比为 84%，销售额占比为 35%，虽然相较美国的 90% vs 18%，价格明显偏高，但根据大不列颠仿制药制造协会的数据，自 2014 年以来，40 个专利失效的药品因为仿制药的竞争而平均价格下降了89%，NHS 每年的药品支出因仿制药替代而节省 130 亿英镑之多。可能是未推行强制替代的原因，2014 年之后，英国的仿制药渗透率并未发生明显变化，欧洲仿制药协会和欧洲制药工业协会的数据显示，英国在 2021 年的仿制药处方量占比为 85%，销量占比为 75%，2019 年销售额占比为 30%。

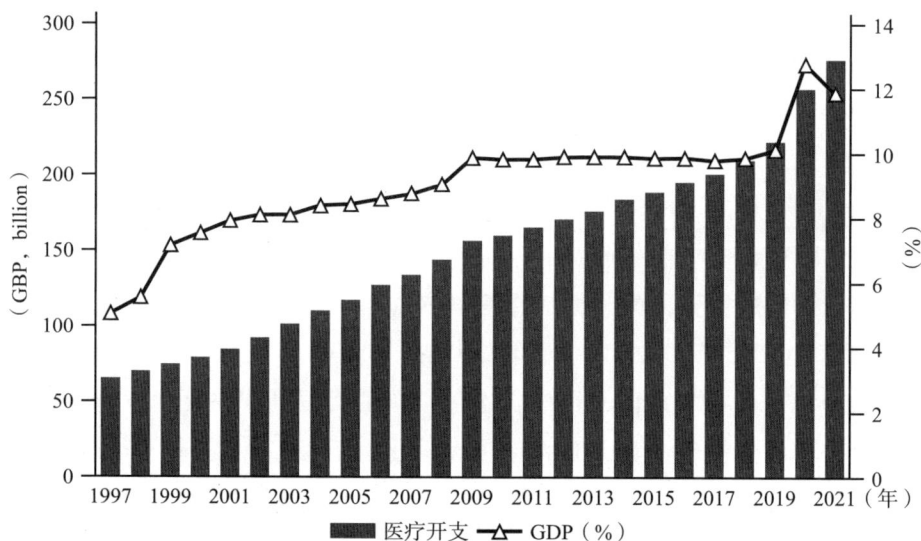

图 5-3　英国的医疗开支与其在 GDP 中的占比变化

市场方面，因为英国是最早推行仿制药替代的国家，仿制药市场在 90 年代就已经初步形成规模，2001 年的总销售额为 10.77 亿欧元，占药品市场的11.6%。21 世纪以后，随着仿制药政策力度的不断加大，仿制药市场也得以快速发展，2001~2006 年的销售额复合增长率高达 17.1%。2007 年以后，因市场成熟度的不断提高，销售额增长开始放缓，2006~2013 年的复合增长率下降至 5.9%。2013 年之后，英国仿制药的处方量占比几乎没有显著的增长，2013~2017 年的复合增长率进一步下降至 4.1%。近 5 年以来，英国仿制药有明显的涨价趋势，市场规模在过去的 5 年间增加了近 30%，复合增长率为 4.2%（图 5-4）。

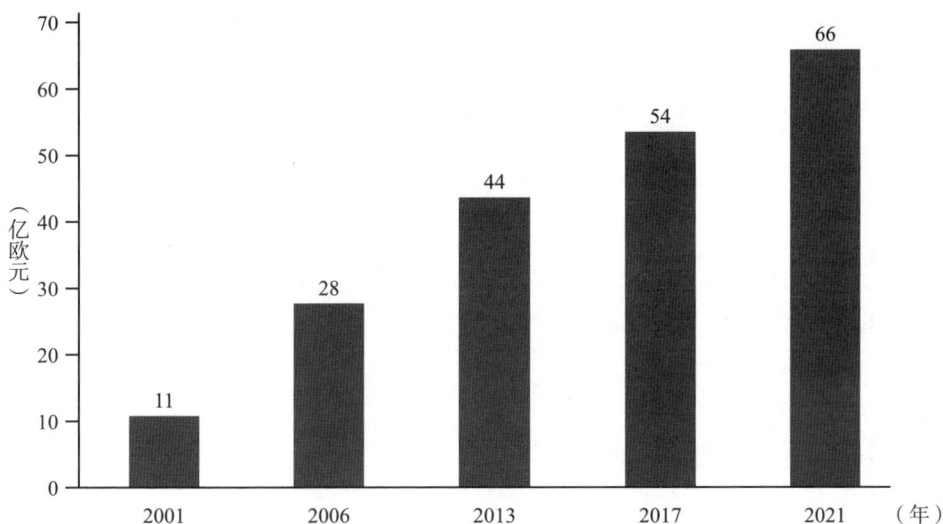

图 5-4　英国仿制药市场变化（出厂价）

经济合作与发展组织（OECD）的数据显示英国 2021 年的药品支出在医疗开支中的占比提升至 11.76%，总药品支出为 325 亿英镑，而仿制药销售额占比为 30%，市场规模约 97 亿英镑（NHS 报销价），按当年平均汇率换算为 133 亿美元。市场格局方面，英国的运行市场体制决定了其仿制药的竞争格局不会过于集中，前 10 大仿制药公司仅占有 1/8 的市场份额，同时品牌药专利悬崖也不会像美国那么明显，QIVIA 市场报告显示，失去专利保护的品牌药仍占据市场 20% 左右的销量和 25% 左右的销售额。

三、德国的仿制药发展历史与市场现状

德国是现代制药业的主要发源地，同时也是世界上最早建立医疗保障体系的国家。德国的医疗保障体系可追溯至 19 世纪 80 年代，虽然在形式上与

英国有些类似，但也具有自己的特色。德国的法定健康保险（SHI）覆盖了90%以上的民众，绝大部分被雇佣者、救济者都会自动加入SHI，只有少数高收入（每年会有收入划线）人群可以自由选择SHI或商业保险。SHI的医疗机构几乎是免费的，患者只需要支付少量的处方费和住院费。患者看病主要集中在基层医疗机构，故80%以上的药品销售额来自零售渠道，仿制药更是超过了90%，是欧洲零售渠道占比最高的国家。与英国相比，德国的医疗开支在GDP中的占比更高，长期以来，德国有强大的经济实力作为后盾，医药行业得以迅速地发展（图5-5）。

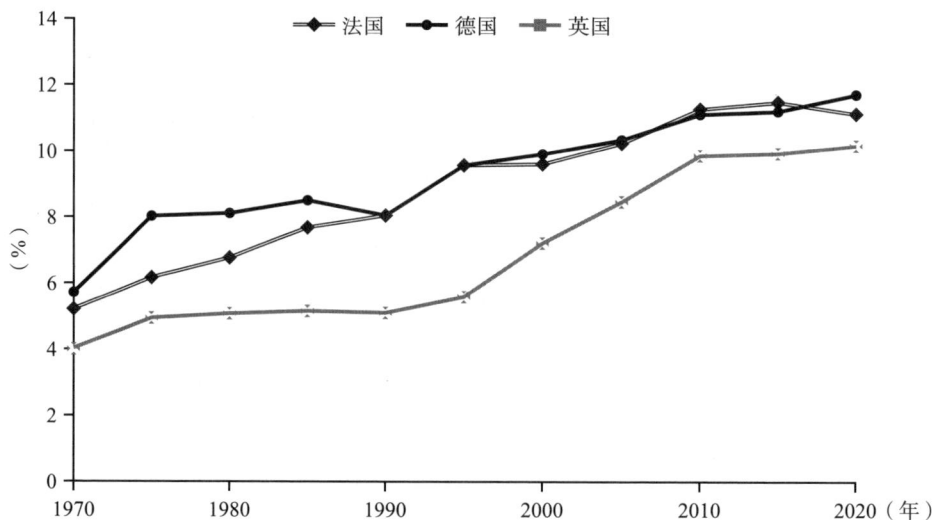

图 5-5 英、德、法医疗开支占 GDP 的比重对比

第三次石油危机和东欧政治剧变以后，德国经济增长减速，医疗费用控制被逐渐提上日程。1989年，德国出台了《健康护理改革法案》（Health Care Reform Act）而首次引入了比价的方法，以控制全科医生的处方行为，并设定了药品总支出上限，从而有利于仿制药的扩大使用。而在药房，药师的薪水与不同品牌药价的递减百分比挂钩，药师使用价格越低的药品配药，得到的报酬就会越高，这也间接地促进了仿制药的应用。由于仿制药政策的出台的时间相比英国较晚，德国90年代后期的仿制药处方量占比较低，而价格相对较高，不过与英国不同的是，在医生的允许的条件下，药师在配药时可以使用仿制药替代。

就品牌药而言，德国医院端使用的是协商定价制，国家制定药品目录并按疗效获益程度定价，除了进入负面清单（negative list）的产品不能报销外，其余产品理论都能报销。对于仿制药，医院端通过价格管制和招采来控制药价，其中价格管制的方式也有多种，包括法定折扣和参考定价等。在医院端，德国的招采是部分单体医院或医院集团发起的，与英国明显不同。在零售端，德国采用了与英国相同的报销价格方式，即企业可以自由定价，但报销价格是同一分子多个厂家的平均价格，而只要有一个厂家降价，那么平均价格就会拉低，从而使得仿制药价格的螺旋式下降。不过与英国所不同的是，德国在零售端实施集中招采，这样更有利仿制药价格的下降。不过这种招采，是部分疾病基金发起的，招采主体是保险基金会，也并非是在国家范围内的统一采购机制。

2001 年，德国仿制药的销量占比仅有 36%，销售额占比为 22%，仿制药替代率相比 90 年代未出现显著增加。由于 90 年代药价失控，药品开支在总医疗支出中的占比逐年提高。为了促进药品价格的总体下降，德国在 2002 年通过了"Aut-idem-Regelung"，以推行仿制药强制替代。根据该法案，凡是在 SHI 服务的医生和药师，都有义务使用廉价的仿制药品。2003 年，德国在零售端引入了集中招采制，寄希望于促进仿制药的价格竞争，不过与英国相似地，德国的药房也能争取到一定的价格折扣，这也是德国仿制药的出厂价较低，而销售价格相较一般欧洲国家高的原因。

虽然当今的德国联邦药物与医疗器械所（Federal Institute for Drugs and Medical Devices，BfArM）已是欧盟内最大的独立药监机构，但该机构 1994 年才成立，由于历史的原因，德国早期的仿制药比英国更为混乱，而且生物等效性证据也未强制要求仿制药企业提供，故在仿制药替代政策出台的初期，效率并不是很高，文献数据显示，德国 2005 年的仿制药销量占比为 41%，销售额占比为 22%。但是随着近年药品开支的高涨和德国经济的减速，德国政府增加了药价控制力度，仿制药的普及度也得以显著增加。到 2014 年时，德国的仿制药处方量占比已达 81%，销售额占比为 36%，而据欧洲仿制药协会和欧洲联邦药品工业协会（EFPIA）的最新数据，德国 2019 年的仿制药销售额占比为 24%，2021 年的销量占比达 79%，仅次于荷兰，是欧洲仿制药销量占比第二高的国家。

市场方面，德国在 20 世纪 90 年代后期就已经成为欧洲第一大仿制药市场，2001 年的销售额占比约为 22%，达 37 亿欧元（图 5-6）。2002 年以后，德国政府推行了严格的价格控制措施，导致仿制药价格迅速下滑，虽然有大量的"可仿资源"，但市场增速依然大幅放缓，2001~2006 年的复合增长率仅为 4.4%，远低于欧洲国家的平均水平。2006 年以后，随着药价控制的层层加码，市场增速进一步下滑，2006~2013 年的复合增长率仅为 3.9%。2013 年之后，德国仿制药替代率已经上升至瓶颈，销量上升明显放缓，2013~2017 年的复合增长率进一步下降至 3.8%。近年来，德国仿制药销量增长速度仍在放缓，但存在一定的涨价趋势，2017~2021 年的复合增长率仅为 2.8%，部分年份甚至出现负增长。

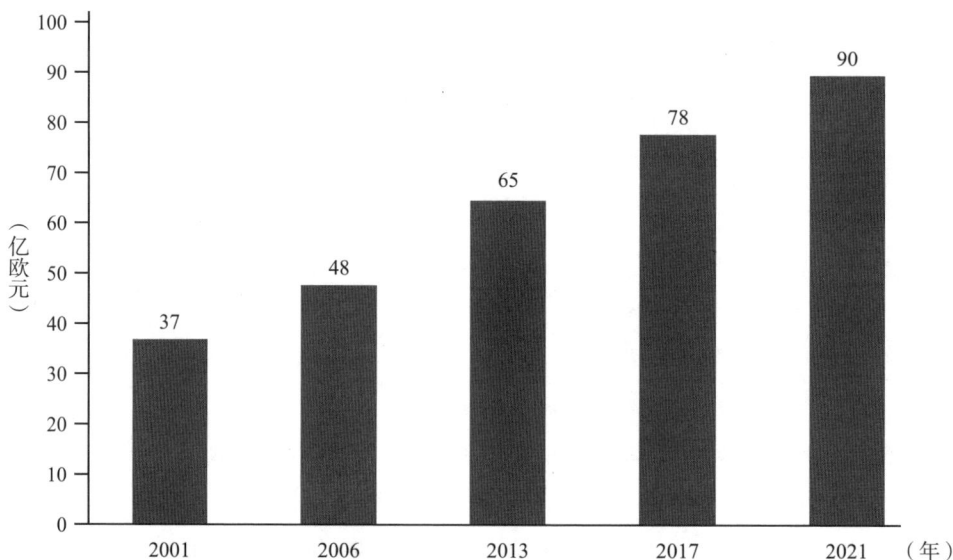

图 5-6　德国仿制药市场变化（出厂价）

德国医疗开支已在 2020 年达到了 4410 亿欧元，占到 GDP 的 13.1%，而德国的药品支出多年来一直维持在总医疗开支的 15% 左右，2020 年总药品支出达 678.8 亿欧元，如按仿制药 24% 的销售额占比计算，德国的仿制药市场规模为 163 亿欧元（约合 186 亿美元，按报销价），是欧洲第一大仿制药市场，同时也是全球第三大仿制药市场（图 5-7）。市场格局方面，德国的仿制药以 Teva、Sandoz、Stada 和印度仿制药占主导，前十大企业几乎占据了 60% 的市场份额，集中度非常高。

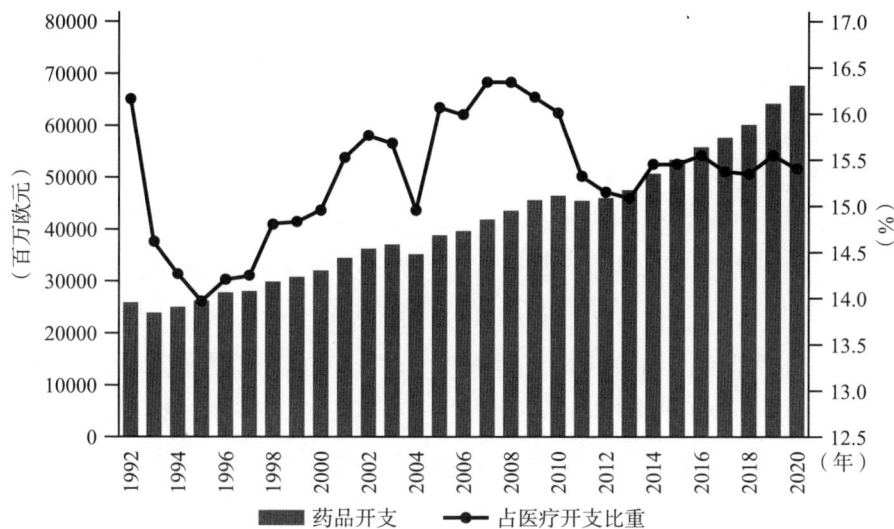

图 5-7 德国药品开支变化

四、法国的仿制药发展历史与市场现状

在英国和德国，仿制药的分类较为随意，但法国却有法定的概念。1981年，法国国家公平交易办公室（Commission de la Concurrence）首次给出了仿制药的概念。彼时，仿制药被定义为原研药专利期满后上市的复制品。1996年，法国 96-345 号法令，将仿制药进一步限定为具有相同的活性成分和剂型，且生物等效的产品。基于对仿制药的法定概念，法国仿制药在提交上市申请时，必须有生物等效性证据作为支持，仅生产工艺、生产场地、原料来源、配方组成都与原研药一致的产品除外。

与美国和西欧其他国家或地区相比，法国的仿制药战略实施较晚，大部分欧洲国家在 20 世纪 90 年代已开始大力推进仿制药普及或替代，但法国国内还对仿制药充满争议，甚至受到抵制。因此 90 年代的法国，是欧洲仿制药普及率最低的国家之一，仅有 2% 的处方开具了仿制药，总销量占比也仅为 3%。直至 1995 年，总理的健康计划（Prime Minister's Health Plan）中才首次提到促进仿制药的概念。1997 年，法国医药管理局（Agence des Médicaments）制定了一份类似美国橙皮书的清单，为每个专利失效的原研产品推荐了生物等效的仿制药。但该清单仅有 20 多个品种，而且碍于监管法规的不协调，基本无法实施。1999 年，法国《健康保险基金法案》授予了药师使用仿制药替代的权利，只要医生未明确标记"不允许替代"，药师都有权使用仿制药配药。

因为新政的实施，法国制药巨头罗纳－普朗克和赛诺菲都在 1995 年前后布局了仿制药业务。然而由于多方势力争议不断，仿制药替代率的增长远远低于预期，因为仿制药普及率较低，法国是欧洲药品支出占医疗开支比重最大的国家之一。为了促进仿制药的替代，2002 年，法国增加了医生的医师服务费，以降低他们对仿制药替代的抵制。与此同时，国家加强了对处方系统控制，要求处方总价的 10% 以上和处方总量的 30% 以上必须是仿制药。在配药方面，药师的报酬与配方的药费节省比例挂钩，使用低价仿制药配药有奖励，相反则会有惩罚。

虽然在 21 世纪的前几年里，法国政府做了很大努力，但成果仍不及预期，2005 年的仿制药销量占比仅为 10% 上下，销售额占比约 6%。为了进一步释放仿制药的潜力，法国政府将仿制药的注册审批流程简化，且改变酸根、碱基的产品也被视为仿制药，2008 年起，医生被要求使用通用名开方。2010年，法国健康保险局接管了仿制药扩大使用的任务，该局广泛约谈药师，要求将销量最大的 20 多个品种的仿制药替代率提高至 80% 以上。除此以外，法国还出台了多项措施来推动仿制药的替代和普及，如只有接受仿制药的患者才能获得医疗保险的预付费，医生不允许替代的产品，必须在处方中手写标记，将仿制药替代情况纳入全科医生和药师的绩效管理范围等。

法国政府一系列"强硬"的措施，迅速扭转了仿制药的局面，患者对品牌药的忠诚度也逐渐下降。OECD 数据显示，法国 2014 年的仿制药销量占比为 30%，销售额占比为 16%，总仿制药支出 41.4 亿欧元，虽然仿制药渗透率在欧洲仍处于较低的水准，但已经是欧洲第二大市场。2015 年，世界卫生组织（WHO）在全球范围内推行通用名开方体系，对法国仿制药替代起到很大的促进作用。在 2018 年出台的 2018~2022 年国家健康战略中，提出了在2022 年实现仿制药渗透率达 80% 的目标，不但严格限制了医生在开方时使用"不可替代"的权利，而且要求不接受仿制替代的患者要自行预付整个处方的全部费用，将原研药的报销价格限制在仿制药价格之内。

价格机制方面，由于法国也是一个以公立健康保障为主的国家，故在仿制药的采购上，法国与英国较为类似，即医院端实行集中招采，零售端药店可以自主采购，但在价格体系上，法国与英国、德国均不相同，法国不允许自主定价，按照最新的价格机制，要求新仿制药的价格在原研药的基础上打60%以上的折扣，而且还要依照法国社会保障融资法案（LFSS）的规定，实施年度降价。

市场方面，由于仿制药替代战略推行较晚和国内民众对品牌药忠诚度高的原因，90年代的法国仿制药市场几乎可以忽略不提，2001年总销售额也才4亿欧元（图5-8）。但法国的政策力度比其他欧洲国家都大，迅速扭转了市场形势，仿制药市场出现爆发性增长，2001~2006年的复合增长率高达23.6%，而2006~2013年也有19.6%。2013年以后，法国加大了仿制药价格调控力度，仿制药价格的大幅下降抵消了销量增加所带来的市场增量，2013~2017年的复合增长率仅为0.9%。2017年以来，新政的实施进一步提高了仿制药的处方量占比，虽然存在产品的升级和迭代，但是平均药价并未出现明显的上涨，故2017~2021年的复合增长率低于其他西欧国家，仅为1.7%。

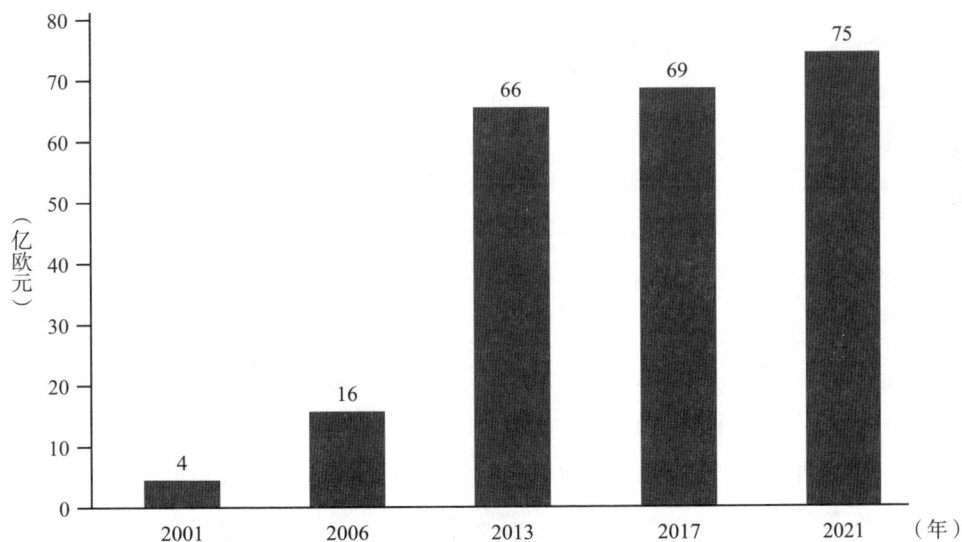

图 5-8　法国仿制药市场变化（出厂价）

经过多年的博弈，法国的仿制药替代战略获得了巨大的成功，EFPIA的数据显示，法国2019年的仿制药销售额占比为19%，如果按报销价计算，法国仿制药市场规模约 100 亿美元，是欧洲第三大仿制药市场。截至 2021 年，法国的仿制药销量占比已经达到 67%，达到了欧洲平均水准。但由于竞争不够充分，法国专利失效品牌药的市场份额比英国、德国更大，销售额和销量占比均超过了 20%，市场格局方面，前十大仿制药企业的市场占有率超过了 70%，其中晖致和施维雅两大巨头几乎就占据了 40%，竞争格局非常集中。

五、总结与讨论

由于欧洲的公立医疗体系制度，国家是药品的直接买单人，可以直接地干预药价，所以欧洲无需像美国一样"温水煮青蛙"，可以直接利用强大的政策压力快速完成市场形势的扭转。不论是德国还是法国、意大利与西班牙，其仿制药替代和药价格控制的主要过程几乎都是在 10 年左右快速完成的。

表 5-3　欧洲 Top 5 仿制药市场复合增长率变化

国家	2001~2006	2006~2013	2013~2017	2017~2021
德国	4.4%	3.9%	3.8%	2.8%
法国	23.6%	19.6%	0.9%	1.7%
意大利	33.9%	30.2%	3.9%	3.3%
西班牙	17.4%	22.3%	4.8%	3.1%
英国	17.1%	5.9%	4.1%	4.2%

虽然 2010~2015 年是品牌药专利悬崖的高峰时期，但欧洲严格的价格管控让仿制药市场的增速明显放缓，尤其是 Top 5 市场，部分年份甚至出现小幅萎缩。另外，由于美国市场竞争压力的不断加大，部分跨国仿制药巨头转战欧洲，Top 5 市场受到国际仿制药的剧烈冲击，进一步导致了仿制药价的下降。然而欧洲是一个丰富多样的市场，由于各个国家仿制药替代水平的不同和替代政策的差异，让整体的红海市场中存在局部的蓝海市场，东欧和南欧的大部分国家依然在 2010~2015 年间保持着高速增长。

经过了 2013~2017 年的超低速增长期，欧洲 Top 5 市场的仿制药替代出现了瓶颈，替代率上升缓慢，销量增长也大幅放缓，于是各国又开始思考产业的可持续发展，提出了"政府预算""药品支出"和"药企利润"的三角平衡理念，故 2017 年以来，除了波兰等少数国家外，仿制药的平均单价都呈现出明显的上涨趋势，不过导致这种趋势的原因也包括产品的升级和迭代。

市场方面，欧洲仿制药市场约 700 亿美元（出厂价），但就目前"67% 的处方量 vs 29% 的销售额"相较美国"90% 的处方量 vs 18% 的销售额"而言，欧洲仿制药价格仍拥有较大的下降空间，加之目前欧洲仿制药的替代水平还未发展到极限，部分国家还存在较大比例的专利失效品牌药，故笔者认为，欧盟国家的仿制药市场还存留一定的发展空间，有望在未来的五年里继续保持低速增长。

欧洲仿制药市场虽然庞大，但欧洲的 7.5 亿人口被分散在 50 来个国家，很多国家人口不足 1000 万人，市场非常"琐碎"。这对仿制药企业而言，准入和运营成本大幅提高，尤其是非欧盟国家。由于经济水平、监管体系、语言文化的不同，让跨国仿制药企业的市场开拓步履维艰，大部分印度仿制药企业更是迟迟未能成功开拓欧洲市场。另外，欧洲国家强调"政府预算""药品支出"和"药企利润"之间的平衡，兼顾着欧洲十几万仿制药行业从业人员的利益，部分国家政策和制度上，或多或少存在"排外"的倾向，所以开拓欧洲市场前，应进行仔细的调研，如有必要还需进行实地考察。

面对诸多复杂的状况，仿制药企业需要有选择地进入一个或数个国家的市场，并根据各国的实地情况建立特色的产品组合，因为市场琐碎，竞争压力被分散，如选对市场和选对产品，欧洲仿制药市场还能发掘到大量的发展机会。

参考文献

[1] Wouters OJ, Kanavos PG, Mckee M. Comparing Generic Drug Markets in Europe and the United States: Prices, Volumes, and Spending [J]. Milbank Q, 2017, 95 (3): 554-601.

[2] NHS. Generic substitution [EB/OL]. https://api.parliament.uk/historic-hansard/commons/1983/jul/22/generic-substitution-national-health.

[3] AAM. The U.S. Generic & Biosimilar Medicines Savings Report [EB/OL].

2021： https://accessiblemeds.org/sites/default/files/2021-10/AAM-2021-US-Generic-Biosimilar-Medicines-Savings-Report-web.pdf.

[4] IQVIA. Global/US generics and biosimilars： trends, issues and outlook[EB/OL]. https://accessiblemeds.org/sites/default/files/2019-02/Doug-Long-Access2019. pdf.

[5] OECD. Pharmaceutical reimbursement and pricing in Germany [EB/OL]. https://www.oecd.org/health/health-systems/Pharmaceutical-Reimbursement-and-Pricing-in-Germany.pdf.

[6] LSE Health. Tender systems for outpatient pharmaceuticals in the European Union： Evidence from the Netherlands, Germany and Belgium [EB/OL]. https://ppri.goeg.at/sites/ppri.goeg.at/files/inline-files/EMINet_Report%20on%20 Preference%20Policy%20and%20Rebate%20PolicyFINAL_1.pdf.

[7] Dranitsaris G, Jacobs I, Kirchhoff C, et al. Shane LG. Drug tendering： drug supply and shortage implications for the uptake of biosimilars [J]. Clinicoecon Outcomes Res, 2017, 29(9)： 573-584.

[8] Maniadakis N, Holtorf AP, Otávio Corrêa J. et al. Shaping Pharmaceutical Tenders for Effectiveness and Sustainability in Countries with Expanding Healthcare Coverage [J]. Appl Health Econ Health Policy, 2018(16)： 591-607.

[9] Posner J, Griffin JP. Generic substitution[J]. Br J Clin Pharmacol, 2011, 72(5)： 731-732.

[10] 顾海, 鲁翔, 左楠. 英国医保模式对我国医保制度的启示与借鉴 [J]. 世界经济与政治论坛, 2007(5)： 106-111.

[11] Zosia Kmietowicz. Government drops plans for generic substitution amid safety concerns [J]. 2010, 341： c5780.

[12] Ferner RE, Lenney W, Marriott JF. Controversy over generic substitution [J]. BMJ, 2010, 340： c2548.

[13] Duerden MG, Hughes DA. Generic and therapeutic substitutions in the UK： are they a good thing?[J]. Br J Clin Pharmacol, 2010, 70(3)： 335-41.

[14] OCED. Health at a Glance： Europe 2016 [EB/OL]. https://www.oecd.org/

health/health-systems/Health-at-a-Glance-EUROPE-2016-Briefing-Note-UNITED%20KINGDOM.pdf.

［15］BGMA. About generics［EB/OL］. https://www.britishgenerics.co.uk/about-generics.html.

［16］BGMA. Manufacture，distribution and reimbursement of generic medicines in the UK［EB/OL］. https://www.britishgenerics.co.uk/uploads/NERA_REPORT__BGMA_MEMBERS.pdf.

［17］IQVIA. Drug Expenditure Dynamics 1995-2020（Germany）［EB/OL］. https://www.iqvia.com/-/media/iqvia/pdfs/institute-reports/drug-expenditure-dynamics/appendices/drug-expenditure-analysis_countryslides_germany_v01.pdf.

［18］Fischer KE，Stargardt T. The diffusion of generics after patent expiry in Germany［J］. Eur J Health Econ，2016，17（8）：1027-1040.

［19］Medicines for Europe. New pricing models for generic medicines to ensure long-term healthy competitiveness［EB/OL］. https://www.medicinesforeurope.com/wp-content/uploads/2022/06/New-pricing-models-for-generic-medicines.pdf

［20］IQVIA. Drug Expenditure Dynamics 1995-2020（UK）［EB/OL］. https://www.iqvia.com/-/media/iqvia/pdfs/institute-reports/drug-expenditure-dynamics/appendices/drug-expenditure-analysis_countryslides_uk_v01.pdf.

［21］国家发展改革委经济研究所课题组. 英国药品流通体制考察报告［J］. 中国物价，2013（7）：47-51.

［22］李倩，官海静，董国卿，等. 英国药品采购供应机制研究及对中国的启示［J］. 中国新药杂志，2016，25（2）：129-133.

［23］王蕴. 英国药品生产与流通体制现状、经验及启示［J］. 经济研究参考，2014（32）：87-112.

［24］吕兰婷，刘文凤. 英国药品定价政策与最新进展及对中国的启示［J］. 中国现代应用药学，2021，38（3）：345-349.

［25］IQVIA. Drug Expenditure Dynamics 1995-2020［EB/OL］. https://www.iqvia.com/-/media/iqvia/pdfs/institute-reports/drug-expenditure-dynamics/appendices/drug-expenditure-analysis_countryslides_uk_v01.pdf.

[26] Mossialos E, Oliver A. An overview of pharmaceutical policy in four countries: France, Germany, the Netherlands and the United Kingdom [J]. Int J Health Plann Manage, 2005, 20(4): 291-306.

[27] Garattini L, Tediosi F. A comparative analysis of generics markets in five European countries [J]. Health Policy, 2000, 51(3): 149-162.

[28] Simoens S. Trends in generic prescribing and dispensing in Europe [J]. Expert Rev Clin Pharmacol, 2008, 1(4): 497-503.

[29] EFPIA. The Pharmaceutical Industry in Figures [EB/OL]. https://efpia.eu/media/602709/the-pharmaceutical-industry-in-figures-2021.pdf.

[30] Perry G. The European generic pharmaceutical market in review: 2006 and beyond [J]. J. Generic Med, 2006, 4(1): 4-14.

[31] Costa-Font J, Rudisill C, Tan S. Brand loyalty, patients and limited generic medicines uptake [J]. Health Policy, 2014, 116(2-3): 224-33.

[32] Simoens S, Coster S D. Sustaining generic medicines markets in Europe [J]. J. Generic Med, 2006, 3(4): 257-268.

[33] Dylst P. Simoens S. Generic Medicine Pricing Policies in Europe: Current Status and Impact [J]. Pharmaceuticals, 2010, 5(3), 471-481.

[34] Ess SM, Schneeweiss S, Szucs TD. European healthcare policies for controlling drug expenditure [J]. Pharmacoeconomics, 2003, 21(2): 89-103.

[35] Dylst P, Vulto A, Simoens S. How can pharmacist remuneration systems in Europe contribute to generic medicine dispensing? [J]. Pharm Pract (Granada), 2012, 10(1): 3-8.

[36] Simoens S. A review of generic medicine pricing in Europe [J]. GoBI journal, 2018, 1(1): 8-12.

[37] Dylst P, Vulto A, Simoens S. Analysis of French generic medicines retail market: why the use of generic medicines is limited [J]. Expert Rev Pharmacoecon Outcomes Res, 2014, 14(6): 795-803.

[38] Rottembourg J, Nasica-Labouze J.The implementation of generics in France [J]. GaBI Journal, 2015, 4(3): 136-140.

[39] IMS health. Generic Medicines: Essential contributors to the long-term health

of society ［EB/OL］. https://www.hup.hr/EasyEdit/UserFiles/Granske_udruge/ HUP-UPL/IMS.pdf.

［40］ Peny JM. What future for the French retail generic market? Can generic companies survive ［J］. J. Generic Med, 2014, 11（3-4）: 100-107.

［41］ King DR, Kanavos P. Encouraging the use of generic medicines: implications for transition economies ［J］. Croat Med J, 2002, 43（4）: 462-469.

第六章

从仿制药巨头迈兰的兴衰洞见
美国仿制药行业的变迁

迈兰（Mylan）总部位于美国宾夕法尼亚州的匹兹堡，2019 年拥有员工 3.5 万名，销售额为 115 亿美元，是全球第三大仿制药巨头。2020 年末，Mylan 与辉瑞剥离的非专利品牌药业务（Upjohn business）合并为晖致（Viatris），合并后新公司的销售额达 179 亿美元（2021 年），其中仿制药 70 亿美元，依然是仅次于 Teva 和 Sandoz 的第三大仿制药巨头。Mylan 是美国土生土长的仿制药巨头，通过 Mylan 的兴衰，可以让我们更清晰地了解美国仿制药行业，为企业的出海布局和战略转型提供参考。

一、Mylan 的早期发展史

Mylan 的发家历程可追溯到 20 世纪 60 年代初期。1961 年，年仅 27 岁的传奇人物 Milan Puskar 和他的战友 Don Panoz 在西弗吉尼亚州的白硫磺泉地区一起创办了 Milan Pharma。虽然是制药公司，但起初这家公司并不能生产药品，仅是一家地域性的药品分销商。60 年代中后期，该公司搬到摩根敦（Morgantown）并开始生产维生素、青霉素和四环素，成为一家名正言顺的仿制药企业。70 年代初期，Milan 制药又获批生产红霉素、氨苄西林等抗生素，而且在产品线获得扩大的同时，合作客户也在逐步增加，发展状况较为喜人。

60 年代后期，美国已经开始考虑大力发展仿制药，但长期"创新"与

"仿制"的博弈让行业发展止步不前。1966 年，美国 FDA 开始对上市产品进行质量与疗效的再评价，期间还收紧了仿制药的审批，在整个 60 年代一共仅授予了 40 个批文。加之受各州反替代法的限制，仿制药的市场境地到了历史的最低谷，在 1970 年 224 亿美元的医药工业产值中，仿制药所占的比重连 5% 都不到。

在那种行业背景之下，Milan 能够获得多个仿制药的批文，已充分说明了该公司的实力和魄力。然而"创新"与"仿制"间的争议到 70 年代依然没有得到良好的解决，仿制药市场依然得不到良好的发展，以往对仿制药前景看好的人也因看不到未来而改变了想法。1972 年，公司管理层对发展方向发生了分歧，后来上升为激烈的纠纷，创始人 Milan Puskar 在斗争中不得已离开了公司。因为 Puskar 的离开，Milan Pharma 也被改名为 Mylan Lab，并于 1973 年 2 月开始在场外交易（一种小微公司在证交所以外交易股票的路径）股票。

由于创始人的离开，公司失去的主心骨，在短短的几年间，就发展到濒临倒闭的地步。1975 年，Roy McKnight 加入 Mylan 的董事会，但他很快发现 Mylan 已经破败不堪，库存被夸大 200 万美元，欠税超 40 万美元，工人集体罢工，净资产达 -90 万美元……情急之下，McKnight 夺取了公司的控制权，碍于没有制药企业的管理经验，他只能寻求专业人员的帮助。1976 年，Roy McKnight 从爱尔兰请回了 Milan Puskar，而此时的 Puskar 已是 Elan 集团的合伙人。回归后 Puskar 出任 Mylan 的总裁，并与 McKnight 一道对公司进行了脱胎换骨的改革。在 McKnight 成功说服银行为公司争取到额外贷款的同时，还对企业进行了裁员瘦身，停止一切赔钱品种的生产，并扩大营销力量，以促进产品的销售。在 Puskar 回归后的一年后，Mylan 又重新实现了盈利，并于 1978 年成功登陆了纳斯达克。

70 年代中后期，美国业界对仿制药的态度发生了巨大转变，美国 FDA 加大了仿制药的审批力度，Medicare 开始制定费用控制措施，各州也开始陆续废止反替代法，仿制药行业迎来了最初的曙光。而 Mylan 充分汲取了 70 年代初期的失败教训，在充分优化公司运营效率的同时，抢先仿制专利失效的创新药品，到 80 年代初期，Mylan 的销售额已达 3000 万美元，在当时规模仅为 10 亿美元的美国仿制药市场中，Mylan 已占到举足轻重的地位。

随着仿制药生意的不断做大，Mylan 萌生出孵化新药的想法，经过 5 年的开发和 500 万美元的研发投入，其第一个改良型新药 Maxzide（氢氯噻嗪/氨苯蝶啶）于 1984 年获得美国 FDA 批准。当时的 Mylan 高管对 Maxzide 的期望值很高，认为该产品在上市五年后的销售额能突破 1 亿美元。由于对 Maxzide 过高期望，Mylan 产生了为 Maxzide 打造一条品牌药管线的想法，他们一方面积极研发 Maxzide 的新规格，另一方面到处物色可以收购的产品。1989 年，Mylan 通过与 Bolar Pharma 的合资公司收购了 Somerset Pharma，获得了帕金森药物 Eldepryl（司来吉兰）的销售权。

因为 Mylan "努力打造品牌药管线"，仿制药的资源配给变少，而就在 Maxzide 获批的当年，美国通过了《Waxman-Hatch 修正案》。该法案简化了仿制药的研发，将仿制药的成本下调至 100 万 ~150 万美元，另外，当时市场上存在着大量的专利失效而无仿制药竞争的产品，仿制药的巨大发展机遇引世人垂涎，于是短短的一两年间，美国出现了近 200 年仿制药公司，竞争瞬间变得激烈起来。尽管 Mylan 已经夺得 "全美最大的独立药品生产商（The Nation's Largest Independent Drug Manufacturer）" 的称号，但其他仿制药公司也在努力赶超。

新法案的实施为仿制药行业带来了快速发展的春天，美国 FDA 也被挤破门槛。大量的仿制药申报使得美国 FDA 出现了大规模申请积压，而由于国家缩减预算的原因，美国 FDA 在的编制规模在 80 年代被压缩了 10%，审批速度令仿制药公司越来越煎熬。部分企业为了 "加快审批"，动起了 "歪脑筋"。根据当时美国 FDA 的先报先批原则，Mylan 提交的 ANDA 批文迟迟不见批复，但竞争对手却屡获先机，尤其是 Par Pharm，在 1986 年就拥有了 77 个批文。McKnight 开始怀疑美国 FDA 的公平性，并雇佣私家侦探对美国 FDA 审评办公室进行了长达一年的跟踪调查，最终将美国 FDA 的腐败丑闻公之于众。

Mylan 原本以为这样做可以解决审批延迟的问题，但事实相反，因为受贿事件，美国 FDA 仿制药审评办公室几乎被 "一锅端"，仿制药的审批量在 1990~1995 年之间都处于 1984 年以来的最低位。在 Mylan 的年报里，将当时的行业情形描述为 "竞争激烈" "美国 FDA 审批放缓"……事实上的确如此，在那六年里，美国的仿制药市场仅从 40 亿美元增长到 64 亿美元，如何获得新仿制药成为盈利的关键。

表 6-1　早期 Mylan 的利润水平

年份*	1987	1988	1989	1990	1991	1992	1993	1994	1995
销售额（$，M）	108	100	107	105	132	212	252	396	393
净利润（$，M）	26	19	27	33	40	71	73	121	102
净利润水平 /%	24.07	19.00	25.23	31.43	30.30	33.49	28.97	32.80	25.95

* 早期迈兰的财年截止日期为 3 月 31 日，为了与其他公司统一，年份为其财年 –1。

虽然"竞争激烈"，但 Mylan 早期的盈利水平（营业利润 / 营业收入）非常可观，1987~1995 年之间的平均净利润率达 27.67%，几乎与创新药公司持平。因为出色的盈利能力，Mylan 是美国历史上首家为股东分红的仿制药公司。然而并非所有的仿制药公司都能像 Mylan 一样高效，很多仿制药公司三年两头地亏损，最终逃不了被兼并的命运。

由于"竞争激烈"，Mylan 在 80 年代后期开始重点布局品牌药，在 Maxzide 上市后又花了几年时间为其增加新规格，并与 Bolar Pharma 联合收购了 Somerset。在收购 Somerset 之后，Mylan 的股票在一年内上涨 170%，更加坚定了管理者的信心和发展品牌药的信念。在成立 30 周年之际，Mylan 以 5000 万美元的价格收购了另一家品牌药公司 Dow B. Hickam。按照当时的说法，Mylan 此举是应对美国 FDA 对仿制药的审批放缓，通过加速多样化以减小对仿制药的依赖。然而在 Dow B. Hickam 完成合并不久，Mylan 又再次出手，于 1993 年吞并了透皮制剂的研发和生产商 Bertek。1993 年底，董事长 McKnight 去世，Puskar 成了接班人，打造品牌药的战略也被延续，于 1998 年以 2.05 亿美元为代价吞并了载药技术公司 Penederm。

事实上，在整个 90 年代，仿制药公司向创新药转型的案例并不少见，Teva 和 Watson 也在做同样的事。一方面，美国仿制药市场在整个 90 年代仅从 40 亿美元增长至 95 亿美元，根本无法满足仿制药企业的发展需求；另一方面，仿制药企业收购的大多是载药技术平台公司，而这些技术平台可以被定位"创新"，也可用于"仿制"。

二、Mylan 的中期发展

1993 年，McKnight 去世后，Puskar 成了董事长兼 CEO。McKnight 为 Puskar 留下 79 个仿制药品种的批文和两个对外授权的品牌药。Puskar 继任后大幅增加了研发投入，在三年内翻了三倍，ANDA 申报数量则翻了数倍，1994 年，Mylan 成功拿到 6 个仿制药批文，1996 年则增加到 25 个，仿制药销售额在 1996 年达到了 3.81 亿美元，相比 1993 年增长了 1.29 亿美元。

1995~1999 年间，美国仿制药市场仍保持低速增长，仅从 64 亿美元增加至 95 亿美元。在此期间面临专利悬崖的品种并不多，竞争压力也比以往更大，于是很多仿制药巨头开始考虑产业升级，优化成本。为了增强竞争力，Mylan 于 1996 年首次兼并仿制药公司，以 4750 万美元的价格吃掉了 UDL Lab，将其与子公司 Mylan 制药整合为仿制药部门。而就在同年，该公司收回了 Maxzide 的对外授权并和其他产品一起整合为品牌药部门，在品牌药 5870 万美元的销售额中，Maxzide 占了 1970 万美元。

表 6-2　Mylan 早期的仿制药业务

年份	1996	1997	1998	1999	2000	2001	2002	2003	2004
仿制药销售额（$, M）	381	501	638	651	675	971	1013	1096	1013
毛利（$, M）	/	208	330	332	273	553	531	600	490
研发费用（$, M）	/	/	59	39	47	34	45	59	69
营业利润（$, M）	74	146	229	248	187	483	454	511	386
管理费用（$, M）	19	22	28	26	24	23	21	19	22

重视效率是 Puskar 一如既往的风格，早在 80 年代，他管理的 Mylan 就以高效著称，正因为高效，Mylan 在美国众多仿制药公司里的盈利能力遥遥领先，仿制药业务在 1996~2004 年间的平均盈利水平高达 36.56%，而在此期间的平均管理费用仅占销售额的 3.30%，而且经过进一步的优化，2001~2004 年的平均值下降至 2.09%，让其他大部分仿制药公司都望尘莫及。

除了提升效率和布局新载药技术，Puskar 掌权下的 Mylan 还积极与其他公司结盟，通过分销或达成许可协议来扩充产品线，另外，为了增强盈利能力，该公司还对部分有市场控制权的产品提价。经过这一系列操作，Mylan 在1996~1998 年间的仿制药销售额翻了 1.7 倍，营业利润翻了 3 倍。但是因为该公司的过度涨价，遭到了联邦贸易委员会（FTC）调查，最终不得不支付 1.5亿美元用于解决纷争。因为这场纷争，Mylan 元气大伤，三年（1998~2000 年）的仿制药销售没有明显地增长。2001 年初，Mylan 抢到了丁环螺酮的首仿，获得 180 天市场独占期，该产品为 Mylan 带来 1.68 亿美元的净销售额增量，而其他新 ANDA 也带来了近 7000 万美元的销售额增量，仿制药的总销售额在 2001 年达到了 9.71 亿美元，离 10 亿美元仅一步之遥。

品牌药打造方面，除了利用技术平台开发新品，Mylan 也收购在研项目，与 VivoRx 联合开发胰腺移植技术，品牌药销售额从 1996 年的 5900 万美元增长至 2001 年的 1.32 亿美元。虽然业务规模初步见到了起色，但依然无法摆脱仿制药公司的形象。2002 年，Mylan 换帅，创始人卸任，原战略咨询顾问 Robert J. Coury 被任命为 CEO、副董事长，Puskar 则继续挂职董事长的职务至 2009 年。

Puskar 挂帅的 10 年，Mylan 用原有的理念保住了行业的领先优势，故 Puskar 不仅是一个成功的创业者，同时也是一个成功的守业人。Puskar 交给 Coury 的是一个美国仿制药市场占有率最高、效率最高、盈利最强、债务最低的仿制药企业，但是在市场瞬息万变的情况下，想要继续将 Mylan 发扬光大，战略家 Coury 必须做出飞跃性的突破。

三、Coury 带领下的全球化

21 世纪的前 10 年是美国仿制药市场快速发展的黄金时期，每年有销售额超过 200 亿美元的药品面临专利悬崖，美国仿制药市场规模从 1999 年的 95亿美元暴增至 2009 年的 310 亿美元，部分年份（如 2001 年）的增长率超过50%，但 Mylan 在 2001~2005 年间的销售额几乎无增长，盈利水平还大幅下降。这样的财务数据对一个公司新领导而言，一点也不体面，尤其是做战略出身的 Coury。

为了增进仿制药业务的发展，Coury 结合美国仿制药市场的形势，为公司制定了全新的产品开发策略：①发展缓控释技术，并将这种技术用于相关产品仿制；②仿制或新开发透皮或聚合物膜产品；③开发制剂技术壁垒高、生产条件复杂的产品；④开发小众、特异化，或市场覆盖不足的产品；⑤开发具有率先上市机会的产品；⑥丰富已有口服制剂产品的剂型和规格；⑦开展产品的生命周期管理研究，以寻找升级产品的机会。基于这种理念，Mylan在 2005 年成功获批了两个高难度仿制药和两个首仿药，高难度制剂为芬太尼透皮贴（Duragesic）和呋喃妥因微晶胶囊（Macrobid），两个首仿药为呋喃妥因微晶胶囊和左甲状腺素钠片，但遗憾的是两个产品都没有获得预想的市场独占期。呋喃妥因是因为宝洁公司与另一家仿制药公司达成和解授权，而左甲状腺素钠则是因为其他品牌药的补充申请（证明其与 Mylan 所仿制的Levoxyl 和 Synthroid 生物等效）大幅削弱了 Mylan 的 180 天市场独占权。

面对增长乏力的仿制药业务，Coury 在战略上只能倾向于品牌药，于是在 2004 年撮合与 King Pharma 合并，以组建一家以专科治疗为特色的公司。Coury 认为 King Pharma 可以增强 Mylan 的品牌药产品管线，同时还能弥补其销售能力的不足。两家公司的交易很快就初步谈成，形式上是 Mylan 以价值40 亿美元的股票收购 King Pharma。不过当时有分析师质疑 Mylan 的出价过于慷慨，为这个公司牺牲 44% 的股东权益不值。虽然 King Pharma 具有 10 余个品牌药，但主要销售额来自 Skelaxin（美他沙酮）、Altace（雷米普利）和Levoxyl（左甲状腺素钠），而且这三个品种中，销售额能够持续的仅有美他沙酮。在公告当天，Mylan 股票下跌了 17%，而 King Pharma 则上涨了 25%。除了开价偏高，当时的资本界有两股力量也在左右这笔交易。Perry Capital 拥有 King Pharma 的股份，他们在积极促成交易，而素有企业掠夺者之称的 CarlIcahn 却在竭力阻止，他一方面做空 King Pharma 的股票，另一方面则大规模购买 Mylan 的股票，想要夺取 Mylan 的控制权，以破坏交易，Mylan 董事会为了避免他继续增持股票，甚至启动了"毒丸计划"。在 Carl Icahn 的"操盘"之下，最终这笔交易没有达成，根据 Mylan 公司 2005 年的公告，因为双方对修改协议未能达成一致而终止了合并，而在此次交易中，Carl Icahn 获得 5000万美元的利润后离场。因为交易失败，King Pharma 最终于 2010 年被辉瑞以36 亿美元的价格收购。

在收购 King 失败以后，Coury 不得不调整公司的发展战略。虽然美国仿制药市场在迅速增长，但竞争压力却在不断地增加，仿制药逐渐沦为抢首仿、比难度的游戏。然而事实证明，率先申报，积极挑战专利不一定就能够拿到市场独占期，加之低价印度药的不断冲击，按照原有的模式拓展业务几乎是步履维艰。为了加强原料控制和优化成本，Mylan 于 2007 年初，以 7.36 亿美元的价格吞并了印度艾滋病仿制药生产企业 Matrix Lab。随着 Matrix 销售额写进公司的年报，Mylan 总销售额增加至 16.1 亿美元，其中仿制药为 15.3 亿美元。

兼并 Matrix 可视为 Mylan 全球化的第一步，但迈出这一步的时间已经比 Teva 和 Sandoz 晚了很多，被逐渐拉开了差距。大部分欧洲国家在跨世纪的几年间开始大力推广和普及仿制药，市场呈现爆炸式增长，是仿制药巨头业务扩张的首选。为了开拓欧洲的仿制药业务，Mylan 在 2007 年秋天，以 66 亿美元的价格兼并了默克雪兰诺的仿制药部门，同时还获得了 Epipen（肾上腺素预充针）的销售权。Epipen 是美国家庭和学校等公共场所的储备用药，销售额从接盘时的 2 亿美元一直做到 10 多亿美元，成为 Mylan 发家路上的摇钱树。

经过两次大规模的兼并，Mylan 的仿制药销售额在 2008 年达到了 42.87 亿美元，也逐渐实现了全球化，成为仅次于 Teva、Sandoz 的全球第三大仿制巨头。但也因为这两起大规模兼并，Mylan 的利润水平大不如前，2006~2010 年间的平均盈利水平仅有 2.1%，累计净利润仅为 –9.65 亿美元，除此以外，债务规模还出现了明显的增加，平均负债率（总债务 / 总资产）达到了 69%。因为这一系列"糟糕"的表象，Mylan 在这 10 年间的市值几乎没有增长。

表 6-3　Mylan 在 2001~2010 年之间的财务表现（亿美元）

年份	2001	2002	2003	2004	2005	2006	2007*	2008	2009	2010
总营收	11.04	12.69	13.75	12.53	12.57	16.12	21.79	51.38	50.93	54.51
营业利润	3.95	4.14	4.95	3.02	2.87	4.28	–9.88	2.98	5.23	7.22
净利润	2.6	2.72	3.35	2.04	1.85	2.16	–11.64	–3.35	0.94	2.24
总资产	16.2	17.45	18.85	21.36	18.71	42.54	113.53	104.1	108.02	115.37
股东权益	14.02	14.46	16.6	18.46	7.88	17.72	35.07	27.87	31.45	36.15

* 迈兰在 2007 年将结算节点调整为 12 月 31 日，故该年度其实仅包含 3 个季度的数据。

或许债务危机是仿制药巨头业务扩张过程中无法逃避的宿命，Mylan 需要休养生息。2007 年之后的六七年间，Mylan 并没有再开展大规模的仿制药业务兼并，仅在 2008 年从 Watson 手中收购了 Somerset 另外的 50% 持股，在 2010 年以 5.5 亿美元的价格收购了注射载药技术公司 Bioniche Pharma。在此期间，Mylan 更多是在原有业务的基础上包装、优化、融合。2008 年，Mylan 重新调整了发展战略，将业务分割为专科药部门和仿制药部门，建立 biosimilar 开发平台、强化欧洲业务和增加项目的授权引进。

四、成也"萧何"，败也"萧何"

2011 年，原首席运营官 Heather Bresch 成了新一任 CEO，这是一位一辈子都在为 Mylan 工作的高管。她上任以后对 Epipen 多次提价，将一个原来仅有 2 亿美元销售额的产品一直做到 11 亿美元，制定了全球化的发展战略，加强在欧洲、中东、非洲和亚太地区的业务布局，并从以下八个方向加强产品开发：①在全球范围内开发或仿制制剂成品，包括抗病毒药物；②开发高技术壁垒或生产条件复杂的产品；③开发注射剂；④开发干粉吸入剂；⑤开发喷雾剂；⑥发展原料药；⑦开发小众、特异化或市场覆盖不足的产品；⑧开发具有率先上市机会的产品。

由于 Epipen 销售额的快速上涨，Mylan 的财务状况有了一定的改善，这为该公司后来的频繁大规模兼并提供了信心和基础。为了实施既定的战略，2013 年，Mylan 以 17.5 亿美元为代价，从印度仿制药巨头 Strides 手中收购了 Agila，用以增强 Mylan 注射剂的开发能力和提高亚太地区、非洲和中东地区的产品覆盖能力。在收购 Agila 不久，Bresch 再次出手，于 2014 年中旬与雅培签订合约，用股票收购雅培除美国以外发达市场的专科药和品牌仿制药业务，这笔交易使得 Mylan 在欧洲、日本、加拿大、澳大利亚和新西兰的业务能力得以大幅增强，但因为这笔总价值达 63.1 亿美元的收购，Mylan 股东损失了 22% 的股份，公司也改名为"Mylan N.V."，意为新迈兰，总部迁至荷兰阿姆斯特丹。

在两次大规模的兼并之后，Mylan 的股票快速上涨，市值几乎达到了历史的顶点，似乎这位女 CEO 的战略得到了广大投资者的认同。于是 Mylan 又趁热打铁，在 2015 年 2 月又以 8 亿美元的价格收购了印度妇科药生产商

Famy Care，并于同年 4 月以 260 亿美元的代价试图强行接管 Perrigo，但因为无法收购到对方 50% 的股票而宣告失败，在这笔交易中，Mylan 为 Perrigo 最高开出了 290 亿美元的高价。然而就在试图拿下 Perrigo 期间，Mylan 也收到了来自 Teva 的报价，2015 年 7 月，Teva 为该公司开出了 401 亿美元的高价。

2015 年前后的几年是全球仿制药巨头交易最为活跃、仿制药股市泡沫最严重的几年，在兼并别人的同时也随时可能会被别人兼并。为了用实际行动回绝 Teva 的收购要约，Mylan 迅速在欧洲又物色了两家公司，最终在 2016 年分别以 99 亿美元和 10 亿美元的价格吃掉了 Meda 和 Renaissance。收购 Renaissance 可以进一步增强该公司的注射剂业务能力，而收购瑞典 Meda，则可以增强 OTC 和仿制药的产品组合、强化欧洲、拉美、中东和非洲的业务能力。随着这两家公司写入年报，Mylan 的销售额首次突破了 100 亿美元，达到了 111 亿美元。

表 6-4　Mylan 在 2011~2019 年之间的财务表现（亿美元）

年份	2011	2012	2013	2014	2015	2016	2017	2018	2019
总营收	61.30	67.96	69.09	77.20	94.29	110.77	119.08	114.34	115.01
营业利润	10.06	11.09	11.36	13.53	14.61	6.99	14.37	9.06	7.16
净利润	5.37	6.41	6.24	9.29	8.48	4.80	6.96	3.53	0.17
总资产	115.31	118.48	150.87	158.21	222.68	347.26	358.06	327.35	312.56
股东权益	35.05	33.56	29.60	32.76	97.66	111.18	133.08	121.67	118.84

2015 年之后，美国仿制药市场因平均价格下滑而逐渐萎缩，虽然 Mylan 成功拿下了舒利迭和格拉替雷的首仿，但仍止不住利润逐年下滑的趋势。一方面是行业的走衰，另一方面是 Mylan 因频繁兼并而债务规模越来越大，股票也在 2015 年问鼎后一路走低。不仅如此，因为 Epipen 的涨价，Mylan 遭到了希拉里的斥责，Heather Bresch 也被传唤到众议院接受盘问，并留下多个维权和反垄断诉讼。2018 年，美国 FDA 批准了 Epipen 仿制药的上市，进一步加快了 Mylan 的衰退。然而在利润和股价下行之时，Mylan 并没有迅速压缩规模以保证现金流，反而仍以 8.9 亿美元的代价，收购了 Aspen 的澳大利亚仿制药业务和欧洲血栓治疗产品包，使得 2019 年的净利润仅为 1700 万美元，

2020 年更是出现了净亏损。然而墙倒众人推，因为美国人的"鸦片药物保卫战"，Mylan 还面临着 1000 余件的相关诉讼，种种不利的因素让其市值又回到了 10 年前，跌得仅剩 82.6 亿美元。

2020 年 11 月，Mylan 完成与普强（Upjohn）的合并，改名为 Viatris（晖致），Heather Bresch 在完成合并后卸任。总结 Bresch 的 10 年任期，有成功也有失败。成功的地方是打造了一个全球化的仿制药巨头，大幅降低了对美国市场的依赖，打造了一个年销售额超过 52 亿美元（2019 年）的品牌药部门，在2015 年之前实现了利润的逐年上涨。失败的地方是并购没有量力而行，引起了债务危机，没有培育出高质量的创新药品种（品牌药部门销售的多为非专利品牌药、品牌仿制药、OTC 和 505b2 品种），也没有建立起强大的 biosimilar 管线，而且招致了大量的诉讼，这些诉讼让公司在她卸任后的几年里，面临数亿乃至上十亿美元的赔偿，看衰的分析师甚至认为该公司有倒闭的可能。

Mylan 与 Upjohn（普强）合并之后，普强的主帅 Michael Goettler 担任了新公司的 CEO，而 Mylan 的董事长 Coury 依然担任新公司的董事长，两家公司的财务数据首次完整地写入 2021 年财报。这次合并虽表观上让销售额从2020 年的 118.2 亿美元提高至 178.1 亿美元，品牌药销售额更是从 52.3 亿美元增加到 108.4 亿美元，且成功打入了中国市场，但辉瑞股东拿走了 57% 的股权，Mylan 股东仅剩下 43%，而且合并后销售额的增加几乎来自失去专利保护的品牌药（established products），未来增长潜力很小。不仅如此，因为合并的性质是 Mylan 收购普强，新公司需向 Upjohn 的母公司支付 120 亿美元的剥离费，加上 Upjohn 以往的债务，合并后的总债务（total liability）增加至386.0 亿美元——这让人们在晖致上看到了 Teva 的影子，加之 2020 和 2021年的持续净亏损，新公司的市值又只剩下 126 亿美元（2022 年 6 月），似乎这次合并对 Mylan 而言是个赔本的买卖，当初 401 亿美元出售给 Teva 反而可能是个更好的选择。

表 6-5　晖致公司的财务表现

年份	2019	2020	2021
总销售额（$，M）	11,370	11,820	17,814
品牌药销售额（$，M）	5362	5235	10,841

续表

年份	2019	2020	2021
营业利润（$，M）	716	−211	−34
净利润（$，M）	17	−670	−1269
总资产（$，M）	31,256	65,553	54,843
总债务（$，M）	19,422	38,599	34,350
股东权益（$，M）	11,834	22,954	20,493

五、总结与讨论

Mylan 的发展历程和发展特点与 Watson（阿特维斯、艾尔建）非常相似，早期 Mylan 的硬实力强于 Watson，但 Mylan 并没有及时、有效地战略转型，导致了 2001~2005 年间的业务困境。21 世纪的前五年是美国仿制药巨头全球性扩张的最佳时机，但 Mylan 在节奏上比 Sandoz 和 Teva 慢了一拍。虽然 Mylan 和 Watson 都一直试图通过兼并品牌药企业来摘掉仿制药企业的"帽子"，但 Mylan 所取得的"成功"难以与 Watson 同日而语，Mylan 穷尽全力打造的品牌药部门不过是非专利品牌药、品牌仿制药和改良型药品的组合，而 Watson 所打造的是让辉瑞愿意开价 1600 亿美元的艾尔建。

在 Mylan 的发展历程中，也不难找到 Teva 的影子，最相似的一点就是债务危机。仿制药公司若想要快速发展成为全球性的巨头，兼并在所难免，所以负债率通常高于创新性的传统制药巨头，若财务上过于冒进就会形成债务危机。Teva 的债务危机主要来自对阿特维斯的兼并，而 Mylan 则主要来自与普强的合并。在笔者看来，Mylan 这笔交易似乎并不划算，虽然品牌药销售额获得 50 亿美元的增量，但超过 20 亿美元来自大中华区。目前中国正在大力推行仿制药替代，这些"过气原研药"的前景并不明朗。虽然新公司进行了快速地瘦身，在裁员 8000 名的基础上大幅提高了效率，但近 200 亿美元的债务增量足以把一个市值只有不足 200 亿美元的公司压得喘不过气。

效能方面，随着仿制药毛利的逐年下滑，降本增效是近年来仿制药巨头们战略考虑的重点。除了将原料、低技术含量的制剂等低端产业链转移到人力、环保成本较低的印度外，就是提高员工的人均效能。合并之前的 Mylan 约有 3.5 万名员工，年人均创收约 30 万美元，低于同期 Teva 的 42 万~45 万美元和 Sandoz 的 35 万~38 万美元，合并之后的晖致虽然通过裁员整合，将这一指标提升至 48.3 万美元，但与日本仿制药巨头（如沢井、日医工）相比，依然存在较大的差距。

虽然同为仿制药企业，但 Mylan 的盈利能力相比 Teva 和 Sandoz 偏低。年报数据显示，Mylan 2012~2021 年的平均息税前营业利润率为 10.28%，而 Teva 和 Sandoz 分别为 19.65% 和 12.20%。出现这一现状的根本原因是 Mylan 高技术壁垒的产品占比较小，在 Teva 2017 年的仿制药销售额中，吸入剂和口服缓控释制剂的销售额分别高达 30.6 亿美元和 31.5 亿美元，而同期的 Mylan 仅有 1.9 亿美元和 12.8 亿美元，差距非常明显。而 Sandoz 盈利能力之所以较高，是因为 biosimilar 在产品线中的比重较大，整体毛利较高。

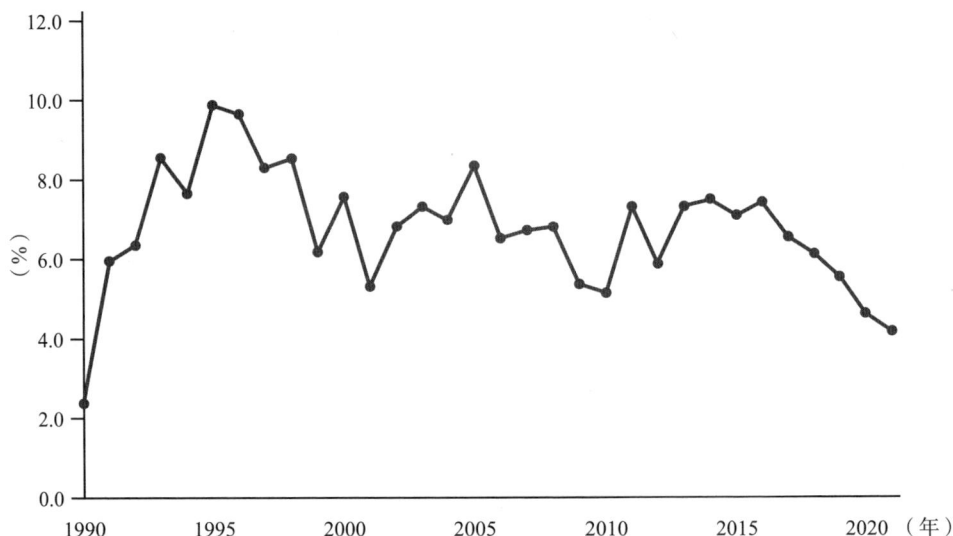

图 6-1　Mylan（晖致）的研发投入水平变化

biosimilar 是仿制药行业的未来，其市场规模在过去的 5 年间翻了 5 倍，但 Mylan 的 biosimilar 既没有形成销售领先地位也没有建立起强大的管线。由于近年来盈利低下和债务危机，Mylan（晖致）下调了研发投入水平，在 2017~2021 年之间的平均研发投入仅为 5.43%，如此低的研发投入维持化学仿制药业务都困难，更别提大规模地研发和布局 biosimilar。随着近年来

biosimilar 销售额占比的逐渐增加，Sandoz 的毛利水平已经大幅超过 Teva 和 Mylan，biosimilar 的角逐似乎正在决定仿制药巨头的优胜劣汰。

"眼见他起高楼，眼见他宴宾客，眼见他楼塌了"，这句话用以描述 Mylan 的处境再好不过。一方面，美、欧、日、中等仿制药大市场都在推行仿制药替代，价格逐年下滑，加之美国 FDA 批准的小分子普药数量逐年减少，"可仿资源"大幅下降，仿制药的盛宴正在结束，几乎所有仿制药巨头的市值都在大幅缩水，如果企业不能及时完成华丽转型，很难再俘获投资者的芳心；另一方面，Mylan 自己也有很多问题，曾经以高效著称的 Mylan 不再高效，人均效能、毛利水平、产品结构和地域优势与 Teva、Sandoz 相比并不占优，加之近年来的发展战略出现了明显的失误，被投资人看空是在所难免的事，最终信用评级在 2019 年被惠誉下调为垃圾级（BBB-）。很可悲，全球第三大仿制药巨头的市值在 2020 年底跌得只剩下 76 亿美元。虽然合并让新公司的市值得以大幅提升，但那是以牺牲掉大部分股权为代价，如今（2022-7-26）晖致的市值已跌到 115 亿美元，如按 Mylan 原有股东持有的 43% 股权折算，剩下的权益不到 50 亿美元……

------- 迈兰的兼并史 -------

1989 年，通过与 Bolar 的 JV 收购了 Somerset，获得司来吉兰销售权

1991 年，收购品牌药公司 Dow B. Hickam，5000 万美元

1993 年，收购透皮技术载药公司 Bertek，5000 万美元

1996 年，收购美国仿制药生产企业 UDL，4750 万美元

1998 年，收购透皮技术载药公司 Penederm，2.05 亿美元

2007 年，收购印度仿制药企业 Matrix，7.36 亿美元

2007 年，收购默克雪兰诺仿制药部门，66 亿美元

2008 年，从 Watson 手中收购另外 50% 股权，价格未知

2010 年，收购注射剂载药技术公司 Bioniche Pharma，5.5 亿美元

2016 年，收购 Strides 的下属公司 Agila，17.5 亿美元

2014 年，收购雅培仿制药业务，53 亿美元

2015 年，收购印度妇科药生产商 Famy Care，8 亿美元

2016 年，收购瑞典巨头 Meda，99 亿美元

2016 年，收购局部制剂生产商 Renaissance，10 亿美元

2019 年，收购 Ascendis 公司的工厂，900 万美元

2019 年，收购 Aspen 的欧洲血栓药物产品包，7.5 亿美元

2020 年，与普强合并为晖致

参考文献

［1］Pederson JP. International Directory of Company Histories，Vol.122［M］. St. James Press，Detroit US，2011.

［2］Company–histories. Mylan lab［EB/OL］. https://www.company–histories.com/ Mylan–Laboratories–Inc–Company–History.html.

［3］Kirklng DM，Asclone FI，Gaither CA，et al. Economics and Structure of the Generic Pharmaceutical Industry［J］. J Am Pharm Assoc，2001，41（4）：578– 584.

［4］White L，Kozlowski M. Mylan Laboratories' Proposed Merger with King Pharmaceutical（Harvard business school case）［EB/OL］. https://www.hbs.edu/ faculty/Pages/item.aspx?num=46142.

［5］Rita R. EpiPen price hike comes under scrutiny［J］. The Lancet，2016，388 （10051），1266.

［6］Tyrone B. The Impact of the Merge of Pfizer and Mylan Pharmaceuticals（August 6，2019）［EB/OL］. http://dx.doi.org/10.2139/ssrn.3433111.

［7］SEC. Mylan financial report 1995–2019［EB/OL］. https://www.sec.gov/edgar/ searchedgar/companysearch.html.

［8］"Mylan faces battle with Carl Icahn." Chemical Market Reporter 13 Sept. 2004：3. Business Insights：Essentials［EB/OL］. http://bi.gale.com.libproxy.mtroyal.ca/ essentials/article/GALE%7CA122703250?u=mtroyalc.

第七章

Teva：成败皆源于兼并，如今市值已跌破净资产

Teva（梯瓦）是全球最大的仿制药公司，2021 年 159 亿美元的销售额中 90 亿美元来自仿制药。该公司是全球最高效的仿制药企业之一，虽然仅有 3.75 万名员工，但每年能够生产、销售近 1000 亿剂的药品，年人均创收达 42.4 万美元。Teva 的成功来自早期的精明出海，通过近 20 年的精心布局而成了全球第一大仿制药巨头，销售额规模一度挤进全球前十，但由于近年来没有随形势的改变而及时调整战略，大规模、冒进地兼并铸就了严重的债务危机，截至（2022 年 7 月 15 日）的市值已暴跌至 70 亿美元。因此，Teva 既为仿制药公司的战略转型提供了成功的经验，又带来了失败的教训，希望广大读者取其精华为己所用。

一、Eli Hurvitz 带领下的仿制药出海

Teva 是一家由以色列小分销商起家的公司，1935 年开始开办药厂 Assia，1951 年在特拉维夫首次挂牌上市。1964 年，Assia 与 Zori 合并为 Assia-Zori，1976 年，Assia-Zori 再次与 Teva 合并为今天的 Teva Pharma，同年 Eli Hurvitz 成了 Teva 的 CEO。经过 20 世纪 40~60 年代的快速发展，合并之后的 Teva 已经是当时中东最大的制药公司。

由于以色列国土面积狭小，想要继续发展，摆在 Teva 面前的只有开拓海

外市场。Teva 在 70 年代就已规划了明确的出海战略，并建立了原料业务部门。1977 年，Teva 首次在欧洲布局业务，收购了一家名为 Orphahell 的荷兰原料药厂，1980 年，Teva 吞并了以色列的第三大制药企业 Ikapharm，巩固了在以色列的龙头地位，为出海战略的实施奠定了基础。1982 年，该公司在卡法萨巴的生产设施通过了美国 FDA 的认证，为原料出口美国铺平了道路。

1984 年秋天，美国通过了《Waxman–Hatch 修正案》，将仿制药的研发与注册流程简化，为仿制药行业带来了快速发展的春天。众所周知，20 世纪 70~80 年代是美国创新药高速发展的黄金时期，而当时美国专利保护期只有 17 年，扣除研发申报过程中的损耗，其实只有 10 年左右，也就是说凡是 1975 年以前批准的新药几乎都面临着专利悬崖。但是碍于美国法规的限制，仿制药也需要开展全面的安全有效性研究，所以仿制药的开发积极性非常低，当时最畅销的专利过期品种中，三分之一都没有仿制药竞争，整个仿制药市场几乎是一片处女地。在这样的大背景之下，由于新法案的实施，仿制药的成本开发成本瞬间被降至 200 万美元以下，这对初来美国乍到 Teva 而言，绝对是天赐良机。

《Waxman–Hatch 修正案》实施之后，Teva 高层迅速做出了反应，第二年就与特种化学品生产企业 W.R.Grace 达成 50：50 成立合资公司（TAG Pharma）的协议。虽然 Teva 的反应已足够迅速，但相比美国土生土长的仿制药公司，依然还是慢了一拍，因为新法案的风声早在 1982~1983 年就已吹遍美国大地，很多公司其实提前已经开发好产品等待新法的实施，仅在 1985 年，美国 FDA 就收到了上千个注册申请。

尽管 TAG Pharma 是 50：50 持股，但 Teva 在 2300 万美元的启动资金中仅出资 150 万美元，更多的是出技术和出力。在 TAG Pharma 成立不久，Teva 又收购了不良资产 Lemmon。这是一家因销售安眠酮而声名狼藉的公司，因为此前频繁易主，Teva 以很低的价格就把它买了下来，经过精心包装后成为 Teva 在美国的仿制药销售部门。虽然布局比别人稍晚了一步，但 Teva 通过巧妙的布局实现了弯道超车，两年内就有 7 个品种上市销售，销售额也从 1700 万美元增加到 4000 万美元。

1987 年，初步在美国站稳脚跟的 Teva 于纳斯达克挂牌上市，募集资金 2550 万美元。于是又以迅雷不及掩耳之势，拿出 2600 万美元将以色列第二大药企 Abic Ltd 吞并，巩固了 Teva 在以色列遥遥领先的霸主地位。Teva 收购

Abic 是仿制药行业发展史中，最早的仿制药企业（仿制药企业收购仿制药企业）兼并案例之一，因为明确的战略和成功的布局，Teva 的销售额从 1987 年的 1 亿美元增加到 1990 年 3 亿美元，净利润则从 700 万美元增加到 2000 万美元，几乎已是美国屈指可数的仿制药"巨头"。

20 世纪 90 年代前期，因为美国 FDA 的"腐败丑闻"，仿制药批准数量大幅下降，美国仿制药市场呈现出僧多粥少的局面，市场增长缓慢而竞争非常激烈。而此时，欧洲部分国家（如英国、荷兰）已开始推进仿制药的普及与替代，Teva 为了不错失先机，便开始在仿制药接受度高、市场基础好的欧洲国家布局业务，先后收购了德国的 GRY Pharm、意大利的 Prosintex 和 ICI、匈牙利的 Biogal、英国的 APS/Berk、荷兰的 Pharbil 和 Pharmachemie，到 2000 年时，Teva 在欧洲已有 11 家子公司，共销售 300 多个仿制药品种，1700 多个品规，总销售额达 4 亿美元。

1995 年以后，美国 FDA 的审批速度有了明显回升，而且在跨世纪的几年间，每年有上百亿美元的创新药将面临专利悬崖，于是 1995 年以后，Teva 再次加大了美国市场的布局。1996 年，Teva 花了约 2.9 亿美元收购了 Biocraft，这是一家年销售额近 1.5 亿美元但几乎不盈利的"不良资产"，1999 年，Teva 又以 2.2 亿美元为代价收购了百时美施贵宝（BMS）的前子公司 Copley Pharma，而 Copley 所面临的境地与 Biocraft 极为类似。

表 7-1　Biocraft 被收购前 5 年的财务状况

年份	1991	1992	1993	1994	1995
总营收（$, M）	85	93	127	144	141
净利润（$, M）	4	-7	6	6	-2
总资产（$, M）	157	164	170	168	173
股东权益（$, M）	93	86	92	97	94

表 7-2　Copley 被收购前 5 年的财务状况

年份	1994	1995	1996	1997	1998
总营收（$, M）	120	142	123	121	133

续表

年份	1994	1995	1996	1997	1998
净利润（\$，M）	15	−3	−13	0.6	7
总资产（\$，M）	153	155	152	146	155
股东权益（\$，M）	113	113	100	101	108

由于仿制药公司固定资产占比普遍较高，巨头在业务扩张阶段收购经营不善的企业很容易二次定位和重新盘活，加之当时美国的仿制药市场竞争激烈，收购仿制药厂不但能够增加产品的开发和供应能力，同时也能优化产业链，降低运营成本。为了与美国业务协同，Teva 在 2000 年又以 2.65 亿美元的价格收购了加拿大第二大仿制药企业 Novopharm，并将其与美国的公司整合到一起而成为北美业务部门。经过三次兼并，Teva 北美业务销售额在 2000年首次突破 10 亿美元，达 10.3 亿美元，美国仿制药市场份额仅次于 Mylan，成为美国第二大仿制药巨头。除了兼并，Teva 也积极与其他企业合作，包括产品授权和共同研发新项目等，2002 年 Teva 在美国销售的 60 个仿制药中，就五个来自 Impax，一个来自 Biovail。

表 7-3　1998 年美国前十大仿制药公司

公司	1998年仿制药处方量/万	1998年仿制药市场份额/%
Mylan	12,600	11.0
Teva	11,200	9.8
Apothecon（BMS）	7960	9.8
Geneva（Novartis）	7490	6.5
Schein	6980	6.1
Zenith Goldline	6200	5.4
Watson	6150	5.4
Abbott	4330	3.8
Greenstone	3620	3.2
Purepac	3470	3.0

2002 年，Eli Hurvitz 退居二线成为董事长，原首席财务官 Israel Makov 继任了 CEO。Eli Hurvitz 担任 Teva CEO 的 25 年，让一个名不见经传的以色列小公司蜕变为全球仿制药巨头，为 Israel Makov 留下一个销售额达 25 亿美元，净利润达 4 亿美元，业务遍及中东、北美和欧洲的全球性仿制药企业，而且还储备了一条以格拉替雷（Copaxone）为核心的品牌药管线。

二、成功的开拓者 Israel Makov

在 2002 年的年报中，Teva 对既往的成就做了以下总结："我们过去通过几次重大的收购而实现了业务的成长，我们将继续频繁地寻找和评估可收购的药企或原料业务，并将其整合到自己的业务中。近期或将来的兼并行为富含风险，可能对公司的收入与经营业绩产生不良影响，例如：①可能无法找到合适的或物美价廉的标的；②收购时可能会存在其他的竞标者，最终导致标的额外溢价；③可能无法获得融资以支持收购；④在公司官宣后因各种原因而无法完成收购（要支付分手费）；⑤兼并过程可能会受到各国反垄断部门的阻挠，甚至不批准；⑥收购的公司可能无法按照公司的战略意图进行有效整合；⑦收购的公司可能无利可图；⑧收购过程可能转移高管层的对主要产品的关注度，导致客户或人员流失，增加不可预期的债务；⑨收购企业后，公司可能无法留住技术娴熟的职工和经验丰富管理人员，导致无法正常运营；⑩可能会收购到一些带有隐形负债的公司，包括已知或未知的专利、产品责任的索赔等。"

从以上总结中不难看出，Makov 不但对以往模式肯定，而且还将一如既往的延续以往的战略。于是在 2002~2007 年之间，Teva 花了近 115 亿美元，收购 2 家原料药生产厂和 5 家仿制药公司，其中最大的 2 笔来自对 Sicor 和 Ivax 的收购，这 2 笔交易价格高达 108 亿美元。与以往的交易所不同的是 Sicor 和 Ivax 都是资产良好的公司，通过对 Sicor 兼并，Teva 不但大幅增强了美国的业务能力，同时也获得了墨西哥、意大利和立陶宛等国家的生物仿制药业务。完成对 Ivax 的兼并，使 Teva 成为全球领先的吸入剂生产商，不但为后续的品牌药管线搭建提供了巨大的技术支持，同时也为提高仿制药盈利水平做了铺垫。

表 7-4 Sicor 被收购前 5 年的财务状况

年份	1998	1999	2000	2001	2002
总销售额（$，M）	168	224	294	370	456
净利润（$，M）	-19	12	36	79	128
总资产（$，M）	373	386	426	784	863
股东权益（$，M）	169	209	273	598	685

表 7-5 Ivax 被收购前 5 年的财务状况

年份	2000	2001	2002	2003	2004
总销售额（$，M）	793	1215	1197	1420	1837
净利润（$，M）	131	243	123	121	198
总资产（$，M）	1068	2105	2048	2373	3212
股东权益（$，M）	484	718	685	962	1490

通过 7 次成功地兼并，Teva 不但巩固了美国市场的龙头地位，而且基本完成了新蓝海市场——欧洲的布局。更关键的是，因为 7 次成功的兼并，Teva 的总销售额从 2001 年的 25.19 亿美元增长至 2007 年的 94.08 亿美元，净利润则从 5.24 亿美元增长至 19.15 亿美元，坐稳了全球第一大仿制药巨头的位置。

2007 年，Israel Makov 卸任，接任他的是 Shlomo Yanai，这是一位从其他企业新聘到 Teva 的 CEO。Makov 所交给 Yanai 的是一个年销售额近 100 亿美元的 Teva，而且初步培育出一个以吸入剂、中枢神经为核心的品牌药产品包。然而仿制药的市场瞬息万变，Yanai 要延续 Eli Hurvitz 和 Israel Makov 的成功，他需要做的改变很多很多。

表 7-6 Teva 在 2002~2007 年之间的财务表现

年份	2002	2003	2004	2005	2006	2007
销售额（$，M）	2519	3276	4799	5250	8408	9408
净利润（$，M）	410	691	332	1072	546	1952

续表

年份	2002	2003	2004	2005	2006	2007
研发投入（$，M）	165	214	338	369	495	581
总资产（$，M）	4627	5916	9632	10,387	20,471	23,412
股东权益（$，M）	1829	3289	5389	6042	11,142	13,724

三、带 Teva 走向巅峰的 Shlomo Yanai

2007 年，Shlomo Yanai 继任了 CEO，在他的带领下，Teva 制定了全新的发展战略。通过战略评估，Teva 找出了关键的增长机会，并计划在 2012 年实现"销售突破 200 亿美元，净利润率超过 20%"的目标。为了实现该目标，Teva 从以下五个方向来推进：①增加市场份额：增加在关键市场的市场份额，包括扩大在美国市场的领先优势，建立欧盟、拉美和其他重要国家的领先优势；②加速组建新产品包：将研发能力和制造产能翻倍，抓住更多新品在关键市场的率先上市机会，在美国提交更多的 paragraph 4 类专利侵权声明（专利挑战）；③重新定位对客户的服务：通过扩大产品组合或其他方式来快速响应客户的需求，包括上市更多新品、拓展产品组合、优化全球供应链，帮助客户有效地解决库存，根据客户需求制定运输方式等；④生物制剂：继续投资技术、设施和产能，以满足生物制剂的研发和生产；⑤创新药：建立临床属性差异化的产品管线，这些产品可通过独特的采购方式而为患者、保险创造真正的价值。

在强化美国市场的领先优势方面，Shlomo Yanai 于 2008 年以 75 亿美元为代价收购了 Barr，Barr 是美国除 Teva、Mylan 之外最大的仿制药巨头之一，通过对 Barr 的收购，Teva 在美国的仿制药市场份额达到了 22%。Barr 的优势领域是避孕药，而且在收购之时已经成功拿到了非索非那定的首仿，并获得了 180 天的市场独占期。但该企业也存在诸多问题，其中之一为原料供应问题。在该公司的风险评估中，有一条就是"原料可及性风险"。虽然当时该公司已经拥有 70 个 ANDA，但捷克和克罗地亚的原料工厂只能生产 23 种原料，业务发展受到了印度原料的制约。Teva 收购 Barr 不但可以巩固在美国仿制药市场的霸主地位，而且还能有效地对 Barr 进行二次定位，一则 Teva 拥有强大的原料供应能力，二则 Teva 品牌药管线正在奋力打造专科药业务，Barr 的避孕药正好可以放在管线之中。在建立欧盟市场的领先优势方面，Teva 以 52 亿美元的价格收购了德国仿制药巨头 Ratiopharm 和 3.66 亿美元的价格收购了西班牙仿制药企 Bentley，获得在德国市场与 Sandoz 平分秋色的地位（此前 Sandoz 以 85 亿美元收购了德国第二大仿制公司 Hexal AG）。在建立拉美和其他主要市场的领先优势方面，Teva 在 2011 年收购了秘鲁仿制药企业 Infarmasa，并通过与 Kowa 的合资公司收购了日本大正（Taisho）与大洋（Taiyo），合计投入超过 15 亿美元。在生物制药方面，Teva 先后收购了 OncoGenex、CureTech 等公司，而在打造品牌药管线方面，Teva 在 2011 年先后收购了默克雪兰诺的妇科药部门和 Cephalon 公司，两笔交易合计达 72 亿美元。

表 7-7　Barr 被收购前 5 年的财务状况

年份	2003	2004	2005	2006*	2007
总营收（$，M）	1309	1047	1314	905	2501
净利润（$，M）	123	215	336	−338	128
总资产（$，M）	1333	1490	1921	4962	4762
股东权益（$，M）	1042	1234	1691	1465	1866

*因改变财年结算时间，该年度只有 6 个月的数据。

从 Teva 既定的发展战略层面上看，Shlomo Yanai 的兼并策略非常清晰，几乎每一次布局都是在执行战略。除了兼并，Teva 的研发投入从 2007 年的 5.81 亿美元增加至 2012 年的 13.56 亿美元，虽然没有提高研发投入的比例，但在规模上，Shlomo Yanai 实现了"倍增"的承诺。营收和利润方面，Teva 实现了销售额达 200 亿美元的目标，但除了 2010 年外，其他年份均未达成净利润率超过 20% 的目标，这是美中不足的遗憾，当然净利润不达标可能也与其频繁的兼并有关，因为频繁地兼并、整合、重组、商誉减值或法律诉讼等原因，Teva 在 2007~2012 年间一共损失了 40.5 亿美元的利润，几乎占到其净利润总和的三分之一。

表 7-8　Teva 2007~2012 年之间的财务表现

年份	2007	2008	2009	2010	2011	2012
销售额（$，M）	9408	11,085	13,899	16,121	18,312	20,317
研发投入（$，M）	581	786	802	933	1080	1283
净利润（$，M）	1952	615	2004	3339	2768	1910
总资产（$，M）	23,412	32,520	33,210	38,152	50,142	50,609
股东权益（$，M）	13,724	16,438	19,259	22,002	22,343	22,867

经历三任 CEO 的共同努力，Teva 走向了巅峰，股价和市值几乎也达到了历史的最高点。这三位 CEO 虽然都频繁兼并，但他们都根据企业的发展状况和市场的行情变化制定了清晰的战略，而且负债率（总债务 / 总资产）一直保持在一个可接受的水平。2012 年，Shlomo Yanai 卸任，此后 Teva 陷入了持续的动荡，5 年内 5 次更换 CEO，兼并战略不够清晰，甚至存在冒失地兼并行为，让 Teva 从巅峰走向了衰退。

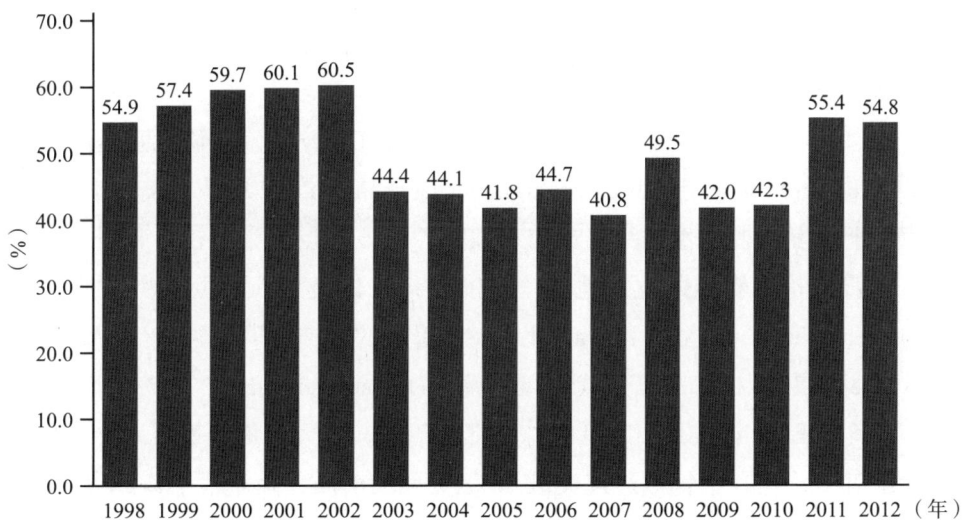

图 7-1　Teva 业绩迅速上升期的负债率变化

四、三十年打造一条品牌药管线

随着仿制药业务的扩大布局品牌药是广大仿制药公司共同的诉求，Teva 对创新药的布局可以追溯到 20 世纪 80 年代。1987 年，Teva 从以色列魏茨曼研究所获得了格拉替雷的开发权，经过近 10 年药学研究和临床试验，该产品终于在 1996 年获得美国 FDA 批准用于多发性硬化症治疗。由于当时除了 β 干扰素外，格拉替雷几乎没有竞争对手，其销售额在第二个完整财年就突破了 1 亿美元，并首次奉献了净利润。在美国上市后的几年里，Teva 陆续在欧洲各国推出上市，销售额首次在 2005 年超过 10 亿美元，为 Teva 奉献了 20% 的营业收入。

所谓"独木难支"，Teva 有必要围绕着格拉替雷打造一条中枢神经系统的治疗管线，于是该公司又从以色列 Technion 公司获得了第二代单胺氧化酶抑制剂雷沙吉兰的开发权，该产品于 2006 年获得美国 FDA 批准用于帕金森病治疗。不过由于帕金森病治疗药物较多，市场较为分散，雷沙吉兰的市场表现并不出众，于 2014 年销售额达到峰值，为 6.9 亿美元。2011 年，Shlomo Yanai 以 68 亿美元为代价收购了 Cephalon，获得了莫达非尼在内的多个品牌药，莫达非尼在 2014 年销售额达到峰值，为 3.9 亿美元。

2014 年，Teva 以 8.25 亿美元的价格收购了 Labrys，获得降钙素基因相关肽（CGRP）受体抑制剂 Fremanezumab，该产品于 2019 年获得美国 FDA 批准，用于阵发性或慢性偏头痛治疗和预防，但该靶点的竞争较为激烈，而且 Teva 也没有抢到赛道的龙头地位，销售额突破 20 亿美元的机会并不大。在收购 Fremanezumab 之后，Teva 又以 35 亿美元的价格收购了氘代药物研究公司 Auspex，获得在研产品氘代丁苯那嗪（Deutetrabenazine），该产品于 2017 年获得美国 FDA 批准用于亨廷顿综合征的治疗。氘代丁苯那嗪因为没有明显的竞争对手，具有销售额迅速突破 10 亿美元的潜质，除氘代丁苯那嗪之外，Auspex 公司还在开发氘代吡非尼酮。除此之外，Teva 还通过收购 NuPathe 获得舒马曲坦透皮贴（Zecuity）用作偏头痛治疗，希望与 GCRP 单抗搭配，打造偏头痛管线。不过人算不如天算，该产品因不良反应很快就撤出了市场。

在中枢神经系统之后，Teva 重点打造的产品管线是呼吸系统用药。Teva 早期的呼吸系统产品来自 Ivax，2006 年 Teva 以 74 亿美元收购 Ivax 而获得了两大吸入剂产品，分别为沙丁胺醇干粉吸入剂 ProAir 和布地奈德气雾剂 Qvar，在收购 Ivax 的当年，呼吸系统用药就为 Teva 奉献了约 5 亿美元的销售额。此后的十年里，Teva 陆续开发了 Duo Resp Spiromax、Air Duo Respi Click、Armon Air Respi Click、Cinqair 等产品，还收购了 MicroDose、Gecko Health 等多家吸入制剂的载药技术公司，呼吸系统用药销售额在 2017 年达到 12.7 亿美元，约占 Teva 总销售额的 5%，占全球吸入制剂市场份额的 4.5%。除了品牌药，Teva 还利用领先的吸入技术仿制各种产品，Teva 在 2017 年的吸入剂仿制药占到仿制药销售额的六分之一，销售额超过 30 亿美元。

除了中枢神经系统和呼吸系统，Teva 形成特色的品牌药管线还有妇女保健，这些产品主要是通过收购 Barr 和默克雪兰诺的妇科药部门获得，每年为 Teva 奉献的销售额为 4 亿~5 亿美元。尽管 Teva 的产品线里有抗肿瘤药苯达莫司汀（收购 Cephalon 获得），但是 Teva 的肿瘤管线并没有形成特色，而且在研发管线中，也没有后继的抗肿瘤药物。

通过 30 年的打造，Teva 的创新药（专科药）部门逐渐形成了气候，年报显示，Teva 在 2016 年的创新药销售额达到 86.7 亿美元，在 2011~2017 年之间，平均每年为集团奉献了 44.4 亿美元的营业利润，而相比之下，仿制药部门只有 24.6 亿美元，两大部门的平均盈利水平分别为 55.2% 和 22.8%。

表 7-9　Teva 两大业务部门的表现对比

年份	2011	2012	2013	2014	2015	2016	2017
仿制药销售额（$，M）	10,196	10,385	9906	10,810	10,540	11,990	12,257
仿制药盈利（$，M）	2059	2062	1656	2346	2925	3310	2829
仿制药研发投入（$,M）	459	485	494	521	519	659	702
专科药销售额（$，M）	6493	8150	8402	8560	8338	8674	7914
专科药盈利（$，M）	3907	4694	4567	4595	4361	4661	4333
专科药研发投入（$,M）	616	793	909	872	918	998	884
集团营业利润（$，M）	3109	2205	1649	3951	3352	2154	−17,484

然而，虽然创新药为 Teva 奉献了大部分利润，但 Teva 的高管们并没有一如既往地坚持发展创新药，尤其是在 2012~2017 年的动荡期间。Teva 年报

数据显示，专科药业务在此期间为集团奉献了 271 亿美元的盈利，但仅获得53 亿美元的研发投入，平均研发投入仅占销售额的 10.7%，这个研发投入水平不仅无法维持创新药业务的持续增长，而且利润还被拿去兼并仿制药企业。在 2015~2016 年期间，Teva 似乎决心要花掉 410 亿美元，不吃是掉 Mylan，就一定要拿下 Actavis。

五、Erez Vigodman 操盘下的债务危机

2012 年 5 月，前 BMS 的高管 Jeremy Levin 接任了 Teva 的 CEO，2013 年10 月 Jeremy Levin 卸任，原集团副总裁兼首席财务官 Eyal Desheh 暂时代持帅印，2014 年 2 月，Teva 从外界请来了新 CEO Erez Vigodman，而 Eyal Desheh 回到原来的位置。然而 Erez Vigodman 的任期也不长久，2017 年 2 月，时任Teva 董事长 Yitzhak Peterburg 将其取而代之，而董事长的席位由原新基董事长 Sol Barer 出任。2017 年 11 月，CEO 的位置再次被原灵北（Lunbeck）的CEO Kåre Schultz 取代，自此，Teva 的 CEO 和董事长都不再是以色列人。

因为频繁易帅，Teva 的战略因频繁变动而得不到有效的实施，但这不是Teva 走上下坡路的最根本原因。Erez Vigodman 是在此期间任职最长的 CEO，他对 Teva 的衰落要负主要的责任。2014 年，Erez Vigodman 继位，他如以往的 CEO 一样，率先为 Teva 规划了一套发展战略，即：重新定位和聚焦业务，以更好地利用自己的优势在医药市场脱颖而出。将充分利用自己的业务优势（包括全球最大的仿制药业务、高度聚焦的专科药业务、独特的 OTC 业务、强大的研发和原料药供应能力），为患者提供以结果为中心的解决方案。根据 Teva 的年报描述，其战略更加关注盈利能力和业务的可持续发展。而在实现方式上，Teva 提出了以下六点：①夯实基础，推动有机成长。巩固和进一步强化专科药和仿制药业务，进行业务架构重组，建立全球性的仿制药集团，以实现全球范围的聚焦，并提高效率，推动仿制药业务的持续增长和持续盈利。②聚焦关键性的增长型市场，虽然公司已经在全球范围内建立了业务能力，但只能在少数几个增长型市场建立或扩大持续的领先优势。③通过新增剂型、规格，开拓新兴市场等方式，维持格拉替雷和其他专科品牌药的市场份额。④巩固中枢神经系统疾病和呼吸道疾病等核心治疗领域的龙头地

位。⑤追求战略性的业务拓展，将进一步评估战略性合资、合作或其他商业合作的机会。⑥继续实施降本计划，包括提升工厂的生产效率和全球范围内的供应效率等。

为了实施既定的战略，Erez Vigodman 在位的 3 年里一共收购了 10 余家公司，花了近 500 亿美元。为了打造全球化的仿制药集团，Teva 斥资 410 亿美元收购了 Actavis 及其附属批发公司 Anda；为了聚焦关键性的增长型市场并建立持续领先的优势，Vigodman 发动了对墨西哥仿制药巨头 Rimsa 的兼并；在打造专科品牌药方面，仅支出了约 50 亿美元，先后收购或控股了 MicroDose、NuPathe、Labrys Biologics、Genomic-Analysis、Gecko Health、Immuneering 和 Microchips Biotech 等 7 家公司；在维持格拉替雷的销售份额方面，Vigodman 虽然积极开发墨西哥、俄罗斯和乌克兰市场，但因为在这些国家的行贿丑闻，Teva 在 2016 年被美国罚款 5 亿多美元，而他也因此被迫下台。

或许 Teva 的战略和 Vigodman 都没有错，但他们在决心花 410 亿美元收购 Actavis 或 Mylan 时忽略了四点：一是全球主流市场的仿制药价格都在逐年下滑，仿制药行业利润持续走低；二是美国仿制药市场正在由盛转衰，但不论 Mylan 还是 Actavis 都是以美国业务为核心的仿制药巨头；三是就如 2002 年的兼并战略中所提的，超大规模的兼并可能会面临着各国反垄断监管机构的阻挠；四是 2015 年为仿制药股市泡沫的高峰时期，而且这两家公司本身就债务缠身。正因为忽略这些原因，Teva 最终深陷债务泥潭，以至于此后几年的战略都必须围绕这起收购案进行调整。

2015 年，Teva 在 401 亿美元报价 Mylan 失败后，与艾尔建签订了收购协议，405 亿美元收购 Actavis 和 5 亿美元收购 Anda。然而如此大规模的兼并，很快遭到各国反垄断监管机构的反对，为了交易的继续进行，Teva 和 Actavis 不得不剥离掉大量的重点产品，最终带来的销售额增量不足 20 亿美元，部门盈利增量不足 10 亿美元，借债增量却高达 270 亿美元。

纵观 Teva 的整个发家历程，负债率一直较高，在 Eli Hurvitz 担任 CEO 的最后五年中，Teva 的负债率一直在 60% 上下，虽然 Israel Makov 时期负债率下降至 44% 左右，但借债规模已经超过 50 亿美元，而在 ShlomoYanai 卸任时，Teva 的借债已达 145 亿美元。或许在业绩的上升期，人们只看到成功未看到失败，在 Shlomo Yanai 时期，Teva 已经开始出现了商誉减值，而且他花重金打造的日本仿制药业务并未让 Teva 在日本建立起优势。到 Erez Vigodman 时期，因为对 Actavis 的兼并，外债规模进一步扩大至 358 亿美元，此时的 Teva 已经开始感觉到债务的压力让其"喘不过气来"了。至于债务危机和低现金流为 Teva 带来的伤害，该公司进行了如下描述：①收购 Actavis 的获益期望大幅降低；②让公司更难以履行应履行的义务；③对外融资能力减弱或融资成本增加；④抗风险能力减弱，业务灵活度下降；⑤无法根据经济形势灵活调整业务；⑥让公司处于竞争的劣势地位，竞争对手的杠杆率被间接抬高；⑦新机会的发展受到限制；⑧迫使公司出售资产或减少股息。

因为 Erez Vigodman 时期的一系列冒进式收购，Teva 在 2016~2020 年之间的合计商誉减值高达 257 亿美元，几乎"抵消"了 Teva 以往二十年来积累的全部净利润。这正应了那句话：一着不慎满盘皆输。当然要将责任全部归咎于 Erez Vigodman 也过于牵强，如此大规模的并购，每一笔都要获得董事会的批准，因此，这一系列的恶果 Teva 必须欣然接受。

六、Teva 应对仿制药价格下滑的举措

随着各国陆续地推进仿制药的普及或仿制药替代，全球主流国家的仿制药价格都呈现出下降的趋势，2015 年之后的美国市场更是因为竞争白热化而出现萎缩，大部分仿制药公司都开始感觉到无利可图，但如果抛开债务不言，Teva 的盈利能力能够与 20 年前持平，甚至稳中有升，该公司成功的秘诀是什么？经过笔者的归纳，大体可总结为以下 6 点：

1. 降低对夕阳性市场的依赖，业务向朝阳性市场转移

在 Teva 的战略中可以找到这么一条：聚焦关键性的增长型市场，并建立持续领先的优势。欧洲是继美国之后快速发展起来的仿制药市场，所以 Teva 在 1990 年之后，就不遗余力地在欧洲市场布局。在欧洲之后，Teva 又相继布局了日本和拉美市场，并希望在这些国家建立领先的优势。根据 Teva 2017 年的财报，该公司有 50.36 亿美元的仿制药销售额来自美国，39.94 亿美元来自欧洲，32.27 亿美元来自其他国家。

2. 重视原料（API）的开发和供应能力

提供高质量、稳定的原料供应是 Teva 一如既往的战略重点。Teva 是原

料出海打头阵的企业，其深知原料的重要性，根据 Teva 2016 年的年报，Teva
在全球范围内有 20 个 API 生产工厂，能够生产 300 余种 API，熟练掌握了化
学合成、半合成发酵、酶促合成、高效制造、植物提取、多肽合成、维生素
D 衍生物合成和前列腺素合成等多项制造技术，能够按指定生产出粒度、晶
型、比表面积符合标准的高质量原料，每年原料销售额达 7 亿~10 亿美元。

3. 抓住首次进入市场的机会

布局首仿一直是 Teva 产品战略的重中之重。在美国，仿制药的价格随产
品数量的增多而下滑，即便是没有市场独占期，首仿药在原研药专利到期后
的两年内都有非常不错的价格。如果能成功挑战专利获得市场独占期，那么
将可能有上亿美元的销售收入。Teva 作为挑战专利最多的仿制药巨头，科睿
唯安 Newport 数据显示，仅在 1998~2018 年间，Teva 提交的 paragraph 4 申请
就高达 231 项，仅在 2006 年一年就拿下了辛伐他汀、舍曲林、安非他酮缓释
片和普伐他汀的市场独占期。

4. 开发高附加值的仿制药和 biosimilar

开发高附加值的仿制药是 Teva 多年来一直奉行的产品战略之一，通过收
购或建立领先的技术平台，开发高准入门槛的仿制药或品牌仿制药，是 Teva
仿制药业务盈利能力强于其他巨头的关键因素。Teva 的最强项是吸入剂和
口服缓控释制剂，这两种制剂在其 2017 年的仿制药销售额中分别占 17% 和
18%。其中最具代表性的品种为哌甲酯缓释片，2017 年的销售额达 12 亿美元，
安非他命 / 右安非他命缓释胶囊和布地奈德吸入剂，销售额峰值也先后接近
了 12 亿美元。然而让 Teva 失意的是 biosimilar，虽然该公司布局较早，但只
是赶上了晚集，竞争赛道的龙头地位早已被安进、辉瑞、山德士等巨头抢走。

5. 仿创结合，培育专科品牌药

在 Teva 2007 年的战略中有这么一条：建立临床属性差异化的产品管线，
这些产品可通过独特的采购方式为患者或保险创造真正的价值。基于这一点，
Teva 收购了默克雪兰诺的妇科药部门，收购 Barr 获得了大量的避孕药，这些
产品很快就为 Teva 搭建了一个妇科和产科的品牌药管线。在呼吸领域，Teva
收购 Ivax 后几乎就建立起领先的优势，随后又收购了多家吸入制剂载药技术
公司，先后开发出 Duo Resp Spiromax、Air Duo Respi Click、Armon Air Respi
Click、Cinqair 等一系列产品，是仅次于葛兰素史克、阿斯利康和勃林格殷格

翰的第四大吸入剂巨头。

6. 产线升级，提高生产效率，降低运营成本

作为仿制药巨头的 Teva 一直很重视生产效率的提升和供应链的优化。尽管 Teva 在全球有近百家工厂，但该公司的管理费用支出仅为 6%，作为全球产能最大的制药企业之一，但 Teva 仅有 3.7 万名员工，平均每个员工年产出药品达 250 万制剂单位，效率远超过 Mylan 和印度仿制药巨头，平均每个员工年贡献销售额超过 42 万美元，几乎已经接近美国一线制药巨头的水平。

另外，Teva 在美国拥有销售和配送公司，自行配送药物也是提高盈利能力的一大关键因素。近年来，Teva 在积极探索新的销售模式，选择自营与代销相结合，OTC 与处方药相结合等方式，以在保障销售规模的前提下，实现销售成本最低和利润水平的最大化。

七、千疮百孔的 Teva 如何再出发

2017 年初，Erez Vigodman 因为贿赂丑闻而下台，经过董事长 Yitzhak Peterburg 的短暂过渡，于 2017 年 11 月迎来了丹麦人 Kåre Schultz。与其他人所不同的是，Kåre Schultz 接管的是一个伤痕累累的 Teva，债务规模（total liability）高达 581 亿美元，其中借债规模（total debt）达 358 亿美元，信用评级被各大信用评级机构降为垃圾级，市值在一年内暴跌了三分之二。为了扭转 Teva 的颓势，Kåre Schultz 牵头为 Teva 规划了全新的发展战略：①重新调整管理层架构；②将仿制药业务、专科药业务和 OTC 业务合并，以地域为特色，设置欧洲、北美和增长市场三个业务部门；③将全球各业务单元的研发业务合并，统一负责所有的研发职能；④设立全新的市场和投资部门，负责监督各区域间的研发和运营对接。

表 7-10　Teva 近年来的债务情况（亿美元）

年份	2015	2016	2017	2018	2019	2020	2021
总营收	193	215	219	183	169	167	159
研发投入	15	21	18	12	10	10	10
营业利润	34	22	−175	−16	−4	−36	17

续表

年份	2015	2016	2017	2018	2019	2020	2021
净利润	16	3	−164	−25	−10	−41	5
总资产	542	931	706	607	575	506	477
总债务（liability）	243	581	519	449	424	396	364
总借债（debt）	99	358	325	289	269	259	230
股东权益	299	350	187	158	151	112	111

对于 Kåre Schultz 而言，在巨大的债务压力之下的 Teva，能做的只有裁员"瘦身"，节衣缩食，进一步优化效率。2017 年以后，Teva 陆续对外出售资产，将不擅长、盈利能力较差的业务打包出售，相继剥离了日本、菲律宾和欧洲各国的多个工厂，卖掉了妇女保健业务，员工总数从 51800 人压缩至2021 年的 37600 人。经过一系列的裁员和业务优化，Teva 的营业能力有了明显改善，2021 年首次扭亏为盈，净利润达 4.56 亿美元。与此同时，债务规模也得以大幅下降，总负债从 581 亿美元下降至 366 亿美元，而总借债也从 358亿美元下降至 230 亿美元。

但由于过度裁员，Teva 也受到多方抵制，尤其是以色列本土的裁员，引起了以色列人的广泛不满，这对 Teva 而言绝对不是个好消息。另外，因为过度压缩开支，Kåre Schultz 也压缩了研发投入预算，这让本来就研发投入偏低的 Teva，品牌药业务和 biosimilar 业务更加难以为继，让本来就赛道滞后的biosimilar，更加被辉瑞、安进和山德士等巨头落远。

从财务上看，Teva 似乎已经在 Kåre Schultz 的一系列操作下，逐渐起死回生，但天有不测风云，在美国的"阿片药物保卫战"中，Teva 因长期销售阿片药物的仿制药而收到 3500 多起诉讼。为了和解这些诉讼，Teva 在 2019年支付了 11.78 亿美元的和解费，但这还不是全部，为了全面和解剩余的诉讼，Teva 又在 2021 年的预算中拨款 27.1 亿美元作为和解备用金。巨额的和解费可能再次让 2022 年重回亏损，但 Kåre Schultz 五年的任期即将结束，他会向董事会交出什么样的答卷呢？——净利润四负一正和一个市值跌破 100亿美元的 Teva？

八、总结与讨论

不论是应变能力、布局能力、运营能力还是整合能力，Teva 都是最优的，因为这些优越的能力，Teva 从一个以色列小药企发展成为全球第一大仿制药巨头，而且还成功打造了一个年销售额达 80 亿美元的创新药管线。如果 Teva 坚持不懈地发展创新药，逐渐向创新药转型，那么 Teva 肯定不会有当前的境地。但历史总是不容假设，胜败总是在瞬间的把握，生死就是靠刹那的平衡。

从 Teva 的发家历程中案例中，我们得到的启示是制定一个正确的、顺应市场变化的、符合企业发展的战略是多么重要。正因为 Teva 一直都能做到这一点，所以处处占尽先机，逐渐甩开了竞争对手。尽管近年来的债务危机让 Teva 遭受了诸多非议，但并不能说明是战略错误，更像是一次决策失误。仿制药企业的快速业务扩张离不开兼并，但兼并的风险在 Teva 2002 年的年报中就已经说得很清楚，Teva 之所以出现今天的局面，更多是时任高管的贸然行事。

如果抛开债务看本质，Teva 是一家盈利能力很强的公司，如果单纯地看盈利能力（税息前营业利润），Teva 在仿制药企业界绝对可以傲视群雄。或许也是因为其仿制药业务强大的盈利能力，才使得该公司的战略重心向仿制药偏移，最终上演了今天的悲剧。

--- Teva 并购的企业一览 ---

1976 年，收购以色列乙醇厂 Paca 的 50% 股权，价格未知

1977 年，收购荷兰原料厂 Orphahell，价格未知

1980 年，收购以色列第三大药企 Ikapharm，价格未知

1980 年，收购 Nissan Preminger 资产，整合成 Promedico，价格未知

1984 年，收购以色列医疗器械商 Migada 50% 股权，1992 年全资收购，价格未知

1985 年，联合成立 TAG Pharma，1992 年全资收购，价格未知

1985 年，收购美国 Lemmon 公司，价格未知

1988 年，收购以色列第二大药企 Abic，0.26 亿美元

1989 年，收购百特子公司 Travenol，0.1 亿美元

1989 年，全资收购以色列化工厂 Plantex，价格未知

1992 年，收购德国药企 GRY Pharm，价格未知

1993 年，收购意大利药企 Prosintex，价格未知

1995 年，收购匈牙利仿制药企业 Biogal，2600 万美元

1995 年，收购意大利药企 ICI 公司，1250 万美元

1996 年，收购美国企业 Biocraft，2.95 亿美元

1996 年，收购英国仿制药企业 APS/Berk，0.51 亿美元

1997 年，收购荷兰药企 Pharbil，100 万美元

1998 年，收购荷兰制药企业 Pharma Chemie，8700 万美元

1999 年，收购美国制药企业 Copley Pharma，2.2 亿美元

2000 年，收购加拿大第二大仿制药企 Novo Pharm，2.65 亿美元

2002 年，收购法国药厂 Bayer Classics，与 Honeywel 合计 1.68 亿美元

2002 年，收购意大利 API 生产厂 Honeywel Pharma，单独价格未公开

2003 年，收购印度 API 生产厂 Regent Drugs，价格未知

2003 年，收购生物仿制药企业 Sicor，34 亿美元

2004 年，收购辉瑞在意大利的仿制药子公司 Dorom，价格未知

2005 年，收购瑞士药企 Medika，价格未知

2006 年，收购美国药企 Ivax，74 亿美元

2007 年，收购土耳其药企 Medilac，金额未透露

2008 年，收购美国药企 Co Genesys，4.12 亿美元

2008 年，收购西班牙药企 Bentley，3.66 亿美元

2008 年，收购美国仿制药巨头 Barr，75 亿美元

2009 年，收购 OncoGenex，0.1 亿美元

2009 年，成立 Teva-Kowa，并以该公司收购 Taisho70% 股份，1.3 亿美元

2010 年，收购 CureTech，0.69 亿美元

2010 年，收购德国仿制药巨头 Ratiopharm，52 亿美元

2011 年，收购默克雪兰诺的妇科药部门 Theramex，3.55 亿美元

2011 年，收购秘鲁仿制药巨头 Infarmasa，3 亿美元

2011 年，收购 CureTech 75% 股份，0.2 亿美元

2011 年，通过 Teva-Kowa 收购日本药企 Taisho，金额未知

2011 年，全资收购 Teva-Kowa，1.5 亿美元

2011 年，收购日本第三大仿制药企 Taiyo，10.9 亿美元

2011 年，收购美国药企 Cephalon，68 亿美元

2013 年，收购美国吸入剂公司 MicroDose，1.65 亿美元

2014 年，收购美国药企 NuPathe，获得产品 Zecuity，2.93 亿美元

2014 年，收购美国生物公司 Labrys Biologics，8.25 亿美元

2015 年，收购美国药企 Auspex，35 亿美元

2015 年，控股 Genomic-Analysis Company，持股 51%，金额未知

2015 年，收购英国吸入剂公司 Gecko Health，金额未知

2015 年，收购 Immuneering Corporation，金额未知

2015 年，收购 Microchips Biotech，与上两个公司合计 1.02 亿美元

2015 年，收购 Immuneering 51% 股权，价格未知

2016 年，收购墨西哥药巨头 Rimsa，23 亿美元

2016 年，收购 Actavis Generics，405 亿美元

2016 年，收购艾尔建子公司 Anda，5 亿美元

参考文献

［1］Teva.Our History［EB/OL］. http://www.tevapharm.com/about/history/

［2］Company Histories［DB/OL］. Teva Pharmaceutical Industries Ltd：https://www.company-histories.com/Teva-Pharmaceutical-Industries-Ltd-Company-History.html.

［3］Robertson S，Schlager，N. International Directory of Company Histories，Vol. 239［M］. Farmington Hills，US：St. James Press，2022.

［4］Kirklng DM，Asclone FI，Gaither CA，et al. Economics and Structure of the

Generic Pharmaceutical Industry［J］. J Am Pharm Assoc，2001，41（4）：578-584.

［5］Teva. Annualreport 2003-2020［DB/OL］. https://www.sec.gov.

［6］美国 FDA 数据库［DB/OL］. https://www.fda.gov/

［7］Teva.Teva Pharmaceutical Industries reports financial results for fourth quarter and year ended Dec. 31，1996［EB/OL］. https://www.thefreelibrary.com/Teva+Pharmaceutical+Industries+reports+financial+results+for+fourth...-a019151373.

［8］Teva.Teva Pharmaceutical Industries Ltd. Reports 1998 Year End and Fourth Quarter Financial Results［EB/OL］. http://www.tevapharm.com/news/teva_pharmaceutical_industries_ltd_signs_definitive_agreement_to_acquire_novopharm_ltd_02_00.aspx.

［9］NPDUIS，Generic Drugs in Canada，2014［EB/OL］. http://www.pmprb-cepmb.gc.ca/view.asp?ccid=1233.

［10］AAM. Generic Drug and Biosimilars Access and Savings in the U.S.（2020）［DB/OL］. https://accessiblemeds.org/2020-Access-Savings-Report.

［11］林淘曦，于娜，黄璐. 美国首仿药制度及专利挑战策略研究［J］. 中国新药杂志，2016，25（19）：2168-2173.

［12］张洁铭，罗时珍，刘毅俊，等. 美国首仿药制度介绍及对我国的启示［J］. 中国药房，2018，29（22）：6-9.

［13］李思佳，杨俊，陈锋，等. 以色列梯瓦（Teva）制药公司仿制药的专利保护战略［J］. 南京中医药大学学报：社会科学版，2011，12（3）：174-177.

［14］Almor T，Tarba SY，Benjamini H. Unmasking Integration Challenges：The Case of Biogal's Acquisition by Teva. Int［J］. Studies of Mgt. & Org.，2009，39（3）；32-52.

［15］Department of justice. Teva Pharmaceutical Industries Ltd. Agrees to Pay More Than $283 Million to Resolve Foreign Corrupt Practices Act Charges［EB/OL］. https://www.justice.gov/opa/pr/teva-pharmaceutical-industries-ltd-agrees-pay-more-283-million-resolve-foreign-corrupt.

第八章

Watson：从仿制药到创新药转型的范式案例

艾尔建（Allergan plc）总部位于爱尔兰都柏林，2018 年拥有 1.69 万名员工，总销售额达 157.8 亿美元，是世界前 20 强制药巨头。艾尔建的前身为美国华生制药（Watson Pharma），一个由美籍华人赵宇天（Allen Chao）创办的仿制药公司，因为赶上了美国仿制药行业快速发展的春天而迅速发展壮大。从 Watson 到 Actavis，再到 Allergan，该公司犹如变魔术一般，仅用了 30 年，就从一个小仿制药公司蜕变成了世界品牌制药巨头，堪称仿制药企业向创新药企业成功转型的范式案例，但该公司在转型成功之后无法在创新药上博得建树，最后股票暴跌，于 2019 年以 630 亿美元的"低价"卖给了艾伯维。

一、美国仿制药巨头 Watson 的形成

早在 20 世纪 70 年代中期，美国政府就开始尝试推行仿制药替代来控制药品支出的增长，到 80 年代初期，政策和方案几乎已经成熟，仿制药市场也得以初步的发展。但当时正值创新药发展的黄金时期，行业在"创新"与"仿制"之间迟迟争论不休，仿制药市场仅有 10 亿美元上下。

因为仿制药市场较小，加之当时仿制药需要按照《Kefauver- Harris 修正案》全面地进行安全有效性评估，美国市场上出现了大量创新药在专利到期后仍无人仿制的现象。1984 年 9 月底，美国通过了《Waxman- Hatch 修正案》，

该修正案不但有效地平衡了创新药与仿制药之间的利益关系，还将仿制药的研发成本大幅下降。为了促进仿制药的尽快上市，该法案还专门为仿制药定制了"Bolar 例外条款"和"180 天市场独占期"。

当时的行业人士几乎都知晓仿制药的发展潜力，而《Waxman- Hatch 修正案》的实施意味着行业的春天正式到来。为了踏上开往春天的列车，美籍华人 Allen Chao（赵宇天）找到了 David S. Hsia，通过家族筹资几百万美元，于 1985 年创办了 Watson Pharma。起初，Watson 的定位很清晰，就是开发和销售仿制药。同年年底，Watson 的第一个仿制药呋塞米就获得了美国 FDA 批准，该产品刚上市一年就为公司带来了利润。

表 8-1　Watson 上市初期的财务状况

年份	1990	1991	1992	1993	1994	1995
总营收（$，M）	23	31	35	71	95	153
营业利润（$，M）	/	-17	-12	1	14	52
净利润（$，M）	1	-55	-6	50	37	48
总资产（$，M）	19	122	131	236	262	322
股东权益（$，M）	12	81	78	185	223	289

初战告捷的 Watson 加大了新仿制药的开发力度，到 1990 年时，销售额已达 2340 万美元。1991 年，Watson 与 Zetachron 合并，产品的开发能力得以大幅增强，销售额也随着 ANDA 文号数量的逐渐增加而快速上涨，1993 年，Watson 开始筹划上市，1995 年，Watson 以小吃大，以 6 亿美元的价格收购了 Circa Pharma。通过对 Circa Pharma 的收购，Waston 的总营收在 1995 年超过了 1.5 亿美元，产品管线里拥有 30 多个品种，80 多个品规，86 项 ANDA 批文。

Circa Pharma 是家在美国仿制药历史上非常有名的企业，前身为 Bolar，也就是《Waxman- Hatch 修正案》中 Bolar 例外条款的由来。该公司早在 1960 年就已经成立，但因牵涉在 1989 年的"美国 FDA 腐败丑闻"中，因试验造假而在 1990 年 2 月遭到美国 FDA 调查，被责令停止生产和销售所有药品，不但被罚款 1000 万美元，而且新产品的申报也受到限制，事件的主要负责人（Bolar 董事长兼 CEO）Robert Shulman 因欺诈和妨碍司法公正罪等五项罪名被判入狱 5 年和 125 万美元罚款。为了抵消事件的影响，该公司在 1993 年改名为 Circa，美国 FDA 的限制期结束后，首个产品于 1994 年获批。所以从性质上而言，Circa 也是一个不良资产，但这家企业有很强的仿制药开发和生产能力，对该公司的收购可令 Watson 在美国仿制药市场的份额排名进入前十。

表 8-2　Circa 被收购前五年的财务状况

年份	1990	1991	1992	1993	1994
总营收（$，M）	16	1	0	3	8
净利润（$，M）	−27	−57	−10	8	17
总资产（$，M）	152	98	99	102	104
股东权益（$，M）	121	65	58	64	82

　　90 年代是美国仿制药市场的低增长期，竞争也非常激烈，为了实现业务规模的快速扩大，Watson 必须持续不断地收购。1997 年，Watson 使用股票支付的方式收购了 Oclassen 和 Royce，按收购之日的市值计算分别为 1.35 和 0.98 亿美元，然而在两家公司整合完不久，该公司又收购了赫切特的子公司 Rugby，现金交易价为 6750 万美元。由于仿制药市场增长低迷，Watson 开始致力于打造品牌药管线，从对 Oclassen 的收购中，Watson 获得了 Monodox（强力霉素）、Condylox（鬼臼毒素）、Cordran（氟氢缩松）、Cinobac（西诺沙星）和 Cormax TM（氯倍他索）五个治疗皮肤病的产品。随后又以 1.9 亿美元现金＋里程碑付款的方式向赫切特购买了 Dilacor XR（地尔硫䓬缓释片）的美国销售权益，1998 年，Watson 再次斥资 1.2 亿美元从 Searle 公司收购了 Tri-Norinyl（炔诺酮／炔雌醇）、Norinyl（炔诺酮／炔雌醇）和 Brevicon（炔诺酮／炔雌醇）三大口服避孕药产品的美国销售权益。经过一系列的收购与整合，Watson 初步形成了以皮肤、妇科为特色的品牌药管线，销售额达到了 3.47 亿美元，超过了仿制药，成了一家"品牌药"的公司。

　　在完成对多家公司的收购与整合之后，Watson 根据当下的市场形势和自身情况，首次明确了产品开发战略。一是侧重于缓控释技术的开发与应用；二聚焦专利载药技术的开发与应用；三是现有口服速释制剂的剂型与规格扩展；四是布局开发或制造难度大的仿制药；五是开发特异性强、小众化、市场供应不足的仿制药；六是关注中后期新药的机会。

为了配合产品开发战略的实施，Watson 在 1999 年以 3.29 亿美元的股票收购了领先的口服缓控释和透皮载药技术公司 TheraTech，获得 Androderm（睾酮透皮贴）、Alora（雌二醇透皮贴）等多个透皮制剂的权益，2002 年，又以价值 1.55 亿美元的股票收购了注射铁剂载药技术公司 Makoff R&D Lab，获得 Ferrlecit（葡萄糖酸钠铁）的权益。2003 年 2 月，Watson 首个自主开发的新药 Oxytrol（奥昔布宁透皮贴）获得了美国 FDA 的批准，同年下半年，又收购了缓控释制剂载药技术公司 Amarin。

2000 年开始，美国仿制药市场开始快速上涨，为了建立领先的优势，Watson 以 8.25 亿美元为代价收购了美国仿制药巨头 Schein。Schein 是一个与 Watson 仿制药市场份额相当的企业，但盈利能力较差，负债率较高，和 Circa 一样是典型的不良资产。但在那个仿制药市场的急剧扩张期，Watson 很容易就将其盘活。通过对 Schein 收购，Watson 持有的 ANDA 批文数超过了 100 个，正式成为美国前五大仿制药巨头。在与 Schein 整合之后，Watson 明确规划了新发展战略：采用自主研发、战略联盟和战略收购等方式来实现业务增长，但也会依据财务实力和其他因素对战略进行定期回顾和调整。事实上，在产品开发基调未改变的情况下，所谓的"战略联盟"成了 Watson 在新世纪的前几年的重点发展方向，在 Schein 之后的多年里，Watson 都没有再开展大规模的兼并。

表 8-3　Schein 被收购前五年的财务状况

年份	1995	1996	1997	1998	1999
总营收（$，M）	392	476	490	523	477
净利润（$，M）	−15	1	11	−118	−34
总资产（$，M）	522	544	534	453	404
股东权益（$，M）	127	130	140	78	57

2001~2005 年间，Watson 广泛与诺华、拜耳等巨头合作，授权引进了 Actigall（熊去氧胆酸）、Fioricet（巴比妥/扑热息痛）、Fiorinal（巴比妥/阿

司匹林/咖啡因）、Adela CC（硝苯地平控释片）等30多个品牌药或OTC。仿制药业务则与印度仿制药巨头Cipla达成战略合作，获得该公司10个仿制药的生产销售权，为了强化产品供应能力，该公司于2005年在印度收购了一个制剂生产工厂。

虽然在品牌打造上，Watson花了大量的资金，但并没有换回销售额的持续增长，据Watson年报报道，Dilacor、Tri-Norinyl、Alora和Actigall等几大品种在2001~2006年间带来的合计资产减值达2.6亿美元。而21世纪的前10年是美国仿制药市场发展的黄金时期，大量的资源浪费间接地影响了仿制药业务的发展。2004年以后，注射铁剂Ferrlecit的市场独占期结束，而Tri-Noriny也出现了仿制药，品牌药业务的销售额呈断崖式下滑，品牌药战略几乎宣告失败。为此，Watson不得不再一次战略调整，重心重新回到仿制药的赛道上来。于是在2006年，Watson又发动了两次兼并，分别以2950万美元收购了印度原料企业Sekhsaria Chemicals和19亿美元收购了美国仿制药巨头Andrx，通过这两次收购，Watson不但控制了原料供应，而且获得了缓控释制剂载药技术平台和药品配送业务，尤其是Andrx的缓控释制剂技术平台早在20世纪90年代就已经闻名全美。自收购Andrx以后，Watson正式登上了美国第三大仿制药巨头的宝座，仿制药销售额也首次超过了15亿美元。

表8-4　Andrx被收购前五年的财务状况

年份	2001	2002	2003	2004	2005
总营收（$, M）	749	771	1046	1146	1042
自产产品销售额（$, M）	229	209	302	423	316
配送产品销售额（$, M）	495	535	657	676	668
净利润（$, M）	38	-92	48	66	62
总资产（$, M）	777	782	944	971	1171
股东权益（$, M）	648	566	623	699	777

2007年，Allen Chao退休，董事会从外部聘请了Paul M. Bisaro（原Barr的CEO）来接管Watson。而Allen Chao所交给他的是一个年销售额近20亿美元，盈利能力适中，资产状况良好的美国第三大仿制药巨头。

表 8-5　Watson 在 1996~2005 年之间的财务表现（百万美元）

年份	1996	1997	1998	1999	2000	2001	2002	2003	2004	2005
总营收	265	369	607	705	812	1161	1223	1458	1641	1646
仿制药销售	189	201	330	307	371	597	537	1012	1239	1243
品牌药销售	34	123	254	357	423	552	649	397	364	390
净利润	83	95	122	183	157	116	175	203	150	138
总资产	535	824	1138	1466	2580	2528	2659	3278	3237	3080
股东权益	465	613	803	1059	1548	1669	1794	2052	2237	2104

二、从美国仿制药巨头 Watson 到世界仿制药巨头 Actavis

经过 20 年的高速发展，此时的 Watson 已经是美国第三大仿制药巨头。尽管美国市场依然还在高速增长，但竞争已经变得十分激烈，作为 Barr 前 CEO 的 Paul M. Bisaro 清楚地知道这一点，也明白 Barr 为什么被兼并。为此，他根据自己的经验、国际市场的行情和 Watson 的实际情况，为公司规划了新的发展战略。他将带领公司通过以下三种方式来发展全球的仿制药和品牌药业务：①内部研发差异化和高需求的产品；②建立战略合作联盟；③收购产品或公司以补充现有的产品组合。在大的战略框架之下，仿制药的战略为继续保持在美国市场的领先地位，并通过提高稳定可靠的仿制药来加强全球的地位，继续专注开发或制造的高门槛仿制药，或扩充现有的产品管线；降本增效，让产品拥有足够的竞争力；努力扩大美国以外市场的商业运营来迅速扩充产品管线。建立全球性的研发体系，并专注于开发以下三种类型的产品：①难以开发或难以制造的非专利药品，或能补充现有管线的产品；②发展缓控释制剂技术或其他技术，并将这些技术应用于现有的药物剂型改良；③使用内部技术开发新产品。相比仿制药，品牌药的战略较为简单，一是继续保持现有的业务模式，二是将现有的技术用于新品开发和收购处于中后期阶段的研发项目。

2005年前后，欧洲仿制药开始迅速普及，但市场成熟度还比较低，仅有英国、荷兰、波兰、斯洛文尼亚、斯洛伐克和瑞典等国家的仿制药渗透率超过了50%。由于各国的大力推动，欧洲已成为美国之外的新增长极，加之欧洲在语言、文化、政治和监管法规上与美国较为接近，是美国仿制药企业出海扩张的不二之选。在经过一年的业务熟悉与调整之后，Bisaro以17.5亿美元的代价，发动了对Arrow集团的收购。Arrow在美国、欧洲均有优势业务，拉美、大洋洲和亚洲也有小规模的生意，收购Arrow不但可以让美国的业务得以加强，同时还获得了英国、加拿大、法国、澳大利亚等国家，共计140亿美元的市场机会。而且Arrow并非不良资产，在被收购之时的年销售额已经超过6.5亿美元。

在收购Arrow之时，Watson还间接地获得Eden公司36%的股份，这是一家生物技术公司，2010年，Watson再斥资1500万美元将其全资收购，用以生物制剂的开发与生产。同年，Watson从Itero公司获得重组卵泡素的商业化权益，自此，Watson拥有了生物制剂产品管线，也就在这一时期，Watson开始布局biosimilar业务。

由于欧洲是一个极具多样化的市场，单纯收购一个Arrow不足以建立欧洲业务的优势地位，相似地，Teva和Sandoz都在欧洲已经进行了多年的布局。为了建立这种优势，Watson又以5.62亿美元收购了Specifar Pharma和56亿美元收购了欧洲仿制药巨头Actavis。虽然Actavis的优势业务在欧洲，但该公司拥有全球化的业务。为了进一步强化澳洲业务的领先优势，2012年，Watson又以4亿美元收购Ascent Pharma。

经过一系列的兼并整合，Watson逐渐在北美、欧洲和澳大利亚市场建立起领先优势，2012年仿制药销售额达到了43.85亿美元，成为全球第四大仿制药巨头。为了提高全球影响力，Watson改名为Actavis，即新阿特维斯。然而收购Actavis虽让Watson的全球业务能力大幅增加，尤其是欧洲部分国家市场获得了领先的能力，但大量的借债让公司的负债率超过了70%，几乎已经触及债务危机的警戒线。

表 8-6　Watson 在 2007~2014 年之间的财务表现

年份	2007	2008	2009	2010	2011	2012	2013	2014
总营收（$，M）	2497	2536	2793	3567	4584	5915	8678	13,062
仿制药销售额（$，M）	1404	1409	1642	2269	3320	4385	6252	4568
品牌药销售额（$，M）	429	455	394	316	365	412	1043	6633
配送额（$，M）	566	606	664	831	776	986	1197	1638
净利润（$，M）	141	238	222	184	261	97	−750	−1631
总资产（$，M）	3472	3610	5772	5687	6698	14,104	22,726	52,529
股东权益（$，M）	1849	2109	3023	3283	3563	3856	9537	28,336

三、从仿制药巨头 Actavis 到品牌药巨头 Allergan

　　Actavis 是一家发源于冰岛的小仿制药厂，在商业天才 Robert Wessman 的精心运作下，这家公司在数年内就发展成为欧洲屈指可数的仿制药巨头，2006 年销售额达 13.39 亿欧元（约 16.8 亿美元），随后被大股东 Bjorgolfsson 以 36.2 亿欧元的价格私有化。在经济危机之后，该公司进行了疯狂的并购，2011 年销售额约为 25 亿美元，全球范围内拥有约 1 万名员工，虽然背着很沉重的债务，但在俄罗斯、中东和东欧等新兴市场具有强大的影响力。

　　2010 年以后，欧洲 Top 5 市场增长集体减速，但东欧和南欧依然是蓝海区域。或许 Watson 以 42.5 亿欧元的价格兼并 Actavis 看中的就是这一点。虽然该公司为了兼并 Actavis 到处筹钱，但这笔交易广泛被分析师看好。在收购 Actavis 之后，Actavis 被沿用作新公司的名称。经过业务整合，原有的三大业务分别改名为 Actavis 制药（仿制药），Actavis 专科品牌药和 Anda（美国配送业务），与此相匹配的战略也进行了调整，虽仍采用三种方法来实现业务的增长（①内部研发差异化和高需求的产品，在某些情况下试图挑战专利；②建立战略合作联盟；③收购产品或公司补充现有的产品组合），但首次明确提到专利挑战，首次把重心放到了欧洲。在仿制药的开发战略上，在原有的基础上更加关注缓控释制剂、固体或半固体制剂、口腔膜剂、凝胶剂和注射剂的开发。在专科品牌药的开发上，将 biosimilar 业务纳入业务范围，并将 biosimilar 作为发展重心之一。

经过一系列的裁员、包装、整合，收购仿制药制药巨头 Actavis 最终带来的员工增量不足 1500 名。在完成对 Actavis 的整合之后，Bisaro 按照既定的战略相继又收购了比利时生物仿制药企业 Uteron Pharma、爱尔兰专科药巨头 Warner Chilcott 和美国品牌药巨头 Forest Lab。从对 Warner Chilcott 的收购中，新阿特维斯获得 Actonel（利塞膦酸注射液）、Atelvia（利塞膦酸缓释片）、Loestrin（雌炔雌醇 / 诺孕酮）、Lo Loestrin Fe（炔雌醇 / 炔诺酮）、Estrace（雌二醇乳膏）、Asacol（美沙拉嗪）、Enablex（达非那新）和 Doryx（多西四环素缓释片）等销售额超过 25 亿美元的品牌药，而从对 Forest Lab 收购中，新阿特维斯获得 Bystolic（奈必洛尔）、Viibryd（维拉佐酮）、Linzess（利那洛肽）、Namenda XR（美金刚缓释胶囊）、Daliresp（罗氟司特）、Savella（米那普仑）、Tudorza（阿地溴铵）、Teflaro（头孢洛林酯）、Fetzima（左米那普仑）和 Lexapro（艾司西酞普兰）等年销售额超过 36 亿美元的品牌药。

在兼并历史上，新阿特维斯算是一大奇迹，仅仅用 335 亿美元就完成了对 Warner Chilcott（85 亿美元）和 Forest（250 亿美元）的兼并，通过这两起收购，新阿特维斯逐渐形成了以妇产科、消化和中枢神经为特色的品牌药管线，2014 年的品牌药销售额达到了 66.33 亿美元，再次超过了仿制药，成为以品牌药为主营业务的制药巨头，同时还获得 Sarecycline 在内的多个处于晚期研发阶段的创新药项目。更可贵的是在完成这两起兼并之后，公司的负债率从 2012 年的 73% 下降至 46%。

表 8-7　Warner Chilcott 在被收购前五年的财务表现

年份	2008	2009	2010	2011	2012
总销售额（$，M）	938	1436	2974	2728	2541
净利润（$，M）	−8	514	171	171	403
总资产（$，M）	2583	6054	5652	5030	4218
股东权益（$，M）	1350	1889	−66	69	−600

表 8-8　Forest 在被收购前五年的财务表现 *

年份	2009	2010	2011	2012	2013
总销售额（$，M）	3904	4213	4393	2905	3503
净利润（$，M）	682	1047	979	-32	165
总资产（$，M）	6224	6922	7492	7630	12,018
股东权益（$，M）	4890	5499	5677	5745	6166

* 该公司财年截止至次年的 3 月 31 日。

在与 Forest Lab 合并之后，新阿特维斯已经成为一个创新药巨头，而 Paul M. Bisaro 的擅长是运营仿制药企业，于是在 2014 年 7 月底，Paul M. Bisaro 让出了 CEO 的帅印，但继续担任集团董事长，而接替 CEO 职务的是原 Forest 的 CEO Brenton L. Saunders，在 Saunders 上任不久，新阿特维斯又与 Allergan Inc 达成了交易。

Allergan 是爱尔兰的专科药巨头，在医美和眼科方面具有全球领先的地位，收购 Allergan 是符合新阿特维斯的战略规划的。但当时与新阿特维斯一起竞购 Allergan 的公司还有"玩杠杆操盘"的加拿大巨头 Valeant。Valeant 在操盘手的帮助下与 Actavis 争相提高报价，Allergan 的股价水涨船高，最终"艺高人胆大"的新阿特维斯以每股 219 美元的高价抱得美人归，这比预期的价格高了 85.1 美元。

虽然 Allergan 同意以 60% 现金 +40% 股票的形式进行交易，但为了完成这笔总价高达 705 亿美元的交易，新阿特维斯必须筹集 400 多亿美元的现金。而为了筹集这些现金，新阿特维斯通过发行和出让股权融资或第三方债务融资 89 亿美元、三年或五年期无抵押优先贷款 55 亿美元、发行无担保优先债券 220 亿美元，以及无担保优先过桥贷款 309 亿美元等。这一系列的操作虽然完成了对 Allergan 的收购，但也因此欠下了 451 亿的外债，为了降低债务压力，该公司在 2015 年 7 月与 Teva 达成了交易，将全球仿制药业务以 337.5 亿美元现金 + 股票（总价约 405 亿美元）转给了 Teva。

通过对 Allergan 的收购，新阿特维斯建成了全球化的供应链，渠道供应能力得到大幅加强。有分析师称，通过这一起交易，新艾尔建可节省 18 亿美元的运营支出，每年节省开支高达 4.75 亿美元，巨大的协同效应，让这次并购达到了"1+1>2"的效果。在完成了对 Allergan 的收购之后，新公司的品牌药销售额达到了 151 亿美元，而仿制药业务和配送业务则甩给了 Teva，为了提高全球专科药业务的影响力，该公司再次放弃了"Actavis"的名称，使用"Allergan"来对世界宣告，该公司已经完成了"仿制药企业"的"摘帽"，是一家具有全球影响力的专科品牌药巨头。

四、Allergan 的市值"过山车"

经过一系列的整合，新 Allergan 已是一个面貌全新的专科药巨头，但是品牌药业务受专利悬崖的影响较大，而且产品管线中多个产品都将在随后的 5 年内面临专利悬崖，因此 Saunders 必须未雨绸缪地储备研发项目。由于企业性质的改变，发展战略也必须加以调整。其中最为显著的一点体现在新产品的开发之上——收购处于研发中后期阶段的品牌药或 biosimilar。为了执行这一战略，Allergan 在 2015~2016 年之间收购了 AqueSys、Kythera、Oculeve、Tobira、Vitae、ForSight VISION5 等多家公司，又与 Motus、Chase、阿斯利康、RetroSense、Akarna、Topokine、Heptares、Anterios 等企业建立起合作或收购研发项目。

由于及时有效的战略调整和布局措施，Allergan 得到了资本市场的广泛认同，市值也超过了 1000 亿美元。而此时辉瑞又送来了助攻，开价 1600 亿美元想收购这家公司。在辉瑞的助攻之下，Allergan 产品线和研发管线的亮点被进一步发掘，成为股市炙手可热的宠儿，市值超越了阿斯利康、葛兰素史克等传统巨头，达到了 1300 亿美元。

然而好景不长久，最后辉瑞"因美国政府干预"而放弃了对 Allergan 的收购，该公司的股价在登顶后开始下滑。加之持续亏损，拳头产品专利悬崖等原因，市值一路飘绿，并在 2019 年跌到谷底，一度跌破 400 亿美元，而此时艾伯维伸出来"橄榄枝"，宣布以 635 亿美元收购 Allergan plc。

表 8-9　Allergan/Actavis 在 2013~2019 年之间的财务表现

年份	2013	2014	2015	2016	2017	2018	2019
总销售额（$，M）	8678	13,062	12,688	14,571	15,941	15,787	16,089
研发投入（$，M）	617	606	2359	2576	2100	2266	1812

续表

年份	2013	2014	2015	2016	2017	2018	2019
营业利润（$，M）	−423	−1268	−3131	−1826	−5921	−6248	−4445
净利润（$，M）	−750	−1631	3683	14,695	−4404	−5143	−5271
出售资产减值（$，M）	/	143	334	5	3928	2858	440
研发中的减值（$，M）	5	424	512	744	1452	805	436
商誉减值（$，M）	648	17	/	/	3228	2841	3553
总资产（$，M）	22,726	52,529	13,558	128,986	118,342	101,788	94,699
股东权益（$，M）	9537	28,336	76,589	76,201	73,837	65,131	58,196

事实上，Allergan 的业务并非不盈利，其亏损的原因跟 Teva 的原因一样是各种资产减值。根据 Allergan 的年报，该公司列举了商誉减值（goodwill impairment）、研究开发过程的减值（in-process R&D impairments）和资产出售减值损失（loss on asset sales and impairment），在 2015~2019 年之间一共抵消了 211 亿美元的利润，是出现亏损的根本原因。三大类型的减值中，商誉减值在此期间消耗了 96 亿美元的利润，其原因主要来自 Actavis 对 Allergan、Allergan 对 Zeltiq 等企业的收购。资产出售减值损失是除商誉减值外的第二大损失，总金额高达 76 亿美元，其主要来自对仿制药业务、配送业务、皮肤治疗管线和部分抗感染药品种的剥离，尤其是 Teva 的股票在收购 Actavis 后一直下行，减值是在所难免。另外在此期间，Allergan 还出现了高达 40 亿美元的研究开发过程减值，这很有可能与之前备受关注的抗非酒精性脂肪肝（NASH）新药 Cenicriviroc、抗抑郁新药 Rapastinel 等项目的开发失败相关。

虽然 Actavis 在收购 Allergan 之后完成了华丽的转型，但作为仿制药起家的公司，Allergan 在创新药研发上还只是"新手"，不但自身创新乏力，而且收购、引进研发项目的模式也走得不顺利，2017 年之后，Brent Saunders 不得不采用"保守"的运营策略，出售了抗感染、皮肤科治疗管线，将战略重心聚焦在医美等优势业务之上。

经过了五年的发展，新 Allergan plc（新艾尔建）的业务特点在绕了一大圈后又回到原来 Allergan Inc（原艾尔建）的样子，但 2019 年的 Allergan plc 还面临着环孢素滴眼液的专利悬崖，估值自然也不会比当年的 Allergan Inc 更高，最低时期一度跌破了 400 亿美元，信用评级在 2019 年被惠誉下调为垃圾级（BBB-）。所以 Watson、Actavis 最后的结局不过是，Allen Chao 和 Paul M. Bisaro 筹集近 1200 亿美元、用时 30 年打造的制药帝国，被艾伯维仅花 635 亿美元就捡走了"便宜"。

五、成败尽付笑谈中

不论是 Watson 的起家与早期发展阶段，还是从 Watson 到 Actavis 和从 Actavis 到 Allergan 的转变阶段，这家企业都是极其成功的，但成功并没有延续。对于仿制药企业而言，它们无时无刻不在想方设法蜕变为世界巨头，蜕变为创新药企业，但绝大多数企业并没有想好成功蜕变后的样子是什么，蜕变成功后如何实现"成功"的延续。或许 Allergan 并非没有想好，但是没有成功做到，最后鱼跃过了龙门还是鱼，白给别人作嫁衣而已。

回顾这家企业的发展史，可以用"兼并"一词贯穿始终。但该公司从没有发动盲目、冒险的兼并，所有的兼并都是在清晰的战略指导下进行的。在早期阶段，Allen Chao 主要通过廉价收购不良资产进行二次包装盘活，在中期阶段，Paul M. Bisaro 主要收购资产良好、业务增长的企业，而在转型期阶段，Brent Saunders 主要收购的是中小型研发公司。在 Allen Chao 时期，Watson 处于快速扩张阶段，收购不良资产大多不过是添加"硬件"，在强大的软件（批文、技术）驱动下，很快就能够二次盘活，对集团的业务扩张、供应链优化都会起到至关重要的作用。如果放弃兼并改用自行筹建的方法，时间和成本可能都会令人难以接受。在 Paul M. Bisaro 的国际扩张时期，则要求标的能够独立运营，否则就会成拖累公司。原因在于跨国的阻碍，集团的驱动资源（批文、技术）不能快速发挥作用，如果是不良资产，很有可能带来额外的亏损。到 Brent Saunders 时期，企业的性质已经发生了明显的改变，他必须想尽一切办法去应对美金刚、环孢素滴眼液、奈必洛尔等关键产品专利悬崖所带来的销售额波动，在自研能力欠缺的情况下，收购科技公司、在研项目是惯用的做法。但创新药估值门道多，不是仿制药公司随便雇几个有经验的人就能解决的，如果得不到妥善的评估和估值，资产减值的事在所难免。

在世人眼中，Watson 由仿制药公司成功转型为品牌巨头值得广泛称道，而 Teva 使用创新药赚到的钱去养仿制药就得被贬损。事实并非如此，企业都有各自的理由，把钱花在自己擅长的事上才是对的。早在 20 世纪 90 年代，Watson 就开始筹划转型，通过授权引进大量的"品牌"药建立起了品牌药管线，但这一系列的操作所导致的结果是资产减值，还错过了仿制药发展的黄金时期。为了亡羊补牢，Watson 最终在 2006 年调整了战略。然而这种所谓的"转型"在 2013 年之后又被重启，通过近 1100 亿美元的消费，人们眼中的转型终于成功了，但后来呢？——市值跌破 400 亿美元，被艾伯维 635 亿美元就收购，这超过 400 亿美元的"坑"该谁来填？最后买单的还只能是各位股东。

就转型方向而言，Actavis、Mylan 和 Teva 的策略都是一致的，那就是打造专科药管线。事实上，仿制药企业的资产中固定资产的比重较大，而无形资产主要就是 ANDA 文号和载药技术平台。由于专科药（如妇科、眼科、皮肤科、呼吸科）产品大多是以微创新为主，且创新药巨头大多对这种资源消耗大、投资回报低的领域不感冒，通过仿创结合布局专科药非常符合仿制药巨头转型的实际。纵观各大国际仿制药巨头，Actavis 是缓控释技术和透皮技术见长，Teva 是吸入技术和缓控释技术见长，Mylan 是透皮技术和预充注射技术见长，而 Valeant 则眼科技术见长，他们各自根据自己的擅长进行仿创结合，相继建立起了特色化的专科药管线。

因此，从同一角度对比看不同的企业或从不同的视角看同一企业，都会有大量的收获，不要因为一件事的成功与失败就对一个巨头扣上带色彩的"帽子"，它们能够成为巨头就说明它们的成功远多于失败，我们作为"旁观者"，只需饮一杯浊酒，将千古旧事，尽付笑谈之中。

华生／艾尔建收购的公司一览

1991 年，兼并美国仿制药企业 Zetachron，价格未知

1995 年，收购美国仿制药企业 Circa Pharma，6 亿美元

1997 年，收购 Oclassen Pharma 的皮肤病品牌药，1.35 亿美元

1997 年，收购美国 Royce，0.98 亿美元

1998 年，购载药技术公司 TheraTech，3 亿美元收

2000 年，收购美国仿制药公司 Schein Pharma，6.7 亿美元

2002 年，收购注射铁剂载药公司 Makoff R & D Lab，1.55 亿美元

2003 年，收购缓控释载药技术公司 Amarin Development AB，1500 万美元

2005 年，收购印度制剂工厂，价格未知

2006 年，收购美国仿制药公司 Andrx，19 亿美元

2006 年，收购印度原料厂 Sekhsaria，0.3 亿美元

2009 年，收购 Arrow，获得欧洲仿制药业务，17.5 亿美元

2010 年，收购英国生物公司 Eden Biodesign，0.15 亿美元

2011 年，收购希腊仿制药公司 Specifar Pharma，5.62 亿美元

2012 年，收购澳大利亚仿制药公司 Ascent Pharma，4 亿美元

2012 年，收购 Actavis，成为全球第四大仿制药企业，56 亿美元

2013 年，收购比利时生物仿制药公司 Uteron Pharma，3 亿美元

2013 年，收购爱尔兰专科药巨头 Warner Chilcott，85 亿美元

2014 年，收购 Forest Lab，250 亿美元

2014 年，收购 Durata therap，获得新抗生素达巴万星，6.8 亿美元

2015 年，收购爱尔兰专科药巨头 Allergan，705 亿美元

2015 年，收购英国仿制药公司 Auden Mckenzie holding，4.96 亿美元

2015 年，收购 Oculeve Inc，获得干眼症药物 OD-01，价格未知

2015 年，收购 Naurex Inc，获得其 CNS 药物的研发管线，5.6 亿美元

2015 年，收购 AqueSys，获得眼科药物 XEN45，3 亿美元

2015 年，将仿制药部门卖给 Teva，获得 337 亿美元和 1 亿股 Teva 的股票

2016 年，收购 Anterios，获得新产品肉毒素 A 产品 ANT-1207，0.9 亿美元

2016 年，收购 Topokine Therap，获得 Ⅱ b/ Ⅲ 期皮肤病药物 XAF5，0.85 亿美元

2016 年，收购 Tobira Therap，获得其胃肠道药物研发管线，17 亿美元

2016 年，收购 Vitae Pharma，获得 VTP-43742 等皮肤病研发管线，

6.4 亿美元

2016 年，收购 Akarna Therap，获得 NASH 药物 AKN-083，0.5 亿美元

2016 年，收购 RetroSense，获得眼科基因治疗药物 RST-001，0.6 亿美元

2016 年，收购 ForSight，获得眼科药物 VISION5，0.95 亿美元

2016 年，收购 Motus Therap，获得消化系统药物 Relamorelin，2 亿美元

2016 年，收购 Chase Pharma，获得 AD 药物 CPC-201，1.25 亿美元

2016 年，将销售公司 Anda 卖给 Teva，获得 5 亿美元

2017 年，收购 LifeCell，强化美容领域的产品优势，29 亿美元

2017 年，收购 Zeltiq Aesthetics，进一步强化美容领域的产品线，24 亿美元

2017 年，收购 Keller Medical，获得产品植入硅胶 Funnel，价格未知

2018 年，收购 Repros Therap，强化健康生殖系统管线，0.33 亿美元

2018 年，收购 Elastagen Pty Ltd，强化美容医疗管线，3.05 亿美元

2018 年，收购 Bonti Inc，强化美容技术和产品管线，1.95 亿美元

2019 年，收购 Envy Medica，这是一家专注非手术皮面修复的公司，0.8 亿美元

参考文献

［1］Company histories. Watson Pharmaceuticals Inc［DB/OL］. http://www.company-histories.com/Watson-Pharmaceuticals-Inc-Company-History.html.

［2］Pederson JP. International Directory of Company Historie，Vol. 122［M］. Detroit, US：St. James Press, 2011.

［3］Company histories. Allergan Inc［DB/OL］. https://www.company-histories.com/Allergan-Inc-Company-History.html.

［4］Pederson JP. International Directory of Company Histories，Vol. 30［M］. Detroit, US：St. James Press, 2000.

［5］美国 FDA 数据库［DB/OL］. https://www.fda.gov/

［6］Allergan（Watson/Actavis）annual report 2000-2018［DB/OL］. https://www.sec.gov/

［7］AbbVie. AbbVie Completes Transformative Acquisition of Allergan（2020）［EB/OL］. https://news.abbvie.com/news/press-releases/abbvie-completes-transformative-acquisition-allergan.htm.

［8］Hirschler B, Berkrot B. Pfizer walks away from $118 billion AstraZeneca takeover fight（2014）. Reuters［DB/OL］. https://www.reuters.com/article/us-astrazeneca-pfizer-idUSBREA3R0H520140526.

［9］Humer C, Banerjee A. Pfizer, Allergan scrap $160 billion deal after U.S. tax rule change（2015）. Reuters［EB/OL］. https://www.reuters.com/article/us-allergan-m-a-pfizer-idUSKCN0X3188.

［10］Kumar B.R. Actavis-Allergan Merger Deal. In：Wealth Creation in the World's Largest Mergers and Acquisitions. Management for Professionals［M］. Springer online, 2019.

［11］Perry G. The European generic pharmaceutical market in review：2006 and beyond［J］. J Generic Med, 2006, 4（1）: 4-14.

［12］Simoens S. A review of generic medicine pricing in Europe［J］. GaBI Journal, 2012, 1（1）: 8-12.

第九章
Valeant：兴衰皆为"杠杆研发"，如今已无法自拔

Valeant（瓦伦特）是加拿大的一家仿制药巨头，2020 年销售额为 80 亿美元，拥有 2.1 万名员工。Valeant 起源为一家名为 Biovail 的缓控释载药技术公司。该公司因利用"杠杆研发"的操盘手法开创了制药界全新的商务模式，而成为资本市场的宠儿，但因为过度涨价行为遭到了美国政客的攻击，最终功败垂成。在杠杆操盘破产之后，墙倒众人推，在各种做空资本的攻击下股价崩盘，留下巨大的债务。为了稳住大盘，Valeant 改名为 Bausch health，但巨大的债务压力让公司越陷越深，无法自拔。Valeant 的发家故事非常精彩，同时也在转型之路上为后人留下诸多启示与警示，希望广大读者有所思，有所想，也有所得。

一、从 Biovail 到 Valeant

Biovail 是一家始于 20 世纪 70 年代的加拿大小仿制药公司，90 年代中后期，这家公司因缓控释载药技术而逐渐走红。Biovail 对缓控释制剂的研究与开发始于 1977 年，但此后的 20 年里，几乎都是碌碌无为，濒临倒闭。80 年代后期，加拿大医学出版商 Eugene Melnyk 了解到缓控释制剂的美妙，并卖掉了出版公司 Trimel Corp，于 1989 年以 650 万美元的价格收购了这家公司。在收购之时，该公司的收入只有少量的合同研究（CRO）费和产品授权费，

每年营收不足 500 万美元，经济非常拮据，最困难的时候连员工工资都已发不上。幸运的是有一位员工，"见义勇为"地抵押了自己的房产，为公司垫付了 10 万美元的工资。为了不让 Biovail 倒闭，在 Eugene Melnyk 的操作下，于 1993 年与 Trimel Corp 合并，而此时的 Trimel Corp 已经在多伦多上市，希望借 Trimel 之名融资。

1994 年，Biovail 终于迎来了曙光，首个自主开发的产品 Tiazac（地尔硫䓬缓释片）即将获得美国 FDA 的批准。正所谓投资从不雪中送炭，但喜欢锦上添花，在消息流出之后，投资纷至沓来。与此同时，Biovail 还增加了缓控释制剂的生产线，当年的代工费就达 500 万美元，总收入超过了 1700 万美元，并首次实现了盈利，净利润 99 万美元。1995 年，Tiazac 如期获得了批准，Forest lab 一举签下了 16 年的代销合同，Biovail 由此获得了 2000 万美元的授权费，外加 35% 的销售额提成。从此，Biovail 在华尔街声名大噪，成为继 ALZA、Alkermes 和 Elan 之后，载药技术界最耀眼的新星。到 1996 年，Biovail 已经成功开发上市了 Tiazac（地尔硫䓬）、Oruvail（酮洛芬）、Norpace（磷酸丙吡胺）、Theo-24（茶碱）、Isoket Retard（硝酸异山梨酯）、Elantan Long（硝酸异山梨酯）、Sirdalud CR（替扎尼定）、Gastro-Timelets（甲氧氯普胺）、Beta-Timelets（普萘诺尔）等 12 个缓控释制剂产品，获得产品代工费和授权费共计 6200 万美元。

1996~2002 年是 Biovail 的业务高速增长期，在此期间，Biovail 获得了 10 余个缓释制剂的 505b（2）批文和己酮可可碱（Trental）、地尔硫䓬（Cardizem CD）、双氯芬酸（Voltaren XR）、硝苯地平（Adalat CC、Procardia XL）、维拉帕米（Verelan）等多个畅销缓控释制剂的仿制药批文。为了迅速扩大产品的开发与生产能力，Biovail 收购了 Fuisz Technologies、DJ Pharma、Pharma Tech 等公司，在美国开设分公司并自建营销队伍，在加拿大扩大规模并授权引进其他公司的品牌药品代卖，营业收入从 6600 万美元增加到 7.88 亿美元，堪称 ALZA 之后的第二大载药技术公司传奇。

到 2003 年，Biovail 已成功建立起了 Dimatrix（易溶药物缓释）、Macrocap（微丸缓控释）、Consurf（骨架控释）、Multipart（多单元释放）、Ceform™（单步微丸生产）、Shearform™（速溶产品生产）、Smartcoat™（微片控释）、Chronotabs（Multipart 和 Smartcoat 联用）、ZORS™（骨架包衣控

释）、结肠定位释放等多个口服缓控释技术平台，加之收购 Fuisz 时获得的 FlashDose（闪释）和掩味技术，Biovail 已成为赫赫有名的口服制剂载药专家。为了促进业务的持续快速发展，该公司细化了发展战略，即：一是通过自营队伍和第三方授权合作的方式在美国销售产品，长远目标是通过扩宽自营业务的产品管线以实现增收机会的优化、销售额增长的最大化；二是根据第三方的许可，围绕控释技术、闪释技术、增加生物利用度技术和结肠定位技术开发富有前景的新产品，专注于心血管、糖尿病、中枢神经和疼痛领域的产品开发；三是利用现有的技术，通过提高临床优势来增强成熟品牌的市场潜力，授权或收购市场成熟的品牌药如 Cardizem、Wellbutrin、Vasotec、Ativan 进行二次开发与升级。

表 9-1　Biovail 早期的财务表现

年份	1995	1996	1997	1998	1999	2000	2001	2002	2003
总营收（$，M）	20	66	82	113	172	309	583	788	824
净利润（$，M）	6	23	37	47	−110	−148	87	88	−28
总资产（$，M）	61	59	94	200	467	1107	1331	1834	1923
股东权益（$，M）	15	37	75	51	267	237	1126	846	882

因为 2003 年既定的战略，Biovail 在 2003~2007 年间的收购与合作仅限于项目，并没有兼并其他公司。2004 年 10 月，Douglas J.P. Squires 继任了 CEO 的职位，而出版商 Eugene Melnyk 退居二线，仅挂董事长的头衔。事实证明，Douglas J.P. Squires 是一个很好的守业者和战略执行者，在他管理公司的 4 年间，销售额几乎在 8 亿美元左右徘徊，利润也仅有略微升高，总股东权益并没有发生明显的变化。2008 年 5 月，Douglas J.P. Squires 交出了帅印，而接替他的是 William M. Wells。

由于接任前，Biovail 的销售额和利润已经连续三年下滑，William 不得不拿出新的"招数"来刺激业务增长，在他上任后的第四个月，Biovail 就与 Prestwick 达成交易协议，以 1 亿美元的价格收购该公司，获得了 Xenazine（丁苯那嗪）的北美销售权，同年销售额增加了 5300 万美元，但净利润却下降了 2400 万美元。第二年，Biovail 在 William 的带领下进行了战略调整。其新战略的主旨思想包括：①聚焦中枢神经治疗领域；②授权引进产品或收购企业，并整合到业务中；③在美国为 AZ-004（洛沙平）打造一支专业化的营销队伍；④根据市场需求和可及性情况引入仿制药；⑤处置非核心资产；⑥知识产权保护措施；⑦关注监管审批进度，估计项目的开发成本和时间，合理安排 BVF-018（丁苯那嗪）、BVF-036（匹莫范色林）、BVF-040（匹莫范色林）、BVF-048（匹莫范色林）、BVF-025（氟苯咪唑）、BVF-324（曲马多）和 BVF-014（GDNF，胶质细胞源性神经营养因子）等项目的里程碑付款；⑧争取让研发合作伙伴分担成本；⑨股票回购计划；⑩保持现金流充足……

然而，新战略实施不久，就因 Biovail 收购美国 Valeant 而再度调整。2010 年 7 月，Biovail 以 33 亿美元为代价将 Valeant 收入囊中，并沿用 Valeant 的名称作为公司的新名，而原 Valeant 的 CEO J. Michael Pearson 也顺理成章地接替了 William。经过多年的打造，William 移交的公司不但拥有多个授权产品，而且还建立起了以中枢神经治疗领域为特色的研发管线。在完成对 Valeant 的收购之后，新公司的销售额再次超过 10 亿美元，而且从此拥有了欧洲和拉美地区的品牌仿制药业务，这些品牌仿制药奉献了近六分之一的销售额。

表 9-2　Biovail 在 2006~2010 年间的财务表现

年份	2004	2005	2006	2007	2008	2009	2010
总营收（$，M）	887	938	1068	843	757	820	1181
净利润（$，M）	161	246	212	196	200	176	−208
总资产（$，M）	1711	2037	2192	1782	1624	2059	10,795
股东权益（$，M）	1054	1228	1302	1298	1202	1354	4911

二、"杠杆"研发的传奇

美国 Valeant 的前身是 ICN，在被收购前已经有近 50 年的历史，但一直是一家名不见经传的仿制药企业，长期靠销售利巴韦林维持生计。2003 年，

ICN 在美国纽约上市，并更名为 Valeant。2006 年，其 Cesamet（大麻隆）和 Zelapar（司来吉兰）获得了美国 FDA 的批准，但仍未对该公司业绩带来明显的改变。2008 年，Michael Pearson 成为了 Valeant 的 CEO 和董事长，让这家长期"经营不善"的企业很快焕然一新。

在出任 Valeant CEO 之前，Pearson 长期从事咨询服务，在麦肯锡等美国四大咨询公司都担任过要职。Pearson 认为研发周期漫长，而且耗费大、充满不确定性，所以他一直在思考能不能去掉研发，把精力集中在容易出业绩的营销上。2008 年上任之后，他就对 Valeant 进行了脱胎换骨的改革，把钱主要用于产品引进和业务并购之上，研发投入则被对半砍掉。为了实现自己的想法，他找到了与 Valeant 业务模式相近而且同样以中枢神经管线为主的公司 Biovail。2009 年 8 月，Pearson 开始与 William 接洽合并的事宜。此时的 Biovail 一直试图扩大自己的产品管线，并希望在中枢神经之外的领域继续开疆破土，Pearson 的橄榄枝正中了 Biovail 的"意"。经过了大半年的谈判，交易终于在 2010 年 6 月达成，定于 9 月底之前完成交易、2011 年之前完成整合。交易形式是 Biovail 以 32 亿美元的价格收购 Valeant 50.5% 的股份，而 Valeant 原有股东继续持有 49.5%，在这次交易中，他顺利地拿到了新公司的 CEO 帅印。

根据当时的说法，合并将为新公司带来以下几个好处：①将建立一个更大的、全球化的、多元化的企业；②将在专科药领域建立优势地位；③市值、市盈率、现金流情况可能因合并而获得改善或提高；④将每年节省 1.75 亿美元的运营费用；⑤两家公司的产品管线和业务地域能够互补；⑥获得更多的增长机会。

表 9-3　美国 Valeant 被收购前的财务状况（$，M）

年份	2000	2001	2002	2003	2004	2005	2006	2007	2008	2009
总营收	597	621	737	686	683	638	685	690	657	830
净利润	90	64	−134	−56	−170	−200	−70	−20	−41	264
总资产	1477	1754	1489	1925	1522	1513	1503	1492	1186	1305
股东权益	757	812	704	605	476	528	510	480	252	371

2011 年，两家公司的财务数据合并到了一起，销售额达到了 24.63 亿美元，这为实施他的计划奠定了基础。在合并完后不久，Pearson 带领着公司重新进行了战略规划，即，继续聚焦于核心治疗领域和核心地域市场，通过内部或与其他制药公司战略合作来管理管线资产，并通过选择性收购、股票和债务回购等组合手段来调整现金流。将采取以下四种方式推动杠杆研发模式和业务增长：①构建合作伙伴关系，让他们分担公司的成本；②将市场成熟的产品带到新领域；③收购品牌仿制药批文，限制生产和研发行为；④出售研发资源，换取利用率更高的设施。

依照战略，Pearson 为了节省运营成本和提高现金流，砍掉了大部分研发，仅保留很小一部分人用作临床开发和产品的生命周期管理，甚至生产的质量部门也成为他压缩的对象。为了实现杠杆研发的战略，他到处融资去收购公司或产品批文，然后再二次包装定位。由于频繁而大规模地兼并，公司财务压力巨大，为了缓解这种压力，他选择将部分产品大幅提价。起初，他只是收购市场不大但有一定垄断地位的老药，经过涨价以后实现了暴利。这种老药在市场上有用固定的用药人群，而又几乎被垄断，即便是大幅涨价，患者也只能硬着头皮继续使用。由于大部分治疗成本被医保报销，最终保险公司成为主要买单人。因为这种模式屡试不爽，后来他把策略扩大到整个专科药领域，甚至为了个别产品而兼并一家公司。为了实现高效整合，他想尽一切办法尽量多地裁员，由于在战略上不做研发，在完成企业兼并之后，他第一时间会将研发部门和部分质量部门裁掉。

按照 Pearson 的说法，Valeant 不是不做研发，只是其研发产品管线就是其他公司，Valeant 的研发投入仅占营收的 2%，基本可以忽略掉。没有研发提供后续产品，那就不得不持续不断地兼并来缓解产品线的危机。在别人眼中，Pearson 似乎从来不缺钱，在担任 CEO 的 5 年多时间里，发动了数十起兼并，其中规模最大的来自对 Salix Pharma 和 Bausch & Lomb 的兼并，两次收购花了该公司接近 200 亿美元。当然他也曾经试图在操盘手的帮助下恶意收购 Allergan，但没有成功。因为收购了太多公司，很多小公司甚至都"没有资格"在年报中一一列举。除了收购公司，他也直接收购产品，经过包装然后上百倍地提价。原价每瓶 20 美元的多西环素被他半年时间涨至 1849 美元，DHE 45（二氢麦角胺）在半年内从每 10 瓶 3090 美元涨至 14120 美元，异丙肾上腺素注射液（Isuprel）在两年内从 4489 美元提高至 36000 美元，二甲双胍控释片（Glumetza）在两年间从 900 美元提高到了 10000 美元。

表 9-4　Pearson 担任 CEO 期间，Valeant 的财务表现

年份	2010	2011	2012	2013	2014	2015	2016
总营收（$，M）	1181	2463	3480	5770	8206	10,447	9674
研发投入（$，M）	68	67	79	157	246	344	421
净利润（$，M）	−208	160	−116	−866	881	−292	−2409
总资产（$，M）	10,795	13,108	17,911	27,933	26,305	48,965	43,529
总债务（$，M）	5884	9178	14,233	22,738	20,919	42,936	40,271
股东权益（$，M）	4911	3930	3717	5233	5435	6029	3258

　　Pearson 这种标新立异的"杠杆研发"操作手法让 Valeant 迅速成为了全球销售前 20 强巨头，药品销售额在 2015 年首次超过了 100 亿美元，市值也从 2010 年 9 月的 40 亿美元上升到 2015 年 9 月的 900 亿美元。似乎他这一系列的"神操作"获得了资本市场的广泛认同，甚至还有著名的操盘手专门做多 Valeant，但风光无限的背后充满了危机。该公司在 2015 年的股东权益（净资产）仅有 60 亿美元，负债率却高达 88%，净利润几乎年年被债务掏空，而且这种"投机"行为损害了保险公司的利益，很快就成为了各大保险公司针锋相对的对象。

表 9-5　Salix 在被收购前五年的财务表现

年份	2010	2011	2012	2013	2014
总销售额（$，M）	337	540	735	914	1134
净利润（$，M）	−27	87	64	131	−415
总资产（$，M）	852	1304	1875	2926	4117
股东权益（$，M）	402	550	561	729	238

三、Pearson 模式的破产

在 Pearson 的主导下，Valeant 实现了医药界的奇迹，5 年销售额涨了 10 倍，市值涨了 20 倍，但他这种操作手法无异于在刀尖上行走，盛极一时的制药帝国在 2015 年已经处于崩塌的边缘。

2015 年是美国总统的大选之年，各位总统候选人都要想尽浑身解数来讨好选民，而药价高速上涨的问题令民众、保险公司和政府都高度关注，药价问题随之成为美国总统大选的一个重要议题。解决这种民生问题对候选人而言，是一个相对容易而又能赢得选民支持的途径。2015 年 9 月，Valeant 刚刚完成对 Salix 的收购，正在酝酿下一个收购目标和对 Salix 的产品的二次定位，但厄运却突然降临了。民主党总统候选人希拉里在爱荷华州的公开演讲中，严厉地批判了这种涨价行为，除了 Valeant，Mylan 和 Turing Pharma 也分别因为肾上腺素预充针（EpiPen）和乙胺嘧啶的涨价被抓为事件的典型。她对这种昧着良心的价格欺诈（price gouging）表示愤怒和痛斥，并指出这些公司应该受到更多的联邦调查，而且自己在下一步将成立专门的工作组去跟进这些事，一旦自己当选，将采取有力措施来限制这种擅自提高药价的行为。

众所周知，美国是全球医疗开支最高的国家，而且出现了失控的态势，控制药价上涨于是成为了她参选的一大政治主张。9 月底，19 位民主党领袖共同呼吁法院传唤 Valeant，以调查该公司的药物定价策略。而就在此时，纽约时报曝光了 Pearson 曾将艾滋病药物价格一夜之间上涨 5500% 的证据，影响随之进一步扩大。随后，几级政府联合发难，美国联邦检察官办公室也要求 Valeant 提供药物分销和定价决策等信息。10 月份，德银的分析师发现 Valeant 不只有这一两种药物价格在上涨，他们分析数据发现该公司的 54 种药品价格在 2015 年平均上涨幅度达到了 66%。10 月 14 日，Valeant 发布消息证实其收到了联邦法院的传票。

就在社会舆论和政治高压下的这一刻，Valeant 的财务数据被做空资本家拿作攻击的理由，与高达 900 亿美元的市值相对应的是，该公司的股东权益仅有 60 亿美元，负债率高达 88%。同在 2015 年 9 月，著名的做空机构 Citron 发布了做空的质疑报告称 Valeant 将是医药行业的 Enron（安然）。因为这个报告，"制药界的 Enron"的名头就扣在了 Valeant 的头上。而且当年做空 Enron，让 Enron 倒闭的操盘手也出来做空 Valeant，仅仅 5 个多月时间，Valeant 的市值就从 900 亿美元下降至 100 亿美元。

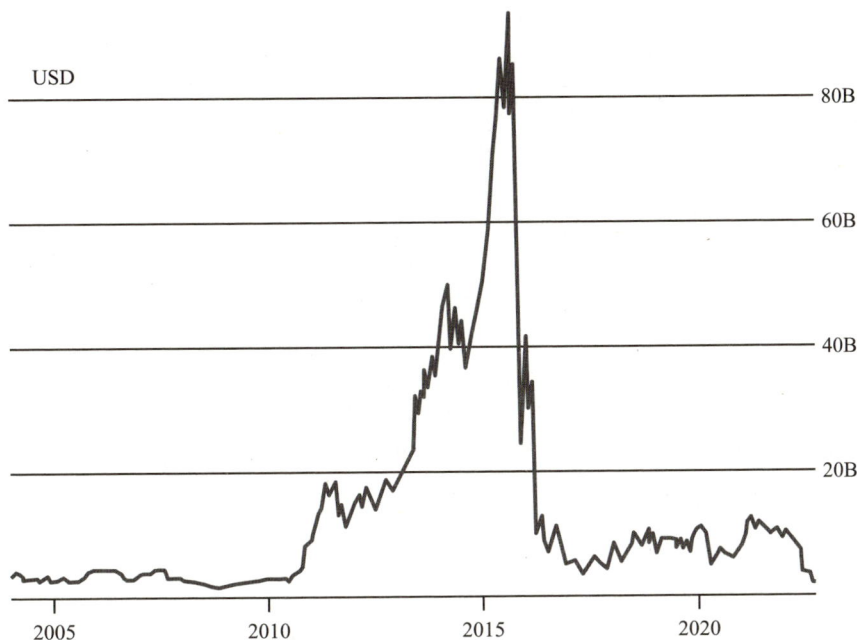

图 9-1　Valeant 的市值曲线

2016 年 5 月，Pearson 的"杠杆研发"战略彻底破产，公司市值跌破 95 亿美元，5 年的努力毁于一旦，而此时的他也只能选择黯然离场。在他离开之后，Joseph C. Papa 接任了 Valeant 的 CEO。2016 年 11 月，国际信用评级机构穆迪将 Valeant 的信用评级下调为 B3 级，即垃圾级。

四、重整旗鼓再出发

2016 年，Valeant 董事会从 Perrigo 聘请来了新 CEO Joseph C. Papa。Papa 上任伊始表示："我要做的第一件事是稳定公司，然后我必须扭转局面，并且推出一些新产品。我必须保证要照顾到公司债权人的利益，但更重要的是产生真实的股东回报。"由于 Pearson 的商业模式彻底破产，Joseph C. Papa 必须制定全新的战略，抵消公司的不良影响，重振人心和士气，让公司重新进入发展的轨道。Joseph C. Papa 上台后将原来以销售获利提振公司股价为导向的企业愿景 "Focusing on our key stakeholders while delivering consistently high performance"（专注我们核心利益的同时提供始终如一的高效）调整为以产品为导向新愿景 "To improve people's lives with our healthcare products"（用我们的健康产品改善人类的生活），寄希望于这个新愿景能让该公司的面貌焕然一新，再造一个 "新 Valeant"。自此，Valeant 从一个从 "杠杆" 操盘型公司回归传统制药公司，为了实现伟大的愿景，将公司的名称改为 "Bausch Health"，Bausch 代表眼科业务的传承，而 Health 则代表药品。

基于新的企业愿景，该公司重新规划了战略，在业务上将继续聚焦于眼睛健康、胃肠道和皮肤科等核心优势领域，将博士伦（Bausch + Lomb）的眼科业务作为单独的业务部门，将胃肠道和皮肤科用药纳入处方药部门，缩小聚焦范围，以降低运营复杂性，最大化核心业务，集中精力对资产进行审查，确定优势的产品组合，并围绕这些资产重塑业务战略。基于大的战略框架，将从以下几个方面推进战略：①出售非优势资产；②通过内部研发、收购或授权引进的方式聚焦创新；③关注关键新技术推向市场的能力；④对现有产品制定生命周期管理计划，增加产品的商业价值；⑤加快启动新兴市场的品牌仿制药批文收购行动。

基于战略框架，Papa 卖掉了一部分资产以缓解债务压力，将 CeraVe 等三个化妆品品牌以 13 亿美元的价格卖给了欧莱雅，将 Dendreon 肿瘤药业务以 8.2 亿美元的价格卖给中国 Sanpower 公司。将核心资产整合为三大板块，即博士伦板块、品牌药板块和多样化板块（主要是仿制药），2016 年的销售额分别为 46.07 亿美元、31.48 亿美元和 19.19 亿美元。其中博士伦板块被归入 "稳定增长" 的板块，预计在 2017~2020 年间能实现 4%~6% 的销售增长率，当时资本市场一直希望该板块被拆分出售，以缓解债务危机，但考虑到出售博士伦后，该公司将再次变得名不见经传，所以董事会最终顶住压力；品牌药物板块被归入 "增长" 板块，也是公司未来将重点投入研发的板块，预计在 2017~2020 年间能实现 8%~10% 的销售增长率；多样化药品板块被归入 "现金产出" 板块，这个板块在短期内看不到增长的希望，预计 2017~2020 年间将面临 8%~10% 的负增长，该公司对这一板块定位是出售部分业务以缓解财务危机。

表 9-6　杠杆模式崩盘后，Valeant 的财务表现

年份	2016	2017	2018	2019	2020	2021
总营收（$，M）	9674	8724	8380	8601	8027	8434
博士伦部门（$，M）	4927	4871	4664	4739	3415	3765
品牌药部门（$，M）	2828	2475	2366	2587	3633	3804
多样化部门（$，M）	1919	1378	1350	1275	979	865
研发投入（$，M）	421	361	413	471	452	465
净利润（$，M）	−2409	2404	−4144	−1783	−559	−937
总资产（$，M）	43,529	37,497	32,492	33,863	31,199	29,202
总债务（$，M）	40,271	31,553	29,677	32,727	30,594	29,236
股东权益（$，M）	3258	5944	2815	1136	605	−34

2018 年之后，该公司战略再次进行调整，进一步聚焦至眼科、皮肤和消化管线药物，将业务也拆分成 Bausch + Lomb（眼科）、Salix（消化）、Ortho Dermatologics（皮肤）和多元化产品（品牌仿制药）四个部门，为了增强 Salix 的产品管线，该公司还在 2019 年收购了普卡那肽的销售权。

虽然近年来，Papa 一直在想办法还债，长期债务也从 2016 年的 310 多亿美元下降至 220 多亿美元，但每年近 20 亿美元的利息，几乎吃光了净利润，所以近年来几乎连年亏损，如果 2017 年不是有资产出售，那么将是长达 7 年的连续亏损。由于信用评级的下调，公司已经几乎没有了融资能力，为了增加偿还债务的能力，该公司只能卖掉 Amoun Pharma，将剩余的业务一一拆分和剥离，并让 Bausch + Lomb（眼科）和 Solta Medical（美容）独自上市。而母公司 Bausch health 仅保留制药业务，未来将改名为 Bausch pharma，然而经过一系列的拆分之后，Bausch health 的净资产变成了负值，国外有网站预测该公司破产的概率达 62%。

表 9-7 Bausch health 拆分出的两家上市公司的资产情况

公司	Bausch + Lomb		Solta Medical	
年份	2020	2021	2020	2021
总资产（$，M）	11,266	11,037	232	227
总债务（$，M）	1278	1643	49	49
股东权益（$，M）	9988	9394	183	178

五、总结与讨论

早在 2000 年前后，Biovail 就因制剂技术而闻名，不论是缓控释，还是口崩闪释或定位释放，该公司都是业界数一数二的技术专家。但是 21 世纪以后，创新药公司更加关注"一步到位"，从分子设计上就解决了药物半衰期"短"的问题，可改成缓控释制剂的产品越来越少，口服载药技术公司逐渐进入了发展瓶颈。除了 Biovail，多家曾经名声大噪的载药技术公司也都逐渐消失在了人们的视野，ALZA 卖给了强生，Andrx 卖给了 Watson，Elan 把技术平台转给了 Alkermes 用于注射剂二次定位，Impax 也被 Amneal 收购，而Biovail 也让 Pearson 的"杠杆研发"彻底丧失了特色。

虽然 Pearson 的杠杆研发存在诸多争议，但是这种商务模式并非不可行，而且还被诸多行业专家和资本大鳄认同过，另外使用相似操盘模式的 Aspen、和 Stada，最终也都获得了成功。笔者认为 Valeant 的失败在于 Pearson 操盘有误。一方面，他的兼并过于频繁，"杠杆"拉得太大，最终失控而导致了严重的债务危机；另一方面，他的兼并过于随意，很多公司的盈利能力原本较差，而 Valeant 又没有强大的技术和产品加以盘活，为了不进一步加大公司的亏损，他只能将产品提价。除此以外，他的失误还在于把目光聚焦在了股市，很多兼并只是为了讨好"资本"。而"资本"从来都不讲武德，在企业发展良好的时候，他们可以推猴子上树，而企业面临困境的时候，他们就落井下石。不管交易成功与否，最大的获益者都是资本，在操盘手的运作之下，原本看似完美的兼并标的可能变得无利可图。

因为"杠杆研发"模式，Valeant 快速走向了巅峰，但也陷入了深深的泥潭。因为财务过于冒进，巨大的债务最终将这家公司拖垮。在债务规模最大的几年间，Valeant 每年的利息开支（interest expense）近 20 亿美元，加上每年需要偿还的债务本金，每年抵消了超过 30 亿美元的净利润，导致了多年的持续净亏损，最终越陷越深，无法自拔，在经过了多年的无谓挣扎之后，高管们似乎已经看不到黎明，只能业务重组，将盈利能力较强的业务剥离出来，并单独上市，而母公司的净资产已经变成了负值，根据国外网站的预测，该公司破产的概率近 62%。

综合上述，水能载舟亦能覆舟，在 Valeant 成功与失败的案例之上，我们不但可以汲取到成功经验，而且能获得失败的教训，这让我们的转型多一种选择，少一些弯路。

Valeant 的兼并公司

1999 年，收购载药技术公司 Fuisz Technologies，1.54 亿美元

2000 年，收购美国 DJ Pharma，2.13 亿美元

2002 年，收购载药技术公司 Pharma Tech，1.0 亿美元

2008 年，收购美国 Prestwick，获得 Xenazine，1 亿美元

2010 年，收购美国 Aton Pharma，获得神经和皮肤药管线，3.18 亿美元

2011 年，收购瑞士品牌仿制药公司 PharmaSwiss 4.8 亿美元

2011 年，收购立陶宛品牌仿制药公司 Sanitas，4.93 亿美元

2011 年，收购澳大利亚 OTC 巨头 iNova，6.25 亿美元

2011 年，收购赛诺菲的皮肤治疗业务 Dermik，4.5 亿美元

2011 年，收购强生的皮肤护理业务 Ortho Dermatologics，3.45 亿美元

2011 年，收购加拿大 OTC 公司 Afexa Life Sciences，7800 万美元

2011 年，收购眼科公司 Eyetech Inc，6.5 亿美元

2011 年，收购巴西营养品公司 Probiotica Lab，1.5 亿巴西元

2012 年，收购美国 OraPharma，整合为口腔卫生部门，4.56 亿美元

2012 年，收购美国 Medicis Pharma，26 亿美元

2013 年，收购俄罗斯专科药企业 Natur Produkt，1.63 亿美元

2013 年，收购美国 Obagi Medical Products，获得皮肤治疗管线，3.44 亿美元

2013 年，收购美国 Bausch & Lomb，获得全球领先的眼科业务，87 亿美元

2014 年，收购医疗器械公司 Solta Medical，2.5 亿美元

2014 年，收购皮肤护理公司 PreCision Dermatolog，5 亿美元

2015 年，收购美国 Salix Pharma，获得领先的消化道药物管线，110 亿美元

2015 年，收购加拿大制药公司 Amoun Pharma，5 亿美元

2015 年，收购美国 Sprout，获得氟班色林等产品，10 亿美元＋里程碑付款

2018 年，收购 Medpharma Pharma 公司 40% 的股权

2019 年，收购破产公司 Synergy 的部分资产，获得普卡那肽销售权，1.8 亿美元

参考文献

［1］Pederson JP. International Directory of Company Histories，Vol. 47［M］. Detroit, US：St. James Press, 2002.

［2］Company-histories. Biovail［EB/OL］. https://www.company-histories.com/Biovail-Corporation-Company-History.html.

［3］Mullin, Rick. Biovail to acquire Valeant in a $3.3 billion deal［J］. Chemical & Engineering News, 2010, 88(26)：13.

［4］Jacques D, Kepos P. International Directory of Company Histories，Vol. 125［M］. Detroit, US：St. James Press, 2011.

［5］Company-histories. ICN pharmaceuticals［EB/OL］. https://www.company-histories.com/ICN-Pharmaceuticals-Inc-Company-History.html.

［6］Lu YC. The Valeant Pharmaceuticals Case. Seven Pillars Institute（2017）［EB/OL］. https://sevenpillarsinstitute.org/valeant-pharmaceuticals-case/.

[7] Arnold J，Froehlich K，McBride M，et al. Valeant Pharmaceuticals international，inc. Cengage（2011）[EB/OL]. https://www.cengage.com/management/webtutor/ireland3e/cases/valeant.pdf.

[8] Valeant. Annual report [DB/OL]. https://www.sec.gov.

[9] Bausch health. News [EB/OL]. https://www.bauschhealth.com/news-room.

[10] 美国 FDA 数据库 [EB/OL]. https://www.fda.gov/.

[11] Witt S. Valeant Pharmaceuticals' Novel Business Approach Made It a Wall Street Darling —Then a Pariah [EB/OL].（2016-01-13）. https://nymag.com/intelligencer/2016/01/valeant-wall-st-darling-to-pariah.html.

[11] McCoy K. Senate told Valeant drug price hikes hurt patients [EB/OL].（2016-04-27）. https://www.usatoday.com/story/money/2016/04/27/senate-panel-told-valeant-drug-price-hikes-hurt-patients/83601444/.

[12] Aviation consultancy. Bausch Probability Of Bankruptcy [EB/OL]. [2022-08-31]. https://www.macroaxis.com/invest/ratio/BHC/Probability-Of-Bankruptcy.

[13] 魏利军，王立峰，王海盛. 跨国药企成功启示录 [M]. 北京：中国医药科技出版社，2022.

第十章
Sandoz：从仿制药到 biosimilar，追赶每一场非专利药的盛宴

Sandoz 本是瑞士的百年化工巨头，经过多次的转型成为 20 世纪 60~70 年代屈指可数的制药巨头，1996 年，Sandoz 与瑞士另外一家化工巨头 CIBA-Geigy 合并（性质上是 Sandoz 收购 CIBA-Geigy）组建了诺华。2003 年，诺华将仿制药整合成一个业务部门，并用"Sandoz"进行命名，2005 年起，Sandoz 正式独立运营至今。虽然在组建之初，Sandoz 就具有非常强的基础，但通过诺华精明地打造，仅用了十年时间、130 亿美元的成本就成功打造了全球第二大仿制药巨头，在业内堪称奇迹。近年来，各大仿制药巨头纷纷没落，但 Sandoz 依然坚挺，而且形成了强大的 biosimilar 产品管线。2022 年 8 月，诺华发消息称，Sandoz 将脱离诺华独立上市，拆分工作将于 2023 年完成。

一、仿制药巨头 Sandoz 的由来

早在 20 世纪 80 年代，就有些品牌药公司开始建立子公司从事仿制药品的生产与销售，然而这种早期的布局，仅是为了在不影响公司"创新"的形象的情况下，实现品牌药和仿制药的双收。而位于美国普林斯顿的 Geneva 就是 CIBA-Geigy（汽巴 - 嘉基）在这种背景之下创建的子公司。除了 CIBA-Geigy，百时美施贵宝、惠氏等制药巨头也都有类似的布局。《Waxman-Hatch 修正案》实施以后，授权自己的子公司生产仿制药成为了广大品牌药公司应

对专利挑战时的有效举措，于是越来越多的制药巨头布局了仿制药业务。

因为有 CIBA-Geigy 的财务支撑，Geneva 的规模得到了飞速发展，到 20 世纪 90 年代中期，该公司已经成为美国仿制药市场份额最高的五大巨头之一。1996 年，Sandoz 和 CIBA-Geigy 合并组建了诺华（Novartis），而 Geneva 也被整合到诺华的资产中，除了 Geneva，合并时的诺华还拥有 Biochemie GmbH（瑞士）、Azupharma GmbH（德国）和 Multipharma（荷兰）等多家仿制药公司，在美国、欧洲和其他地区都拥有业务，1998 年的销售额就达 15.29 亿瑞郎（约合 10.54 亿美元）。

1998~2000 年间，诺华的仿制药业务增长显著，增幅达到了 27%（按瑞郎）。但此时的诺华已经意识到美国的仿制药资源已经过剩，加之新出台的儿科药保护期延长法案延缓了首仿药的上市速度，Geneva 在巨大的竞争压力下盈利能力开始下滑，为此，诺华开始考虑对仿制药业务重组以确保在美国仿制药市场的领先地位。为了降低仿制药的生产成本，诺华建立了 650 人的研究队伍专门负责化合物的合成工艺路线改进，在美国、欧洲和印度建立仿制药研发实验室，并大幅提高了仿制药研发的投入。

表 10-1　诺华在 1998~2004 年之间的仿制药业务状况

年份	1998	1999	2000	2001	2002	2003	2004
销售额（$，M）	1054	1207	1147	1564	1947	3045	3142
营业利润（$，M）	192	230	134	166	265	473	240
研发投入（$，M）	68	83	101	93	139	263	274
总资产（$，M）	1418	1690	1524	2002	3329	4321	5379
净资产（$，M）	1070	1252	1147	1561	2548	3371	4493

与依赖美国仿制药市场兴起而迅速发家的仿制药巨头所不同的是，诺华的仿制药业务分散在全球各地，欧洲（尤其是德国）才是其销售额的主要来源地，2000 年的年报显示，诺华仿制药销售额 44% 来自于欧洲，29% 来自于美国，剩余的 27% 来自于其他地区。为了实现业务重组，并确保美欧市场的领先地位，诺华在 2000~2002 年之间相继收购了百时美施贵宝的子公司 Apothecon、BASF 的欧洲仿制药业务、阿根廷 Labinca SA、英国 Lagap

Pharma 和斯洛文尼亚 Lek d.d.。通过多起兼并，诺华在 2003 年的仿制药资产首次超过了 40 亿美元，销售额也相比 2000 年几乎翻了 3 倍。为了增强业务能力，诺华在 2003 年 6 月计划将仿制药业务整合为一个统一的部门，用前东家名称"Sandoz"加以命名。由于诺华的高管团队中还有多位来自前 Sandoz 的成员，他们对新 Sandoz 具有较高的情结和关注度。

二、十年打造全球仿制药巨头

21 世纪初期，诺华认为创新药的市场独占期限（市场独占期和专利保护期）越来越短，仿制药具有很大的发展机会，于是将仿制药业务整合到一起，并用"Sandoz"来冠名。Sandoz 于 2005 年元旦起，成为独立运营业务的子公司，业务范围包括仿制药和原料药的生产、配送和销售。基于业务的特点，Sandoz 下设仿制药、原料药和 biosimilar 三大部门，业务销售额占比分别为 76%、21% 和 3%。在组建之时，Sandoz 的配置堪称豪华，一共 28 个工厂广泛分布在欧洲、美国、加拿大和印度，仅研发人员就有上千名，业务分散在世界各地，31.42 亿美元的销售额中，美国和欧洲分别占 32% 和 48%，其余市场仅为 20%。

至于对 Sandoz 未来的战略定位，在诺华 2004 年的财报中有这样的描述：Sandoz 的成功取决于我们成功开发和商业化更多仿制药产品的能力。我们必须开发新的仿制药，并证明它们与原研药品生物等效。由于监管过程的不可预期性，这将对我们的效益增加负面影响，由于仿制药价格随竞争对手的增多而下降，甚至大幅下降，故我们必须率先进入市场，而 Sandoz 的成功可能取决于专利挑战的能力。

为了强化这种业务的能力，诺华在 2004~2005 年间，收购了阿斯利康的丹麦子公司 Durascan，用以加强波罗的海地区的业务能力，兼并了加拿大 Sabex Holdings 和美国 Eon Labs，以帮助北美业务获得领先的优势，吞并了德国第二大仿制药巨头 Hexal AG，以进一步确立德国市场遥遥领先的地位。到 2006 年，Sandoz 的仿制药销售额已超过 60 亿美元，能在全球 110 多个国家或地区开展业务，员工规模达到 2.11 万名，成为全球第二大仿制药巨头。

表 10-2　Sandoz 在高速成长期的财务表现

年份	2005	2006	2007	2008	2009	2010	2011	2012
销售额（$，M）	4838	6107	7411	7827	7757	8859	9792	8981
营业利润（$，M）	342	736	1039	1084	1071	1321	1422	1091
研发投入（$，M）	434	477	563	667	613	658	640	695
总资产（$，M）	14,057	15,009	16,665	15,914	17,685	18,552	17,965	19,938
净资产（$，M）	12,715	13,464	14,664	13,984	15,151	15,576	15,223	16,730

　　虽然 Sandoz 通过几次大规模的"廉价"兼并而成为了全球第二大仿制药巨头，但是 Sandoz 并没有像 Teva、Mylan 和 Watson 等竞争对手一样具有强大的载药技术和能力。Teva、Mylan 和 Watson 此前都重金收购了大量的载药技术公司，分别在吸入、透皮和缓控释技术领域建立了遥遥领先的优势，而 Sandoz 仅仅是扩大了规模，在高门槛制剂开发上已经明显落于下风。随着仿制药竞争的逐年加剧，诺华不得已打出了"专利挑战"的口号。事实上，挑战专利获得市场独占期是可遇而不可求的事，因为原研公司在专利诉讼中处于不利地位时，可能与某一家挑战专利的公司达成和解，所以结果充满着不确定性，而且 Teva、Mylan、Watson 和 Ranbaxy 等竞争对手也具有很强的挑战专利能力，依赖这种能力建立遥遥领先的地位几乎不可能成功。

　　2005 年以后，美国市场竞争加剧，而欧洲则在价格控制上层层加码，Sandoz 已经在巨大的价格压力下明显力不从心，在诺华 2006 年的年报中这样写道：持续的价格压力已经对我们的业务能力、财务状况和营业业绩产生了不利的影响。为了帮助 Sandoz 选择一条具有前景而又有优势的赛道，诺华在 2006 年，以 7500 万美元的价格购买了 Momenta 470 万股的股权，希望与该公司在 biosimilar 领域建立合作。虽然此时的 biosimilar 已经成为 Sandoz 的三大核心业务之一，但销售额仅占到其营收的 3%。2006 年，Sandoz 的首个 biosimilar Omnitrope（生长激素）获得 EMA 批准，而 Omnitrope 也是 EMA 成立以来批准的首个 biosimilar。此后的几年里，诺华加大了对 biosimilar 的布局，在 EMA 2006~2010 年间批准的 11 个 biosimilar 中，Sandoz 就占到了 5 个，逐渐确立起领先的地位。但遗憾的是美国 FDA 因为监管路径探索不成熟，迟迟不放开 biosimilar 的审批。然而由于美国的"不放开"，诺华对这种新鲜的事物也表示有所怀疑，在 2009 年的年度报告中曾有这样的描述：尽管我们在 biosimilar 上做了大量的投资，但 Sandoz 可能无法换回预期的收益。

经过对 Hexal 和 Eon Labs 两大资产的包装与整合，Sandoz 的销售额在 2007 年再上一个台阶，达到了 74 亿美元，员工总数也上升至 2.31 万人。但在收购 Hexal 和 Eon 之后的几年间，诺华并没有再兼并仿制药公司，所以仿制药销售额也没有显著的增长。为了打破僵局，该公司在 2009 年收购了澳大利亚仿制药企业 Ebewe Pharma，从此仿制药销售额站上了 80 亿美元的"台阶"。由于 Sandoz 的载药技术并不占优势，在竞争日趋激烈的美国市场并不占上风，故诺华把重心更多放在了欧洲和其他重要市场的扩张，到 2010 年时，欧洲市场份额占到 Sandoz 销售额的 50%，而美国仅为 32%。

虽然欧洲市场较为零碎，且各国都有严格的价格控制措施，但仿制药价格仍相比美国更高，而且 2000~2010 年是欧洲仿制药市场快速发展的黄金时期，大部分欧盟国家都在大力推动仿制药普及与替代，德国仿制药处方量占比在短短 10 年间上升了 30 个百分点。看到欧洲仿制药市场的巨大机遇，Teva 加速了对欧洲市场的布局，而 Mylan 和 Watson 也开始踏入欧洲市场，于是欧洲的仿制药市场竞争也开始加剧，如 Sandoz 想要在仿制药竞争中保住优势，必须像竞争对手一样拥有一技之长。于是诺华在 2010 年和 2012 年再斥重资收购了吸入剂公司 Oriel Therap 和透皮载药仿制技术公司 Fougera Pharma，两笔交易总金额近 20 亿美元。通过完成这两起大规模的兼并，Sandoz 增长至 2.7 万人，能够在全球 160 余个国家开展业务，总销售额超过了 100 亿美元。

三、建立 biosimilar 的领先优势

尽管诺华为了应对仿制药的竞争而迅速进行了调整和布局，在 2010~2012 年间收购了两大载药技术平台，但美国和欧洲的仿制药销售额仍在 2012 年出现了下降，这加速了诺华的战略调整。根据年报，诺华将继续在处方药、疫苗、诊断试剂、差异化的仿制药与 biosimilar、OTC、动物保健和眼科护理方面保持领先的地位，其中"差异化的仿制药与 biosimilar"首次被提及，并明确提出要加强 Sandoz 在 biosimilar 领域的全球领先地位。

　　截至 2012 年，Sandoz 在欧洲已有促红细胞生成素、粒细胞集落刺激因子、生长激素三大 biosimilar 产品获得了批准，生长激素按新 BLA 也获得了美国 FDA 批准，销售额同比增长 47%，达到了 2.61 亿美元，这与化学仿制药形成了鲜明的反差。而且此时，美国 FDA 的简化审批理念正在形成，其利妥昔单抗、培非格司亭、促红细胞生成素等 biosimilar 的临床试验也取得了关键性的进展，一切只等美国 FDA 的"绿灯"。

　　2015 年，Sandoz 的非格司亭（Zarxio）获得了美国 FDA 批准，开启了美国 biosimilar 审批的先河。然而随着美国 FDA 审批路径的逐渐明朗，biosimilar 的竞争赛道也逐渐拥挤起来。2015 年，全球生物制剂总销售额超过了 4000 亿美元，而美国就超过了 2500 亿，巨大的市场前景引来了各方势力的垂涎。除了 Teva、Mylan 等仿制药巨头，辉瑞、安进、渤健、礼来等创新药巨头也进入了赛道，就连与生物制药完全不相关的韩国三星也试图通过与默沙东合作的方式来建立全球领先的 biosimilar 业务。为了聚焦 biosimilar 板块，2012 年之后，诺华未再兼并仿制药资产。

　　2015 年，美国仿制药市场规模达到历史极值，随后便因价格竞争的加剧而呈现出缓慢萎缩的态势，加之 Sandoz 的载药技术并不占优势，美国仿制药市场逐渐失守，盈利能力也逐渐下降，于是在 2016 年之后，诺华逐渐减少了仿制药资产的持有量，尤其是美国，将部分仿制药批文和透皮制剂业务以 10 亿美元的价格打包卖给了印度仿制药巨头 Aurobindo，Sandoz 的总资产在 2017~2019 年间，从 182 亿美元下降至 155 亿美元，压缩幅度超过了 20%。

表 10-3　2013~2021 年之间，Sandoz 的财务状况（$，M）

年份	2013	2014	2015	2016	2017	2018	2019	2020	2021
销售额	9453	9848	9285	10,248	10,178	10,036	9872	9835	9811
营业利润	1028	1088	1005	1445	1368	1332	551	1043	1600
研发投入	787	827	777	814	774	814	1250	862	899
总资产	20,144	18,771	17,688	N/A	18,231	17,328	16,468	16,825	16,192
净资产	16,869	15,322	14,143	N/A	14,772	13,951	12,664	13,039	12,560

　　随着规模的逐渐精简，运营效率和聚焦程度大幅提高，在 2016 年之后，

Sandoz 的培非格司亭、英夫利昔单抗、利妥昔单抗、依那西普和阿达木单抗五个 biosimilar 获得了 EMA 的批准，非格司亭、培非格司亭、依那西普和阿达木单抗还获得了美国 FDA 批准，biosimilar 成为 Sandoz 的主要增长支柱之一，销售额从 2015 年的 7.72 亿美元快速上涨至 2021 年的 21.16 亿美元，期间的复合增长高达 18.3%。截至 2021 年，biosimilar 的销售额已经占到 Sandoz 总收入的 22%，除了已经获批的产品，Sandoz 处于 3 期临床之后的 biosimilar 还包括曲妥珠单抗、阿柏西普、地诺单抗、那他珠单抗、贝伐珠单抗、甘精胰岛素、赖脯胰岛素和门冬胰岛素，强大的产品管线已经让 Sandoz 站稳 biosimilar 竞争赛道的第一梯队。相比出色的 biosimilar，化学仿制药销售额却在逐年下滑，到 2021 年的销售额仅剩下 70.92 亿美元（不含原料药）。因为美国业务的逐渐失守和资产甩卖，该公司在美国市场的业务占比下降至 20% 以下。

表 10-4　Sandoz 在 2012~2021 年之间的业务构成变化（亿美元）

年份	2012	2013	2014	2015	2016	2017	2018	2019	2020	2021
美国市场	29.92	28.35	31.17	36.59	34.31	30.96	26.63	24.36	21.57	18.42
欧洲市场	45.38	46.18	44.33	40.74	41.96	43.76	47.98	50.02	52.68	53.46
其他市场	24.70	25.47	24.50	22.68	23.73	25.28	25.39	25.62	25.75	28.12
biosimilar	2.80	4.22	5.99	8.01	9.27	10.72	13.88	15.71	19.42	21.43
仿制药	88.95	89.43	92.90	90.48	79.80	79.42	76.19	74.22	72.95	71.83

由于 2016~2019 年之间的陆续甩卖资产，业界普遍认为 Sandoz 在逃离美国市场，诺华将剥离 Sandoz，但随着 Sandoz 逐渐在 biosimilar 的竞争赛道上确立起了优势地位，以及 Mylan、Teva 等竞争对手的没落，Sandoz 又打出了重返美国市场的口号。根据诺华 2021 年的年报，诺华仍将在中期内为 Sandoz 寻求市场份额和盈利稳定增长的机会，为了实现这一战略目标，公司将加大 biosimilar 的投资以加速业务的快速增长，重建 Sandoz 的美国业务，并通过兼并或战略合作的方式实现业务的快速增长。在实施战略的同时，诺华于 2021 年 10 月对 Sandoz 进行了战略性评估，将业务有选择地保留或剥离，以实现股东利益的最大化。

四、Sandoz 的盈利能力分析

从 1998 年，诺华开始单独报告仿制药业务至今，其仿制药业务已经累计创造了 203 亿美元的营业利润，平均盈利水平为 12.69%，虽不及创新药部门，但也不比爱尔康差，而且利润水平并未出现明显的大起大落。从过去的 20 余年数据来看，Sandoz 的毛利水平先降后升，降是因为仿制药价格下降，而升是 biosimilar 的比重逐渐增大。

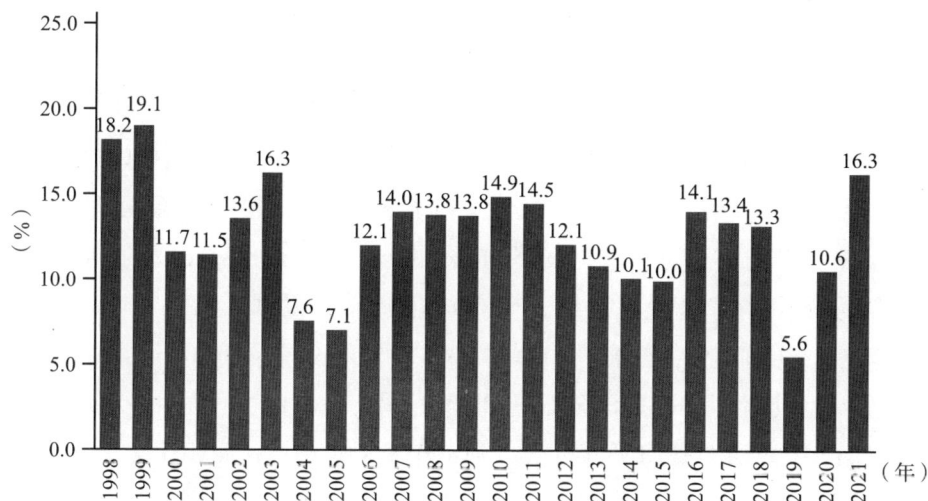

图 10-1　Sandoz 的盈利水平变化

相比 Teva、Mylan 和 Watson 等巨头，诺华的业务扩张极为高效，仅花了 130 亿美元就将销售额从 30 亿美元提升至 100 亿美元，坐稳了全球第二大仿制药巨头的位置。这种高效的原因可以从以下几点来看：一是诺华几乎是以现金的形式收购，议价程度较高，而其他仿制药公司一般是以股票或现金＋股票收购，被收购方可能面临着合并后因股票下跌而股东权益减少的风险，故风险也会成为价格的砝码；二是选择目标更为精准，而且诺华并未在仿制药公司市值泡沫的高峰期（2013~2016 年）发动大规模兼并；三是诺华兼并的重心只是规模的扩大，并没有注重技术平台的购买，而事实上，技术平台才是很多仿制药公司的价值所在。

由于诺华并没有为 Sandoz 收购技术资源储备，所以在竞争力上，Sandoz

就明显略逊一筹。相比之下，Teva 多次收购了吸入剂和缓控释制剂载药公司而获得了吸入剂和缓控释制剂的领先优势，Mylan 则储备了透皮制剂和预充注射制剂的领先优势，而 Watson 也拥有缓控释制剂和透皮制剂的优势，尽管 Sandoz 意识到技术的重要性，花重金收购了一家透皮制剂和一家吸入制剂公司，但相比三大巨头，尚无法博得赛道的领先优势。由于 Sandoz 没有有效地储备技术资源，盈利能力自然也就略逊一筹。Sandoz 在 2011~2017 年之间的平均营业利润为销售额的 12.17%，而 Teva 的仿制药部门却达 22.50%，Teva 在 2015 年仅有 4.3 万名员工，却创造了 197 亿美元的销售额，年人均销售额达 45.8 万美元，而相比之下，Sandoz 有 2.7 万名员工，却仅创造了 100.7 亿美元的销售额，人均年销售额为 37.3 万美元，差距较为明显。另外 IMS 数据显示，在 Teva 2017 年的化学仿制药销售额中，36% 来自吸入剂、口服缓控释制剂和鼻喷剂等高附加值的制剂，而 Sandoz 仅占 18%，差距同样非常明显。

在明显的差距之下，Sandoz 只能主打差异化的战略，在确保关键性市场具有领先优势的条件下，重点发展 biosimilar。为了强化 Sandoz 的 biosimilar 研发能力，诺华将这些项目纳入到全球化药品开发部（GDD），由 Sandoz 和 GDD 双方共同监管与推进。由于近年来 Sandoz 重点布局 biosimilar，其研发投入比较高，这也是该公司盈利能力不及 Teva 的主要原因。Sandoz 在 2011~2017 年之间的平均研发投入占到销售额的 7.65%，而相比之下 Teva 的仿制药部门只有 5.09%。2017~2021 年之间，Sandoz 因为大量开展 biosimilar 的临床试验，研发投入进一步提高至 9.68%，而 Teva 因为债务危机，在全公司层面上下调研发投入至 6.12%，仿制药部门虽未单独公布，但大概率比以往的 5.09% 更低。

除了研发投入，Sandoz 的市场和管理费用较 Teva 高。数据显示，Sandoz 的市场＆管理费用平均占到销售额的 20.27%，而且上升的趋势非常明显，从 2011 年的 16.80% 上升至 21.13%，而相比之下 Teva 仅为 16.93%，而且由于近年来 Teva 债务繁重，非常重视降本增效，市场＆管理费用从 2011 年的 21.07% 下降至 12.92%。因此在一定程度上，Sandoz 还有成本优化的空间。不过随着 biosimilar 销售额占比的不断增大，Sandoz 的毛利水平明显高于 Teva 和 Mylan，盈利能力实现反超是迟早的事。

虽然随着 biosimilar 销售额的不断提高，Sandoz 的毛利水平提高至 50%

以上，但是盈利水平相较创新药依然存在巨大的差距。这导致了诺华产生剥离 Sandoz 的想法。早在 2018 年，就有各种坊间传闻和猜测，称诺华将剥离 Sandoz，但这一消息在 2022 年 8 月才得到证实。8 月 25 日，诺华发布公告称，该公司将在 2023 年完成对 Sandoz 的拆分，让其独立在瑞士证券交易所上市，并将仿制药和 biosimilar 业务一并整合到 Sandoz 的旗下。

五、总结与讨论

不论是上到诺华还是下到 Sandoz，瑞士企业对市场形势的敏感度让人无可厚非。在 21 世纪最初的 10 年里，美国虽然是全球第一大黄金仿制药市场，但 Sandoz 因为竞争的压力把重心放在了欧洲或其他国家市场，从差异化的细分区域市场来弥补了载药技术上的不足，有效地维持了盈利水平。2005 年前后，biosimilar 市场刚刚兴起，而且 Teva、Mylan 等企业也几乎在同一时间开始了布局，但坚持走下来，并仍保持竞争优势的只有 Sandoz。如今，全球生物制剂市场已经达到 4000 亿美元，在 10~15 年后，这些产品将转化为 1000~1500 亿美元的市场，必将是仿制药之后的下一场盛宴。为了加速 biosimilar 的布局，Sandoz 在 2015 年之后逐渐提高了研发投入水平，出售了部分仿制资产，逐渐奠定了 biosimilar 竞争赛道的龙头地位。

近年来，Teva、Allergan（Watson）、Valeant、Endo 和 Mylan 等仿制药起家的巨头相继走向了没落，股价大跌，债务危机、信用评级被降为"垃圾级"，但 Sandoz 依然坚挺，这最根本的原因就是诺华的精明打造，精明算账，严格控制负债率在一个很低的水平，而且在仿制药股市的高泡沫时期（2013~2016 年）坚决不发动大规模兼并。相反，Teva、Allergan（Watson）、Valeant、Endo 和 Mylan 等仿制药巨头就是因为在这一时期过于躁动，频繁、大规模的兼并导致了大规模的资产减值或债务危机，最终走向了没落。

所以兼并、转型对一个企业而言固然重要，但要有目的地、量力而行地、战略清晰地进行转型，否则就会深陷危机，难以自拔。

诺华为打造 Sandoz 兼并的公司

2000 年，收购 BMS 子公司 Apothecon，5000 万美元

2000 年，收购 BASF 的欧洲仿制药业务，1.07 亿美元

2000 年，收购阿根廷 Labinca SA，7500 万美元

2001 年，收购英国 Lagap Pharma，3900 万美元

2002 年，收购斯洛文尼亚 Lek d.d，9 亿美元

2004 年，收购阿斯利康丹麦子公司 Durascan，2300 万美元

2004 年，收购加拿大仿制药公司 Sabex Holdings，5.65 亿美元

2005 年，收购德国第二大仿制药巨头 Hexal AG，53 亿美元

2005 年，收购美国仿制药巨头 Eon Labs，26 亿美元

2009 年，收购澳大利亚 Ebewe Pharma，13 亿美元

2010 年，收购吸入剂公司 Oriel Therapeutics，3.32 亿美元

2012 年，收购透皮载药仿制技术公司 Fougera Pharma，15.25 亿美元

2016 年，收购 EURO-PHARM 的美国产品包

2020 年，收购 Aspen 日本业务，3.33 亿美元

2021 年，收购 GSK 的 Zinnat、Zinacef、Fortum 全球权益，5 亿美元

2022 年，收购 Coalesce Product Development

参考文献

[1] Novartis AG. Novartis Corporate History［EB/OL］. https://www.novartis.com/our-company.

[2] Company Histories. Novartis AG［DB/OL］. http://www.company-histories.com/Novartis-AG-Company-History.html.

[3] Pederson JP. International Directory of Company Histories, Vol. 39［M］. Detroit, US: St. James Press, 2001.

[4] Company Histories. Ciba-Geigy Ltd［DB/OL］. https://www.company-histories.com/CibaGeigy-Ltd-Company-History.html.

［5］Kepos P. International Directory of Company Histories，Vol. 8［M］．Detroit，US：St. James Press，1994.

［6］Sandoz. Financial report 1994［DB/OL］．https://www.sec.gov.

［7］美国 FDA 数据库［DB/OL］．https://www.fda.gov/.

［8］Brems Y，Seville J，Baeyens J. The expanding world market of generic pharmaceuticals［J］．J. Generic Med，2011，8（4）：227–239.

［9］Vogler S. The impact of pharmaceutical pricing and reimbursement policies on generics uptake：implementation of policy options on generics in 29 European countries — an overview［J］．GaBI Journal，2012，1（2）：93–100.

［10］Simoens S. A review of generic medicine pricing in Europe［J］．GaBI Journal，2012，1（1）：8–12.

［11］Håkonsen H，Toverud E–L. A review of patient perspectives on generics substitution：what are the challenges for optimal drug use［J］．GaBI Journal，2012，1（1）：28–32.

［12］Novartis. Novartis announces intention to separate Sandoz business to create a standalone company by way of a 100% spin–off［EB/OL］．https://www.novartis.com/news/media–releases/novartis–announces–intention–separate–sandoz–business–create–standalone–company–way–100–spin.

第十一章
Endo：成败均由阿片药物起，在多次转型失败后濒临破产

Endo 是美国乃至全球最大的仿制药公司之一，仿制药的最高销售额曾达 30 亿美元。这是一家以经营疼痛管理用药起家的公司，随着美国阿片药物的"广泛"应用而得以快速发展，但因贸然涉足医疗器械而由盛转衰。为了扭转颓势，Endo 从 Valeant 请来了 CEO Rajiv De Silva，用"杠杆研发"而实现了市值的快速增长。2016 年，"杠杆研发"带来的市值泡沫破裂，留下了大量的债务和诉讼。随着美国"阿片保卫战"的打响，Endo 资不抵债，游走在破产的边缘。Endo 的成功来自于早期精明的策划与布局，失败则来自于盲目地转型，失策地并购。

一、初期的成功

Endo 本是一家发源于 20 世纪 20 年代的纽约私营企业，由于经营不善于 1969 年被化工巨头 DuPont（杜邦）收购。刚开始 Endo 还作为 DuPont 的一个业务部门独立运营，但"Endo"一词在 1983 年被 DuPont 彻底摒弃。1993 年，Dupont 决定在 Dupont Merck（DuPont 与默沙东的合资公司）的旗下成立一个子公司来经营仿制药业务。当时该业务的总裁 Carol Ammon 和营销副总裁 Louis Vollmer 与 Dupont Merck 仿制药业务的生产负责人 Mariann MacDonald 是校友，而且都是纽约长岛人，他们对 Endo 的旧工厂充满了怀念，尤其是

Mariann MacDonald 早在 1969 年就开始在 Endo 工作。在他们三人的联名游说之下，DuPont 才同意恢复"Endo"的名称。1994 年初，Endo pharma 正式组建，首个仿制药西咪替丁于同年 5 月获美国 FDA 批准，除了研发和生产仿制药，早期的 Endo 还获得了 Dupont 和默沙东部分产品的分销权。

90 年代中后期，Dupont Merck 打算放弃经营多年的疼痛管理业务，但 Carol Ammon 和 Mariann MacDonald 都是在疼痛管理领域深耕多年的"专家"，她们认为新生一代对疼痛的忍耐力大幅下降，而且疼痛管理也在 90 年代成为了一个独立的医学专业，未来会有大量的发展机会。于是两人叫上了销售副总 Louis Vollmer，在纽约找了一家投资公司，通过融资或贷款筹集到 2.77 亿美元的启动资金，并从 Dupont Merck 买下了 35 个产品和 Endo 的商标权益，于 1997 年底创办了 Endo Pharmaceuticals Holdings。

起初，Endo 对这些老品牌药和仿制药的二次包装并不顺利，后来经过对产品的深度筛选，终于找到了区分市场的卖点。在 35 种产品中，Percocet（羟考酮 / 对乙酰氨基酚）、Percodan（羟考酮 / 阿司匹林）、Hycotuss（氢可酮 / 愈创甘油醚）、Hycomine（氢可酮）和 Hycodan（氢可酮）是镇痛药，其中 Percocet 还是享誉全美的知名品牌。但是 Percocet 早在 50 年代就已开始销售，医生已经习惯将所有的羟考酮 / 对乙酰氨基酚片都叫作 Percocet，实际上已经失去了品牌价值。为了挽回 Percocet 的品牌价值，Endo 的高管认为市售的羟考酮 / 对乙酰氨基酚片都是含羟考酮 5mg 的，如果开发出其他规格的版本，就有希望实现与市售仿制药的区分。于是 1999 年底，Endo 推出了含羟考酮 2.5mg、7.5mg 和 10mg 的羟考酮对乙酰氨基酚片并申请了专利保护。

由于成功的品牌定位，Percocet 的销售额实现了快速增长，新规格上市后第一年（2000 年）销售额就达到了 9237 万美元，同比增长率高达 80%。为了扩大产品管线，Endo 于 1998 年通过授权引进了日本帝国制药生产的利多卡因巴布膏 Lidoderm，该产品广泛地受到了患者的欢迎，在 2000 年的销售额就达到了 2254 万美元，成为公司的第二大拳头产品。由于两大产品的畅销，Endo 在 2000 年的销售额首次突破 1 亿美元，达到了 1.5 亿美元。为了进一步扩大销售规模，该公司又面向中重度疼痛患者开发了 Zydone（氢可酮 / 对乙酰氨基酚），仿制了吗啡和羟考酮缓释片，而且还收购了另一家疼痛管理的公司 Algos Pharma，试图获得在研项目 MorphiDex（吗啡 / 右美沙芬）和

NMDA 阻滞剂（止痛药），但遗憾的是这两个产品最终并没有获得美国 FDA 的批准。随着销售规模的逐渐扩大，Endo 开始在疼痛以外的领域布局产品，在 2002 年以 1400 万美元＋产品销售额提成的方式收购了 BML Pharma，获得该公司漱口水产品管线，但遗憾的是该公司对 Endo 的业绩扩大也没有提供多大的帮助。

2003~2005 年间，Endo 不仅推出了羟考酮 / 对乙酰氨基酚片（仿制自家的 Percocet）、硫酸吗啡缓释片、羟氢吗啡酮片、羟考酮缓释片（仿制 Purdue 的 Oxycontin）等多个仿制药，而且还成功开发或授权引进了利多卡因 / 丁卡因贴剂（Synera）、吗啡缓释脂质体（DepoDur）和偏头痛用药福伐曲坦（Frova），建立起全面的疼痛管理产品管线，2005 年的销售额达到了 8.2 亿美元，营业利润也达到 3.13 亿美元，增长速度大幅超过了同规模的仿制药公司。

表 11-1　Endo 成立初期的财务表现（$，M）

年份	1997	1998	1999	2000	2001	2002	2003	2004	2005
总销售额	39	108	139	197	252	399	596	615	820
营业利润	−50	15	20	−148	−28	65	109	229	313
净利润	−35	0.2	3	−157	−41	31	70	143	202
总资产	275	288	329	468	471	513	754	947	1372
股东权益	75	75	79	198	295	353	568	656	843

二、失败的中期转型

2005 年 5 月，创始人 Carol A. Ammon 不再担任 CEO，帅印交由原高级副总裁兼首席运营官 Peter A. Lankau。在 2005 年 8.3 亿美元的销售额中，5.8 亿美元来自品牌药，2.4 亿美元来自仿制药，但几乎全部来自疼痛管理领域，阿片药物占据了半壁江山。Lankau 意识到了潜在风险，于是带领公司进行了全面的风险评估，其潜在的风险包括如下：①成功开发和商业化产品的能力；②临床前和临床开发的时间与结果；③研发产品获得监管机构批准的能力；

④产品的竞争力及获得知识产权的能力；⑤市场对产品的接受度；⑥监管形势变化；⑦对供应商的依赖和供应商正常供货的能力，尤其是核心产品的原料（阿片原料）、利多卡因巴布膏和吗啡脂质体；⑧产品（阿片药物）的潜在被诉讼风险；⑨责任索赔和召回风险；⑩对技术的保护能力：⑪成功实施收购和战略许可的能力；⑫医保的覆盖度；⑬对下游客户的依赖和限制；⑭监管机构对"超适应症"推广的态度；⑮专利或法律诉讼的成本；⑯市场独占期和专利权丢失；⑰原研公司为限制仿制药使用的任何手段……

结合各种风险，Lankau 将发展战略调整为：Endo 将在继续巩固疼痛管理市场领先地位的同时，积极寻求其他市场的发展机会，尤其是神经和肿瘤疾病护理。为了支持战略的实施，公司将不断评估业务的拓展机会和强化产品线组合，定期地审视可战略性合作或兼并的机会，通过与技术平台合作建立产品的技术壁垒来阻碍仿制。而战略实施方法包括：①通过开发高门槛的品牌药或仿制药来提高公司在疼痛管理方面的专业影响力；②收购或授权引进对产品管线具有补充作用的产品、化合物或技术；③通过营销或促销手段提高公司现有品牌的知名度。

事实证明，Lankau 是一个很出色的守业者，在他的治理下，公司的销售额稳步提高，利润也随之快速增长。但是 Lankau 既没有让公司降低对疼痛管理药物的依赖，也没有为 Endo 布局新的增长点，在他担任 CEO 的 3 年里，他仅在 2006 年收购了一家专注口腔黏膜炎和癌症护理药物开发的公司 RxKinetix，获得了技术平台 ProGelz，Endo 给出的条件是 2000 万美元预付款，外加最高 9500 万美元的项目（EN 3285）里程碑付款。

2008 年 4 月，Lankau 不再担任 Endo 的 CEO，帅印由原强生业务拓展部副总裁 David P. Holveck 接管。他上任以后迅速调整了战略，他将带领公司通过提供创新的、商业上可行的产品和技术，来满足现有领域或候补领域未满足的临床需求，以巩固公司在专科药品领域的领先地位，并实现未来发展的最大化。而具体的战略实施方法包括：①通过内部和外部研发获得新品；②通过新产品、新管线或新技术来补充管线；③有效利用收购资源，通过营销计划来提高公司的收益；④为仿制药发展提供额外的资源。在他规划的战略之中，可以清晰地看出，他将是一位侧重于交易和兼并的高管。

表 11-2　Indevus Pharma 被收购前 5 年的财务状况

年份	2004	2005	2006	2007	2008
总营收（$，M）	19	33	50	66	78
净利润（$，M）	−68	−53	−51	−104	−66
总资产（$，M）	174	113	93	183	263
股东权益（$，M）	−63	−115	−124	−74	−130

在 Holveck 上任后第二年，Endo 就低价收购了不良资产 Indevus Pharma，获得 Sanctura XR（曲司氯铵缓释胶囊）、Supprelin LA（组氨瑞林植入剂）、Vantas（组氨瑞林植入剂）、Valstar（戊柔比星注射液）、Delatestryl（睾酮注射液）等多个药物。由于收购 Indevus 而将产品管线意外地扩展到了泌尿与生殖科，为了配合泌尿系统管线的打造，Endo 在 2010 年又收购了泌尿科医疗设备或器械制造商 HealthTronics，这也是一家低价收购的不良资产。在吞并 HealthTronics 的同一年，Endo 还收购了 Opana 项目的合作伙伴 Penwest 和美国第六大仿制药公司 Qualitest。

表 11-3　HealthTronics 被收购前 5 年的财务状况

年份	2005	2006	2007	2008	2009
总营收（$，M）	152	143	140	166	185
净利润（$，M）	9	9	−15	−129	−4
总资产（$，M）	483	347	336	234	249
股东权益（$，M）	241	256	242	167	173

除了收购企业，Holveck 还与多家公司达成合作，签下了 Fortesta Gel（睾酮凝胶）、Voltaren Gel（双氯芬酸凝胶）等多个产品的合作开发或销售代理权。2011 年，Endo 的药品销售额首次突破了 20 亿美元（达 22.5 亿美元）。随着销售额的上涨，营业利润也达到前所未有的 4.67 亿美元，但在风光的数据背后隐忧已经开始出现。在 16.58 亿美元的品牌药中，8.25 亿美元来自利多卡因巴布膏剂，该产品正在被 Watson 等公司挑战专利，而以往重金打造的新产品却迟迟不见起色，虽然 Opana ER 实现了快速增长，但是远远达不到可以撑起

整条产品管线的能力。

表 11-4　AMS 被收购前 5 年的财务状况

年份	2006	2007	2008	2009	2010
总营收（$，M）	358	464	502	519	542
净利润（$，M）	−53	4	31	85	87
总资产（$，M）	1127	1159	1044	1047	1053
股东权益（$，M）	345	383	427	545	669

此时的 Holveck 似乎有些病急乱投医，也或许是被多次兼并的不良资产带偏了"战略"的方向，在 2011 年又花 26 亿美元收购了 American Medical Systems Holdings（AMS），以盘活与强化泌尿系统的医疗设备和器械产品管线。在与 AMS 达成收购协议之后，Holveck 为了整合资源，迅速剥离了 HealthTronics 的引导放疗（IGRT）和解剖病理学实验室两大服务性业务，最终形成了以泌尿科器械为特色的产品管线。或许对于老东家强生而言，收购医疗器械业务是家常便饭，而且从财务上看 AMS 的盈利能力并不差，但站在 Endo 的角度，如此大手笔地、接连地收购器械业务，难免让人感觉有些奇怪。两笔业务一共花了近 30 亿美元，为 Endo 增加了 5 亿美元的收入。但因为这两次兼并，Endo 不但血本无归，还陷入了长期的维权索赔。

在完成对 AMS 的兼并之后，Endo 在 2012 年的销售额达到了 30.3 亿美元，品牌药、仿制药、AMS 和 HealthTronics 分别为 16.8 亿美元、6.3 亿美元、5.0 亿美元和 2.1 亿美元。虽然销售额实现了快速上涨，但 Endo 在十年来首次出现了净亏损，净亏损达 7.4 亿美元。

表 11-5　Endo 中期的财务表现

年份	2006	2007	2008	2009	2010	2011	2012
总营收（$，M）	910	1086	1261	1461	1716	2730	3027
营业利润（$，M）	211	317	387	390	465	508	−552
净利润（$，M）	138	227	255	266	259	188	−740
总资产（$，M）	1397	1703	1909	2489	3912	7293	6569
股东权益（$，M）	1041	1292	1207	1497	1803	2040	1133

在重压之下，Holveck 在 2013 年初离任，但他给 Endo 遗留的问题却远远未得到解决。一是看家品种 Lidoderm 专利诉讼败诉，导致销售额快速下跌；二是医疗器械带来的大量维权诉讼，Endo 面临着天价赔偿，他收购 AMS 的行为完全就是"没吃到羊肉，却惹得一身膻"；三是几次大规模兼并并不成功，导致 2012~2013 年间资产减值 12.5 亿美元，其中兼并 AMS 带来的商誉减值就达 5.1 亿美元；四是各种官司缠身，包括因部分产品定价过高而招致的保险公司诉讼、超适应症推广阿片药物引起的诉讼，也包括 AMS 器械的维权诉讼，在 2012~2013 年间产生的诉讼相关费用高达 8.1 亿美元……

在 Holveck 离任之时，Endo 已经内忧外患，局势由盛转衰。为了扭转败局，该公司于 2013 年 2 月从 Valeant 挖来了新 CEO Rajiv De Silva。

三、冒险的操盘方法

由于前两任 CEO 的连续转型失败，Endo 转型的压力越来越大，于是挖来了新 CEO Rajiv De Silva。Silva 上任后迅速进行了战略调整，并将公司总部从宾夕法尼亚搬到避税圣地爱尔兰。根据 Endo 的年报，Silva 的新战略为：聚焦原有的业务开拓，努力成为全球领先的专科医疗公司。通过精致、高效的运营模式继续为患者和客户提供服务，利用创新产品改善患者的生活；通过适应市场和客户的需求来实现股东权益的最大化。而战略的实施方法包括：①美国品牌药业务要强化有机增长力，提高成熟品牌的盈利能力和投资中后期研发阶段的项目；②美国仿制药要根据管制药物需求增强趋势，瞄准仿制药低投入和低风险的特点，建立差异化的项目包，并高效地研发；③器械业务要利用在泌尿科的优势地位，增加对其特异产品和服务的需求。根据战略要求，公司仍将强调每个业务部门的发展，不会放过战略收购的机会。

在战略框架之下，Endo 再次进行了业务调整。将品牌药业务归至 Endo Pharma，仿制药业务整合成 Qualitest，将器械业务整合成 AMS。在 2013 年 26.2 亿美元的销售额中，Endo Pharma、Qualitest 和 AMS 分别为 13.9 亿美元、7.3 亿美元和 4.9 亿美元，除了仿制药业务外，其余两大业务都出现了同比下跌，尤其是品牌药业务因 Lidoderm 销售额的大幅缩水而下降了近 3 亿美元。为了迅速提升业绩，Silva 必须打破常规，引入全新的操盘方法。

Rajiv De Silva 加入 Endo 以前是 Valeant 国际制药业务的总裁，系 J. Michael Pearson 的直级下属，而且也是出于麦肯锡的咨询专家。由于当时 J. Michael Pearson 在 Valeant 的"杠杆研发"式操盘手法赢得了投资界的广泛认同，所以他上任以后，也有复制这种操盘手法的意味。在位期间，他下调了研发投入，2015 年仅剩 3.1%；大幅增加了销售资源，在麦肯锡的帮助下，制定了"Sales Force Blitz"（销售力量闪电战）的营销方案来促销 Opana；"大兴并购"，三年间一共花了 120 多亿美元，兼并了七八家公司，收购了多个产品的开发或代理权……

为了复制 Pearson 所取得的"成功"，Silva 上任伊始就发动了多起兼并，在一年多时间里，就用 30 亿美元收购了 Boca Pharma、Paladin Lab、Somar Farma 和 DAVA Pharma 等多家公司，市值迅速翻了四倍，从 32 亿美元一直涨到 120 多亿美元。为了扩大战果，他在 2015 年又兼并了 Auxilium Pharma、Par Pharma 和 Aspen 在南非的专科仿制药业务 Litha Healthcare，三笔交易合计规模达 110 亿美元。为了缓解紧张的现金流和债务压力，他说服了董事会将 AMS 拆分，将男性健康业务以 16 亿美元现金 +5000 万里程碑付款的方式卖给了 Boston Scientific，剩下的女性健康业务则整合成 Astora，继续寻找转手的机会。通过三起大规模的兼并，Endo 股票进一步飙升，在 2015 年中旬创下历史最高纪录，达 170 亿美元。

表 11-6　Auxilium Pharma 被收购前五年的财务表现

年份	2009	2010	2011	2012	2013
总营收（$，M）	164	211	264	395	401
净利润（$，M）	−53	−51	−33	86	−18
总资产（$，M）	261	244	301	327	1201
股东权益（$，M）	121	94	84	200	252

表 11-7　Par Pharma 被收购前五年的财务表现

年份	2010	2011	2012	2013	2014
总营收（$，M）	1009	926	1050	1097	1309

续表

年份	2010	2011	2012	2013	2014
净利润（$, M）	93	−26	−11	−106	−106
总资产（$, M）	783	1231	2841	2638	3007
股东权益（$, M）	628	610	645	548	561

然而同 Pearson 操盘的 Valeant 一样，光鲜靓丽的股价后面却隐藏着惊天的危机。在连年亏损的情况下，负债率迅速攀升，2016 年达到了史无前例的 81.1%，欠下 80 多亿美元的贷款。2015 年 9 月底，Pearson 模式因为药品过度涨价而成为过街老鼠，Valeant 的股价随即崩盘。"拔出萝卜带出泥"，Silva 的"杠杆"操盘模式也随之崩盘，时间仅比 Valeant 滞后了 2~3 个月。除了泡沫，他兼并的这些公司盈利能力都较弱，而 Endo 又没有强大的技术和产品加以盘活，这些企业的亏损必将带到 Endo 的财务中，甚至进一步扩大。到 2016 年 5 月，Endo 的市值降到了 32 亿美元以下，Silva 经过一段时间的挣扎之后，也只能黯然离场。

表 11-8　Endo 衰退时期的财务表现

年份	2013	2014	2015	2016
总营收（$, M）	2617	2877	3269	4010
研发投入（$, M）	142	154	102	183
营业利润（$, M）	517	326	−933	−3472
净利润（$, M）	−685	−721	−1495	−3347
总资产（$, M）	6511	10,824	19,350	14,275
股东权益（$, M）	585	2408	5968	2702

2016 年 9 月，Rajiv De Silva 离职，其职位由子公司 Par 的原 CEO Paul V. Campanelli 接任。此时，Silva 所留给 Campanelli 的 Endo 已经破败不堪，Campanelli 接手后必须第一时间稳固人心，盘点资产，根据公司所面临的处境重新规划新的发展战略。

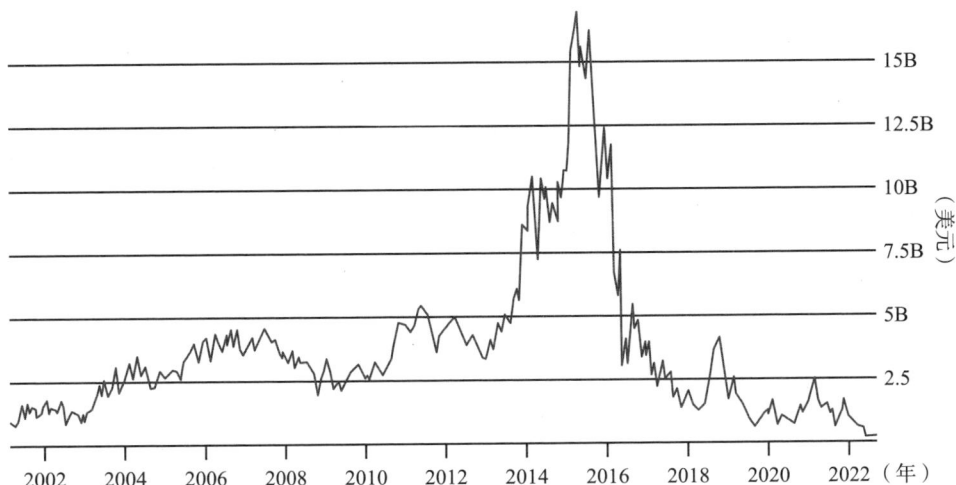

图 11-1　Endo 的市值曲线

四、"杠杆操盘"的残局

为了挽救风雨飘摇的 Endo，Campanelli 上任以后迅速提出了新愿景，并及时调整了发展战略。即：公司将聚焦于核心资产、领先的仿制药业务和专科品牌药业务；通过卓越的开发、制造和商业化，为患者提供高质量的药物；通过精致、高效的运营模式继续为患者和客户提供服务，利用创新产品改善患者的生活；通过适应市场和客户的需求来实现股东权益的最大化。而战略的实施方法包括：①美国仿制药要聚焦于研发或收购高准入门槛的产品，包括难于开发、制造、法规复杂或监管挑战的产品，并抓住这些产品率先提交申请或率先上市的机会；②美国品牌药业务要强化专科药管线的有机增长力，投资关键管线的拓展机会；③国际药品业务要在规范的市场运营业务，并获得持续稳定的收入来源，扩大医生对公司提供产品的选择意识……

根据新定的战略，该公司仍将致力于每个业务部门的战略性发展，将主要重点放在有机增长上，但在适当的情况下也会评估收购产品、公司等业务扩张的机会。相比 Rajiv De Silva 时期，新战略不再聚焦于产品的营销和促销，而是把仿制药业务放在了第一位。

虽然 Campanelli 做了大量的努力，但似乎已经无力回天。他接手时的

Endo 已经五年连亏，合计净亏损高达 69.9 亿美元，欠下高达 84 亿美元的外债，加之以往在仿制药资本高泡沫期的持续兼并，已提前为他遗留下了高达 40 亿美元（2016~2020 年的合计）的商誉减值。就 Endo 的盈利水平与业务规模而言，这些债务和商誉减值完全可以"吃掉"所有的利润，几乎没有起死回生的可能。

除了债务危机和商誉减值，Silva 所留下的后遗症还包括无人接盘的 Astora，该业务在 2016~2018 年连续亏损了 10 亿美元，最终不得已而关停；因为大量的促销阿片药物，Endo 面临着几千件阿片药物过量的法律诉讼。虽然 Campanelli 卖掉了部分资产还债，股价也在如履薄冰的经营下有所回升，但依然难以扭转盈亏，信用评级被穆迪下调至垃圾级，到 2018 年时已经资不抵债，几乎随时都可以申请破产。

表 11-9　Endo 崩盘时期的财务表现

年份	2017	2018	2019	2020	2021
总营收（$，M）	3469	2947	2914	2903	2993
研发投入（$，M）	172	186	131	159	149
营业利润（$，M）	−1233	−962	−361	247	−569
净利润（$，M）	−2035	−1031	−423	184	−613
总资产（$，M）	11,636	10,132	9390	9265	8767
股东权益（$，M）	485	−498	−867	−648	−1244

2020 年 3 月，Campanelli 离任，年轻的副总裁兼首席财务官 Blaise Coleman 接任了 Endo 的 CEO。新 CEO 在战略上又有所调整，将专科品牌药放在了首位，并在 2020 年 9 月收购了合作伙伴 BioSpecifics，独享了两大注射胶原酶产品（Xiaflex 和 Qwo）的权益。Xiaflex 已经是 Endo 的拳头产品，2021 年销售额达 4.32 亿美元，Qwo 于 2020 年刚获批，销售额尚未公开。为了避免 BioSpecifics 被其他公司收购而造成战略被动，Blaise Coleman 顶住了巨大的财务压力，以 5.4 亿美元发动了这次并购。由于这一次并购，未来 Endo 的发展重心只能围绕着 Xiaflex 和 Qwo 两大产品。

五、破产的边缘

截至止 2021 年数据，Endo 的净资产已经连续 4 年为负值，市值在 2022 年 1 月份已经跌到 8200 万美元，但是 Endo 所面临的问题远未结束。事情还得从 Endo 的发家说起。

在 20 世纪 90 年代中期以前，阿片药物仅被用于严重疼痛，但 90 年代中后期，阿片药物也开始被用于各种慢性疼痛的治疗和管理，而 Endo 也就是在这样的背景下迅速发家的。由于长期使用阿片药物，患者逐渐产生了依赖，剂量不断增加，阿片药物的市场销量也飞速增长，到 2015 年时，平均三个美国人中就有一个接受过阿片药物的治疗。由于大量使用阿片药物，过量致死率相比 90 年代末期翻了足足四倍，仅 2016 年就有 6.4 万美国人因阿片药物过量而死亡。

在美国严峻的阿片药物危机中，Endo 顺理成章地被推上了风口浪尖。一是 Endo 就是凭借阿片药物起家、做大的公司，二是有文章证明该公司的拳头产品 Opana ER 比 Oxycotin 更容易被滥用，三是 Rajiv De Silva 时期扩大销售和促销 Opana ER 的行为被曝光，四是 Endo 已 "不是" 美国的公司，政客们不必 "手下留情" ……每一条对美国民众而言，都是声讨 Endo 的依据。事实上早在 10 年以前，Endo 的风险评估中就已经预料到这些结果，但遗憾的是该公司依然一步一步地走向了深渊。

2016 年，美国提出了 "打响阿片保卫战" 的口号，国会通过了《综合成瘾与康复法案》(Comprehensive Addiction and Recovery Act) 和《21 世纪治愈法案》(21st Century Cures Act)，次年，美国宣布全国卫生紧急状态，要终止阿片药物危机。为配合国家的行动，美国 FDA 加强了对阿片药物的监管，重新对阿片药物的风险效益进行审查，要求增加安全性标签，推荐使用防滥用配方等。因为这一系列的举措，Endo 的羟考酮缓释片 Opana ER 在 2017 年被要求撤市。

然而 Opana ER 撤市对 Endo 而言并非最糟糕的结果，最糟糕的是被 "秋后算账"。据 Endo 2022 年 Q1 季度报告，该公司已经收到近 3500 件来自各州、县的阿片药物过量诉讼，虽然 Endo 对这些案件提供了超过 3 亿美元的和解费，但这只是冰山的一角，因为 Teva 为和解 3500 多起诉讼，总和解费已超过了 40 亿美元。面对天价的索赔，就 Endo 目前的财务状况，根本不可能一一解决。除了阿片诉讼，Endo 还有大量未解决的医疗器械伤害索赔。由于曾经 Astora 经营治疗盆腔器官脱垂（POP）和压力性尿失禁（SUI）的器械，这些器械导致了慢性疼痛、尿失禁、肠道功能紊乱、永久性畸形等不良反应，虽然 Astora 已经关停，但为 Endo 遗留了大量的官司，截至 2022 年一季度，Endo 解决了 7.1 万件索赔，已经累计赔偿了 36 亿美元，但有一部分还没有完全得到解决。

面对巨大的债务和大规模的索赔，Endo 似乎已经没有翻身的机会，净资产连续四年为负，市值一度跌到 8200 万美元。在各种诉讼的重重重压之下，有行业专家认为，Endo 需要一个具有资深法务背景的 CEO，才能带领其走出困境，但笔者认为此时的 Endo 已再无强撑的意义，将优势资源或盈利能力较强的业务拆分并独立上市，母公司申请破产重组，是最有效而又可行的办法。

六、总结与讨论

Endo 的发家故事曲折流离，有早期成功也有中期的亢奋，有转型失败后的惆怅也有没落时的哀嚎。Endo 早期的成功可归咎为创始团队敏锐的商业眼光、专业的疼痛管理经验和清晰的产品线打造手法。然而任何企业沿同一条路走下去，必然会遇到瓶颈，一是随着市场的不断成熟，产品的销量增速会不断下降，二是因模式的成功而招来效仿者的竞争，三是阿片类药物风险较大，行业随时可能会变天。故在初具规模后，Endo 开始疲于转型。然而可悲的是，经过两大 CEO 的精细操盘，不但转型未获得成功，还将公司带入了泥潭。为了挽救败局，Silva 复制了 Pearson 的"杠杆"式操盘手法。尽管这种操盘方法曾一度让 Endo 股价大涨，但泡沫最终破裂，爬得越高摔得越惨，最终留下了大量的债务和法律诉讼，让公司慢慢走上了不归之路。

Endo 的案例告诫后人，企业发展到一定程度必须要转型，但不可盲目地转型、盲目地复制他人的操盘方法。由于 Holveck 未根据 Endo 企业的实际情况，贸然地复制强生的打法而染指了医疗器械，不但没达到预期盈利的效果，还为 Endo 带来一系列的债务和诉讼包袱；Silva 则因为复制了老上司 Pearson

的打法而随之一起掉进深渊。因此，企业在转型之前必须有长期的转型战略，不但要规划清楚转型的方向，而且还要想清楚如何有效地实现转型，转型成功时的样子是什么，转型成功后如何实现进一步发展……

Endo 发家过程中兼并的企业

2000 年，收购科技公司 Algos Pharma，增强疼痛管理产品管线，2.5 亿美元

2002 年，收购 BML Pharma，获得漱口水业务，1400 万美元＋销售额提成

2006 年，收购科技公司 RxKinetix, Inc.，2000 万美元＋9500 万美元的里程金

2009 年，收购 Indevus Pharma，获得植入技术和多个品种，3.68 亿美元＋里程金

2010 年，收购美国第六大仿制药公司 Qualitest，12 亿美元

2010 年，收购泌尿科医疗设备制造商 HealthTronics，2.23 亿美元

2010 年，收购 Opana 项目的合作伙伴 Penwest，1.68 亿美元

2011 年，收购 AMS，强化泌尿系统医疗设备和器械产品管线，26 亿美元

2013 年，收购专科仿制药公司 Boca Pharmacal，2.25 亿美元

2013 年，收购加拿大公司 Paladin Lab，16 亿美元

2014 年，收购墨西哥仿制药公司 Grupo Farmacéutico Somar，3.4 亿美元

2014 年，收购专科仿制药公司 DAVA Pharma，5.75 亿美元

2015 年，收购专科药公司 Auxilium Pharma，26 亿美元

2015 年，收购仿制药巨头 Par Pharma，81.4 亿美元

2015 年，收购 Aspen 的南非子公司 Litha Healthcare Group，3900 万美元

2020 年，收购 BioSpecifics，6.56 亿美元

参考文献

［1］Pederson JP. International Directory of Company Histories, Vol. 71 ［M］. Mississippi, US：St. James Press, 2005.

［2］Endo. Our story ［EB/OL］. https://www.endo.com/about-us/history.

［3］美国FDA. Statement from 美国FDA Commissioner Scott Gottlieb, M.D. on the agency's 2019 policy and regulatory agenda for continued action to forcefully address the tragic epidemic of opioid abuse ［EB/OL］. https://www.fda.gov/news-events/press-announcements/statement-fda-commissioner-scott-gottlieb-md-agencys-2019-policy-and-regulatory-agenda-continued.

［4］SAMHSA. Key Substance Use and Mental Health Indicators in the United States：Results from the 2016 National Survey on Drug Use and Health ［EB/OL］. https://www.samhsa.gov/data/sites/default/files/NSDUH-FFR1-2016/NSDUH-FFR1-2016.html.

［5］Congress. S.524 - Comprehensive Addiction and Recovery Act ［EB/OL］. https://www.congress.gov/bill/114th-congress/senate-bill/524.

［6］Congress. H.R.34-21st Century Cures Act ［EB/OL］. https://www.congress.gov/bill/114th-congress/house-bill/34/text.

［7］The White house. Ending America's Opioid Crisis ［EB/OL］. https://trumpwhitehouse.archives.gov/opioids/.

［8］SEC. Endo financial report 2000-2021 ［EB/OL］. https://www.sec.gov/edgar/searchedgar/companysearch.html.

［9］Global Indian times. Rajiv De Silva was CEO of Endo when it pushed opioid drug sales ［EB/OL］. https://www.globalindiantimes.com/globalindiantimes/2022/7/2/rajiv-de-silva-was-ceo-of-endo-when-it-pushed-opioid-drug-sales.

［10］Bergnaum C. Endo Moving Toward Bankruptcy Filing Without Opioid Settlement Deal ［EB/OL］. https://www.thehamdenjournal.com/world/endo-moving-toward-bankruptcy-filing-without-opioid-settlement-deal/257517/.

第十二章

Amneal：美国仿制药市场萎缩背景下逆风起飞的巨擘

Amneal 总部位于美国新泽西州，业务也主要集中在美国，该公司由美籍印度人创办的 Amneal 和美籍华人创办的 Impax 于 2018 年合并而成，2021 年的销售额为 21 亿美元，是美国仿制药市场的第三大巨头，7000 多名员工分布在美国、印度和爱尔兰。在美国仿制药"大降价"、竞争白热化、市场规模出现萎缩的背景之下，Amneal 为何能够逆风起飞，其背后的故事值得让人深思与探讨。

一、Amneal 的发家历程

Amneal 是一家由美籍印裔兄弟 Chirag Patel 和 Chintu Patel 联合创办的企业。由于他们的父亲 Kanu Patel 曾是印度药监系统的检查官，从小被灌输制药的知识和踏实做药的理念。Kanu Patel 为了让两个儿子能够接受更高等的教育，于 1987 年举家移民到了美国。Chintu 遂了父愿，本科毕业后成为了一位药师，而哥哥 Chirag 则继续学习工商管理。Chintu 在药店工作期间，他目睹了很多低收入患者，在购买食物与药物之间难以抉择，于是便立志要让患者吃得起药。在他父亲和哥哥的配合之下，于 2002 年创办了 Amneal。

因为创始人的思想是让患者吃得起药，所以 Amneal 的企业文化的核心是"我们让你的健康成为可能"。然而 Patel 家族并不富裕，启动资金仅有 20 万美元，起初只能在信用卡和二次抵押贷款之下勉强维持生计，直到后来获得了一个族姓朋友的资助，困境才有所改观。2005 年，在美国获得第二金融学位的哥哥 Chirag Patel 也开始全心全意地为家族事业奉献力量。同年，Amneal 的首个仿制药二甲双胍片提交到了美国 FDA，并于次年获得了批准。

2007 年，Amneal 在 Mylan 收购默克雪兰诺仿制药部门的过程中，趁机买下了 5 个被剥离出来的产品，于是终于有了产品线。随后，Patel 家族又收购了新泽西州的药厂 KVD Pharma 和肯塔基州的地域性配送商 Akyma Pharma。通过 Akyma，Amneal 才终于将自己的产品推上了货架。2008 年，Amneal 又收购了 Interpharm 的资产，获得了纽约的制剂工厂和研发实体，一个像样的制药企业才最终形成。随后，Amneal 开始在印度设立研发中心，将产业链逐渐扩张至印度，业务得到了快速的发展。IMS 数据显示，2012 年的 Amneal 已经发展成为美国第七大仿制药企业，拥有 65 个品种和 1200 名员工，年报销售额为 3.52 亿美元。因为 Amneal 出色的表现，两兄弟荣获了 2011 年度 "Ernst & Young National Entrepreneur"（安永全国企业家）生命科学奖。

2013 年，Amneal 总销售额达到了 5.3 亿美元，净利润则达到了 5200 万美元，但因为此前的大规模并购，高杠杆操盘，净负债达 –2400 万美元。不过由于此时的 Amneal 是私人公司，只要 Patel 兄弟能够成功融资，有幕后 "金主" 持续支持，再高的杠杆也无可厚非。为继续扩大业务，Amneal 又相继从辉瑞、Actavis、Warner Chilcott 等企业收购了大量资产，吞并了 CoPharma、Pharmagenus、Bioeq、Actavis Australia、Epsilon India 等多家公司。由于持续不断的兼并和业务扩张，到 2017 年时，该公司的总债务高达 17.2 亿美元，净资产仅有 –3.76 亿美元。

虽然负债累累，但是这家公司堪称奇迹，2012~2017 年间的平均研发投入高达 16.79%，盈利水平却高达 25.17%，或许投资人看重的是增长潜力和盈利能力，并不在乎其一如既往的战略亏损。2017 年，Amneal 开始与 Impax 合作，最后合作变成了合并，两公司的交易在 2017 年底达成。虽说是合并，但 Amneal 产线更为庞大，而且发展动力十足，故新公司仍以 Amneal 的原股东为主导，新公司名仍为 "Amneal"，也称 "新 Amneal"，新 Amneal 于 2018 年 IPO 上市。

表 12-1 Amneal 的财务表现（$, M）

年份	2012	2013	2014	2015	2016	2017	2018	2019	2020	2021
总营收	352	531	785	866	1018	1034	1663	1626	1993	2094
研发投入	54	74	119	154	204	191	210	188	180	202
营业利润	46	101	219	236	285	245	−20	−249	91	153
净利润	33	92	177	169	209	169	−201	−604	66	20
总资产	405	592	830	1014	1219	1342	4353	3666	4006	3940
股东权益	68	−24	−98	−187	−176	−376	896	347	345	367

二、Impax 的发家历程

Impax 成立于 1995 年，创始人是两位美籍华人 Charles Hsiao（肖俊雄）和 Larry Hsu（许中强）。Charles Hsiao 在创办 Impax 之前，已经与另外两个人成功创办了 Ivax，到 20 世纪 90 年代中期，Ivax 已经是美国屈指可数的仿制药巨头，而 Larry Hsu 以前是雅培产品开发部的总监，负责制剂处方工艺的开发。1994 年 10 月，Charles Hsiao 辞去了 Ivax 副董事长的职位，然后和 Larry Hsu 一起，组建了 Impax Pharma。

由于两大创始人都是药物制剂出身，在 Impax 成立之后的几年里，一直从事缓控释制剂的开发，建立了多颗粒同心释放系统（CMS）、多时相释放系统（TMDS）、可分割的多单元释放系统（DMDS）、液体缓释系统（SLDS）、粒子分散系统（PDS）、制剂稳定系统（PSS）和速溶系统（RDDS）等多个专利技术平台。在跨世纪的几年间，缓控释制剂在 ALZA 的带动下变得非常流行，据当时的 IMS 数据，美国口服缓控释制剂市场达到了 135 亿美元（2001），美国 FDA 批准的口服缓控释制剂品牌多达 80 个。虽然 Impax 起步较晚，但在两大制剂专家的精心打造之下，Impax 很快就成为了美国有名的缓控释制剂载药公司。

1999 年底，Impax 通过与 Global Pharma 合并而获得了生产设施，产品也开始上市销售，当年销售额为 100 万美元。2001 年，Impax 与 Teva 达成合作，将 12 个口服缓控释制剂一次性授权给 Teva 代销，随后营业收入迅速上涨。2003 年，Impax 成功挑战了 Claritin-D（氯雷他定伪麻黄碱缓释片）的专利，获得了 180 天的市场独占期。

表 12-2　Impax 成长期的财务表现（$，M）

年份	1999	2000	2001	2002	2003	2004	2005	2006	2007	2008	2009
总营收	1	10	7	25	59	91	112	135	274	210	358
净利润	−10	−25	−25	−20	−14	−49	−6	−12	126	16	50
总资产	62	67	98	104	132	259	260	344	516	514	661
股东权益	30	31	52	41	66	14	9	−4	134	159	222

2004 年，Barry R. Edwards 接替了 CEO 的职位，但 Edwards 时期，Impax 过得并不好，已经发展到资不抵债的地步。两年之后，帅印又交予 Larry Hsu。在 Larry Hsu 操盘期间，Impax 一直使用载药技术"双驱"的战略开发高壁垒仿制药和 505b（2）制剂，2010 年的销售额首次突破了 8 亿美元。然而口服缓控释制剂技术被越来越多的仿制药公司掌握，而且创新药也更注重分子设计上的一步到位，这种模式很快就遇到了瓶颈。2011 年开始，Impax 的销售额走上了下坡路，到 2013 年 Larry Hsu 宣布退休，Impax 的销售额相比 2010 年下降了 42%，净利润萎缩了 60%。

Larry Hsu 退休后，Fred Wilkinson 接管了 Impax。在他的主导之下，Impax 发动了自成立以来的首次兼并，于 2014 年以 7 亿美元的价格收购了 Tower Holdings，虽销售额再次回到了 8 亿美元左右，但公司的处境开始每况日下。除了收购 Tower，Wilkinson 还利用 Teva 与 Allergan 交易 Actavis 的机会收购了 18 个仿制药产品包，总交易价达 5.84 亿美元。但是这些产品因大幅降价而诱发了大规模的资产减值，最终血本无归。在 Wilkinson 担任 CEO 的两年间，Impax 净资产几乎下降了 9 亿美元。2016 年底，Wilkinson 下台，经过 J. Kevin Buchi 三个月过渡之后，Impax 找来了大名鼎鼎的 Paul M. Bisaro（原 Actavis 的 CEO）。在 Paul M. Bisaro 主政半年之后，Impax 与 Amneal 达成了合并协议，虽说是合并，但 Impax 股东仅仅获得新公司 25% 的股份，实际是变相地被收购，这跟当年 Impax 与 Global Pharma 合并的情形几乎一样。

表 12-3 Impax 衰退期的财务表现（$，M）

年份	2010	2011	2012	2013	2014	2015	2016	2017
总营收	880	513	582	512	596	860	824	776
净利润	250	65	56	101	57	39	-472	-469
总资产	693	794	864	997	1079	1922	1823	1351
股东权益	508	603	691	810	888	1062	624	187

三、Ameal 与 Impax 的强强联合

2015 年之后，美国仿制药市场逐渐表现出萎缩的态势，竞争十分激烈，而且市场复杂程度超过以往，根据新 Amneal 2018 年的年报描述，美国仿制药市场的新竞争环境具有以下几大特点：①产品随时面临着新上市仿制药的竞争；②新批准仿制药竞争，尤其是在市场独占期内（特殊情况）；③专利到期或市场独占期结束后，竞争对手日益强大的准入和铺货能力（利益被最小化）；④分销商通过并购和组建采购团来削弱仿制药企业的议价能力；⑤客户广泛（批发和零售商）存在随时转换产品供应厂家的意愿；⑥竞争对手的定价压力越来越大；⑦公司的形象、声誉与服务水平，产品的外观，所提供产品的范围都难以在强大的竞争对手中迅速脱颖而出。

为了提高竞争力，扩大规模，增大产品线强度和优化成本，最终两家公司达成了合并。合并之后的新 Amneal，ANDA 文号数量接近 200 个，成为美国前五大仿制药巨头，不但获得了多个高毛利的品牌药，而且研发能力也得以大幅增强，尤其是缓控释制剂的开发能力。而最大的优势则来自于运营成本的下降，在合并后的三年里，将节省出高达 2 亿美元的运营费用。

然而任何事情都是一把双刃剑，合并也存在诸多风险。一是在整合上具有很大的挑战，如无法有效地整合，可能将无法收获预期的效益；二是可能导致部分客户或供应商流失；三是业务范围更加分散，要重新规划业务版图，建立必要的运营系统和设施；四是可能存在不可预期的负债、减值或产品审批延误的情况；五是需要融合两个公司的商业背景和企业文化，解决两家公

司潜在的员工冲突；六是与监管系统既定的关系可能会被削弱……

2018 年 5 月，两家公司完成了形式上的统一。由 Robert A. Stewart 出任公司的 CEO，Patel 兄弟联合担任董事长，而原 Impax 的 CEO Paul M. Bisaro 担任执行董事长兼董事，原 Impax 的董事长 Robert L. Burr 和主要投资人 Gautam Patel 等担任董事。

合并完成之后，新 CEO Robert A. Stewart 迅速带领全公司进行了风险因素评估，归纳出该公司所面临的风险因素，包括但不限于：①全球经济状况的影响；②公司合并后良好协同，发挥合并红利的能力；③成功开发、许可、收购和商业化新产品的能力；④获得独家经销产品的能力；⑤价格战的影响；⑥通过收购或其他方式获取业务增长的能力；⑦总收入依赖于有限的几个品种支撑；⑧消费者或第三方索赔风险；⑨市场监管环境变化风险；⑩美国 FDA 审批要求变化；⑪联邦政府对仿制药与品牌药之间的态度发生变化；⑫医疗制度改革对支付体系的影响；⑬下游客户持续整合的趋势；⑭因发展需要，对某些不具备的专利技术的依赖；⑮对上游供应商的依赖；⑯部分产品供应对第三方许可的依赖；⑰有效识别投资或收购补充性业务与产品的能力；⑱竞争对手采取的一切限制仿制药上市的措施；⑲研发浪费掉大量的资源；⑳巨额债务的影响和偿还债务的能力。

结合着风险评估，他提出以"产品开发、监管批准、市场地位与相应开支"为核心的发展战略。为了整合资源，他卖掉了英国和德国的业务，换取了近 4200 万美元的现金，并推动了"重组业务计划"，为了降本增效，在肯塔基州扩建了分销设施。虽然这位 CEO 做了很大努力，但该公司在 2018 年和 2019 年上半年都出现了净亏损，而亏损的原因与此前的 Impax 一样，也是 Cost of goods sold impairment charges。2019 年 8 月，Patel 兄弟再次夺回了帅印，重新联名担任 CEO。

为了迅速扭转颓势，兄弟俩重新出任了 CEO。2019 年 9 月之后，兄弟俩迅速进行了战略调整，通过授权引进了 K-127（吡啶斯的明）的开发和商业化权益，控股了 AvKARE，并根据疫情形势签下了新冠药物。2020 年，该公司再次扭转盈亏，实现了 6600 万美元的净利润。2021 年之后，Ameal 频繁出手，收购了载药技术公司 Kashiv Specialty Pharma 和印度仿制药厂 Puniska，还在 Gujarat（古吉拉特邦）单独购置了无菌注射剂生产车间，到 2021 年底，该公司的 7000 多个工作岗位中，仅有 2300 个保留在美国，其余的主要转移到了印度。

表 12-4　Amneal 资产向印度转移的过程

时间	主要内容
2008 年	在印度开设研发中心
2012 年	在印度的原料和制剂工厂获得美国 FDA 认证
2015 年	收购 Epsilon India
2021 年	收购古吉拉特邦的无菌生产工厂
2021 年	收购艾哈迈达巴德的 Puniska Healthcare

四、总结与讨论

纵观当今仿制药巨头，绝大部分都是在八九十年代起家，它们几乎都赶上了仿制药市场发展的黄金时期，而在 2005 年以后起家并迅速做大的屈指可数，其中最具代表性的除了 Amneal，还有 Intas Pharma、Prasco labs 和 Alvogen，但这些企业中，只有 Amneal 是真正白手起家和草根出身。虽然 Amneal 成立于 2002 年，但该公司的迅速崛起发生在 2008 年以后。此时美国仿制药市场的竞争已经异常激烈，Amneal 为何能够异军突起？

首先，要归功于 Patel 一工一商，巧妙的操盘，尤其是在上市前期，该公司一直使用高杠杆的操盘手法，让销售规模迅速扩大。虽然使用高杠杆操盘的企业很多，但盈利能力如 Amneal 之强的却实属罕见。

其次，背后"金主"的持续支持，由于 Patel 兄弟一直在高杠杆操盘，净负债规模越来越大，但投资人对他们"战略亏损"后的"美好憧憬"始终坚信不疑，始终有源源不断的资金输送以支持他们的战略扩张，这也间接地说明了 Patel 兄弟的过人之处。

再次，虽然 Amneal 性质上是美国的公司，但走的是低价药路线，其单位制剂的平均销售价格比 Sun Pharma、Dr. Reddy 等印度企业都低，故能够很快地抢占市场。为了降低生产成本，Amneal 的产业链几乎都转移到了印度，更像是一家拥有美国外壳的印度公司，但相比地道的印度公司，Amneal 更加了解美国市场，而且人均效率几乎是印度企业的三倍。虽然近年来，向印度迁移资产的跨国巨头越来越多，但是能够充分利用好印度资源的只有印度人，Patel 兄弟的双重属性，让他们同时具备西方企业和印度企业的双重优势。

再次，Ameal 非常重视研发，研发投入如此之高，在仿制药公司中实属罕见，经过持续地砸钱，Amneal 在全球范围内建立起 7 个研发中心，不但能够同时研发和生产口服缓控释制剂、吸入制剂、鼻喷剂、透皮制剂、预充注射剂、植入剂等多种高壁垒的剂型，而且还具有 biosimilar 的研发和生产能力。

此外，Amneal 还注重下游产业链的布局，自主拥有地域性优势的配送商，这也是一般仿制药企业所不具备的优势，也是 Teva 一直保留着 Anda 的原因。

Amneal 的案例说明，虽然大环境在每况日下，但依然有人能够逆风起飞。或许因为行业在"洗牌"，我们拿到的"好牌"少了，但我们并不一定就会失败，关键还得看如何出好手中的"牌"。相反，有的人原本拿有一手好"牌"，却一步步把自己推向失败。因此，一个系统的、具有前瞻性的、智慧的出"牌"策略是当下我国企业胜出的关键。

Amneal 收购的公司

2007 年，收购 KVD Pharma 的生产设施，价格未知

2007 年，收购地域性配送商 Akyma Pharma，并推出自己产品，价格未知

2008 年，收购纽约 InterPharm，获得其生产设施和研发能力，价格未知

2010 年，收购新泽西制剂工厂，价格未知

2011 年，收购新泽西包装工厂，价格未知

2013 年，控股英国 Creo Pharma，价格未知，2019 年 3200 万美元卖出

2014 年，收购 CoPharma，价格未知

2014 年，收购 Pharmagenus，价格未知

2014 年，收购 Bioeq Opens Int，价格未知

2015 年，收购 Actavis Australia，价格未知，2017 年卖掉

2015 年，收购 Epsilon India，价格未知

2015 年，收购爱尔兰吸入剂生产工厂，价格未知

2018 年，与 Impax Laboratories 合并，价值 14.5 亿美元

2018 年，收购 Gemini Lab，1.4 亿美元

2019 年，控股 AvKARE，3.4 亿美元

2021 年，收购 Kashiv Specialty Pharma，3100 万美元

2021 年，收购印度药厂 Puniska Healthcare，9000 万美元

2021 年，收购古吉拉特邦无菌制剂生产工厂，价格未知

参考文献

［1］Amneal. Our stories［EB/OL］. https://amneal.com/about/our–story/.

［2］Amneal. Press release［EB/OL］. https://investors.amneal.com/news/press–releases/default.aspx.

［3］Amneal. Financial report 2018–2021［EB/OL］. https://www.sec.gov/edgar/searchedgar/companysearch.html.

［4］Ernst & Young. An Entrepreneurial Family：Chintu and Chirag Patel of Amneal Pharmaceuticals，LLC Named Ernst & Young National Entrepreneur Of The Year® 2011 Life Sciences Award Winners［EB/OL］. https://www.prnewswire.com/news–releases/an–entrepreneurial–family–chintu–and–chirag–patel–of–amneal–pharmaceuticals–llc–named–ernst––young–national–entrepreneur–of–the–year–2011–life–sciences–award–winners–133762963.html.

［5］Impax. Financial report 2000–2017［EB/OL］. https://www.sec.gov/edgar/searchedgar/companysearch.html.

［6］Esty BC，Fisher D. Impax Laboratories：Executing Accretive Acquisitions （A&B）. HBS Case Nos. 220–030 and 220–031［EB/OL］. https://ssrn.com/abstract=3478615.

［7］Bocconi students investment club. A Generic Merger：Amneal and Impax

Combine To Fight For Survival In The Pharma Industry［EB/OL］. https://bsic.it/generic-merger-amneal-impax-combine-fight-survival-pharma-industry/#:~:text=On%20October%2017%2C%202017%2C%20Amneal%20Pharmaceuticals%20and%20Impax，shareholders%20will%20own%20the%20remaining%20stake%20%28c.%2025%25%29.

第十三章

Ranbaxy：印度仿制药出海模式的
探索者和奠基人

Ranbaxy（兰伯西）位于印度 Gurugram（古尔冈），曾经是印度最大的仿制药巨头，也是印度仿制药出海模式的探索者和奠基人，但该公司在取得巨大的成就之后，为了挣钱而忽略了药品质量，最终因合规性问题、掺假问题被美国 FDA 多次处分，原本大好的局面变得每况日下，最终被太阳制药（Sun Pharma）收购，消失在历史的长河之中。Ranbaxy 留下的既有经验也有教训，望广大同仁取长补短。

一、Ranbaxy 的早期发展

因为印度曾是英国的殖民地，所以印度早期的药品法规体系不是延续了英国，就是照抄了西方。20 世纪 60 年代以前，印度几乎没有自己的制药工业，药品几乎都依赖进口，即便有少量本土生产的药品，那也是跨国药企在印度地产化生产的。由于药品行业基本被跨国药企垄断，药价居高不下，收入低下的印度人民叫苦不迭。60 年代以后，印度政府开始制定政策来降低药价，设法提高药品的国产化以降低对进口药的依赖。于是 Ranbaxy 应运而生，Ranjit Singh 和 Gurbux Singh 在旁遮普邦（Punjab）的阿姆利则（Amritsar）成立了自己的公司，试图生产药品。

1962 年，Ranbaxy 开始投产，主营业务是进口西方药品分装和销售。由于初期经营不善，两位创始人欠下 Bhai Mohan Singh 超过 10 万美元的债务，于是在 1966 年将公司转给了他。Singh 是一位极富洞见的商人，他认为符合普通民众消费特征的低价药充满了商机，于是着手仿制在印度没有注册专利的西方药品。Singh 的长子 Parvinder Singh 是密歇根大学的化学博士，他的专业背景为 Singh 实现其的商业理想奠定了基础。当时的畅销药物地西泮（Valium）因为没有在印度注册专利而成为 Singh 父子建立商业帝国的首个目标，1969 年，Ranbaxy 生产的地西泮（Calmpose）上市，因为 Calmpose 的成本不足 Valium 的四分之一，上市后迅速引爆了市场，当年的销售额就超过了100 万美元。

Calmpose 的成功，证明了 Singh 商业蓝图的正确性，而且印度在 1970 年实施了《专利法》，将药物的核心专利排除在保护范围之外，于是他们可以随心所欲地仿制任何有市场价值的药物。70 年代以后，Ranbaxy 在迅速布局仿制药的同时，开始重视生态链的打造，1972~1973 年间，Ranbaxy 相继建成了研发实验室和原料生产基地。由于 Parvinder 的美国教育背景，Ranbaxy 的发展思路非常西方化，研发部门网罗了大量的高素质人才，其中不乏"海归"背景的科学家。70 年代后期，Ranbaxy 制定了出海战略，产品开始卖到印度周边国家。

70 年代，印度为了控制药价，使用各种政策手段来限制原研药，除了专利制度调整，印度还进行了合资企业的外资股权比例限制、新药开发早期的临床试验限制，以及关税高昂的药品进口限制等。这一系列的政策让印度的仿制药（虽然是仿制药，但几乎都有品牌）得到充分的发展，到 80 年代，印度对进口药的依赖大幅降低，部分领域已经能够自给自足。然而印度这种"保姆"政策让本土制药行业快速发展的同时，也滋生出成千上万的仿制药企业，激烈的竞争让 80 年代的印度成为全世界药价最低的国家之一，为了实现企业的持续发展，有远见的企业开始策划出海谋生，而美国《Hatch-Waxman 修正案》的实施，为印度仿制药出海提供了可能。

二、Ranbaxy 模式

Ranbaxy 作为最早享受到印度专利政策红利的一批企业，到 80 年代初期已经具有很大的规模。1982 年，Parvinder Singh 被推上了公司最高管理者的位置，在他的主导之下，Ranbaxy 制定了一套全新的战略，旨在将公司打造成为一家全面领先的制药企业。为了扩充产能，Ranbaxy 在 Dewas 建立了现代化的制剂工厂，随后又新成立了研发中心和营销公司，以加强研发和销售的能力。

由于印度仿制药市场日趋激烈的竞争环境和美国市场的新发展机会，80 年代后期，Ranbaxy 制定了跨洋出海的战略。相比标准严格的制剂终产品，原料药出口对当时的印度公司而言，是既符合现实又具有发展前途的事，于是 Ranbaxy 在 Punjab 的 Toansa 新建立了原料工厂，并于次年获得了美国 FDA 的认证。继 Toansa 之后，Ranbaxy 加强了基础设施的升级力度，到 1989 年，Ranbaxy 已经拥有 4 个现代化的大型生产基地。

表 13-1　Ranbaxy 在 90 年代的销售额变化（单位：百万印度卢比）

年份	1993	1994	1995	1996	1997	1998*	1999	2000
总销售额	5934	7122	8713	11,482	13,335	10,641	15,598	17,367
出口	2225	3019	4068	5224	5957	4414	7324	8020
净利润	635	1104	1350	1604	1866	1170	1989	1945

* 因调整财年的结算时间点，1998 年只有 3 个季度的数据。

1992 年，Ranbaxy 与礼来成立了合资公司，这是该公司出海路上的里程碑事件。根据协议，Ranbaxy 将在印度本土代销礼来的品牌药，而礼来公司则在美国为其销售仿制药。1995 年，Ranbaxy 成为第一家获准向美国出口仿制药的印度企业，在礼来的帮助之下，Ranbaxy 的美国市场迅速打开。后来的几年里，该公司不是扩大产能、新建研发中心，就是在各国开设新办事处，1995 年，Ranbaxy 还通过收购 Ohm Lab 来扩大在北美的业务。到 90 年代末期，Ranbaxy 在美国仿制药市场已占有了举足轻重的地位，持有的 ANDA 批文数量仅次于以色列 Teva，根据文献报道，Ranbaxy 1998 年在美国的仿制药销售额为 2.57 亿美元，在美国仿制药公司中排名第十。

2000 年以后，欧洲各国也在大力推进仿制药替代，于是 Ranbaxy 的业务版图也开始向欧洲扩张。为了加速业务的扩张，Ranbaxy 将"持续评估在印度、新兴市场和发达市场的收购机会"纳入了战略蓝图，先后收购了拜耳仿制药业务和 RPG（安万特的业务部门），成为德国和法国最大的仿制药企业之一，2004~2006 年间，Ranbaxy 又收购了 11 家企业，全球仿制药巨头的地位逐渐形成，2006 年的总营收达到 478 亿卢比（约 11.2 亿美元）。虽然 Ranbaxy 业务发展神速，但由于 Dr. Reddy 在 2006 年吃掉了德国第四大仿制药企业 Betapharm，而被其超越。

表 13-2　Ranbaxy 业务高速扩张期的财务表现（单位：亿印度卢比）

年份	2001	2002	2003	2004	2005	2006	2007
总销售额	205.5	282.0	353.4	361.4	353.7	405.9	418.5
出口	102.9	185.0	246.8	245.6	233.7	271.8	264.1
研发投入	6.5	16.9	23.8	33.1	48.6	38.6	41.4
净利润	27.8	62.4	79.5	52.9	22.4	38.1	61.8
净资产	173.6	188.3	232.2	251.0	237.7	235.0	253.8

三、阴沟里翻船

2000 年以后，Ranbaxy 的形势一片利好，因为该公司声称能够绕开立普妥的专利向美国 FDA 早早提交 ANDA 而引起一片轰动，甚至有美国制药巨头的印裔高管放弃了美国的职位而回国投奔 Ranbaxy。2006 年前后，是 Ranbaxy 最鼎盛的时刻，不仅获得了辛伐他汀的市场独占期，阿托伐他汀的专利挑战也获得阶段性成果，创新药业务也渐渐初显苗头。因为这些利好，Ranbaxy 更加野心勃勃，制定了"在 21 世纪 10 年代实现年销售额达 50 亿美元"的宏伟目标。因为 Ranbaxy 出色的表现，其成功经验被称为"Ranbaxy 模式"，被广大印度制药企业效仿和学习。然而谁曾想到，就在如日中天之时，Ranbaxy 却在自家的阴沟里翻了船。2008 年，美国 FDA 对外宣布禁止进口 Ranbaxy 生产的 30 多种仿制药，理由是 Ranbaxy 旗下的 Dewas 和 Paonta Sahib 两家工厂的生产过程不符合美国 cGMP 的相关规定，存在交叉污染等问题。当时的美国已经是 Ranbaxy 第一大市场，Ranbaxy 超过 40% 的销售额是由美国市场贡献，美国 FDA 的警告让 Ranbaxy 光明的前景突然变得阴霾遍布，而就在此时，第一三共以 46 亿美元的价格收购了 Ranbaxy 过半股权，控股了 Ranbaxy。

收购不良资产，然后包装盘活是很多资本家惯用的伎俩，但第一三共在这笔交易中并未捡到便宜，相反，Ranbaxy 的厄运也并没有因为第一三共的收购而停止。因为美国 FDA 的禁令，Ranbaxy 在 2008 年的销售额增速大幅下降，净亏损达 105 亿卢比。2009 年，美国 FDA 又在核查中发现，Ranbaxy 的 Paonta 生产基地在以往提交的 ANDA 申请中，使用了不真实的材料，于是合规性问题进一步上升为真实性问题。然而造假风波还未得到妥善解决，美国联邦调查局以"长期销售掺假药物"为名义对 Ranbaxy 展开调查，Ranbaxy 不得已同意支付 1.5 亿美元的罚款和 3 亿美元的官司索赔。

表 13–3　Ranbaxy 被调查后的财务表现（单位：亿印度卢比）

年份	2008	2009	2010	2011	2012	2013*
总销售额	430.8	452.1	525.2	747.6	611.2	665.7
出口	281.1	283.8	344.4	550.0	390.9	378.6
研发投入	41.6	47.2	47.8	45.3	44.9	52.8
净利润	−104.5	57.2	114.9	−305.2	−16.2	−87.9
净资产	371.7	413.5	513.2	192.5	192.2	109.7

*因调整财年的结算时间点，2013 年为 15 个月的数据。

事实上，根据《仿制药的真相》的揭露，Ranbaxy 的"造假"问题长期存在，在 2000 年以来向巴西提交的多份文件中都存在各种数据造假的行为，早在 2003 年 10 月，各国的审查员就开始对这家公司的生产场地进行了轮番调查。虽然该公司表面一副积极为患者服务，积极为公益事业奉献的形象，但内部早已动荡不堪，高管之间疲于争斗，对药品安全却一直无情漠视。2005 年之后，美国 FDA 加大了对该公司的检查力度，最终出现了上文的一幕。

Ranbaxy 之所以酿成如此大错，一是在美国 FDA 警告发出之时，该公司旗下的工厂和批文众多，两个生产基地、30 多个品规受禁的影响只是不痛不痒，不但未亡羊补牢还继续玩"猫捉老鼠"的游戏；二是长期对药品安全的漠视，这对经历过多次因药品安全而流血牺牲的美国人来讲是绝对无法接受的，最终该公司不得不贴上 4 亿多美元来平息争端。因为造假风波，此前备受期待的立普妥、代文等重磅炸弹首仿药的市场独占期资格被化成了泡影，Ranbaxy 从此一蹶不振。然而事情到此远未结束，2013 年，Mohali 的生产基地再次曝出药品安全性问题而遭到美国 FDA 的禁止，该公司历经艰辛，用了近三十年打造的出海之路最终毁于一旦。

2008~2013 年间，Ranbaxy 的净利润两年正四年负，合计净亏损达 342 亿卢比，最终第一三共捡到的不是便宜，而是麻烦，于是不得已在 2014 年以 40 亿美元的价格将 Ranbaxy 甩卖给了太阳制药。

四、总结与讨论

Ranbaxy 早期之所以能够成功，离不开 Parvinder Singh 的远见和睿智，但遗憾的是 Parvinder Singh（1943—1999）在 56 岁时英年早逝。作为家族企业，他把公司大权交给了两个"少不更事"的儿子 Malvinder Singh 和 Shivinder Singh。虽然经过了得力助手 Davinder Singh Brar 的暂时过渡，但 Parvinder Singh 去世后，公司高层就陷入持续的斗争之中。2004 年，Malvinder Singh 成为了新一任 CEO，但问题也就正式从此开始。

因为内部激烈的争斗，对公司更加疏于管理，质量问题由此爆发。在被第一三共控股之后，虽然 Singh 家族逐渐淡出，但是该公司依然没有痛改前非，最终越陷越深，酿成了最终的悲剧。Ranbaxy 的成功为印度仿制药的发展指明了方向，但其失败也给印度仿制药企业敲响了警钟。2005 年以后，前往美国申报 ANDA 的印度仿制药企业越来越多，2008 年，印度仿制药企业获得的 ANDA 文号数量达到了美国 FDA 当年批准总数的 30%，此后的多年里，这一比例几乎一直维持在 30%~40% 之间。为了保障药品的质量，美国 FDA 对印度仿制药质量的关注也越来越密切，著名的核查专家 Peter Baker 频繁游走于印度各大仿制药企业之间。虽然 Ranbaxy 的失败早已为他们敲响了警钟，但依然有侥幸者在不断步 Ranbaxy 的后尘。

虽然相比欧美，印度具有足够的人力和环保成本的优势，产业链也比较健全，但也存在生产设施落后、生产人员素质偏低的问题，或许这是印度仿制药企业屡次犯险的另一要因。

近年来，我国诸多企业也在积极开拓海外市场，而且很多同仁很喜欢拿中印的制药企业做比较，找出很多客观原因，"证明"我国药企不如印度药企。但事实上，我国仿制药企业在 20 世纪 80~90 年代就已经开始布局海外市场，药品出口额直到 2002 年才被印度超越。如今印度已经成为"世界药房"，而我国企业却在集采后时代进入"囚徒困境"，巨大反差的根源不是印度人英语更好，也不是印度的法规照抄西方（有相似性），更不是跨国巨头被赶走后为其留下了先进的生产设施，而是我国仿制药市场"太大"，仿制药利润较高，让企业普遍缺乏出海挑战的动力。

表 13-4　中印 90 年代药品出口额比较

年份	1992	1993	1994	1998	1999	2000	2001	2002
中国（亿美元）	14.0	16.6	20.5	26.5	25.7	27.9	25.7	32.0
印度（亿美元）	2.7	2.9	3.8	11.2	12.4	13.8	18.2	38.0

如今，美欧日等仿制药市场的黄金时期已过，留给中国企业的机会已经不多。中国仿制药企业如果想要出海成功，只能去捡跨国巨头吃剩下的骨头或挑战别人拿不下的市场，既简单，又赚钱的路径，早已不复存在！

Ranbaxy 收购的公司

1995 年，收购美国仿制药公司 Ohm Lab

2000 年，收购拜耳的德国仿制药业务

2004 年，收购 RPG

2005 年，收购西班牙 EFARMES 的产品包

2006 年，收购南非第五大仿制药企业 Be Tabs pharma，5000 万美元

2006 年，收购 GSK 在意大利和西班牙的非品牌药业务

2006 年，收购罗马尼亚的第一大仿制药企业 Terapia，3.24 亿美元

参考文献

[1] Grant T. "Ranbaxy Laboratories Ltd." International Directory of Company Histories. Vol. 70 [M]. Detroit, MI：St. James Press, 2005.

［2］美国 FDA 数据库［DB/OL］. https://www.fda.gov/.

［3］Kirklng DM，Asclone FJ，Gaither CA，et al. Economics and Structure of the Generic Pharmaceutical Industry［J］. JAm Pharm Assoc，2001，41（4）：578–584.

［4］凯瑟琳 – 埃班，高天羽（译）. 仿制药的真相［M］. 北京：民主与建设出版社，2020.

［5］秦关. 在模仿中消解领先者的优势——兰博西世界级企业之路［J］. 21 世纪商业评论，2008（3）：46–51.

［6］王莉. 印度医药企业的国际化模式及启示——以 Ranbaxy 实验室有限公司为例［J］. 对外经贸实务，2010（7）：77–79.

［7］美国 FDA. Regulatory Action Against Ranbaxy［DB/OL］. https://www.fda.gov/drugs/enforcement–activities–fda/regulatory–action–against–ranbaxy.

［8］Reuters. Judge OKs classes in case accusing Ranbaxy of delaying generics［N］. https://www.reuters.com/article/ranbaxy–violations–fda–idINSGE5BN09Z20091224.

［9］Ranbaxy. Annual report 2008［EB/OL］. https://sunpharma.com/wp-content/uploads/2020/12/ranbaxy_ar2008_3deluxe.pdf.

［10］India Brand Equity Foundation（IBEF）. Indian pharma industry to touch US$ 130 billion by 2030［EB/OL］. https://www.ibef.org/blogs/indian–pharma–industry–to–touch–us–130–billion–by–2030.

［11］萧易忻. 中印药业发展比较［J］. 华东理工大学学报（社会科学版），2015（5）：45–55.

第十四章

Sun Pharma：印度仿制药出海路上的
后起之秀和集大成者

Sun Pharma 是当前全球第四大仿制药巨头，2021 年总营收为 3957 亿印度卢比（约合 53.55 亿美元），拥有 3.8 万多名员工，43 个生产基地，年产仿制药达 350 亿剂。Sun Pharma 于 1983 年成立于印度西部的古吉拉特邦（音，Gujarat），经过 30 年的极速发展，Sun Pharma 不但成为全球首屈一指的仿制药巨头，而且还有多个创新药或创新制剂获得了美国 FDA 批准上市。相比 Teva，Mylan 等欧美仿制药巨头，Sun Pharma 起步更晚，崛起于全球仿制药价格持续下滑的大环境中，其发家的历程更具有挑战性，更值得研究和思考。

一、草根起家

20 世纪 70 年代，印度政府为了降低药价，出台了"取消医药、化学品专利""限制外资企业的股份""提高关税以限制进口""限制药品利润"等系列政策，"挤走"了跨国药企，鼓励本土企业仿制药品，加之当时印度药品准入和监管门槛较低，为很多初创型小公司的发家提供了便利。

与众多印度知名仿制药公司所不同的是，Sun Pharma 的创始人 Dilip S. Shanghvi 既不是博士，也不是贵族，他只是一个药品小批发商的儿子，也仅在加尔各答的一所大学获得了商学学士学位。他的创业灵感来自于一次偶然的机会，他发现有一种治疗躁狂症的常用药（碳酸锂）在印度东部地区还没有销售，而该产品生产工艺"非常"简单，于是向一个朋友借了生产设备，又向父亲借了一万卢比，便开始在古吉拉特邦的 Vapi 生产药品，Sun Pharma 就这样诞生了。

在成立之初，Sun Pharma 仅能生产碳酸锂一种药品，雇员也仅有一人，虽然没有现代化的生产车间，但由于准入门槛较低，在不到一年时间里，该公司就开发上市了五个产品，头年的销售额就已经达到了 75 万卢比。由于轻松赚到了第一桶金，Shanghvi 随后又投入了 5 万美元，建立起了生产设施，到 1987 年，Sun Pharma 的仿制药已能覆盖印度全国各地。

由于准入门槛较低，20 世纪 80 年代中后期的印度仿制药价格已经非常低，同一个产品有几十几至几百家企业在销售，各个仿制药商为了促进销售而到处在鼓吹他们自家产品的优势。而 Sun Pharma 之所以能够脱颖而出，关键在于选择了精神药品。相比其他治疗领域，精神科医生较少，医院也较为集中，更容易掌握医生资源，而且这些药物并没有受到国家法规的严格管制，利润也相对较高。随着精神药品销售的逐渐扩大，该公司才开始逐渐扩大业务范围，进入了当时的朝阳性领域——心血管治疗领域。

20 世纪 90 年代以后，印度国内的政策形势发生了明显的变化，印度政府想要加入世界贸易组织（WTO），但迫于外界的压力，在药品专利法上作了让步，这意味着在不久的将来，印度制药企业将无法再随心所欲地仿制药品，故有远见的公司都开始加大研发，储备产品资源。随着业务的不断扩大，Sun Pharma 在 1992 年的总营收已达到 3.23 亿卢比，这为大规模投入研发奠定了基础。90 年代初期，Sun Pharma 的研发投入一度超过销售额的 8%，并在 Vadodara 建立了第一个现代化的研发设施，随后又成立了 Sun Pharma 高级研究中心（SPARC）。1994 年，Sun Pharma 挂牌上市，并开始在 Panoli 建新车间，开始生产大宗原料，在 Silvassa 开设工厂，以扩大制剂产能。

由于巧妙的布局，重研发，重原料，加之出色的营销，Sun Pharma 的早期发展非常迅速，在整个 20 世纪 90 年代，Sun Pharma 的销售额翻了近 30 倍，净利润则翻了约 50 倍。虽然 Sun Pharma 在出海上也做了大量布局，但由于起步较晚，以及碍于企业本身的实力，并没有形成"气候"。

表 14-1　Sun Pharma 早期的财务表现（单位：百万印度卢比）

年份	1992	1993	1994	1995	1996	1997	1998	1999	2000	2001
总营收	323	531	939	1311	1909	2817	3595	4810	6211	7590
净利润	25	74	214	370	491	561	590	907	1352	1686
出口	16	34	83	275	309	507	894	1137	1181	1396
研发投入	25	45	34	43	70	112	98	200	250	336
净资产	64	168	929	1271	1695	2177	3093	3647	4654	5356

二、Sun Pharma 的出海

印度在 1970 年实施了《专利法》以后，创新药在印度得不到有效保护，在原研药获批后不久便有仿制药上市，但因为激烈的竞争和印度政府严格的价格限制，20 世纪 80 年代的印度是全球药价最低的国家之一。市场规模小而竞争激烈，利润被无限摊薄，这样的印度市场已经不能满足仿制药巨头们的发展需求，于是在 80 年代后期，Ranbaxy 和 Dr. Reedy 等企业开始策划出海。尽管当时的 Sun Pharma 也受到"出海风"的影响，但实力较弱，只能将少量的产品出口到周边国家，到 1992 年时，该公司的出口额也只有 2500 万卢比，在营收中的占比不足 10%。为了进一步扩大海外市场，Sun Pharma 与 Dr. Reddy 一样，向前苏联国家和西方国家同时进军，于 1993 年在莫斯科和多伦多成立办事处，以进一步扩大出口份额。

1995 年，印度加入了 WTO，这为印度企业的出海提供了便利，于是在 1995 年以后，Sun Pharma 的出口额开始快速上涨。由于海外有专利的限制，而且制剂技术难度较高，对于早期出海的企业，通常都是以原料打头阵，Panoli 的原料车间建成投产，为该公司的原料出口奠定了基础。为了快速扩大份额，Sun Pharma 在 20 世纪 90 年代后期先后收购了 Knoll Pharma、Lyka Organics、MJ Pharma、Milmet 等多个原料公司，到 2000 年时，Sun Pharma 已经拥有 5 个原料生产基地，原料药销售额达 20.6 亿卢比，约占总营收的三分之一，其中原料药出口 8.4 亿卢比，占出口总额的 73%。

虽然 Sun Pharma 的出口表现已经非常卓越，但在规模上，与 Ranbaxy、Dr. Reddy 等企业相比仍不值得一提。于是在跨世纪的几年间，Sun Pharma 开始布局制剂出海业务。由于在加入 WTO 时，印度政府争取到了专利制度调整的 "10 年缓冲期"，在专利缓冲期内，印度仿制药公司仍可以仿制专利药品，这些产品虽然不能出口，但是在国内依然可以销售。经过多年的缓冲期，印度仿制药公司早已把研发技术和生产工艺 "吃透"，按照欧美的要求重新整理申报文件就能够提交 ANDA 或 MAA。为了在美国这第一大仿制药市场迅速站稳脚跟，Sun Pharma 在 1997 年控股了底特律的药厂 Caraco，因为是不良资产，Sun Pharma 的代价仅为 750 万美元。在重新获得美国 FDA 认证以后，Caraco 就成为 Sun Pharma 产品出口的据点，2000 年时，Caraco 持有的 ANDA 数量达到了 5 个。

从出海模式上而言，Sun Pharma 所采取的模式与 Ranbaxy 和 Dr. Reddy 相比并无明显的差别，都是充分利用了印度原料产业的优势率先原料出海，然后再结合自身和印度仿制药行业的特点进行制剂扩张。但 Sun Pharma 能够后来居上，巧妙布局、精准并购是成功的关键。在上市之后，Sun Pharma 发动了多起小规模兼并，并将这些所谓的 "不良资产"，经过精准地包装和巧妙地盘活，使之成为业务扩大的据点。Ahmednagar 的原料生产厂和底特律 Caraco 制剂厂，经过改造后不久就获得了美国 FDA 的认证，而且生产的产品在短短几年内就相继登陆到美国市场，为 Sun Pharma 的仿制药大规模出海铺平了道路。

表 14-2　Sun Pharma 在 2002~2011 年之间的财务表现（单位：亿印度卢比）

年份	2002	2003	2004	2005	2006	2007	2008	2009	2010	2011
总营收	98	100	123	180	237	350	448	421	608	849
净利润	24	34	40	57	84	155	188	135	182	266
研发投入	10	13	14	20	28	29	33	25	33	44

进入 21 世纪之后，面临专利悬崖的品牌药市场规模越来越大，每年有销售额高达 200 亿美元的产品失去专利保护，美国仿制药市场出现了井喷。但激烈的竞争已经让药品价格快速下降，欧美仿制药巨头为了保障利润，都在想方设法布局高技术壁垒或具有率先上市机会的品种，但印度仿制药公司基于成本和环保的优势，普通品种依然有利可图。因为 "质优价廉"，印度仿制药很快打开了美国市场，而庞大的美国仿制药市场为印度仿制药公司的发展

带来了"狂欢"和"盛宴"。

此时，Sun Pharma 的竞争对手不仅是欧美的仿制药企业，还面临着国内对手的激烈竞争，为了迅速扩大规模，2000 年之后，Sun Pharma 加快了并购的步伐，先后收购了 Pradeep Drug Company、Phlox Pharma、Bryan、Ohio Facility、Chattem Chemicals、Taro Pharma 等多个企业，又从 Women's First Healthcare 买下了"niche"品牌，从 Valeant 买下匈牙利的 ICN 业务，到 2010 年时，Sun Pharma 已经拥有了 225 个 ANDA，总营收达到了 599.13 亿卢比，规模上已赶上了 Dr. Reddy、Lupin、Ranbaxy 和 Cipla 等印度仿制药巨头。

2010 年之后，美国仿制药市场竞争环境虽然进一步加剧，药价也进一步下滑，但对成本低廉的印度仿制药公司而言依然极具诱惑力，各大印度仿制药公司都在加大美国市场的布局。2010~2020 年间，印度制药公司一共获得 2256 个 ANDA 批文，占美国 FDA 此间批准 ANDA 总数的 35.3%。市场方面，在 2014~2021 年间，印度仿制药的市场份额从 12.8% 上升到了 22.5%，销量份额则从 20.5% 上升至 38.8%，逐渐取代美国本土药企，成为美国仿制药市场的中坚力量。而 Sun Pharma 为了跑赢国内竞争对手，先后收购了 Dusa Pharma、Pharmalucence、Ranbaxy、Biosintez 等企业，2021 年持有 512 个 ANDA 文号，销售额也遥遥领先。

继美国市场之后，Sun Pharma 也试图扩大欧洲和日本市场，收购 Ranbaxy 主要就瞄准这个目的。但事实上欧洲和日本市场高度复杂，仅收购一个 Ranbaxy 远远不足以建立领先的优势，所以在 Sun Pharma 的业务版图中，欧洲和日本市场一直不是亮眼的板块，尤其日本市场，该公司还剥离了 Kayaku，大有逃离的趋势。

三、印度仿制药企业的瓶颈

因为美国庞大的市场和简单的运作机制，印度仿制药公司只需要尽量多地开发出产品、尽量低成本的供货就能很快打开市场。所以早期的印度仿制药巨头的战略都比较简单，大多只是简单粗暴地利用国内产业和成本的优势扩大产能，加大研发投入获得更多的 ANDA 批文数量。但随着印度出海企业的增多，印度仿制药公司的竞争对手不仅是欧美仿制药企业，还包括国内同行。近年以来，全球原料市场的龙头地位已经被中国所取代，而且美国市场也出现了萎缩，这种简单而粗暴的发展模式让印度企业的发展步入了瓶颈，销售额增速和盈利水平集体下滑。

表 14-3　印度前五大仿制药巨头销售额对比（$，M）

Company	2017	2018	2019	2020	2021	CACR（%）
Sun	4193	4424	4758	4628	5355	5.01
Aurobindo	2531	2891	3283	3340	3173	4.62
Cipla	2335	2406	2435	2583	2944	4.75
Dr. Reddy	2182	2262	2482	2558	2901	5.54
Lupin	2448	2205	2427	2062	2239	−1.77

注：统一使用了年平均汇率。

由于印度市场较小，仿制药主要供出口，在印度制药企业 2021 年 420 亿美元的总营收中，246 亿美元来自对外出口，而大型公司的出口比重普遍在 70% 以上。因为美国市场简单的运作机制，印度仿制药公司很容易就在美国站稳脚跟，如今能在美国申请 ANDA 的印度仿制药公司有 50 多个，供应了美国市场 38.8% 的仿制药。然而因为这种出色的"成绩"，让印度仿制药巨头对美国市场产生了高度的依赖，前五大印度上市制药公司的销售额中，40%~60% 都来自于美国市场。因此，"世界药房"确切地说是"美国药房"。近年来，随着美国市场的逐渐萎缩，印度仿制药出口增速开始下滑，印度仿制药公司不得不开拓新的市场。

表 14-4　印度药物出口额变化（亿美元）

年份	2010	2011	2012	2013	2014	2015	2016	2017	2018	2019	2020	2021
总出口额	107	133	147	149	154	169	168	173	191	206	244	246
原料与中间体	/	/	/	/	36	36	34	35	39	39	44	44
制剂与生物制品	/	/	/	/	112	126	127	129	142	157	190	190

数据来源：印度药品出口促进委员会（pharmaceutical export promotion council）。

就如 Sun Pharma 的战略口号所说，要"拥抱新市场"。2010 年以后，印度仿制药公司开始加大对欧洲、日本和新兴市场的布局。但事实上，欧洲和日本市场的业务开拓比预想的要难，截至 2021 年，印度仿制药在欧洲仿制药市场的总占有率仅为 8.5%，成功打开欧洲市场的印度仿制药公司屈指可数，而真正建立起领先优势的只有 Intas 和 Aurobindo，包括 Cipla 和 Lupin 在内的诸多印度巨头都没有成功打开欧洲市场。而日本市场更是困难，大部分跨国巨头都是乘兴而至，铩羽而归。因为日本政府的频繁控制药价，大部分跨国巨头都有撤资的迹象，这也包括 Sun Pharma。

欧洲和日本的市场迟迟不能打开，而美国市场却在日益萎缩，印度仿制药在美国市场的"内卷"形势已极其严峻，在巨大的价格压力之下，虽然销量在持续增长，但销售额规模已在登顶后出现了萎缩，2021 年同比下滑了4.4%。这加速了印度仿制药公司开拓新市场的诉求。近年来，印度仿制药巨头在我国市场的表现高度活跃，但目前已现初步起色的只有 Dr. Reddy，当然也有的印度药企也在努力开拓中东市场，Cipla 等巨头在中东已经建立起一定的影响力。

新市场开拓步履维艰，除了继续"啃硬骨头"外，印度仿制药公司也在积极效仿西方，布局高附加值的产品、寻求率先上市的机会等等。近年以来，印度仿制药巨头已经普遍掌握了缓控释载药技术，缓控释制剂的销售额占比越来越高，这使得缓控释制剂不再是西方仿制药巨头眼中的"高门槛"，也是诸多缓控释载药技术公司消失的一大原因。除了口服缓控释制剂，印度仿制药巨头普遍都布局了吸入剂，虽几乎 Top 5 巨头都有吸入剂品种，但真正建立起领先优势的只有 Cipla。另外，对比美国仿制药的平均销售价格不难看出，Sun Pharma 和 Dr. Reddy 在走高附加值产品路线，而 Aurobindo、Cipla 和 Intas 在走低端产品路线，Sun Pharma 单位销量的平均价格分别是 Aurobindo、Cipla 和 Intas 的 2.5 倍、2.9 倍和 2.9 倍。时至今日，Aurobindo 已经超越了 Sun Pharma 和 Lupin，成为美国市场最具发言权的印度仿制药企业，该公司在美国仿制药市场的销量排名第二，但销售额排名仅第七。

随着仿制药竞争的逐渐加剧，素有低成本著称的印度也感觉到了压力，五大巨头的平均净利润水平从 2010 年的 18.0% 下降至 2021 年的 6.8%，为此，部分企业提出了优化成本，提升效率的口号。随着印度经济的高速发展，国民收入也正在提高，这种人力成本的红利正在逐步下降，加之原料药的龙头地位被中国企业抢走甚至高度依赖中国的原料供货（IPA 数据显示，印度80% 的原料来自中国），印度仿制药的利润空间正在不断收窄。为此，印度仿制药巨头开始注重人员效率的提升，但就目前印度的产业情况而言，基础设施普遍落后，工人素质普遍偏低，要实现大幅的效率提升也不是件容易的事。不过相比西方和日本，印度仿制药公司的效率具有巨大的提升空间，目前印度前五大药企的人均年创收在 10 万 ~15 万美元之间，仅为 Teva、Sandoz 的三分之一，Sawai、Nichiiko 的五分之一。

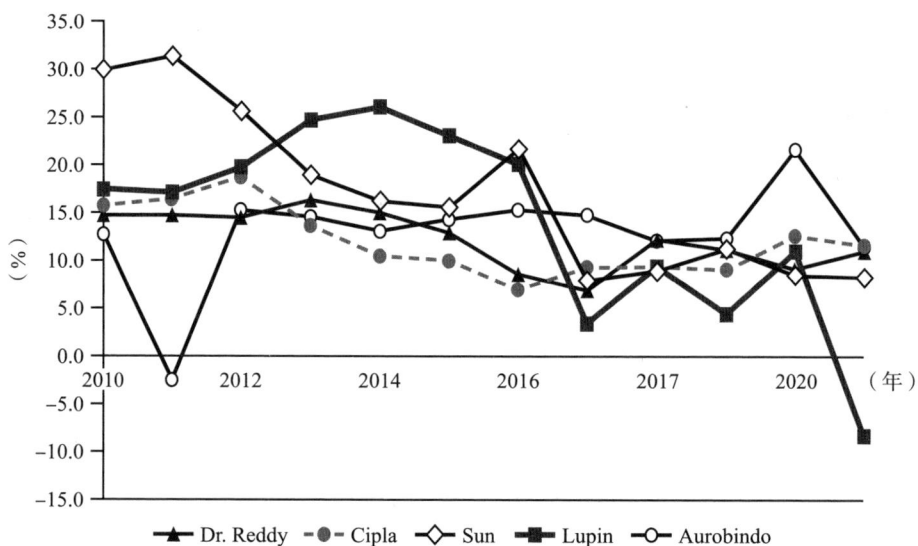

图 14-1　印度前五大仿制药巨头的盈利水平变化（净利润 / 总营收）

除了上述举措，近年来印度仿制药巨头的最显著的表现就是在大力开拓本土市场。一方面是印度经济开始腾飞，国内药品市场在快速增长，而且还将有很长一段时间的红利期，另一方面，2005 年以后，印度的药品专利已经与国际接轨，国际创新药开始大规模返回印度市场，印度仿制药巨头通过代卖西方创新药而赚到大量的现金，事实上，本土销售额的快速增长，是印度五大巨头近年来销售额保持增长的最主要原因。

四、Sun Pharma 的近年布局

为了保持高速发展，Sun Pharma 在战略上进行了诸多调整，2012 年返聘了前 Teva CEO Israel Makov 挂职董事长，但实际控制权还是由创始人 Dilip S. Shanghvi 和其姐（妹）夫 Sudhir V. Valia 掌握。在 Israel Makov 的帮助下，Sun Pharma 开始精细化地规划了发展战略，收购了印度仿制药巨头 Ranbaxy。通过对 Ranbaxy 的收购，Sun Pharma 的业务版图得以扩大或强化，尤其是欧洲市场。

虽然 Ranbaxy 为 Sun Pharma 带来巨大的互补效应，但这家公司毕竟是出了问题的不良资产，为了尽快地包装和融合这家公司，Sun Pharma 参考西方仿制药企业的运营方式，为自己的长期发展规划了清晰的战略。由此，该公司提出了四大举措以实现业务的长期持续增长。①通过"提高特色业务的份额""瞄准技术复杂的产品以实现产品差异化""聚焦关键市场以发挥最大量化效益""加快上市速度""确保符合全球监管要求"等方式，创造可持续的收入来源；②通过收购或合作弥补能力差距，聚焦获得产品、技术与市场占有率的机会，确保收购产生高投资回报，关注投资回报时间；③通过"垂直化运营""优化运营成本"以获得成本优势；④关注投资收益平衡，加强复杂和特色产品、差异化产品的打造。

随着该战略的实施，Sun Pharma 明显加大了高难度制剂的开发，缓控释、吸入和滴眼液等制剂在总销售额中的占比明显提高，在美国销售仿制药的单位均价是印度公司平均值的 1.8 倍，中位值的 2 倍。除此以外，Sun Pharma 还与多家公司达成了合作，共同孵化新产品，在地域上进一步加大欧洲市场和印度本土市场的影响力。虽然在印度新专利制度实施后，印度制药企业无法再随心所欲地仿制专利药品，但跨国巨头的创新药也开始再次涌入印度，这为"进入瓶颈"的印度仿制药巨头们带来"枯木逢春"般的机遇。为此，Sun Pharma 提出了"通过产品授权引进，保持高品牌质量和市场领先地位"的战略，与默沙东和阿斯利康达成授权协议，在印度境内代卖西格列汀、替格瑞洛、达格列净等产品，逐渐在国内建立起强大的品牌药管线，在 2021 年的营收达到了 1334 亿卢比，比重从 2016 年的 24% 上升到 34%。除了打造本

土市场，Sun Pharma 也在积极构建区域性品牌药市场，从 GSK 买下了澳大利亚的阿片药物管线，从日本诺华一次性买进 14 个产品包……

表 14-5　Sun Pharma 在 2012~2021 年之间的财务表现（单位：亿印度卢比）

年份	2012	2013	2014	2015	2016	2017	2018	2019	2020	2021
总营收	1169	1663	2794	2915	3220	2733	3009	3347	3433	3958
净利润	298	314	454	455	696	210	267	376	290	327
研发投入	70	104	196	230	231	225	198	197	215	222

　　除了以上举措，近年来 Sun Pharma 最明显的动作就是打造特色的专科药管线。Sun Pharma 的特色专科药布局与欧美仿制药巨头的转型路线相似，治疗领域聚焦于皮肤和眼科，通过载药技术和授权购买的方式建立特色化产品组合。在皮肤科方面，Sun Pharma 在收购 Taro 和 Dusa 时获得了皮肤病用药产品包，2014 年通过授权得到了 Tildrakizumab（替拉珠单抗），并与原有的 Sotret（异维甲酸）、Lulicon（卢立康唑）和 Duac（克林霉素/过氧化苯甲酰）组成初步的仿制药－品牌药混搭管线，此后该公司又收购了日本 Pola Pharma，进一步扩大了业务范围。眼科方面，Sun Pharma 在原有仿制药产品包的基础上，先后收购了 InSite Vision、Ocular Technologies 等公司，并自主开发了 BromSite/Megabrom（溴芬酸钠）、Cequa（环孢素）、Xelpros（拉坦前列素）等产品，眼科的品牌药－仿制药混搭管线也初步形成。截至 2021 年，Sun Pharma 共有 54 个 NDA（新药申请）获得批准，合计销售额超 3 亿美元，占总销售额的 8%。

　　在成功的布局之下，Sun Pharma 在 2017 年之后逐渐打破了"瓶颈"，销售额再次实现了增长，2021 年的总销售额为 3958 亿卢比，相比 2017 年增长了 44.82%，且逐渐降低了对美国市场的依赖，欧洲市场和本土市场的销售额开始稳步增长，资产也一直保持在一个良好的状态。

四、总结与讨论

　　Sun Pharma 的发家思路和出海模式与其他仿制药巨头相比，并无明显异同，都是先发展国内业务，然后原料出海，最后再制剂出海。但是 Sun Pharma 能够后来居上，成为印度最大的制药巨头，原因可能有以下六点：一是在仿制药上，Sun Pharma 非常重视研发，积极布局高技术壁垒的原料和制剂，积极抢夺首仿；二是巧妙地利用了印度医药专利制度变革带来的良机，不但快速地扩充了国内的产品线，而且为出海铺平了道路。三是积极并购，擅于包装、整合，能够把低价并购来的"不良资产"迅速变"废"为宝；四是坚持发展原料，自 1995 年布局原料以来，原料药一直是 Sun Pharma 的主营板块之一，2020 年销售额 205 亿卢比，依然是一块增长型的业务；五是转型策略奏效，逐渐打破了印度仿制药企业普遍存在的瓶颈；六是在 2010 年以前没有大规模布局创新药，Dr. Reddy 和 Ranbaxy 都因创新药而马失前蹄，这为 Sun Pharma 带来了赶超的机会。

尽管 Sun Pharma 已经非常成功，但依然美中有不足。2015 年以后，其销售额增长明显放缓，在 2016~2020 年间，总销售额仅增长了 6.6%，净利润下降了 58%。虽然近年来通过发展本土市场而使得销售额开始重新上涨，但也错过了很多机会。一是没有占到欧洲仿制药市场的领先地位，错过了欧洲仿制药发展的黄金时期；二是没有形成强大的 biosimilar 管线，将继续错过 biosimilar 带来的新一波狂欢和盛宴；三是虽然该公司一直强调效率，但人均产出与欧美仿制药巨头差距越拉越大。

或许，印度这种"人力密集型"的仿制药产业与欧美等高收入国家相比，的确存在诸多优势，但在有限的市场规模下，印度仿制药企业之间还存在相互竞争，故印度仿制药企业想要进一步增大市场份额，就必须注重效率的提升。另外，这种低人力成本并不是持续的，随着印度经济的逐渐发展，这种红利将会逐渐消退。就目前而言，印度前五大药企的平均净利润水平仅有 6.8%，如果再不降本增效，亏损可能接踵而至。

━━━━━━━━ Sun Pharma 收购的企业一览 ━━━━━━━━

1996 年，收购 Knoll Pharma 的德国原料生产基地，价格未知

1996 年，收购 Lyka Organics，获得美国 FDA 认证的头孢氨苄原料和 7-ADCA 生产线，价格未知

1997 年，控股底特律 Caraco 药厂，750 万美元，2000 年全资收购

1997 年，持股 MJ Pharma，获得 MHRA 认证的头孢氨苄胶囊生产线，价格未知

1997 年，收购 TDPL，价格未知

1999 年，收购 Milmet，获得头孢菌素和 –ADCA 生产线，价格未知

2000 年，收购 Pradeep Drug Company，价格未知

2004 年，收购 Phlox Pharma，获得欧盟认证的头孢菌素原料生产线，价格未知

2005 年，收购俄亥俄州 Bryan 的生产线，价格未知

2005 年，收购 Valeant 的匈牙利业务 ICN，价格未知

2007 年，收购以色列仿制药企 Taro Pharma，（2010 年完成收购），扩大在北美市场份额，4.54 亿美元

2007 年，控股 Kayaku，布局日本仿制药市场，价格未知

2008 年，收购印度麻醉药品原料公司 Chattem Chemicals，价格未知；

2012 年，从武田收购 URL 公司的仿制药业务，价格未知

2012 年，收购 Dusa Pharma，价格未知

2014 年，收购 Pharmalucence，价格未知

2014 年，收购印度仿制药巨头 Ranbaxy，40 亿美元

2015 年，收购 GSK 的澳大利亚阿片药物业务，价格未知

2015 年，收购 InSite Vision，获得眼科药物产品包

2016 年，收购诺华日本 14 个专利到期的品牌药，2.93 亿美元

2016 年，收购 Ocular Technologies Sarl，增强眼科产品线，4000 万美元

2016 年，收购 JSC Biosintez，增强俄罗斯影响力，3600 万美元

2017 年，收购 Seciera，增强眼科产品线，价格未知

2019 年，收购日本 Pola Pharma，增强全球皮肤科产品线，价格未知

参考文献

［1］ Sun Pharma.Sun Pharma 年 度 报 告（2000 年 –2021 年 ）［EB/OL］. https:// sunpharma.com/investors–annual–reports–presentations/

［2］ Sunsigns. Dilip Shanghvi Biography，Life，Interesting Facts［DB/OL］. https:// www.sunsigns.org/famousbirthdays/d/profile/dilip–shanghvi/

［3］ 李扬，池慧. 印度医药专利战略及其对我国的启示［J］. 中国药事，2012, 26 （5）：529–533.

［4］ 李宁娟，高山行. 印度仿制药发展的制度因素分析及对我国的借鉴［J］. 科 技进步与对策，2016, 33（19）：47–53.

［5］ Thakur V，RamachaS. Pharmaceutical Business Strategy：A Generics Perspective ［J］. JIPR，2012, 17：486–496.

［6］ Agarwal NB. Pharmaceutical Medicine and Translational Clinical Research ‖ Pharmaceutical Regulations in India［M］. Massachusetts，US：Academic Press, 2017. doi：10.1016/B978–0–12–802103–3.00013–4.

［7］ Grant T. "Sun Pharmaceutical Industries Ltd." International Directory of Company Histories. Vol. 138［M］. Detroit，MI：St. James Press，2012.

［8］ Venkateswarlu K. Mergers and Acquisitions：Boom in the Indian Pharma Industry ［J］. UPI Journal of Business Management and Computer Applications，2018, 1 （1）：26–30.

［9］ Patjoshi PM，Nandini G. Trends of Liquidity Management and their Impact on Financial Performance of CIPLA and SUN pharma［J］. Indian Journal of Natural Sciences，2020, 10（59）：18610–18619.

［10］ 陈文静，臧运森，汤少梁. 印度太阳药业发展经验及其对我国药企发展的借 鉴［J］. 中国新药杂志，2017（4）：19–23.

［11］ 任晓明. 印度仿制药产业现状及发展策略浅析［J］. 全球科技经济瞭望, 2013, 28（2）：10–15.

［12］ 谈俊. 印度制药产业创新能力探讨及其对中国的启示［J］. 时代经贸, 2012（35）：107–108.

第十五章
Dr. Reddy：印度仿制药出海模式的开拓者

Dr. Reddy's Lab（简称 Dr. Reddy，瑞迪博士）总部位于印度的海得拉巴（Hyderabad），拥有 2.48 万名员工，2021 年总销售额为 28.3 亿美元，是印度第四大仿制药巨头。由于 20 世纪 80 年代的印度仿制药市场较小，Dr. Reddy 和 Ranbaxy 是印度最早出海的仿制药企业。虽然起步较 Ranbaxy 晚，但该公司一开始就瞄准了高附加值的仿制药，并于 2006 年实现了弯道超车。2010 年以后，Dr. Reddy 的公司发展遇到了瓶颈，又相继被其他印度的仿制药巨头超越，2021 年销售额仅能排在第四位。Dr. Reddy 的成功源自对印度仿制药出海模式的完善，而失意来自创新药转型的失败。

一、从原料出海到制剂出海

Dr. Reddy 的创始人 Anji Reddy 出生于 Andra Pradesh（安得拉邦）的一个富农家庭，早年在孟买学习了药理学，随后又获得了化学博士学位。毕业后，Reddy 在印度国有制药企业 IDPL 工作了一段时间，进一步丰富了制药知识。1970 年，甘地政府为了降低广大印度人民的医疗保健成本，废除了对药品的专利保护，让印度人可以随心所欲地仿制欧美上市的新药。此举为印度的本土制药行业输入了巨大的活力，Reddy 也在 20 世纪 70 年代中期置办了自己的实验室，并开始对外出售原料药。

20 世纪 80 年代以后，Reddy 也希望能够自己制造产品并上市销售，于是在 1984 年用 4 万美元存款和 12 万美元贷款，在 Jeedimetla 建立了第一个生产工厂，该工厂拥有 6 条多吨级别的布洛芬原料生产线。1986 年，Dr. Reddy 的甲基多巴原料首次出口到德国，迈出了出海之路的第一步。1987 年，Jeedimetla 的生产设施通过了美国 FDA 的认证，随后其布洛芬原料广泛出口到美国、欧洲和日本等地，年销量超过了 400 吨。

为了继续扩大原料出口业务，Reddy 发起了该公司历史上的第一次收购，兼并了另一家原料公司 Benzex Laboratories，到 20 世纪 90 年代初期，Dr. Reddy 已经成为全印度最大的原料出口商之一。随后，Reddy 相继在美国和欧洲开设了分公司，以扩大原料药的销售，90 年代中后期，Dr. Reddy 又建立了多个原料生产设施，并将业务扩大到了俄罗斯，到 2000 年时，该公司的原料销售规模首次达到了 1 亿美元。

除了不受专利的限制，20 世纪 80 年代的印度药品准入门槛也很低，很快就能开发上市。1986 年，Dr. Reddy 首个制剂工厂建成投产，并于第二年迎来了首个产品 Norilet（诺氟沙星）。在随后的几年里，Dr. Reddy 因仿制了多个产品而得到了极快的发展，但低门槛的生意竞争必然十分激烈，药品生产企业数量飞速上升，到 90 年代，印度的仿制药企业数量达 2 万家之多。大部分产品有上百家企业同时生产销售，大家都在拼命鼓吹自家产品的优势以扩大销售。

20 世纪 90 年代初期，Reddy 和其他的印度制药公司一样，也在拼命地"吹嘘"自己的仿制药品。但 Reddy 的女婿 G.V. Prasad 逐渐预示到政策风向的改变，他认为印度想要加入世界贸易组织（WTO），政府可能在国际制药公司的压力下会重新认可药物的专利，加之印度制药行业激烈的竞争，生产仿制药品几乎已经无利可图，公司必须在战略上转变。于是 1992 年，Dr. Reddy 建立了新药研发实验室，开始布局化学结构改造新药（me-too）的研发，在 90 年代先后合成了 Balaglitazone 和 Ragaglitazar 两大产品，不过这两个产品最终都未获得美国 FDA 的批准。

虽然转型初期，两大产品都取得了一定的成就，还与诺和诺德建立了授权合作，但新药研发并不是 Dr. Reddy 的擅长，也无法在短时间内为公司带来业绩的改变。在竞争日益加剧的背景之下，该公司不得不复制原料出海的成功经验，开启了制剂出海的道路。虽然此时的 Ranboxy 在制剂出海上已经积累了丰富的经验而在印度国内名声大噪，但 Reddy 并没有一味地复制 Ranboxy 的模式，Reddy 所瞄准的是"高附加值"的仿制药品。

1991 年，Dr. Reddy 仿制的奥美拉唑在印度上市，这比原研洛赛克在美国的获批时间仅晚了两年。因为长期生产奥美拉唑，该产品的工艺已经被 Reddy "吃透"，于是在 1997 年向美国 FDA 提交了奥美拉唑的 ANDA，希望能抢到首仿并获得市场独占期。然而阿斯利康用巧妙地利用美国专利制度的漏洞，将市场独占时间延长至 2003 年底，所以奥美拉唑并未给 Dr. Reddy 带来出海路上的第一桶金。相反，带来第一桶金的是氟西汀，Dr. Reddy 获得了氟西汀 40mg 的首仿，并成功拿到了 6 个月的市场独占期，Dr. Reddy 从中赚到了 6700 万美元的销售额。因为受氟西汀的拉动，该公司 2001 年的净利润首次超过了 1 亿美元，在美国拥有的 ANDA 文号数首次达到了 10 个。

为了配合业务的增长，在跨世纪的几年间，Dr. Reddy 收购了 American Remedies、Cheminor Drugs、BMS Laboratories 等公司，不但扩大了美国业务，还首次进入英国市场，通过对 Cheminor 的收购，Dr. Reddy 正式成为印度第三的制药企业，并成功在美国纽约证券交易所挂牌上市。

二、Prasad 掌舵的十八年

2001 年，创始人的女婿接任了 CEO 的职务，此时的 Dr. Reddy 已经是一个年销售额超过 3 亿美元，65% 销售额来自海外的印度第三大制药企业。由于 2000~2010 年为美欧仿制药市场快速发展的黄金时期，印度仿制药企业只要充分利用好印度的成本优势，加大出口就能谋得迅速地发展。所以在 21 世纪之初，Reddy 的发展战略就是打破研发和生产的瓶颈，增加新的产品线以应对国内外需求的增长。

表 15-1　Dr. Reddy 高速发展期的财务表现（百万美元）

年份	2000	2001	2002	2003	2004	2005	2006	2007	2008	2009
总营收	234	350	380	460	446	563	1510	1250	1365	1563
研发投入	12	16	29	46	58	50	57	88	79	84
营业利润	32	107	70	54	−4	33	260	59	−56	45

续表

年份	2000	2001	2002	2003	2004	2005	2006	2007	2008	2009
净利润	16	104	74	57	211	38	216	96	-102	24
总资产	272	399	486	613	671	1546	2013	2141	1647	1787
净资产	120	325	396	485	480	622	989	1184	827	955

为了打破所谓的"瓶颈"，Dr. Reddy 将公司的业务整合成原料（API）、制剂、仿制药、生物技术与关键护理、药品海关服务（CPS）等几大板块，并根据各自不同的业务特点进行各自打造。根据 2004 年报数据，各大板块的业务在总销售额中的占比分别为 36%、40%、18%、3% 和 2%。虽然该公司从各个方向上做了不少努力，但大部分业务增长有限，只有仿制药业务独树一帜。

为了抓住美国仿制药市场快速发展的黄金时期所带来的机遇，Dr. Reddy 大幅增加了 ANDA 申报量，到 2010 年时，该公司已经累计申报了 180 余个 ANDA，其中 103 个获得了美国 FDA 批准。由于在氟西汀上吃到了甜头，Dr. Reddy 的 paragraph 4 类申请一直比较活跃，挑战专利申报数占总申报数的 55.8%，昂丹司琼和舒马曲坦分别在 2006 年和 2008 年获得 180 天的市场独占期，分别为 Dr. Reddy 带来 28.9 亿和 78.9 亿卢比的销售额增长。

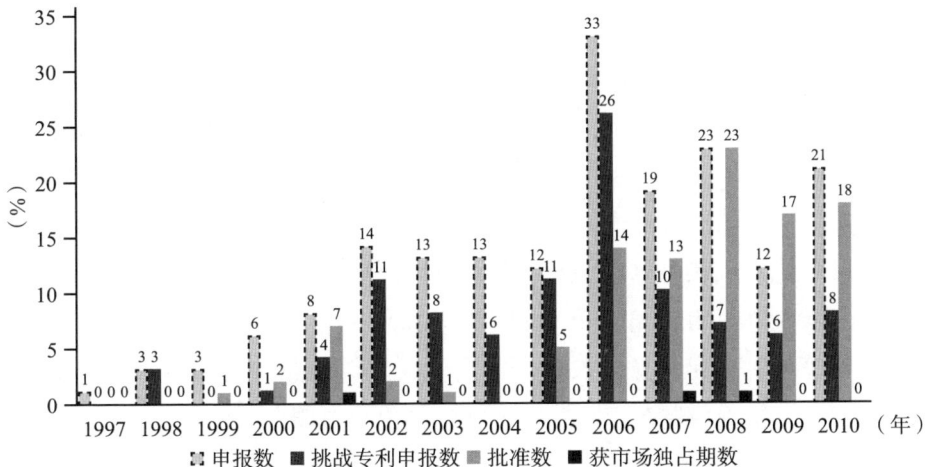

图 15-1　Dr. Reddy 的 ANDA 申报和批准数量变化

2000 年以后，欧洲国家开始大力推行仿制药替代，仿制药市场也呈现出爆炸式增长，但在 2005 年以前，Dr. Reddy 几乎没有申报欧洲的 MAA，仅在前苏联国家拥有一定的市场份额。为了抓住欧洲市场快速增长所带来的机遇，Dr. Reddy 迅速在欧洲布局，收购了多家欧洲仿制药公司，并于 2006 年，吞并了德国第四大仿制药企业 Betapharm。随着 Betapharm 的并入，欧洲业务迅速打破了僵局，为该公司奉献了高达 20% 的销售额。因为销售额的暴涨，Dr. Reddy 还成功超越了 Ranbaxy，成为印度第一大仿制药巨头。

表 15-2　Dr. Reddy 收购 Betapharm 后的欧洲营收表现

年份	2006	2007	2008	2009	2010	2011	2012	2013
销售额（亿卢比）	96	102	119	95	84	83	77	70
占总营收比重（%）	14.8	20.5	17.1	13.4	11.3	8.5	6.4	5.1

Betapharm 虽然为 Dr. Reddy 的总营收带来了暴增，但是由于 Dr. Reddy 此前没有大量申报 MAA，而且 Betapharm 的业务主要集中在德国，随着德国药价控制的层层加码，每一轮招采，价格都在下降，销售在 2008 年登顶后，逐步下滑。不过这一时期，因为美国业务的高速增长，加之有两个产品市场独占期的助力，Dr. Reddy 的仿制药销售额从 2000 年的 700 万美元增加至 2009 年的 10.81 亿美元，10 年间翻了 15 倍。

随着仿制药业务的不断扩大，占总营收的比重达到了 70% 以上，为了促进业务的发展，Dr. Reddy 在 2008 年又进行了业务调整。根据业务的不同特点，分别整合为全球仿制药部门（Global Generics）、专利药部门和原料与药品服务部门（PSAI）。而为了促进三大业务的发展，该公司也重新规划了发展战略。全球仿制药业务方面，由于仿制药的憧憬非常光明，公司要加快步伐，扩大业务版图。控制从 API 到研发生产的整个供应链，以帮助公司能够及时地提供高质量、具有价格竞争力的产品。继续利用现有的产品开发平台，以扩大产品管线并满足日益增长的产品需求；原料业务方面，要确保业务合作伙伴能够率先推出仿制药，确保他们在产品的生命周期内保持竞争力和盈利；专利药业务方面，创新药要求聚焦于代谢、心血管、肿瘤、疼痛与炎症和细菌感染几大治疗领域，而专科药则聚焦于皮肤病领域。

2010 年以后，该发展战略得到进一步深化，尤其是研发战略。由于此时的 Dr. Reddy 已经是一家年销售额超过 15 亿美元的仿制药巨擘，在研发上更加强调创新，要求强化科学和技术能力优势，包括原料合成能力、制剂开发能力、生物制剂开发能力、小分子发现能力和专利布局与挑战能力。对于仿制药业务，要求品牌仿制药建立差异化的产品组合，以引起医生与患者的注意，而非品牌仿制药则强调率先推向市场的能力。对于原料药业务，要求利用原料合成技术和专利技术优势，提供有价格竞争力的产品。而对专利药业务，要求专科药建立差异化的产品包，包括布局改变药动学特征、添加新适应症的产品，产品聚焦于皮肤病；要求创新药聚焦于代谢、心血管、肿瘤、疼痛与炎症和细菌感染等几大治疗领域，要求积极对外合作，通过授权引进、合作开发等方式推出新品。事实上，Dr. Reddy 的创新药布局始于 90 年代，到 2010 年前后，Dr. Reddy 拥有 27 个项目同时在推进，7 个产品已经开展临床试验。biosimilar 方面，该公司的利妥昔单抗、达依泊汀（二代促红素）已经在印度获批上市。

为了强调创新，为了体现转型，Dr. Reddy 在英国剑桥成立了创新药研发中心，并逐渐提高的研发投入，研发投入水平从 2009 年的 5.37% 提高至 2016 年的 13.86%，几乎已经达到部分国际品牌药巨头的水准。虽然在此期间，Prasad 的战略每年有略微的调整，但并没有显著的改变。因为一心投研发，一心搞创新，2010 年之后，Prasad 并未再开展大规模的并购。

为了扩大产品的供应能力，Prasad 提出"确保我们的产品在货架上"的口号，大幅增加了生产和销售人员规模，在 2011~2018 年间，Dr. Reddy 的生产人员翻了 1.7 倍，销售人员 1.6 倍，但研发人员仅翻了 1.1 倍。因为业务未发生大的变革，该公司的发展也遇到了真正的"瓶颈"，在此期间，销售额仅从 19 亿美元增加到 22 亿美元，净利润也没有明显的变化。

表 15-3　Dr. Reddy 平稳发展期的财务表现（百万美元）

年份	2010	2011	2012	2013	2014	2015	2016	2017	2018
总营收	1677	1901	2133	2203	2378	2335	2171	2181	2225
研发投入	114	116	141	207	280	269	301	281	226
营业利润	284	359	387	434	422	447	208	183	302

年份	2010	2011	2012	2013	2014	2015	2016	2017	2018
净利润	248	280	308	359	356	302	186	151	272
总资产	2133	2348	2611	2837	3126	3134	3390	3465	3259
净资产	1033	1129	1341	1513	1786	1937	1913	1942	2072

2016 年之后，Dr. Reddy 的新药梦几乎破裂，专利药业务进一步聚焦于专科药，强调开发 505b（2）产品，以建立差异化的产品包，并逐渐下调了研发投入水平。2019 年，Prasad 退休。在他担任 Dr. Reddy 十八年半的时间里，他通过前 10 年的努力将一个年销售额 3 亿美元的中型公司发展到年销售额 19 亿美元的印度第一大制药巨头，但最后八年他过于求稳，一心砸创新药，让公司的发展陷入了瓶颈，最终在 2013 年被 Sun pharma 超越，2016 年之后又被其他三个巨头先后超越，离任时勉强保住印度第四的位置。不过保守战略也并非一无是处，Dr. Reddy 的负债率从 2010 年的 52% 一直下降至 33%。

三、打破瓶颈，再次起飞

2019 年 8 月，原首席运营官兼原料业务总裁 Erez Israeli 继任了 CEO 的职位，他从 Prasad 接过的是一个拥有 169 个 ANDA 批文，销售额超过 22 亿美元，且资产状况良好的印度第四大仿制药巨头。

Erez Israeli 是以色列人，拥有博士和 MBA 双学历，早年在 Teva 工作，具有非常丰富的从业经验。他上任以后，快速规划了企业的新发展战略，强调在选定的空间发挥领导作用，卓越地运营和持续地改进，以患者为中心的产品创新。其核心是聚焦产品组合、以患者为中心、提高人员数量和产品质量、实现业务的持续增长。而战略的实施方法主要包括①开发难于制造或有知识产权的产品；②品牌仿制药聚焦首先上市的机会、聚焦差异化的产品，在销售能力不成熟的地区与第三方建立合作；③非品牌仿制药要确保强大的开发能力，瞄准率先上市、难于制造、技术挑战的产品；④生物仿制药要通过工艺开发和相关临床研究，加速全球化审批；⑤原料业务要定位于有自主知识产权、技术和价格有优势的产品；⑥专利药业务要聚焦配方差异化，临床需求未满足的产品；⑦运营上，追求安全、质量、高效运营和领导力。

2015 年之后，美国市场竞争白热化，市场开始萎缩，而 Prasad 时期的 Reddy 又过于依赖北美市场（主要是美国市场），在该公司 2011~2018 年之间，平均 52% 的销售额都来自于北美市场，尤其是 2015~2016 年，北美市场的销售额占比一度接近了 60%，而在欧洲的市场却迟迟没有打开。为此，Erez Israeli 上任以后，在努力加大欧洲市场份额的同时，加大新兴市场的开发，尤其是南非、中国、巴西和澳大利亚等，出售了美国地区部分"品牌"药的权益，扩大研发人员规模和加强 biosimilar 的开发。另外，近年来，印度本土市场随着经济的高速发展也在迅速增长，Erez Israeli 带领下的 Dr. Reddy 的另一大表现是大幅增加了销售人员规模，更加重视印度本土市场的开发，短短 3 年多时间里，该公司的本土销售额翻了 1.3 倍。

虽然 Erez Israeli 并未开展大规模的兼并，但近年来 Reddy 公司的业绩得到了明显的提升，销售额从接任时的 22.15 亿美元增长到 2021 年的 28.26 亿美元，净资产也从 20 亿美元增加到了 25 亿美元。因为出色的业绩表现，Dr. Reddy 的股票在仿制药行业集体走衰的情况下实现了上涨，市值在 2021 年 7 月达到历史最大值 125 亿美元。

四、总结与讨论

Dr. Reddy 是印度第一批出海的仿制药企业之一，如果说 Ranbaxy 是印度仿制药出海模式的开创者和探索人，那么 Dr. Reddy 就是这种模式的开拓者。相比 Ranbaxy，Dr. Reddy 虽然拿到首个 ANDA 的时间晚了 4 年，但该公司一开始就瞄准了高难度、挑战专利的产品。因为重视高难度产品的开发，Dr. Reddy 实现了弯道超车而成为了印度第一大仿制药巨头。但随着龙头地位的确立，该公司由于过于自信而向创新药转型，最终转型失败而陷入了瓶颈。

因为强调创新，Dr. Reddy 在印度五大上市仿制药巨头中，研发投入水平最高。虽然该公司一直强调创新，但是一直在砸创新药，没有像 Sun pharma 一样"脚踏实地"建立起强大的专科药管线，而且如今在美国市场销售仿制药的单位均价，也仅有 Sun pharma 四分之三，原有的高端仿制药特色正在逐渐消失。另外，由于该公司在高速发展的几年里，并未注重开拓欧洲市场，进而错过了欧洲仿制药市场的黄金时期。虽然在陷入瓶颈以后，Dr. Reddy 明显加大了对欧洲市场的布局，但并未建立起领先的优势。随着美国仿制药市场的逐步萎缩，Dr. Reddy 必须开拓新的市场来支持销售额增长，除了硬啃欧洲市场的骨头外，Dr. Reddy 也在积极开拓印度本土市场和中国市场，随着中国集采制度的实施，该公司在中国业务逐渐得以破局，如今销售额已近 2 亿美元。

表 15-4　印度五大仿制药巨头的研发投入水平比较（%）

年份	2012	2013	2014	2015	2016	2017	2018	2019	2020	2021
Aurobindo	4.0	3.3	2.6	3.0	3.3	4.0	4.4	4.1	6.1	6.7
Cipla	5.1	5.1	7.4	7.5	7.0	6.4	6.2	5.7	4.1	4.3
Lupin	7.9	8.3	8.5	12.0	13.1	11.4	10.5	10.8	7.3	6.9
Dr. Reddy	6.6	9.4	11.8	11.5	13.9	12.9	10.2	8.8	8.7	8.1
Sun pharma	6.0	6.3	7.0	7.9	7.2	8.2	6.6	5.9	6.2	5.6

在效率方面，印度仿制药企业均不占优，人均年销售额几乎都处于10~15 万美元之间，Dr. Reddy 2021 年的人均销售额为 11.4 万美元，在印度五大上市巨头中处于偏低的水平。Dr. Reddy 的员工规模几乎与 Sandoz 相当，但销售额几乎相差 4 倍，盈利水平却几乎相同，这充分说明印度廉价劳动力的优势和产业优势具有其他国家的无法比拟性。不过，仿制药作为制药产业中的低端产业链，在全球化经济的大背景之下，低端制造业向中低收入国家转移是无法避免的趋势，随着印度经济的高速发展，这种优势会慢慢减弱，产业链或许又会向更低收入的国家转移。对于印度企业而言，优化效率或许是未来制胜的关键。

------ Dr. Reddy 兼并的企业或业务 ------

2001 年，收购英国 BMS Lab，900 万英镑

2003 年，收购英国 Meridian Healthcare，价格未知

2004 年，收购美国 Trigenesis Therap，扩大皮肤产品管线，1100 万美元

2005 年，收购墨西哥 Quimicas Falcon，6 万美元

2006 年，收购德国第四大仿制药企业 Betapharm Group，5.7 亿美元

2008 年，收购 BASF 的药品生产工厂，4000 万美元

2008 年，收购陶氏化学的小分子药生产工厂 Dowpharma，3200 万美元

2008 年，收购意大利仿制药公司 Jet Generici Srl，230 万欧元

2008 年，买断 Perlecan Pharm 公司的所有权

2012 年，收购荷兰药企 OctoPlus N.V.，价格未知

2015 年，收购 UCB 在印度的成熟产品包

2021 年，收购 Wockhardt 的生产工厂 Formulation Baddi Plant 3

2022 年，收购了德国公司 Nimbus Health GmbH，3.37 亿卢比

参考文献

［1］Pederson JP, Ferrara MH. "Dr. Reddy's Laboratories Ltd." International Directory of Company Histories. Vol. 59［M］. Detroit, MI：St. James Press, 2004.

［2］Dr. Reddy's Laboratories. Annual report 2000–2001［EB/OL］. https://www.drreddys.com/investor#reports–and–filing#annual–report.

［3］Dr. Reddy's Laboratories. Financial report 2000–2001［EB/OL］. https://www.drreddys.com/investor#reports–and–filing#sec–filing.

［4］India Brand Equity Foundation（IBEF）. Indian pharma industry to touch US$ 130 billion by 2030［EB/OL］. https://www.ibef.org/blogs/indian–pharma–industry–to–touch–us–130–billion–by–2030.

［5］Business Essay. Dr. Reddy's Pharmaceutical Company：Case Study. Retrieved from https://business–essay.com/dr–reddys–pharmaceutical–company–case–study/

第十六章
Aurobindo：化工原料企业改行做制剂的成功典范

Aurobindo（阿拉宾度）总部位于印度的海得拉巴（Hyderabad），2021 年总销售额为 31.73 亿美元，拥有 2.3 万名全职员工，年销药品达 400 亿剂，是印度第二大仿制药巨头。虽然 Aurobindo 与 Dr. Reddy 位于同一城市，但两家公司的发家路径是完全不同的。Aurobindo 是一家以化工原料起家的企业，2005 年以前几乎一直都在做原料药的生意，但此后开始向制剂转型。经过 10 年的不懈努力，该公司将制剂销售额从 18% 提升至 80%，且成功打开了美欧市场，实现了后来居上，超越了 Dr. Reddy 等巨头，成为了印度第二大仿制药企业。

一、从原料发家

Aurobindo 成立于 1986 年底，两位创始人 P. V. Ramprasad Reddy 和 K. Nityananda Reddy 是连襟关系，姐夫 Nityananda Reddy 是化学背景，而妹夫 Ramprasad Reddy 则是商学背景。公司成立后，一直从事抗生素原料药的生产与仿制，在两人一工一商地搭配经营之下，公司得以快速地发展。到 90 年代初期，Aurobindo 已经成为印度最大的氨苄西林和氯唑西林生产商之一，随着业务的不断扩大，该公司又将业务扩充到了中间体，并与一家名为 Chaitanya Organics Pvt 的公司进行了合并，合并之后，公司改名为 Aurobindo Pharma，并于 1995 年 IPO 上市。

在整个 20 世纪 90 年代，Aurobindo 的业务成长都非常快，但与当今相似规模的印度仿制药巨头所不同的是，彼时的 Aurobindo 还是一家纯粹的化工原料企业，青霉素、头孢菌素、喹诺酮类和原料中间体几乎是该公司营业收入的全部来源。1997 年，英国抗生素巨头葛兰素史克（GSK）与其签署了战略合作协议，每年向该公司采购近千吨的抗生素原料，大幅加速了公司的发展进程，到 90 年代末期，Aurobindo 已经成为全球最大的青霉素类抗生素原料的供应商之一。虽然该公司在 1993 年就开设了制剂的业务，但制剂加工一直比较初级，大多是无菌分装制剂，在 1999 年 75 亿卢比的总销售额中，制剂仅占了 2.7 亿卢比。

2000 年以后，Aurobindo 的原料广泛向印度、中国和其他国家供货，通过不断扩产或兼并，原料药总产量从 2000 年的 4974 吨迅速上涨到 2004 年的 10397 吨，虽然同期的 Dr. Reddy、Sun Pharma 等巨头也在积极发展原料，但不论产能和产量规模都无法跟 Aurobindo 同日而语。但大宗原料始终是低附加值的产品，由于高度依赖于原料，使得公司的盈利能力远低于 Dr. Reddy 和 Sun Pharma。三大公司的年报数据对比显示，Dr. Reddy 和 Sun Pharma 在 2000~2005 年间的平均净利润分别是总营收的 20.53% 和 27.76%，而 Aurobindo 仅为 6.53%，已经完全不在一个数量级。

表 16-1 Aurobindo 在 1998~2005 年间的财务表现（单位：百万印度卢比）

年份	1998	1999	2000	2001	2002	2003	2004	2005
总销售额	5524	7491	10,065	10,524	11,904	13,410	11,592	14,722
净利润	501	746	683	685	1031	1270	351	694
研发投入	/	/	86	129	220	490	543	770
净资产	1244	2197	2766	3839	5715	8435	8796	9773

对于上市公司而言，这种差距几乎每一个投资者都能看到，加之中国原料产业的高速发展，对印度原料的依赖越来越小，转型对 Aurobindo 来讲已经是势在必行。当时 Ranbaxy、Dr. Reddy 的成功已成为印度制药界传颂的佳话，这对 Aurobindo 的转型布局提供了有效的理论依据。事实上，在 20 世

纪 90 年代末期，该公司就通过成立合资公司的形式试图将原料出售到美欧市场，但一直都没有形成规模。2000 年以后，Aurobindo 在扩大产能的同时，也在提高新建车间的标准，2004 年，该公司的原料和制剂车间获得了美国 FDA 的认证。而几乎在同一时期，也获得了欧盟的市场准入权。

二、晚来的制剂转型

为了实现业务转型，Aurobindo 在 21 世纪伊始就规划了相应的战略。即 ①对于全球市场，通过努力解决化学反应难题、提高工艺效率、全球规模化制造，并在亚洲、非洲、拉丁美洲等成本效益市场，继续保持和强化半合成青霉素、头孢菌素、新型抗感染药物原料的领先地位；②对于规范市场，一个公司的竞争优势是大量的产品获得批准并形成强大的产品组合，为此，将致力打造一个符合全球化标准的研发和符合美欧标准的制造环境，不仅如此，该公司还强调成本效益。

作为一个原料公司，Aurobindo 在 2000 年的制剂销售额仅占 5.30%，研发投入仅为销售额的 0.85%，为了实施既定的战略，该公司的研发投入逐年提高到 2005 年的 4.68%。或许这一数字对仿制药公司而言并不算高，但对于一个原料销售额占比超过 80% 的公司而言，已经足够彰显决心。最终，在美国合资公司的帮助下，Aurobindo 经过近四年多的努力，获得了美欧仿制药市场的入场券。随后，该公司对发展战略进行了再次调整，希望通过建立广泛的产品组合，将公司打造成为特定仿制药市场的重要参与者，其实施方式包括标准化的研发，建立有竞争优势的产品包，通过战略收购来扩大业务的增长等。

由于长期从事抗感染原料的开发与销售，Aurobindo 为了扩大产品管线，也开发了抗艾滋病毒药。2001 年，该公司建立了专门的业务部门，进行抗艾滋病毒药的开发与销售。2003 年，美国实施了总统艾滋病紧急救援计划（President's Emergency Plan for AIDS Relief，PEPFAR），该计划将在五年内提供 150 亿美元的资金，用于帮助广大发展中国家的艾滋病防治，并将在 2006~2008 年间采购 60 亿美元的抗艾滋病毒药物。这对 Aurobindo 而言，绝对是天大的好消息。随着制剂和原料车间相继通过了美国和欧盟的认证，Aurobindo 的 13 个抗艾滋病毒药物中有多个达到了美国 FDA 的审批要求，2005 年以后，该公司在积极布局欧洲和美国仿制药市场的同时，将配合 PEPFAR 的开展视为第三大战略核心。

因为 PEPFAR，Aurobindo 的抗艾滋病毒药被卖到大量的发展中国家，为该公司的海外市场开拓提供了有效的助力。而为了开拓欧美市场，2005 年以后，Aurobindo 进一步扩大了研发投入，并实施了欧美双通道申报的策略。为了强调制剂出口业务的发展，Aurobindo 还收购了多家仿制药公司，尤其是在市场较为零碎的欧洲市场。然而让 Aurobindo 所不满意的是，在付出了很大努力之后，结果与其他印度仿制药巨头一样收效甚微。与之相对应的是，美国仿制药市场正值黄金时期，美国仿制药业务得以飞速发展。为了满足市场需求，Aurobindo 一方面让原料和制剂车间尽可能地完成欧美 cGMP 认证，另一方面加大欧美仿制药的申报数量，在 2005~2015 年之间，该公司一共提交了 192 份 DMF（药物主文件，系原料药的备案文件），376 份 ANDA，拿到了 166 个品规的批准文号，美国仿制药销售额达到了 608 亿卢比，占到了总销售额的 44%。

表 16-2　Aurobindo 持有的欧美仿制药批文数量变化

类型	2006.03	2008.03	2009.12	2010.08	2011.03	2016.03
ANDA 申请	/	128	160	173	197	398
ANDA 获批	27	67	109	121	133	201
MAA 申请	/	55	77	87	103	187
MAA 获批	3	13	30	51	73	149

随着美国仿制药销售额的高速增长，制剂逐渐取代了原料，成为 Aurobindo 销售额的主要来源，销售额占比从 2002 年的 5% 迅速提升到了 2015 年的 80%，平均净利润水平也从 2000~2005 年间的 6.52% 提升至 2010~2015 年间的 9.43%。除了美国市场，Aurobindo 也在积极参与加拿大、南非和巴西的仿制药申报，但相比美国市场，这些国家相对零碎和复杂，并未成为该公司迅速扩大销售额的驱动因素。

作为一个初步转型的公司，Aurobindo 在 2006~2010 年间并未开展特大规模的兼并，但销售额能够以 18.47% 的复合增长率快速增长，除了积极申报 ANDA 外，主要原因是该公司抗病毒药物管线的发力。在印度仿制药公司中，Aurobindo 是第一个重点布局抗艾滋病毒逆转录药物管线的公司，抗逆转录药物广阔的市场需求让该公司赚得盆满钵满，在 2010 年的销售额中，抗病毒逆转录药物几乎占到了总营收的 20%。虽然随着公司规模的不断扩大，抗逆转录药物在总营收中的占比越来越小，但 2020 年的销售额仍达到了 186.3 亿卢比（约合 2.51 亿美元），是 Aurobindo 产品管线有别于其他印度仿制药巨头的一大特色。

表 16-3　Aurobindo 在 2006~2014 年间的财务表现（单位：亿印度卢比）

年份	2006	2007	2008	2009	2010	2011	2012	2013	2014
总销售额	192	256	317	365	448	473	586	810	1212
制剂销售额	58	85	140	185	242	233	339	538	956
净利润	23	29	10	56	56	−12	29	117	158
研发投入	10	12	10	10	18	20	23	27	36

三、成功的延续

2015 年，Aurobindo 的总销售额达到了 1390 亿卢比，已经超越了 Lupin 成为印度第四大仿制药巨头。然而随着美国仿制药竞争的加剧，该公司在 2012 年提出了新的发展战略，即不仅要关注销售额的增长，还要求盈利能力的提升，瞄准高附加值的制剂和原料，提高前十大拳头产品的产能利用率。2015 年，该战略再次被深化，要求以市场需求的增长为导向，瞄准具有特色或高度复杂的仿制药开发，包括原料难以采购、制造困难、监管存在挑战或市场供不应求的产品。同时，随着欧洲仿制药市场的迅速增长，该公司将欧洲也纳入到战略发展的重心。

相比美国，欧洲国家众多而市场零碎，各国之间的法规与制度极具多样化，跨国药企在欧洲建立起领先优势非常困难。虽然 Aurobindo 已经布局了多年，但是销售规模一直不见起色，随着美国市场的竞争加剧，该公司不得不再捡起这块"硬骨头"。为了迅速强化欧洲业务，Aurobindo 在欧洲收购了多家公司，接管了 Actavis 在欧洲多国的运营团队，业务逐渐得以突破。2016 年，该公司提出"四年内在欧洲上市 200 个产品"的宏伟目标，2018 年又接管了 Apotex 在欧洲多国的运营团队，欧洲销售额得以快速增长。短短 6 年间，欧洲市场对 Aurobindo 销售额的贡献度从 2012 年的 6.5% 上升至 25.4%，总销售额达到 496 亿卢比。

随着欧洲销售额的不断扩大，欧洲市场逐渐上升为 Aurobindo 销售额的第二大来源地，2021 年的销售额贡献率达到了 32.5%，相比之下，其他印度上市仿制药巨头的欧洲销售额几乎都没有超过总营收的 20%，除了 Aurobindo，在诸多印度仿制药企业中，真正在欧洲仿制药市场建立起领先优势的，还有新生仿制药巨头 Intas。2021 年，Aurobindo 的欧洲销售额增速出现了下滑，Intas 趁机成为了欧洲市场份额最大的印度仿制药公司。

表 16-4　Aurobindo 在 2015~2021 年间的主要业务构成变化（单位：亿印度卢比）

年份	2015	2016	2017	2018	2019	2020	2021
美国制剂销售额	608	683	1353	1616	2001	2169	1994
欧洲制剂销售额	313	328	435	496	592	606	648
原料销售额	288	304	296	340	308	309	352
抗病毒药销售额	121	119	84	97	125	186	83
增长市场制剂销售额	64	76	90	119	136	144	150
总营收	1396	1509	1650	1956	2310	2477	2346

2015 年之后，美国仿制药市场开始萎缩，印度仿制药巨头普遍遇到了发展瓶颈，但 Aurobindo 在美国仿制药市场的销售额仍持续保持高速增长，原因之一是该公司走的是低价药路线，除了本土仿制药企业外，很少有西方药企能够与其直面竞争。原因之二是该公司的 ANDA 申报一直较为活跃，还在 2018 年收购了 Sandoz 的多个批文，2021 年持有的 ANDA 批文数量达到了 505 个。据 IQVIA 数据显示，Aurobindo 在美国的市场份额已经超过了 Lupin 和 Sun pharma，是美国仿制药市场占有率最高的印度企业。但由于该公司走的是低价药路线，虽然销量仅次于 Teva，但是销售额仅排名第七。

虽然低价路线让 Aurobindo 成为了美欧仿制药市场销量最大的印度巨头，但随着市场成熟度的不断提高，总仿制药销量增长大幅放缓，价格下滑却在加剧。故 Aurobindo 的仿制药销量虽然在持续增长，但是近 3 年的销售额增速明显放缓，2021 年的销售额还出现了同比下降。这也就是说，Aurobindo 不是没有遇到发展瓶颈，只是时间上比其他印度企业相对滞后。

源于印度仿制药企业普遍存在的发展瓶颈，Aurobindo 在 2015 年前后已经开始了转型布局，先后建立了 OTC、保健品和疫苗业务。2017 年以后，该公司也开始效仿西方，加大了对高附加值产品和专科药的布局，进一步强化了抗病毒药物管线和多肽药物管线，以 10 亿美元为代价收购了 Sandoz 美国的皮肤治疗管线和多个仿制药产品包，从 TL Biopharma 购买了 5 个 biosimilar 的产品包和从 Spectrum Pharma 签下了 7 个抗肿瘤药的产品包，逐步建立起一条特色化的肿瘤注射剂品牌药管线。在高难度产品开发方面，Aurobindo 在全球建立起 9 个研究中心，并重点布局了吸入剂，虽然目前该公司的吸入剂市场份额不及 Cipla，但是相比印度其他巨头仍有明显的领先优势。经过多年的转型布局，在 2021 年的美国市场销售额中，肿瘤注射剂和 OTC 两大业务分别占到 7% 和 6% 的销售额。另外，为了打破瓶颈，Aurobindo 也在和其他印度巨头一样积极开拓新兴市场，在 2015~2021 年间，新兴市场制剂销售额翻了近 2.5 倍。

由于清晰的战略和成功的转型，Aurobindo 不但实现了销售额的快速增长，而且净利润水平也得以进一步提高，该公司在 2016~2021 年之间的平均净利润水平为 14.93%，不仅相比 2010~2015 年的 9.43% 又有了明显的提升，而且在五大巨头中已经处于领先的位置（Dr. Reddy、Cipla、Sun pharma 和 Lupin 分别为 9.8%，9.8%，11.1% 和 6.7%）。虽然该公司在 2021 年出现了销售额下滑，但仍在印度五大上市巨头中稳居第二的位置。为了迅速逆转颓势，该公司在 2021~2022 年间又收购和控股了 Veritaz、Cronus、GLS 等多家公司，不过效益如何，需要到 2023 年才能见分晓。

表 16-5　印度销售额超过 20 亿美元的仿制药巨头（平均汇率）

排名	公司	2021年销售额	类型	总部地址
1	Sun	53.55 亿美元	上市公司	孟买

续表

排名	公司	2021年销售额	类型	总部地址
2	Aurobindo	31.73 亿美元	上市公司	海得拉巴
3	Cipla	29.44 亿美元	上市公司	孟买
4	Dr. Reddy	29.01 亿美元	上市公司	海得拉巴
5	Intas	23.00 亿美元	私人公司	艾哈迈达巴德
6	Lupin	22.39 亿美元	上市公司	孟买

四、总结与讨论

Aurobindo 初期之所以能够成功，是创始人"一工一商"的合理有效搭配，而且两人为连襟关系，能够有效顺畅的沟通。而近年来 Aurobindo 的迅速发展壮大，更多依赖于 Ramprasad Reddy 的高效操盘。虽然 Aurobindo 同其他印度仿制药巨头一样，也是家族控制下的"上市公司"，但该公司运营更加灵活，权利更为下放。

虽然 Aurobindo 近年来取得了极大成功，已经赶超了 Dr. Reddy、Lupin 和 Cipla，成为了印度第二大仿制药巨头，但是这并不意味着该公司没有面临印度仿制药巨头普遍存在的发展瓶颈。近 3 年以来，该公司的销售额增速在明显放缓，而且 2021 年还出现了同比下跌，如果不能成功开发新市场，那么销售额增速会进一步下滑，甚至步入下降区间。

近年来，在美国仿制药市场"淘金"的印度仿制药企业越来越多，印度仿制药企业之间的"内卷"不断加剧，Aurobindo 人力成本的红利几乎已经消耗殆尽，而美国仿制药的价格下降却无底线，所以该公司高管已经在思考转型，除了培育专科药、布局高附加值的仿制药，该公司也在尝试 OTC 和保健品，另外，为了提高盈利能力，Aurobindo 已经开始考虑提升效率。

------ Aurobindo 收购和控股的公司 ------

2000 年，收购印度原料公司 Dee Pharma，7000 万卢比

2001 年，收购印度原料公司 Ranit Pharma，价格未知

2001 年，收购印度原料公司 Calac Pvt Ltd，价格未知

2006 年，收购英国仿制药公司 Milpharm Limited，价格未知

2006 年，收购新泽西 AuroLife 工厂，1900 万美元

2006 年，收购荷兰仿制药企业 Pharmacin International，价格未知

2006 年，收购 Senor Organics，价格未知

2007 年，收购 Dutch firm Pharmacin，600 万欧元

2009 年，收购 Trident Life Sciences，2800 万美元，外带有 2000 万美元债务

2013 年，收购 Silicon Life Sciences，价格未知

2013 年，收购原料公司 Hyacinths Pharma，价格未知

2013 年，收购 Celon Lab，价格未知

2014 年，收购 Actavis 在欧洲 7 个国家的业务，4000 万美元

2014 年，收购美国 Natrol，1.33 亿美元

2016 年，收购法国仿制药企业 Arrow Generiques S.A.S，价格未知

2016 年，收购葡萄牙仿制药企业 Generis Farmacêutica S.A，1.35 亿欧元

2017 年，收购 TL Biopharma 5 个 biosimilar，价格未知

2018 年，收购 Apotex 在欧洲五国的运营业务，8700 万欧元

2018 年，收购 Sandoz 的美国皮肤科业务和仿制药产品包，10 亿美元

2018 年，收购 Spectrum Pharma 公司的 7 个抗肿瘤药，3 亿美元

2020 年，收购 MViyeS Pharm Ventures，3700 万美元

2021 年，收购印度 Veritaz Healthcare B.V，17.1 亿卢比

2021 年，控股 Cronus Pharma，5650 万美元

2022 年，控股 GLS Pharma，3.65 亿美元

参考文献

［1］Economic times. Aurobindo history［EB/OL］. https://economictimes.indiatimes.

com/aurobindo–pharma–ltd/infocompanyhistory/companyid–8279.cms.

［2］Aurobindo. Financial report 2001–2021 ［EB/OL］. https://www.aurobindo.com/ investors/

［3］Aurobindo. About US ［EB/OL］. https://www.aurobindo.com/about–us/

［4］Bhanawat SS. An Analysis of Financial Health of Indian Pharmaceutical Industry ［J］. International journal of social science &interdisciplinary research，2012，1 （5）：25–31.

［5］Ramachandran K，Bhatnagar N. Aurobindo Pharma：Gearing Up for the Future ［M］. SAGE Business Cases. SAGE Publications：SAGE Business Cases Originals，2018.

［6］PEPFAR. What is PEPFAR?［EB/OL］. https://www.state.gov/pepfar/

第十七章
Hikma：盈利能力最强的仿制药巨头成功秘籍

　　Hikma 总部位于约旦，是阿拉伯世界的第一大制药企业，也是全球第十二大仿制药巨头，2021 年的总销售额为 25.53 亿美元，拥有 7 个研究中心，32 个生产基地和 8700 名员工。虽然 Hikma 也是一家依赖海外市场发家的公司，但 Hikma 的发家路径与以色列和印度仿制药公司皆不相同。因为发家背景、生存环境的差异，Hikma 的发家历程同样可圈可点。另外，Hikma 是一家盈利能力极强的仿制药企业，其背后的原因也值得广大同仁进一步深思和研究。

一、Hikma 的早期发展

　　Hikma 的创始人是 Samih Darwazah，毕业于贝鲁特美国大学，毕业后曾在医院做过几年的药师，然后去到美国，在圣路易斯药学院攻读了硕士学位。硕士毕业后，Darwazah 在礼来公司担任中东地区的销售经理，为礼来在中东地区的业务开拓做了大量贡献。但就在事业如日中天之时，他回到了约旦，决定要创建自己的药品生产工厂。在筹集到 200 万美元的资金后，Hikma Pharma 于是在 1978 年正式成立。

　　当时的中东几乎没有制药工业，大部分企业都只是分销西方的药品，他认为相比商业，工业企业更有利于国家，可以创造就业机会、金钱、出口和外汇，但工业也需要长期、持续的投资，尤其是制药领域，根本不可能立即赚钱。事实正如此，虽然工厂建成后，第一个产品头孢唑林很快就下线，但约旦市场太小，第一年的销售额仅 10 万美元，根本满足不了企业的发展需求。为了扩大销售额，Darwazah 开始发展黎巴嫩、叙利亚等周边国家的业务，试图将产品逐渐销售到整个中东和北非市场。

在既往工作经验的支撑之下，Darwazah 在 20 世纪 80 年代逐渐打开了中东和北非药品市场，公司业务得到了飞速的发展，为了加强产品管线，还授权引进了西方品牌药。虽然公司的发展逐渐有了起色，但是那个时候的中东是一个非常动荡的地区，生意经常遭到战争的破坏。于是为了生存和发展，Hikma 在 80 年代后期，启动了向美国和欧洲扩张的步伐。为了达到欧美市场的申报标准，Hikma 新建了生产车间，并获得了美国 FDA 的认证，还在葡萄牙购置了土地，也新建了厂房。

二、Hikma 的被迫出海之路

随着生产车间通过美国 FDA 认证和葡萄牙厂房建成投产，Hikma 逐渐打开了通往欧美市场的大门，但事实上，出海并没有那么简单。虽然二十世纪八九十年代，以色列 Teva、Taro 都在开拓美国市场，但是以色列公司不仅具有强大的技术基础和原料产业，而且还拥有美国犹太人的支持，这些优势都是约旦公司所不具备的。

Samih Darwazah 的儿子 Said Darwazah 是一位经商的天才，他从美国普度大学毕业后，就担起了公司向美国扩张的重任。他的首要任务是以 200 万美元为代价在美国收购一家公司，以此作为 Hikma 业务扩张的据点。但在 20 世纪 90 年代的美国，以 200 万美元拿下一家制药公司并不容易。几经周折，他终于找到了位于新泽西的 West-Ward Pharma，然而那是一家合规性出了问题，频繁收到美国 FDA 的警告信，业务连年亏损，将近破产的企业。彼时，美国 FDA 腐败丑闻尚未完全平息，为了重新树立形象，行事如履薄冰，一切从严处理，而 West-Ward 的合规性问题，正撞上了美国 FDA 的"枪口"，如果得不到妥善处理，倒闭是必然。

为了缓解与美国 FDA 之间的矛盾，Darwazah 授予美国 FDA 在五年内对

West-Ward 运营的全面监督和批准权。与此同时，Darwazah 也想一切办法对
West-Ward 进行合规性改造。在美国 FDA 的帮助下，该公司在 6 周内就完成
了全面整改，到 1992 年底，其整条生产线重新获得了美国 FDA 的认证。在
母公司的财力帮助下，West-Ward 最终在 1994 年扭转了盈亏。在整改 West-
Ward 同时，Hikma 的葡萄牙业务也有了明显的起色，随后便将业务进一步扩
大到了东欧市场。因为 West-Ward 的成功改造，Hikma 成为阿拉伯世界里第
一个获准向美国出口药品的公司。

虽然与以色列公司相比，此时的 Hikma 尚有巨大的差距，但相比印度的
公司，Hikma 明显领先了一步。1995 年，创始人 Samih Darwazah 被约旦新任
总理任命为内阁成员，并在次年任命他为部长，但 Darwazah 对从政并不感兴
趣，于是便回到了 Hikma 重新担任 CEO。Samih Darwazah 回归后加大了业务
的扩张步伐，但财务的冒进让 Hikma 濒临破产，为了还债，Samih Darwazah
将部分股份出售给了 Citibank Venture Capital（花旗银行风险投资），并让出了
董事会主席的职位。在 Citibank Venture 的帮助之下，Hikma 得到了更加专业
的管理，为后来的挂牌上市之行做了铺垫。

21 世纪初期，Hikma 的财务状况逐渐得到了恢复，葡萄牙工厂也获得了
美国 FDA 认证，并成功打入了英国市场，2004 年的销售额首次超过了 2 亿美
元。为了适应西方和中东两大完全不同的市场，Hikma 将业务整合为品牌药、
仿制药和注射剂三大部门，其中仿制药包括美国和欧洲的仿制药业务，占总
销售额的 50%，品牌药主要是在中东地区销售额品牌仿制药、OTC 和授权引
进的专利药，占总销售额的 34.8%，而注射剂业务不分地域，凡是可注射使
用的产品都划归该部门，占总销售额的 13.6%。到 2005 年时，Hikma 已经获
得了 40 个 ANDA，美国销售额占总营收的 53.3%，虽然 Hikma 在出海伊始就
布局了欧洲市场，但与大部分仿制药公司一样，Hikma 并没有成功打开欧洲
市场，2005 年的欧洲销售额仅占总营收的 5.9%。

三、Said Darwazah 主导下的高速增长

在 Said Darwazah 的劝说之下，Samih Darwazah 同意让公司上市。2005 年，
Hikma 首次公开发行了股票，并筹集到 1.25 亿美元资金。在融资的帮助之下，

Hikma 的多个业务得以盘活。2007 年，Said Darwazah 不再担任约旦公共卫生部长，回到 Hikma 出任 CEO。此时的 Hikma，产品管线已经拥有 300 多个品种，700 多个品规，能在 47 个国家开展业务，其中包括 46 个 ANDA。由于中东品牌药部门和注射剂部门增长较为强劲，在 2007 年时，两大业务部门在总销售额中的占比分别达到了 44.3% 和 27.0%，而美国仿制药竞争较为激烈，美国业务的营收占比下降至 32%。

为了顺应市场的发展趋势，在 Said Darwazah 的带领下，Hikma 进行了战略调整。根据该公司年报，其新战略内容包括：①聚焦长期增长型市场，由于中东品牌仿制药业务与中东注射剂业务增长强劲，要求在有机增长的基础上，通过收购以实现新市场布局、强化现有市场的领先地位，及获取新产品与新技术。②以更低的价格向患者提供高质量的药品，要求强化研发能力，利用原料药（API）的采购技能，维持高制造标准。③负责任地运营业务，强调对质量的承诺。

相比他的父亲，Said Darwazah 更加注重销售额的无机增长，这也是当年他说服父亲将公司上市的一大原因。2007 年伊始，Hikma 就收购了两家德国的公司 Ribosepharm GmbH 和 Thymoorgan GmbH，但这两家小公司带来的销售额增量仅有 3000 万美元左右，而且很大一部分来自产品代卖，对 Hikma 业务增长的帮助非常有限。在 Said Darwazah 上任以后，他迅速以 1.64 亿美元的价格收购了中东竞争对手 Arab Pharma（APM）和以 6500 万美元的价格兼并了埃及的仿制药公司 Alkan Pharma，通过这两起兼并，Hikma 基本确定了阿拉伯世界龙头药企的地位。除了收购企业，Said Darwazah 还大幅增加了营销人员规模，以进一步扩大市场影响力。

在 Said Darwazah 的多重举措之下，Hikma 的销售额实现了飞跃式增长，在 2007 年达到了 4.49 亿美元，同比增幅达到了 62%，净利润也增长了 19%。但是经过几次兼并，Hikma 的债务规模扩大了 3.4 倍，达 4.69 亿美元。或许 52% 的负债率在西方仿制药公司中并不算高，但在此后的三年间，Hikma 几乎没有再发动大规模并购，更多战略重心是在重组、盘活业务和降低负债水平。

随着销售额和利润的快速增长，Hikma 在 2009 年的负债水平下降至 33%，于是在第二年，该公司就与 Baxter 达成了合作，签下价值 1.1 亿美元的注射剂产品包，大幅强化了注射剂业务的产品管线。由于当时的 Hikma 盈利能力非常强，在完成对 Baxter 产品包的收购后，仍有 0.99 亿美元的净利润。2011 年，Hikma 又兼并了摩洛哥第九大制药企业 Promopharm，该公司可为 Hikma 的欧洲业务带来 4000 万 ~5000 万美元的销售额增量。除了业务扩张，Hikma 已经关注到原料的重要性，于是又收购了印度的 Unimark Remedies 和中国的 Hauson Pharma。

在 Said Darwazah 的悉心打造之下，Hikma 的销售额在 2012 年首次突破了 10 亿美元，达到了 11.09 亿美元。为此，Said Darwazah 又提出"通过多样化和独特的商业模式实现业务的持续增长"的发展战略。第一要进一步强化在中东和北非地区的领先地位。Hikma 自上市以来，在中东和北非地区的总业务投资已超过 2 亿美元，收购了 8 家公司，不但扩大了业务版图，强化了产品供应能力，还大幅增加了产品线组合和市场营销能力，已逐渐形成了领先的优势。但因为 Hikma 看好该区域市场的长期增长，故仍将继续投资。第二要扩大全球产品线的范围，通过自研、合作或收购的方式布局新兴的治疗领域和高附加值的产品。第三是通过合作关系开发和销售高质量、差异化的产品。第四是扩大特色注射品种管线。第五是加强美国市场的专业度和能力。第六是建立世界级的制剂和原料生产能力。

为了实施既定的战略，Hikma 在 2015 年以 11.8 亿美元的价格控股了 Roxane lab，并随后又进行了全资收购。Roxane 是 Hikma 发展史上付出代价最大的企业，总交易金额达 26.5 亿美元，不过通过对该公司的收购，Hikma 获得 80 多个非注射剂产品包，不但成为美国第六大仿制药巨头，而且获得了吸入制剂和鼻喷剂的开发能力。事实上，Hikma 收购 Roxane 瞄准的就是吸入制剂，当时 Roxane 和另一家公司正在开发 Advair（舒利迭，氟替卡松 / 沙美特罗）的仿制药，而且有望夺得首仿。但人算不如天算，首轮 ANDA 被美国 FDA 拒绝，虽然该产品在 2020 年获得了批准，但先机早已被 Teva 和 Mylan 抢走。

2018 年 2 月，Said Darwazah 不再担任 Hikma 的 CEO，而他的继任者为 Sigurdur Olafsson。Olafsson 是一位职业经理人，此前已在辉瑞等多家美国制药公司任职，具有非常丰富的操盘经验。此时的 Hikma，经过两代人的成功打造，已经成为中东第二大制药巨头，Darwazah 交给 Olafsson 的是一个销售额近 20 亿美元的跨国仿制药巨头。

表 17-1　Said Darwazah 操盘时期 Hikma 的财务表现（百万美元）

年份	2007	2008	2009	2010	2011	2012	2013	2014	2015	2016	2017
总营收	449	581	637	731	918	1109	1365	1489	1440	1950	1936
净利润	63	57	79	99	80	107	212	278	254	158	-843
总资产	892	966	1023	1116	1576	1730	1919	2251	2597	4363	3388
净资产	425	609	683	750	799	848	1034	1216	1352	2411	1528

四、站在巨人肩膀上的 Sigurdur Olafsson

2018 年，60 岁的 Said Darwazah 退居二线担任董事长，CEO 由 49 岁的职业经理人 Sigurdur Olafsson 接任。虽然 Said Darwazah 带领 Hikma 取得了极大的成功，但 2017 年的业绩出现了大幅亏损。亏损的原因主要来自 2016 年对 Roxane（Hikma 控股后改名为 West–Ward Columbus）的全资收购，由于舒利迭仿制药未在预期的时间获批上市，最终导致了高达 9.2 亿美元的资产减值。

资产减值是 Said Darwazah 职业生涯中的一大败笔，不过 Hikma 盈利能力非常强，并未对后续的业务开展造成很大的影响。为了做好接盘，Sigurdur Olafsson 迅速提出了自己的发展战略，即建立一个符合未来健康需求的产品组合，并激励和赋能公司的员工。具体措施包括通过研发或 BD 强化差异化的产品管线，投资新技术和新能力，根据资产状况实时评估收购的机会，建立积极的、有归属感的企业文化。

为了实现既定的战略，Olafsson 提高了研发投入水平，并在财务逐渐稳定以后，出手收购了 Teligent 和 Custopharm 等多家公司，通过授权合作，加强营销的方式，不断丰富公司的产品线，签下了两个 biosimilar 的美国销售权，实现了中东和美国的销售额的稳步增长，2021 年的总销售额达到了 25.53 亿美元，相比 2018 年增长了 32%。由于注重员工的赋能，Hikma 的年人均销售额从 2017 年的 22.7 万美元逐渐提升至 2021 年的 29.3 万美元，虽不及 Teva、Sandoz 等国际一线仿制药巨头，但已经远超印度同等规模的仿制药企业。就盈利能力而言，Olafsson 接盘后 Hikma 的平均营业利润水平为 23.54%，净利润水平为 17.26%，在国际制药巨头中纯属一流。

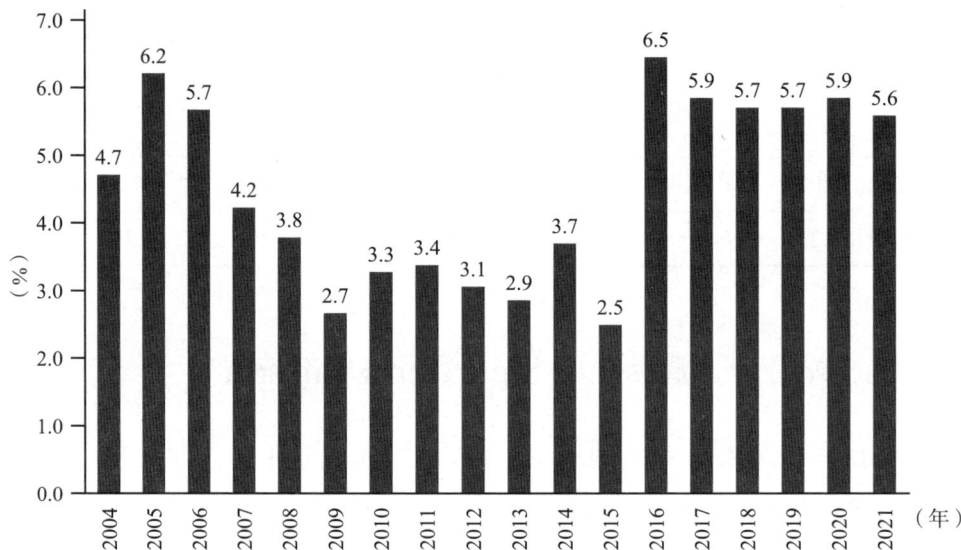

图 17-1　Hikma 的研发投入变化

因为美国仿制药的激烈竞争，价格不断下降，2022 年上半年，Hikma 的仿制药业务销售额大幅下降 18%，营业利润下降了 73%，虽然其他两大业务都在增长，但总销售额几乎只与 2021 年上半年持平。2022 年 6 月，Sigurdur Olafsson 被马林克罗特挖走，董事长 Said Darwazah 再次出任 CEO，不过美国的仿制药业务充满了挑战，且看他如何带领公司转型，以实现销售额和利润的继续增长。

五、总结与讨论

因为 Hikma 诞生于疆域狭小的国家约旦，该公司必须为了生存而积极开拓海外市场。虽然阿拉伯国家的语言文化较为接近，可视为一个整体的市场，但中东地区极其动乱，自 Hikma 成立以来，中东发生的大规模战争已不下十次，为了获得稳定的市场，该公司只能向美国和欧洲扩张。由于战略清晰，布局得当，美国已经成为 Hikma 的第一大市场，2021 年销售额 15.11 亿美元，占总销售额的 59.19%。由于欧洲市场迟迟无法打开，该公司只能通过提高产品的差异化程度、优化人员效率来对抗美国仿制药市场降价的压力，近年以来，Hikma 还布局了吸入剂和 biosimilar，希望在赖以生存的美国市场继续有利可图。

除了美国市场，Hikma 也试图充分利用地缘和文化的优势，不断强化在政局稳定的中东国家市场的影响力，尤其是沙特阿拉伯和埃及。除了销售仿制药，Hikma 也在利用这种领先优势，积极引进和分销西方的专利药，实现中东销售额的不断增长。尤其是在 Olafsson 接任 CEO 之后，Hikma 在 2021 年的中东销售额达到了 8.47 亿美元，相比 2017 年足足扩大了 32%。

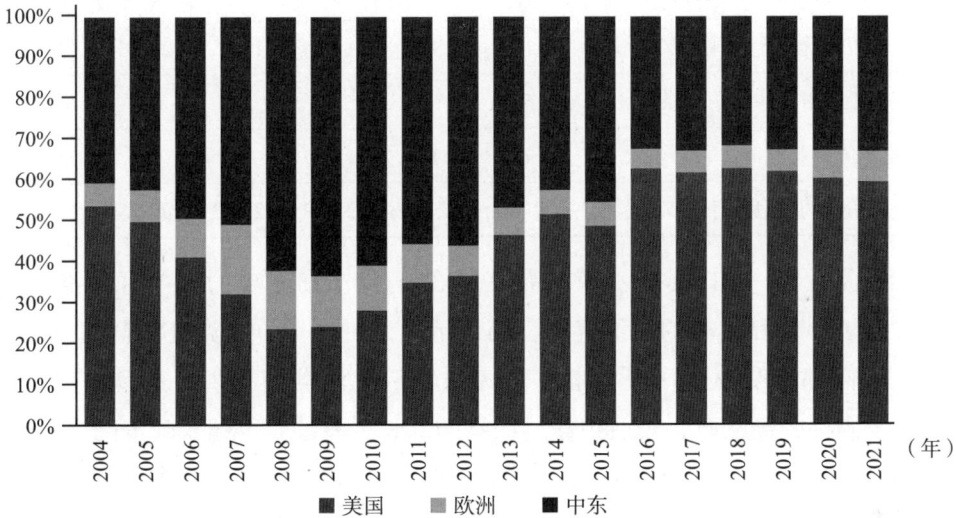

图 17-2　Hikma 在不同地区的销售额占比

在诸多跨国仿制药企业中，Hikama 的盈利能力几乎是一枝独秀。从业务分解来看，该公司盈利能力最强的业务为注射剂业务，虽然同为仿制药，但该业务在 2016~2021 年间的平均营业利润水平高达 38.72%，拥有 120 余个品种，其中包括多个地区性的 biosimilar。品牌药业务次之，2016~2021 年间的平均营业利润水平为 20.73%，虽然销售额未出现大幅增长，但盈利水平也较为稳定。非注射制药业务因美国激烈的价格竞争，盈利能力较差，2016~2018 年间的平均盈利水平仅为 7.60%，虽然在舒利迭仿制药、纳洛酮鼻喷剂和人员赋能等多重因素的驱动之下，2019~2021 年间的平均盈利水平上升至 23.66%，但是这种状态恐难以持续。

表 17-2　Hikma 盈利各业务的盈利状况

业务状况	2016	2017	2018	2019	2020	2021
注射剂销售额（百万美元）	781	776	826	890	977	1053
注射剂营业利润（百万美元）	340	293	305	338	377	395
注射剂盈利水平（%）	43.53	37.76	36.92	37.98	38.59	37.51
仿制药销售额（百万美元）	604	615	692	719	744	820
仿制药营业利润（百万美元）	35	22	93	124	203	217
仿制药盈利水平（%）	5.79	3.58	13.44	17.25	27.28	26.46
品牌药销售额（百万美元）	556	536	542	583	613	669
品牌药营业利润（百万美元）	112	114	117	129	126	125
品牌药盈利水平（%）	20.14	21.27	21.59	22.13	20.55	18.68

综合而言，Hikma 是一家非常成功的企业，其成功的根本原因包括：①占据了中东和北非的地缘优势，而该地区是一个竞争不充分的蓝海市场；②父子俩都接受过美国高等教育，为仿制药出海美国提供了有利的条件；③父子俩都曾经从政，先后担任过约旦的部长，能够获得国家政策的大力支持；④Said Darwazah 卓越的操盘能力。然而，环境和形势异常多变，这家企业也面临着诸多挑战。第一，该公司早期研发投入偏低，也没有收购先进的技术平台为后续的仿制药业务发展提供驱动力；第二，印度仿制药企业正在扑向中东和非洲市场，这会给 Hikma 带来激烈的竞争；第三，美国仿制药市场在萎缩，Hikma 并没有成功开拓新市场来降低对美国市场的依赖，第四，尚没有形成强大的原料优势。2022 年上半年，Hikma 的仿制药业务销售额大幅下降 18%，营业利润下降 73%，或许已经敲响了警钟。

Hikma 在发家历程中收购的公司或业务

2005 年，收购意大利 Istituto Biochimico Pavese Pharma，67 万美元

2006 年，收购 Al-Jazeera Pharma 剩余的股份，2100 万美元

2007 年，收购德国 Ribose Pharm，4225 万美元

2007 年，收购德国 Thymoorgan Pharma，2950 万美元

2007 年，收购埃及仿制药企业 Alkan Pharma，6050 万美元

2007 年，收购约旦仿制药企业 Arab Pharma，1.64 亿美

2010 年，收购 Baxter 的多种注射剂产品包，1.12 亿美元

2011 年，收购摩洛哥药企 Promopharm，1.12 亿美元

2011 年，收购苏丹仿制药企 Savanna，1800 万美元

2011 年，收购印度原料药企业 Unimark Remedies，3330 万美元

2011 年，收购中国原料企业 Hauson Pharma 股权，价格未知

2014 年，收购 Bedford Lab，扩大美国市场竞争优势，3 亿美元

2015 年，收购勃林格殷格翰的美国子公司 Roxane Lab，26.5 亿美元

2016 年，收购埃及 EIMC United Pharma（EUP），价格未知

2019 年，收购意大利 Medlac Pharma，价格未知

2022 年，收购英国 Teligent Inc，4575 万美元

2022 年，收购美国无菌注射剂生产企业 Custopharm，4.25 亿美元

参考文献

［1］Johnson DD. Hikma Pharmaceuticals PLC. International Directory of Company Histories. Vol. 208［M］. Farmington Hills，MI：St. James Press，2019.

［2］Hikma. History［EB/OL］. https://www.hikma.com/about/history/

［3］Hikma. Annual report 2005–2021［EB/OL］. https://www.hikma.com/investors/

［4］美国 FDA. Advair［EB/OL］. https://www.accessdata.fda.gov/scripts/cder/daf/index.cfm.

［5］Darwazah S. Building A Global Success：The Story of Samih Darwazah and the Rise of Hikma［M］. Hudson Books，London UK，2010.

第十八章
纯商业操盘下的 Stada：从仿制药向 OTC 转型

Stada（史达德）总部位于德国 Bad Vilbel，2021 年总销售额为 32.5 亿欧元，拥有 1.25 万名员工。Stada 虽为欧洲第四大仿制药企业，但不同于新生仿制药公司，而是一家百年企业。Stada 的特点是研发投入低，几乎是用纯商业的模式运营，或许这种模式更适合 OTC 和保健品业务，所以近年来该公司重心开始出现了偏移，甚至出现了多元化。尽管 Stada 当前业务发展良好，但用这种纯商业模式操盘，要求企业必须具有极高的灵活度和强大的现金流保障，一有不慎，很容易爆发债务危机。不论如何，Stada 的商务模式可为我国仿制药企业的转型提供借鉴，但务必要做好"杠杆"的把控。

一、Stada 的起家之路

Stada 的历史可追溯至 1895 年，是一家由德国药师联合创办（类似于今天的众筹）的公司。1975 年，该公司开始生产和销售仿制药品，其中代表性产品是硝苯地平。1986 年，Stada 首次海外投资，收购了瑞士 Helvepharm，此后的几年里，又陆续向欧洲、大洋洲和亚洲地区扩张，收购或开办了多家子公司，到 20 世纪 90 年代中后期，Stada 的业务虽然已经遍及全球，但规模上仅是一家中型控股公司，拥有仿制药、品牌药和专科药三大业务，1996 年，Stada 收购了爱尔兰的龙头仿制药企业 Aliud pharma，总销售额达到了 1.75 亿欧元。

虽然 Stada 是百年制药企业，但在长达 100 年的时间里，发展都非常缓慢，如今规模的制药帝国其实是在过去的 20 年里新打造的。1997 年，Stada 在法兰克福证券交易所公开上市，1998 年 2.58 亿欧元的销售额中 1.52 亿欧元由仿制药奉献，其余的销售额主要来自品牌药和专科药，分为 5400 万和 800 万欧元。

表 18-1　Stada 在 1998~2004 年间的财务表现

年份	1998	1999	2000	2001	2002	2003	2004
总销售额（百万欧元）	258	354	467	538	634	745	814
仿制药销售额（百万欧元）	152	189	261	326	444	549	608
品牌药销售额（百万欧元）	54	68	77	83	108	135	140
净利润（百万欧元）	11	11	18	13	35	44	49
总资产（百万欧元）	274	321	403	527	741	955	1020
净资产	138	142	209	280	324	615	639

二、纯商业的操盘手法

20 世纪 90 年代后期的欧洲，仿制药的市场地位还很低下，西欧的发达国家中仅英国和德国形成了规模性市场，处方量占比分别约为 40% 和 20%，但价格相对较高，市场也增长较快。在美国成功经验的影响之下，"促进仿制药扩大使用"已经是欧洲各国明确的政策发展趋势。进入 21 世纪以后，欧洲的仿制药普及和替代进程明显提速，在政策的大力推动之下，仿制药市场呈现出爆炸式的增长，为 Stada 的快速发展奠定了基础。

表 18-2　高速增长的欧洲仿制药市场（百万欧元）

国家	2001	2002	2003	2004	2005	2006	CACR（%）
德国	3694	4100	4380	4580	4509	4780	4.4
法国	440	620	850	1090	1342	1570	23.6

国家	2001	2002	2003	2004	2005	2006	CACR（%）
意大利	73	150	180	230	353	420	33.9
英国	1077	1400	1850	2420	2388	2770	17.1
西班牙	207	250	330	390	470	540	17.4
荷兰	492	650	880	730	824	915	10.9
比利时	57	70	110	150	206	235	26.7
奥地利	59	70	90	130	130	140	15.4
丹麦	143	160	180	230	220	260	10.5
爱尔兰	44	50	50	70	92	115	17.4
瑞典	/	210	120	230	356	395	13.5
捷克	/	/	/	/	670	710	/
立陶宛	/	/	/	/	169	200	/
芬兰	/	/	/	/	312	290	/

来源：Stada 年报，数据为 IMS 口径。

　　为了抓住市场高速增长所带来的机遇，Stada 在新世纪初期的核心战略就是通过收购的手段加速扩张，先后收购了爱尔兰仿制药企业 Clonmel Healthcare、西班牙第二大仿制药企业 Bayvit、葡萄牙仿制药企业 Ciclum Farma 和 Schein 在英国的子公司，仿制药销售额在 8 年间翻了 4.9 倍，在 2005 年达到了 7.4 亿欧元，成为欧洲最大的几家仿制药公司之一。除此以外，该公司的发展战略也强调内部驱动，包括加大专利到期产品的仿制、通过新增品种或开发新品规以扩大产品管线、加大拳头产品的国际化、优化已上市产品的成本等。虽然强调产品开发，但 Stada 并不自主开发新产品，强调收购、授权、代卖等多渠道打造管线，研发投入不足 3%。

　　2005 年之后，欧洲仿制药市场随着成熟度的不断提升和各国控费政策的不断出台，而价格逐渐下滑，增速也开始放缓，但是日益增长的仿制药使用率和不断扩大的"可仿资源"，都可以为仿制药市场的持续高速增长提供保障。IMS 数据显示，西欧 Top 5 市场（德、法、意、英、西）在 2005~2010 年间将有超过 100 亿欧元的产品面临专利悬崖，也另有文献数据显示，欧洲仿制药市场在 2005~2009 年之间的复合增长率仍高达 10.1%。在高速增长的市场拉动之下，Stada 的仿制药销售额从 7.4 亿欧元进一步增长到 11.2 亿欧元，但增长速度相比 1998~2004 年期间已经明显放缓。

表 18-3　Stada 在 2005~2010 年间的财务表现（百万欧元）

年份	2005	2006	2007	2008	2009	2010
总销售额	1022	1245	1571	1646	1569	1627
仿制药销售额	759	911	1154	1155	1116	1124
品牌药销售额	216	259	304	369	393	425
净利润	52	92	104	76	100	68
总资产	1350	2150	2542	2470	2452	2507
净资产	685	863	920	840	870	869

2005 年之后，Stada 年报不再报告一直"不见起色"的专科药部门，品牌药（主要是 OTC、专科药、非专利品牌药等）部门成为仿制药之外的唯一核心部门，因为频繁的交易与收购，Stada 的品牌药业务在 1998~2009 年间也取得了巨大的成就，销售额从 5400 万欧元迅速增长到 3.9 亿欧元，在 12 年间翻了 7.2 倍。

在 1995~2010 年间，因为 Hartmut Retzlaff 的出色操盘，将一个规模不足千人的"中型"企业发展成为全球前百强巨头。虽然取得了前所未有的成功，但他这种操盘模式也暗藏着巨大的风险，一是负债率居高不下，而且持续增长，从 1998 年的 49.6% 逐渐攀升至 65.3%；二是欧洲仿制药市场环境正在变化，这种纯商业的模式操盘仿制药已经让企业的产品布局出现了很大的被动性，盈利能力开始下滑。

三、业务瓶颈

2005 年以后，因为西欧发达国家的普遍调控药价，市场增速放缓，德国和英国在 2006~2013 年间的复合增长率都已经跌破 10%，仅意大利、西班牙和法国保持相对高速增长。但是欧洲 Top 5 市场在 2010~2015 年间，每年有30亿~50亿欧元的专利药品面临着专利悬崖，这足以维持仿制药市场以5%~6%的速度增长。除西欧以外，东欧和南欧国家仿制药竞争压力相对较小，仍是一片相对蓝海的市场。

表18-4　欧洲 Top 5 仿制药市场复合增长率变化

国家	2001~2006	2006~2013	2013~2017	2017~2021
德国	4.4%	3.9%	3.8%	2.8%
法国	23.6%	19.6%	0.9%	1.7%
意大利	33.9%	30.2%	3.9%	3.3%
西班牙	17.4%	22.3%	4.8%	3.1%
英国	17.1%	5.9%	4.1%	4.2%

除了行业环境的变化，Stada 的仿制药业务增长也出现了明显的减速，2010 年的销售额几乎无增长，而且盈利能力也同比出现了大幅下滑，为此该公司不得不进行战略的调整。根据 2010 年报，Stada 的发展战略可归纳为以下九点：①聚焦非专利药，包括仿制药和非专利品牌药；②以长期增长型市场为导向；③以扩大仿制药产品组合为主，利润稳定的品牌药为辅；④加强品牌药生意的国际化；⑤根据各地的聚焦领域扩大国际销售结构；⑥强化产品开发；⑦简化决策流程；⑧成本效益管理；⑨加速在高增长型新兴市场或高毛利的品牌药权益的收购。

为了驱动增长，Stada 在既定战略的基础上发行了债券，并实施了成本－效益计划。虽然强调扩大产品管线，但 Stada 并不擅长做研发，长期研发投入不足 3%，并不足以维持仿制药业务的良性增长，故只能加强合作或授权引进其他公司不愿或无法商业化的项目，然后再根据其广泛的业务版图在 50 多个国家推出上市。在 2005~2013 年间，Stada 每年在全球范围内推出的品规数线性上升，从 380 个一直增长到 724 个。

虽然 Stada 业务遍及全球，而且全球仿制药市场也在高速发展，但真正为其奉献销售额的主要还是欧洲市场，因此在 2012 年以后，Stada 又强调聚焦欧洲市场，仿制药的国际申报数量有所下降。除了开发一般的仿制药业务，Stada 也在积极布局 biosimilar，为了加强产品管线，与 Gedeon Richter 达成合作，试图开发曲妥珠单抗和利妥昔单抗的 biosimilar。

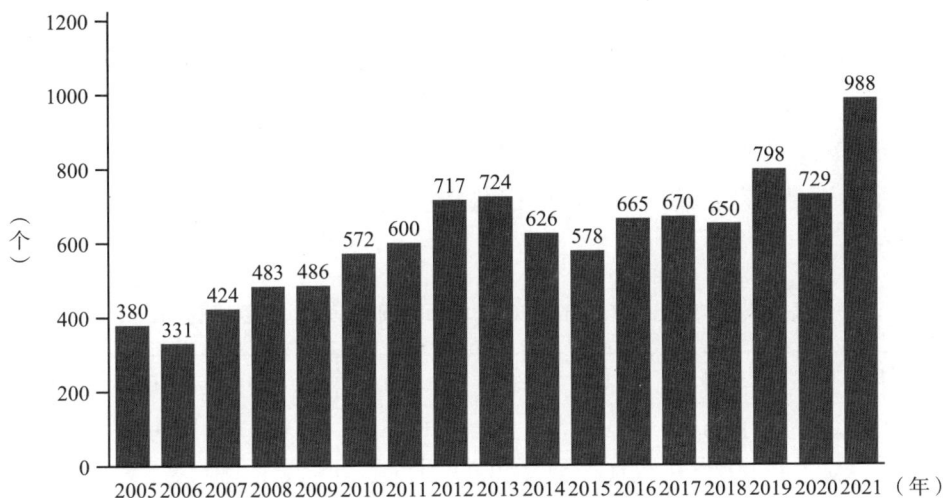

图 18-1　Stada 每年在全球范围内上市的品规数变化

发展仿制药虽然是战略重心，但业务销售额在 2010~2014 年间仅增长了 12.28%，平均营业利润水平从 2005~2009 年的 14.68% 下降至 11.70%，而与之形成鲜明对比的是品牌药销售额在此期间增长了 88.47%，而且盈利能力也几乎是仿制药的两倍，所以 Stada 的高管们逐渐转变了"心思"，把重心放在品牌药的打造之上。由于几乎没有创新能力，品牌药也只能使用纯商业的模式进行操盘，通过广泛收购或代卖品牌仿制药与 OTC，形成地域化的产品管线。虽然 OTC 和品牌仿制药的市场增速远远低于仿制药，但 Stada 的商业模式更适合这种业务的增长。

由于品牌药业务几乎是一个纯商业的行为，必须重视品牌树的建设，同时也需要保持非常高的灵活性，以便及时买进对产品线有协同作用的品牌，剥离无法成功定位的产品或低毛利产品。除此以外，要做好这种生意还必须实时地监控各个市场消费特征和消费群体的变化，以及时地调整产品包特征。为了达到这些目的，Stada 先后收购了 Keritrina、Keraflox、Eunova 和 Cetraben 等品牌，拿下了 Grünenthal GmbH 的东欧权益，吞并了丹麦 Dermalog 和瑞士 Spirig Pharma 等公司，而为了稳定现金流，该公司也出售了不少业务，包括俄罗斯和爱尔兰的工厂。

2012 年之后，欧洲仿制药市场增长明显提速，平均增长率从 2009~2011

年的 5.9%，上升至 2012~2014 年的 6.9%，但竞争也明显加剧，而且 Stada 这
种商业模式在普通仿制药业务的运作上并不占优势，故只能根据公司的业务
和产品管线特点，有选择地在某些细分市场是扩大布局，产品申报数量也有
所压缩，销售额在 2014~2017 年间并没有明显增长。品牌药方面，Stada 依然
聚焦于成功品牌的国际化，收购了俄罗斯 Aqualor 系列 OTC 产品组合和英国
与爱尔兰手足皮肤护理产品 Flexitol 的权益，销售额在 2014~2017 年间增长了
1.5 亿欧元。

表 18-5　Stada 在 2010~2017 年间的财务表现（百万欧元）

年份	2011	2012	2013	2014	2015	2016	2017
总销售额	1715	1838	2004	2062	2115	2139	2314
仿制药销售额	1188	1213	1235	1262	1261	1281	1362
品牌药销售额	472	596	709	801	854	859	952
研发投入	50	52	56	57	65	65	68
净利润	22	87	121	65	110	86	85
总资产	2800	2983	3413	3336	3287	3440	3205
净资产	864	910	1010	903	1019	1047	1006

随着一系列的战略调整，Stada 的品牌药销售额在总营收中所占比重不断
提升，在 2015 年首次超过了 40%，但在 2015 年以后，因为增长减速，该数
字并未进一步快速提升。但是随着仿制药竞争的不断加剧，仿制药盈利水平
逐渐下滑，拉低了全公司的盈利能力。另外，由于频繁收购，Stada 的负债率
进一步攀升，在 2014 年达到了 73%，债务规模高达净资产的 2.69 倍，随时
可能爆发的债务危机就如同悬在头顶的达克摩斯之剑，为了降低债务压力，
2013 年以后 Stada 的收购频率大幅降低，业务发展也出现了停滞。

2016 年，曾带领 Stada 这棵百年老树焕发新枝的传奇掌门人 Hartmut
Retzlaff 因病离职，而接替他的是 Matthias Wiedenfels，虽然新帅上位重新进
行了战略规划，但没有为 Stada 的业绩带来明显改变，并在一年之后离任。随
后不久，Bain Capital 和 Cinven 联合出资收购了 Stada 65% 的股份，从此这家
历史超过 120 年的公司被控股。

四、杠杆再次扩大

在经过 Claudio Albrecht 短暂的过渡之后，Stada 的主帅在 2018 年被更换为 Peter Goldschmidt。Goldschmidt 上位以后，将原来的两大业务部门打散，并根据产品特征整合为仿制药、专科药和 OTC 三大业务部门。仿制药部门仍聚焦于化学仿制药品的制造与销售，OTC 业务部门将开展非处方药、保健品和营养食品的生意，而专科药部门则主要聚焦于销售专科仿制药、品牌仿制药和 biosimilar。

Goldschmidt 上位之后，迅速组织公司进行了全面的风险评估，并基于风险评估结果调整了发展战略，提出了"利润稳定增长与长期价值提升"和"聚焦增长型市场"等口号。仿制药部门要求重点关注价格竞争和成本优势，OTC 部门要求注重品牌意识和信任度，而专科药部门则注重患者附加值的关键作用。对于生意发展模式，既需要有机增长，也需无机增长。

虽说是三个业务部门并重，但真正的重心仍放在 OTC 和专科药部门。为了获得两大业务的无机增长，Stada 又开始了高频的收购或兼并活动。在 OTC 业务领域，不但吞并了美国 Friska 和乌克兰 Biopharma 等公司，还从强生、武田、赛诺菲、葛兰素史克、捷克沃尔玛等公司收购了大量的产品，形成了有地区特色的产品组合。而在专科药领域，则建立起了以促红细胞生成素 zeta（Silapo）、非格司亭（Grastofil）、特立帕肽（Movymia）、贝伐单抗（Oyavas）、雷珠单抗（申报中）和阿达木单抗（申报中）为特色的 biosimilar 产品管线，并与 Alvotech、Xbrane Biopharma 等公司建立合作，以获得这些公司产品的销售权。然而在仿制药领域，几乎只是延续以往的策略，扩展产品管线，增加国际批准数量，在 2018~2021 年之间的全球获批产品数量从 650 个逐渐增加到了 988 个。

因为活跃的商业行为，Stada 的 OTC 和专科药两大业务都迎来了高速发展，总销售额从 2017 年的 23.14 亿欧元迅速增长至 32.50 亿欧元，仿制药在总销售额中所占的比重从 59% 下降至 41%。随着仿制药所占比重的逐渐下降，Stada 的平均营业利润水平从 2014~2017 年的 9.09% 上升至 2018~2021 年的 13.94%，除此以外，经过 Goldschmidt 的整合，人均效能也获得了大幅提高，人均年销售额从 2017 年的 21 万欧元逐渐上升到了 2021 年的 26 万欧元。

事实上，Goldschmidt 并未对 Stada 带来巨大的改变，商业模式还是原来的商业模式，企业文化依旧是原来的企业文化，仅仅只是做到了开源和节流。开源在于积极开发新市场，更加频繁地、动态地调整了业务，将业务的重心放在长期增长型市场。而节流主要是提升了员工的素质，改善了人均效能，降低了成本。

但是，业务的高速增长主要是高频率的收购和兼并换来的，而高频率的收购必然为现金流带来巨大的压力，债务规模进一步拉大。经过 2015~2017 年的偃旗息鼓，Stada 的负债率下降至 67% 左右，但因为 Goldschmidt 的高频率收购，这一数字在 2020 年上升到了 81%，杠杆率接近 4.2 倍，稍有不慎，就会爆发债务危机。另外，OTC 和保健品的行业利润正在逐年下滑，Stada 这棵百年老树，如何才能再发新枝？

五、总结与讨论

虽然 Stada 是一家百年企业，但如今的规模几乎是在 1995 年之后才发展起来的。因为 Hartmut Retzlaff 高效的操盘和鲜明的商业模式，让这家公司畅享了欧洲仿制药市场爆发所带来的红利，但因为不做研发，在研发技术上几乎没有积累，处处受制于人。虽然该公司强大的商业化能力和业务开拓能力对研发能力的缺陷有所弥补，但随着市场竞争的不但加剧，仿制药的业务维持就显得步履维艰。

因为没有研发，Stada 的处方药产品管线非常散乱，难以形成特色。造成这一结果的原因在于打造产品管线最需要的产品在市场上买不到，或价格不实惠，而能够买到的产品，又不是自己最想要的。相比处方药，OTC 和品牌仿制药业务因为产品迭代较慢，主要考验企业的品牌储备和商业化能力，故该公司实现了在细分市场的产品线聚焦。Stada 这种商业模式成功的关键是根据不同地域市场的消费特点和消费者画像建立差异化的产品包，所以各个国家和地区的经营领域、主打产品都存在巨大的差异，从整个集团公司层面上来看，产品管线高度分散在各个治疗领域。但在某一个细分市场，却能够体现出清晰的品牌战略。这种业务模式要求该公司必须在全球各大市场都拥有业务，这样授权或收购的产品才能得以高效的差异化定位，产品价值也才能最大的发挥出来，这也就是 Stada 一直强调加强成功产品国际化的原因。

对于处方仿制药而言，全球各大主流市场都在推进仿制药替代，仿制药的准入和市场运营机制变得越来越简单，绝大部分公司都能商业化自己的产品，所以这种模式下，获得高毛利的仿制药品种非常困难，这是近年来除市场竞争加剧外，该公司盈利能力下滑的一大主要原因。或许，Stada 的商业模式，更适合 OTC 和保健品业务的运营，这也是该公司业务重心向 OTC 转移的一大原因。由于 OTC 和保健品需要品牌驱动，但建立品牌的周期非常漫长，想要迅速建立起品牌树只能高频率、大量收购或授权，而研发投入仅是用于品牌的延伸（如开发新复方、新规格、新剂型、新包装、新品规、新配方、新外观或口味等）、新品牌的开发（收购专利到期处方药申请转 OTC）和新市场开拓（在大量的国家注册准入），国际巨头的研发投入强度几乎在 2%~4% 之间，故就 OTC 业务而言，Stada 属于中规中矩。

在全球的巨头中，使用纯商业模式做药的代表还有加拿大的 Valeant 和南非的 Aspen，但结局是 Valeant 失败而 Aspen 成功。Valeant 的失败在于过高的杠杆率引起了债务危机，过度的涨价引起了美国人的民愤，而南非 Aspen 之所以成功，是该公司控制住了负债率。故这种商业模式并非不可行，但需要看操盘人如何控制好收购的节奏，掌握好杠杆率，或许 Valeant、Aspen 的案例已经为 Stada 敲响了警钟。

如今，我国众多仿制药企业都在思考转型，Stada 的商业模式或许可以提供一种思路，但切勿东施效颦。Stada 这种商务模式的成功与该公司的品牌沉淀、企业文化、业务开拓和商业化能力都有很大的关系，而且"杠杆"始终存在高风险性，企业应根据自身的财务情况进行有效的把控。

Stada 在产品布局过程中开展的收购

1996 年，收购 Aliud，获得德国第二个生产设施

1998 年，收购丹麦保健公司 PharmaCoDane

1998 年，收购 Onkologika 等系列品牌

2000 年，收购爱尔兰仿制药领头羊 Clonmel Healthcare

2001 年，收购菲律宾 Croma Medic Ltd

2002 年，收购西班牙第二大仿制药企业 Bayvit SA

2002 年，收购 Crinos，获得配送业务

2002 年，收购葡萄牙品牌药企业 Ciclum Farma

2002 年，控股意大利品牌药企业 Crinos SpA

2003 年，控股意大利品牌药企业 New Pharmajani SpA

2003 年，收购 Schein 的英国子公司

2003 年，收购 Redinomedica 公司的 OTC 系列品牌

2003 年，收购意大利多个品牌药

2004 年，收购俄罗斯 Nizhpharm

2005 年，收购 Beijing Center–Lab

2006 年，收购塞尔维亚 Hemofarm AG，获得首个 biosimilar

2007 年，收购俄罗斯 Russian Makiz Group

2007 年，收购英国 Forum Bioscience Holdings

2011 年，收购 Cetraben 系列品牌

2011 年，收购 Grünenthal GmbH 在东欧的系列品牌产品

2012 年，收购瑞士 Spirig Pharma

2014 年，收购英国第五大 OTC 公司 Thornton & Ross

2014 年，收购 Aqualor、Flexitol 等系列品牌产品

2015 年，收购奥地利 Sciotec Diagnostic Technologies，加速 biosimilar
开发

2015 年，收购阿根廷仿制药公司 Vannier

2017 年，控股 Bioceuticals Arzneimittel，加速 biosimilar 开发

2017 年，收购 Nizoral、Ladival 等产品的权益

2018 年，收购 GSK 的 OTC 产品包，以强化欧洲皮肤护理业务

2018 年，收购俄罗斯武田的 OTC 产品包

2018 年，收购 Walmark 的东欧 OTC 产品包

2018 年，收购乌克兰保健公司 Biopharma

2020 年，收购瑞典 Lobsor Pharma，获得帕金森新药的销售权

2021 年，收购赛诺菲 16 个欧洲驰名消费品品牌

2021 年，收购强生在欧洲的 OTC 产品包

参考文献

［1］Stada. Company-history［EB/OL］. https://www.stada.com/about-stada/company-history.

［2］Stada. Financial Reports 2002-2021［EB/OL］. https://www.stada.com/investor-relations/financial-publications/financial-reports.

［3］IMS health. Generic Medicines：Essential contributors to the long-term health of society［EB/OL］. https://www.hup.hr/EasyEdit/UserFiles/Granske_udruge/HUP-UPL/IMS.pdf.

［4］Market research. STADA Arzneimittel AG - Strategy，SWOT and Corporate Finance Report［EB/OL］. https://www.marketresearch.com/MarketLine-v3883/STADA-Arzneimittel-AG-Strategy-SWOT-31790877/

［5］OECD. Pharmaceutical reimbursement and pricing in Germany［EB/OL］. https://www.oecd.org/health/health-systems/Pharmaceutical-Reimbursement-and-Pricing-in-Germany.pdf.

［6］Mossialos E，Oliver A. An overview of pharmaceutical policy in four countries：France，Germany，the Netherlands and the United Kingdom［J］. Int J Health Plann Manage，2005，20（4）：291-306.

［7］Garattini L，Tediosi F. A comparative analysis of generics markets in five European countries［J］. Health Policy，2000，51（3）：149-162.

［8］Simoens S. Trends in generic prescribing and dispensing in Europe［J］. Expert Rev Clin Pharmacol，2008，1（4）：497-503.

［9］Perry G. The European generic pharmaceutical market in review：2006 and beyond［J］. J. Generic Med，2006，4（1）：4-14.

［10］De la Cuerda，Á. L. R. The Spanish generic market：Opportunities and challenges［J］. J. Generic Med，2010，7（2）：139-144.

第十九章
沢井：日本仿制药行业兴衰的见证者

沢井（Sawai）制药是当今日本第一大仿制药企业，总部位于大阪，2021年销售额为 18.7 亿美元，拥有近 2400 名员工，是一家极其高效的企业，2021年人均销售额达 78.6 万美元。作为一家地道的日本仿制药企业，沢井见证了整个日本仿制药行业的发展衍化，了解沢井的发家历程和战略模式可以间接地了解日本仿制药市场。同时由于中日仿制药市场的高度相似性，沢井的案例也可以为我国仿制药企业的发展转型提供参考。

一、沢井制药的早期发展

沢井的历史可追溯至 1929 年，不过早期的沢井只是泽井范平在日本大阪开办的一家药店。1948 年，沢井制药成立，主要经营 OTC 产品维持生计。20世纪 60 年代初期，日本实施了全民医保制度，处方药市场飞速发展，沢井制药为了顺应形势，在 1965 年进行了转型，成为一家处方药生产商。转型之后的沢井制药赶上了日本制药工业发展的黄金时期，销售额规模在 1964~1983 年之间翻了 1000 倍，达到了 100 亿日元（约合 4200 万美元）。

20 世纪 80 年代，日本开始控制药价，规模较大的日本创新型企业开始出海发展，而规模较小，无新药储备的中小型制药企业只能顺应政策形势，开始布局仿制药。尽管日本一直存在仿制药，但早期的仿制药非常混乱，大部分产品也都具有品牌，80 年代后期，受美国仿制药法规的影响，日本国内也开始推广新"仿制药"的理念。由于日本长期鼓励新药发展，日本民众多品牌药的忠诚度普遍较高，仿制药只是很小的一块市场，沢井制药的发展也比较缓慢，在1983~1997年的15年间，销售额仅从100亿日元增长到147亿日元（约合1.22亿美元）。

20世纪90年代以后，日本经济进入长期衰退，但日益严峻的老龄化使得用药需求不断增加，政府对医疗费用控制的诉求逐年加大。由于美国仿制药替代的成功经验，日本在1993年也提出了扩大仿制药使用和仿制药替代的长期战略。然而要实现仿制药替代，必先统一标准，于是在1997年启动了仿制药一致性评价。经过近5年的标准统一，日本政府在2002年推出了"扩大仿制药使用"的相关政策，在公立医院率先鼓励使用仿制药。

由于日本民众对品牌药的忠诚度较高，加之医生、药师在低价的仿制药上几乎都无利可图，为了促进仿制药的使用，NHI随后上调了患者自费比例，让民众产生费用控制意识，迫于成本的压力而选择接受仿制药，与此同时，在医院系统内实施疾病诊疗分组制度（DPC，日本化的DRG），限制医生过度使用高价药的行为，间接地推动了仿制药的普及。在新政的带动下，日本的仿制药行业有了初步的发展，MHLW数据显示，日本仿制药总产值从2002年的2819亿日元迅速增长至2006年的4034亿日元。为了抓住政策带来的红利，沢井制药加大了对DPC医院的推广和宣传力度，销售额的增长速度得以超过市场的大盘，从212亿日元增长到343亿日元，约占有8%的市场份额。

表19-1 沢井在1997~2007年间的财务表现（亿日元）

年份	1997	1998	1999	2000	2001	2002	2003	2004	2005	2006	2007
总销售额	147	163	160	173	174	212	225	233	266	343	376
营业利润	4	22	20	20	21	30	39	19	43	47	40
净利润	-5	9	10	8	14	16	23	-3	30	23	17
总资产	232	255	253	266	303	332	389	420	520	678	663
净资产	120	127	137	143	154	187	259	250	275	393	402
研发投入	15	12	13	16	16	19	23	25	22	31	32

二、市场高速增长带来的红利

在日本政府的大力推动之下，日本仿制药的境地有了明显的改观，但远不及预期，不论销售额占比还是处方量占比，日本仿制药依然远低于美欧发达国家。为此，日本政府在 2007 年制定了"2013 年仿制药处方量占比超过 30%"的目标。为了实现这一宏伟目标，相继出台了多项有利于仿制药应用的措施，包括增强患者的信心，允许药师使用仿制药替代，并对仿制药的开方、配药和流通链条的各个环节进行补偿。在一系列的政策鼓励之下，日本仿制药市场开始正式腾飞。

为了抓住这些政策所带来的红利，沢井制药在 2008 年的战略规划中提出通过增加医药代表的数量、加强后台支持、增进与批发商的合作等方式，以加强 DPC 医院和 NHI 药店的覆盖。在研发方面，提高研发投入，扩大仿制药管线的品种数量，加快专利到期药品的仿制速度。此时的沢井制药和其他企业一样，发展战略较为粗放，但在高速增长的大市场里，企业只需要加大产品的供应以满足未满足的市场需求就能实现快速发展。对于仿制药而言，加大研发、提高产能是通用的做法。但由于民众对仿制药的信任度低，加之没有统一的药品采购机制，仿制药也需要学术推广。因为学术推广是扩大销售的主要途径，日本仿制药企业在 2001~2010 年间的市场和管理费支出普遍处于销售额的 30%~40% 之间，日本化药株式会社更是超过了 50%。

由于日本仿制药市场的不断扩大和该公司战略的有效实施，2009 年的销售额同比增幅达 13.1%，营业利润增幅达 82.5%。在一切形势见好的情况下，沢井制药于是提出了"M1 Trust 中期发展规划"，要在 5 年内实现销售额突破 1000 亿日元的目标。其中 T 为 Top brand，即强大的品牌；R 为 Reliability，即可靠性的提升；U 为 Unity，即利用竞争者联盟的力量；S 为 Stable Supply，即稳定的供应；T 为 Top Share，在日本市场占据绝对的优势地位。"M1 Trust 中期发展规划"要求该公司的销售额增速继续跑赢市场的增速，建立强大的沢井品牌，通过成本控制和战略投资强化管理结构。

2008 年以后，日本仿制药市场进入黄金发展时期，最终沢井也实现了"M1 Trust 规划"的目标，在 2014 年的销售额达到了 1055 亿日元。不仅如

此，令沢井欣喜的是，该公司在 2010~2014 年间的平均营业利润率达到了
21.88%，相比 2005~2009 年间的 13.63% 几乎翻了一倍。然而市场的高速发
展，必然会引来更多的竞争，2010 年前后，国际仿制药巨头逐渐进入了日本
市场，竞争压力开始逐渐加剧。

表 19-2 沢井在 2008~2015 年间的财务表现（亿日元）

年份	2008	2009	2010	2011	2012	2013	2014	2015
总销售额	443	501	639	676	805	898	1055	1235
营业利润	47	85	136	150	174	191	207	232
净利润	24	50	72	90	120	122	141	172
总资产	723	812	1171	1234	1278	1493	1662	2065
净资产	417	463	509	586	615	1013	1124	1257
研发投入	34	36	39	43	46	52	61	80

三、日本仿制药市场的瓶颈

随着市场的不断增长和仿制药使用水平的不断提高，日本政府在 2013 年
提出"2018 年仿制药替代率达到 60%"的口号，为了实现该目标，首次推出
了强制性措施，要求医生在为福利享受者开具处方时，在仿制药可及的条件
下必须尽量开具仿制药。2014 年，又对"配药系统补偿"进行了修订，要求
具有 DPC 系统的医院加入仿制药指数（generic index）功能，要求医师用通
用名开方，如患者不接受仿制药，可能要完全自掏腰包。随着仿制药替代率
的迅速提高，日本政府在 2015 年又提出了"2020 年仿制药替代率达到 80%"
的目标。

新政的实施对仿制药市场发展空前利好，而且当时日本的仿制药替代率
依然还存在巨大的上升空间。随着"M1 Trust"的实现，沢井制药在 2015 年
又提出了"M1 Trust 2018"的规划，旨在 2017 年达成销售额达到 1470 亿日
元的目标。除了中期规划，该公司在同时制定了长期规划，目标是在 2021 年
销售额突破 2000 亿日元。

表 19-3 沢井在 2016~2021 年间的财务表现（亿日元）

年份	2016	2017	2018	2019	2020	2021
总销售额	1324	1681	1843	1825	1872	1938
营业利润	229	222	258	268	189	−359
净利润	179	140	194	193	123	−283
总资产	2256	3585	3729	3848	3933	3495
净资产	1412	2024	2232	2337	2408	2001
研发投入	102	145	167	144	139	244

2016 年，日本仿制药替代率达到了 65%，"2020 年达到 80%"的目标对日本政府而言几乎不再具有挑战性，随后控制药价的政策开始频繁出台。虽然多年以前，日本政府就已经制定了 NHI 价格目录，但仿制药企业为了扩大市场，通常会按较低折扣的批发价将药品卖给批发商、配送商、医院或药店。批发价是由竞争决定的，竞争越激烈，批发价的折扣就越大。而政府为了减少差价，会定期进行批发价调研，并在每两年一次的 NHI 价格目录修订中作为参考。为了减小差价，报销价一般都会下调，而报销价的下调，又会导致企业进一步下调批发价，由此周而复始，两年一次降价。2021 年，NHI 价格目录调整变更为一年一次，仿制药的价格下降速度进一步加快。

政府的频繁控制药价不但导致了仿制药市场增速的放缓，还压低了仿制药企业的盈利水平。在有限的市场大盘之下，药价的不断下降导致了总利润的减少，2016 年以后，跨国仿制药巨头感觉到了"食之无味"，出现了陆续撤资的现象，Teva、Sun pharma 和 Aspen 都出现了大量剥离资产的行为。除了外企撤资，日本本土仿制药企业也开始叫苦不迭。数据显示，沢井、日医工、东和三大仿制药企业在 2017~2021 年的销量均有大幅增加，但销售额却未出现显著增长，平均价格下降幅度高达 20%~25%。

表 19-4 日本六大仿制药公司本土销售额变化（亿美元，平均汇率）

企业	2016	2017	2018	2019	2020	2021	CACR/%
大东	3.5	3.6	3.7	4.1	4.6	4.0	2.11

续表

企业	2016	2017	2018	2019	2020	2021	CACR/%
日医工	12.4	11.5	11.9	14.2	14.2	12.7	0.42
沢井	12.2	12.0	13.1	13.2	14.4	14.9	3.45
东和	7.6	8.1	9.5	10.1	11.1	11.5	7.19
日本化药	3.3	3.2	3.1	2.9	3.0	3.0	−1.70
富士	3.1	3.2	3.4	3.3	3.2	3.1	−0.27
合计	42.1	41.5	44.7	47.9	50.4	49.2	2.63

为了打破日本市场环境变化带来的发展瓶颈，沢井、日医工、东和等大型日本仿制药企业开启了出海之旅。日医工收购了 Sagent 和 SterRx 迅速布局美国市场，沢井制药吞并 Upsher-Smith 也实现了美国扩张，而东和则兼并西班牙 Esteve 转战美国和欧洲。由于三大药企的交易规模都比较大，海外销售额在短短一两年内就占到了其营收的 20% 左右。除了出海，日本仿制药企业也在积极转型，包括优化供应链、控制原料生产，布局 biosimilar 和健康品等。由于仿制药价格的不断走低，日本仿制药企业逐渐降低了自营产品的比例，近年来的销售费用、医药代表数量都出现了明显的下滑。

随着 Upsher-Smith 的并入，沢井制药的销售额额外增加了 300~400 亿日元。然而美国本是一个竞争高度激烈的市场，Upsher-Smith 所带来的增量在 2018 年以后开始逐年下滑，为了发展生存，该公司必须进行更多的改变。2019 年以后，沢井制药开始发展仿制药以外的业务，如孤儿药，同时加大资本投资，开始着手海外产品引进，另外也积极效仿西方，布局竞争压力小的高门槛仿制药，要求美国业务积极开展专利挑战。

四、沢井制药的重组

2017 年，沢井制药以 10.5 亿美元的价格收购了 Upsher-Smith Lab。通过对该公司的收购，沢井制药实现了中期目标，但"2021 年实现销售额超过 2000 亿日元"的长期目标并未达成。就如该公司副总裁 K. Sawai 所言，日本中长期市场的商业环境让仿制药业务面临严峻的挑战。2018 年以来，沢井制药在日本市场的销售额仅增长了 13.7%，营业利润水平却直线下滑，2021 年还出现了净亏损。

2021 年，沢井制药进行了重组，改制成一家集团控股公司，并在美股上市，此举的目的是为了适应全球化和多业务的发展。为了体现全新的面貌，该公司进行了全面的风险评估，其风险评估结果如下：①与公司业务活动相关的法律法规变化导致潜在违法风险；②产品批文吊销或其他原因被终止销售；③药价或公共医疗支出政策变化；④专利侵权风险；⑤竞争影响；⑥产品召回或索赔风险；⑦自然灾害、工业事故、流行病或其他灾难性事件；⑧国际运营风险；⑨收购 Upsher-Smith 带来的风险，包括资产减值等；⑩数据或技术泄露风险；⑪经济大环境发生变化，影响公司或合作伙伴的运营；⑫潜在的法律诉讼风险。

在风险评估的基础上，沢井集团重新规划了战略，提出 "START 2024" 的发展规划，设定 "2030 年的销售额达到 4000 亿日元" 的远期目标，为了实现远期目标，沢井集团在中期阶段将从以下三个方面努力：①日本业务要在未来三年内推出 85 个新仿制药产品，通过建设或收购工厂、与优质 CMO 合作等方式实现产品供应能力的提升；②美国业务要扩大 Upsher-Smith 现有产品的销售收入，努力扩大利基仿制药的产品管线，布局高度复杂的仿制药产品；③培育新增长点，包括布局以肌萎缩侧索硬化症（ALS）为中心的孤儿药，布局数字化医疗设备的治疗解决方案，以及预防性的健康食品等。

虽然经过了改制而面貌焕然一新，但沢井集团依然是一家具有家族特色的上市公司，董事长为 Mitsuo Sawai，这种企业的优势是财务风险较低，但处事的方式不及纯粹的市场化企业灵活。

四、总结与讨论

随着日本仿制药普及水平和替代率的不断提升，政府开始频繁调控药价，而且由每两年一次压缩为每年一次。由于频繁控制药价，日本的平均仿制药价格已经低于美国和欧洲 Top 5 市场，但近年来，日本政府还有意取消为发展仿制药而实施的各种补偿政策，如果这些 "红利" 被取消，日本仿制药市场可能会迎来最冷的寒冬。IMS 数据显示，日本仿制药市场在 2017~2021 年间的复合增长率仅有 4.0%，如果补偿政策被取消，市场可能面临衰退的风险。

为了对抗生存的压力，日本仿制药企业开始转型或出海。大企业通过业务兼并，迅速在美欧布局，中小企业则通过技术或产品授权的方式积极与周边国家建立合作。虽然日本仿制药巨头效能普遍较高（2021 年沢井、日医工、东和的年人均销售额分别达 78.6 万美元、61.3 万美元和 43.6 万美元），但为了进一步降低成本，日本企业依然强调优化供应链、控制原料，为了对抗业务增长减速的压力，日本企业开始培育新增长点，其中 biosimilar 和健康食品是大企业重点布局的方向。

由于中日两国的仿制药市场具有高度的相似性，了解日本的市场行情和日本仿制药企业的生存状态，可以为我国仿制药企业的战略规划和业务转型提供有效的参考。

沢井制药收购的企业

2005 年，收购日本拜耳的茂原工厂，价格未知

2015 年，收购田边三菱的鹿岛工厂，价格未知

2017 年，收购 Upsher-Smith Lab，10.5 亿美元

参考文献

［1］Sawai holding. Integrated report 2000-2021［EB/OL］. https://global.sawaigroup. holdings/ir/library/integrated_report/

［2］Sawai holding. History［EB/OL］. https://global.sawaigroup.holdings/company/ history/

［3］Nichiiko. Financial reports. History［EB/OL］. https://www.nichiiko.co.jp/ english/press/archive/2021/index.php.

［4］Towa pharma. Financial reports. History［EB/OL］. https://www.towayakuhin. co.jp/english/ir/integrated_report.html.

［5］日本厚生劳动省. 2021 年医药工业视野资料汇编［EB/OL］. https://www. mhlw.go.jp/content/10800000/000831974.pdf.

［6］Kuribayashi R，Matsuhama M，Mikami K. Regulation of Generic Drugs in Japan：the Current Situation and Future Prospects［J］. AAPS J, 2015, 17(5): 1312–1316.

［7］日本制药工业协会. Databook 2022［EB/OL］. https://www.jpma.or.jp/news_room/issue/databook/en/rfcmr00000000an3–att/DATABOOK2022_E_ALL.pdf.

［8］MHLW. 医药产业资料汇编 2021［EB/OL］. https://www.mhlw.go.jp/content/10800000/000831974.pdf.

［9］MHLW. Drug Pricing System in Japan［EB/OL］. https://www.pmda.go.jp/files/000243257.pdf.

［10］Sawai holding. Saturation of generics in japan［EB/OL］: https://www.sawai.co.jp/en/generics/

［11］丁汉升. 日本药物价格的管理制度及其思考［J］. 中国卫生资源，2013, 16（ 32): 433–436.

［12］Sawai holding. Financial report 2021［EB/OL］. https://www.sec.gov/edgar/searchedgar/companysearch.

第二十章

Aspen：商业操盘下的异军突起

Aspen 是一家南非的仿制药巨头，2021 年总销售额约为 28.1 亿美元，拥有 9100 名员工，人均年销售额达 30.9 万美元，是一家较为高效的公司。Aspen 是一家走商业驱动模式的公司，虽然该公司将其商务模式描述为产品管线开发、生产制造和商业化，但研发投入不足 0.5%，产品管线打造主要依赖合作与买进。Aspen 的迅速发展壮大，离不开商业天才 Stephen Saad 卓越的操盘能力，Aspen 别具特色的发家历程，或许为我国企业的转型与出海带来启示。

一、最具传奇的起家之路

虽然 Aspen 的官方网站显示其历史可追溯到 1850 年，但拥有 170 年历史的其实是 Aspen 兼并的子公司，真正精彩的主线故事始于 1997 年。20 世纪 80 年代后期，Stephen Saad 在财会专业毕业以后，进入一家名为 Quickmed 的小公司从事药品销售，但由于出色的业绩而很快发展成为公司的合伙人。在他的主导之下，Quickmed 与一家家族性眼药水生产公司 Covan 合并为 Covan Zurich。1993 年，Covan Zurich 被出售，29 岁的 Saad 成为年轻的百万富翁，在交易中获得了 2000 万南非兰特。有了第一桶金之后，年轻力壮的 Saad 决定自主创业，于是 1997 年在南非的 Durban 创办了 Aspen Healthcare。在成立之初，Aspen 只是一家坐落于 Greyville 一座小房子里的小公司，但谁也不会想到，这家公司在 10 年后会成为世界前 50 强制药巨头。

小小的 Aspen Healthcare 不足以满足 Stephen Saad 的抱负，1998 年 7 月，他通过收购一家名为 Medhold 的公司而实现了借壳上市。虽然 Aspen 反向收购 Medhold 已经被形容为老鼠吞大象，但是更让人吃惊的是次年三月，刚刚借壳上市的 Aspen 要以 25 亿兰特的价格，高杠杆收购南非第一大制药公司 South African Druggists。在完成这笔惊天的交易完成之后，成立刚满两年的"小"公司就蜕变成为南非第一大制药企业。

2000 年的 Aspen 虽然已是一个销售额达 9.4 亿兰特，净利润达 1 亿兰特的地域性大型制药公司，但相比世界巨头仍有巨大的差距。在拥有了良好的基础之后，如何继续发展是摆在 Saad 面前的首要问题。与中国和印度相比，南非不论是技术还是产业链都不具备优势，这是 Druggists 被卖掉的一大原因，甚至 Druggists 高管还建议他卖掉生产设施，仅保留产品品牌和销售业务，但在他考察了工厂后，没有采纳该意见。

既然在技术和产业链都不占优势，那只能在业务特色上下功夫。当时的南非是全世界艾滋病最严重的国家之一，因为得不到有效的防治，每年数以万计的患者在绝望中死去。Saad 发现了其中商机，他认为这些艾滋病患者迫切需要得到治疗，但治疗成本必须让他们能够负担得起。然而当时的艾滋病药物几乎都是天价，美国艾滋病新药的年治疗成本高达数千乃至数万美元，几乎没有南非人能负担得起。为了让患者能够吃上药，Saad 打出了人道主义牌，去找勃林格殷格翰（BI）、百时美施贵宝（BMS）和葛兰素史克（GSK）等拥有艾滋病新药的制药巨头谈判，希望他们能够授权 Aspen 仿制艾滋病新药。或许这种看似无理的要求会遭到大部分人拒绝，但这三家公司居然都同意了，Aspen 分别获得了奈韦拉平（BI）、司他夫定（BMS）、齐多夫定（GSK）和齐多夫定 + 拉米夫定（GSK）的生产授权。

2003 年，Aspen 首个抗艾滋病药物司他夫定成功仿制上市，虽然价格比原研 BMS 的 Zerit 便宜了很多，但依然为该公司奉献了大额的利润。为了扩大产品的销售，该公司积极影响政府的艾滋病防治观念，努力改变患者的治疗意识，逐渐建立起了南非的艾滋病治疗市场，并向周边国家扩散。随着艾滋病治疗业务的不断扩大，Aspen 改造了生产线并通过了美国 FDA 的检查，最终顺利成为美国总统艾滋病紧急救援计划（PEPFAR）的官方供应商。

PEPFAR 旨在救助发展中国家的艾滋病患者，为 Aspen 带来了广阔市场空间的同时，也为 Aspen 带来了大量合作伙伴。在 PEPFAR 之后，Aspen 还顺理成章地成为克里顿基金会的指定供应商。

继勃林格殷格翰、百时美施贵宝和葛兰素史克之后，吉利德和默沙东在2005 年也与 Aspen 建立起了合作关系，分别将替诺福韦酯、恩曲他滨和依非韦伦授权给了 Aspen，尤其是吉利德，不仅授权该公司仿制自己的产品，还允许其在全球 90 多个国家上市销售。为了扩大艾滋病的生产销售，Aspen 在2005 年与印度海得拉巴的 Matrix Lab 成立了合资公司，为亚洲和大洋洲生产艾滋病药物。

因为长期从事艾滋病药物的开发与供应，该公司的艾滋病药物帮助了南非 90 万患者，并逐渐形成了"作为负责任的企业公民，为我们的股东创造价值，在全球范围内提供高质量、负担得起的药品"的企业愿景。

二、急剧的扩张之路

由于南非的仿制药市场较小，Aspen 即便成为第一大药企，总销售额也不足 1 亿美元，Saad 想要建立举世瞩目的商业帝国，不但要布局新品，还需要向外扩张。在布局新品方面，Aspen 通过艾滋病药物的关系，获得了葛兰素史克系列品牌药品的南非销售权。2004 年，Aspen 吞并了 Royal Numico，接管了惠氏系列 OTC 和保健品在南非的经营权益。在两大公司的助力下，Aspen 逐渐开拓出一条强大的品牌药管线。2009 年，该公司又以牺牲 16% 的股权为代价，收购了葛兰素史克一系列产品包，该产品包为当年的 Aspen 奉献了16% 的销售额。

除了开发新产品，Aspen 同时还在开发新市场。2001 年，Aspen 在澳大利亚开设了第一家海外工厂，主要从事专科药品的生产与销售。虽然布局较为及时，但早期的 Aspen 财力较为有限，国外业务仅占很小的比例，到 2005年，该公司的海外销售额仅占总营收的 20%，除了澳大利亚的业务，其产品也被出口至英国。

2003 年以后，由于艾滋病药物的关系，Aspen 的国际业务开拓得以迅速突破。一方面，该公司通过艾滋病药物而与诸多制药巨头衍生出更广泛的合作，另一方面，因为基金会的关系，该公司的艾滋病药品被畅通无阻地销往百余个国家，而这些艾滋病药物对 Aspen 的国际市场开拓起到了先锋军的作用。2005 年，Aspen 的艾滋病仿制药首次获得了美国 FDA 的批准，同时还拿到了吉利德和默沙东的艾滋病产品授权，成为当时拥有艾滋病药物种类最多的公司之一。由于广泛地向世界各地供货，Aspen 的销售额和利润不但直线上涨，而且国际影响力也在迅速提高，到 2009 年时，其国际业务已经遍及世界各地，在 85.4 亿兰特（10.98 亿美元）的销售额中，南非本土销售额仅占了42%，品牌药和 OTC，分别为 16% 和 13%。

表 20-1　Aspen 快速发展期的财务表现（亿兰特）

年份	2000	2001	2002	2003	2004	2005	2006	2007	2008	2009
销售额	9.4	11.0	15.6	18.9	22.0	28.2	34.5	40.3	46.8	85.4
营业利润	2.2	2.9	3.8	4.5	5.5	7.4	9.0	10.8	12.0	21.8
净利润	1.0	1.7	2.3	2.7	3.6	4.7	6.4	7.2	8.7	13.5
净资产	2.4	3.5	6.2	8.0	10.7	11.2	17.2	23.9	31.3	42.6
总资产	9.9	11.7	14.4	16.8	21.1	31.6	42.6	75.3	105.7	125.2

三、大规模兼并与财务危机

经过 10 年的业务打造，昔日坐落于一栋小房子里的小公司已经发展成为年销售额 11 亿美元的大型制药巨头。但这家公司的历史底蕴与创始人的专业特点注定其不是一家技术见长的公司，事实上 Aspen 也几乎不做研发，研发投入完全可以忽略不计。然而没有研发就没有新产品储备，为了实现销售额的增长与延续，只能持续不断的收购或授权引进。

因为业务的迅速发展，Stephen Saad 在 2010 年建立了雄心勃勃的战略目标：①保持南非市场的领先地位；②通过与 GSK 合作确立撒哈拉以南的非洲市场的领先地位；③迅速扩大拉丁美洲的市场份额；④澳洲业务增速要跑赢市场的大盘；⑤力争每一项业务得到不断改进；⑥提高产品的价格竞争力；⑦产能要形成为战略性优势；⑧强化特色产品管线；⑨为员工提供一个富有挑战性而回报丰厚的环境；⑩实现良好的公司管理；⑪为客户提供优质服务；⑫为股东带来良好的回报；⑬实现社会责任。

为了强化澳洲业务，Aspen 以 9 亿美元的价格收购了澳大利亚制药巨头 Sigma，同时还与默沙东签下了 11 个产品的运营权和葛兰素史克无菌注射剂产品包的销售权，逐渐取得了大洋洲市场的领先优势，占据当地 5% 的药品市场份额和 12% 的仿制药市场份额，2013 年的总销售额达到了 71 亿兰特，占该公司总营收的 37%。在澳大利亚的基础上，Aspen 又将业务进一步辐射到东南亚、日本等环太平洋地区，组建了亚太业务部门。为了确立撒哈拉以南非洲市场的领先地位和迅速扩大拉美地区的市场份额，Saad 相继收购了葛兰素史克的血栓治疗业务和阿斯利康的麻醉药品管线，并在 OTC 和营养品管线给予助攻，先后收购了辉瑞在澳洲的婴儿食品业务和雀巢在拉美地区的婴儿食品业务。而为了实现原料供应和达成产能的战略优势，Aspen 又收购了葛兰素史克和默沙东的多个工厂。

到 2017 年，Aspen 的业务已发展到 150 多个国家，业务广泛分布于各大洲，总销售额达 412 亿兰特（约合 30.95 亿美元），其中撒哈拉以南的非洲、亚太、中东、欧洲、北美和拉丁美洲各占总销售额的 24%、27%、3%、34%、3% 和 10%。拉丁美洲虽然是一个低速增长型的医药市场，但 Aspen 通过扩大 OTC 和营养品管线实现了销售额的高速增长，在 2017 年拉美地区 41 亿兰特的销售中，14 亿是由营养品所奉献。

表 20-2　Aspen 大规模兼并期的财务表现（亿兰特）

年份	2010	2011	2012	2013	2014	2015	2016	2017
销售额	96	124	153	193	295	361	356	412
营业利润	25	31	39	50	74	84	90	83
净利润	17	22	27	35	50	52	43	51
净资产	109	133	174	228	289	341	425	431
总资产	198	268	317	454	825	884	1043	1163

从强化产品线的角度上讲，Aspen 的业务围绕着仿制药、专科药、OTC 与保健食品三大方向进行打造，处方药形成以抗血栓、麻醉和肿瘤无菌注射

剂为特色的专科药管线，OTC 则因市场地域的不同，形成地域差异化的产品包。到 2017 年，Aspen 专科药的总销售额为 174 亿兰特，占总销售额 44%，营养品和 OTC 分别为 33 亿兰特和 140 亿兰特，各占总销售额的 8% 和 34%。2017 年，Stephen Saad 将以地域为特色的业务部门打散重组，建立起以产品属性为特色的 7 大业务部门，即区域性品牌药、麻醉药、血栓药、原料药、高活性抗肿瘤药、营养品、制剂成品（主要是仿制药）。区域性品牌药占 33% 的销售额，主要聚焦于新兴市场，抓取有机增长的机会；麻醉药收自阿斯利康，重心将是获得供应链的控制权；血栓药收自葛兰素史克，重心是将其整合到自己的业务部门中，建立无菌注射剂的领先地位；高活性抗肿瘤药物的重点将是市场开拓，尤其是日本市场；营养品业务计划在 2019 年出售。

　　为了配合业务调整，Aspen 基于业务特点重新定义了商务模式。根据年报描述，该公司的模式包括产品管线开发（按患者或消费者需求，开发、收购或注册新产品）、生产制造（原料药和制剂成品制造）和商业化（市场营销、健康管理与支持）。在产品管线开发方面，投资利基的产品组合，专科药和本土（南非）知名品牌药，瞄准具有价值提升的收购机会，利用专业能力和制造优势自主开发产品，将现有知识产权扩大到新地域。在生产制造方面，聚焦于高质量产品的可靠供应、优化运营成本、纵向整合以最大化协同效应，并利用强大的原料药（API）、制剂成品的制造能力和外部供应网络，通过专业的团队，实现全球供应链终端到终端的高效供应。商业化方面，在 50 多个国家推广和销售产品，实现收入的有机增长和利润增加。

　　基于新商务模式，该公司也提出了五大战略目标：①强化高质量、负担得起的药物的获取途径；②通过一体化的供应链实现战略优势；③为员工创造一个安全、具有挑战性、回报丰厚的工作环境；④践行良好的企业公民意识（社会责任感）；⑤为股东创造持续的价值。

　　尽管 Aspen 的销售额在 2010~2018 年间增长了 4.4 倍，营业利润也增长了 3.6 倍，平均营业利润水平高达 25.35%，而且从未出现过亏损，但是这一系列的漂亮的数据的背后也存在着隐忧。一方面，业务调整后，2018 年的销售额增长明显放缓，而管理费用明显升高，另一方面，由于 Aspen 使用纯商业的模式运营业务，而且产品管线以处方药为主，这导致了该公司产品管线设计较为被动，加之频繁地交易导致资金链紧张，负债率也居高不下，

2010~2018 年的平均负债率达 55.74%，2017~2018 年则进一步升高至 62.81%，债务规模达到了净资产的 1.7 倍。

　　或许这些数字对于习惯高杠杆操盘的 Saad 而言，并不足以为奇，但外界开始有所质疑，尤其是 Valeant 和 Endo 高杠杆商业模式的崩塌，Aspen 必须严防做空资本的落井下石。由于收入的大幅放缓，Aspen 的股价开始快速下跌。2019 年，摩根大通分析师 Alex Comer 将 Aspen 的股票展望从"买进"下调为"中性"，进一步加速了股价的下降。为了避免 Valeant 和 Endo 的悲剧重演，Aspen 在 2019 开始迅速出售资产以偿还债务，将其日本业务以 4.4 亿美元卖给了 Sandoz，将营养品业务以 7.4 亿欧元剥离给了 Lactalis Group，将欧洲的血栓药业务以 7.59 美元为作价倒给了 Mylan，甚至该公司还引狼入室，将南非的子公司 Phekolong Pharma 卖给了 Laurus Labs，等等。

　　由于急剧的战略收缩，在短短一年时间里，Aspen 的业务版图从 150 多个国家压缩到了 50 多个，2020 年的总销售额相比 2018 年下降近 21%，负债率则下降至 48%。除了积极还债，该公司还得到了新冠疫苗的助攻，股票价格得以反弹。2020 年，Aspen 获得了强生新冠疫苗的生产授权，因为获得了稀缺资源，Aspen 的股票从熊股迅速变成了牛股。由于新冠疫苗带来的溢价不具备持续性，Aspen 基于业务的情况和公司的处境，在 2021 年又调整了发展战略，重新规划了战略目标，即①建立差异化且高质量、患者能够负担得起的药物组合；②优化价值链，发挥战略性优势；③员工赋能；④以负责任、包容和可持续的方式开展业务；⑤为股东创造稳定的经济价值。

　　因为发展战略的改变，Aspen 还是原来的 Aspen，但风格与灵魂已经发生了明显的变化。在新冠疫苗的强势带动下，该公司 2021 年的业绩也实现了止跌反弹，相比 2020 年同比上升 12.2%。截至 2022 年 6 月，Aspen 已经生产了 2.5 亿剂新冠疫苗，在疫苗的拉动之下，利润也有了明显的提升，负债率也进一步下降到 36%，已经进入到一个合理、可控的范围。

表 20-3　Aspen 近年来的财务状况（亿兰特）

年份	2018	2019	2020	2021	2022
销售额	426	355	337	378	386
营业利润	92	43	57	71	87

续表

年份	2018	2019	2020	2021	2022
净利润	60	65	47	48	65
净资产	501	542	692	656	709
总资产	1328	1223	1332	1097	1114

注：Aspen 每年的财务结算时间为 6 月 30 日。

四、总结与讨论

从商业模式而言，Aspen 是一家纯商业驱动的公司，该公司的研发投入比 Stada、Valeant 更低。或许 Aspen 选择这种模式跟其发家背景和创始人背景有关。在 Aspen 诞生时，南非是一个技术落后、产业链不完善的国家，所以在 Aspen 20 多年的发家史中，几乎不提研发的事，历年的研发投入几乎都没有超过 0.5%，甚至在少数年报中，研发费用都不单独报告。另外，Stephen Saad 是商学背景，在他的精明操盘之下，Aspen 的发展顺风顺水，研发布局自然一直被淡化。

由于不做研发，自然也就没有产品管线的储备和技术的积累，虽然产品管线可以通过频繁地收购或授权得到有效补充，但是在品种选择上具有较大的被动性，原因在于产品线最需要的品种市场上可能没有或不实惠。因此，Aspen 产品管线不够聚焦，产品广泛地分散在各个治疗领域。由于需要充分发挥购进产品的经济学效应，走这种模式的公司必须在全球有广泛的业务布局，否则就无法根据差异化的地域市场对产品进行有效的二次定位。相比专科药和仿制药，这种纯商业的操盘方式可能更适合运作 OTC 与保健品。因为运营专科药需要丰富的疾病管理知识和强大的临床专家资源，如果产品线得不到有效的补充和延续，业务的投资回报率会大幅降低。另外，由于这种操盘模式的企业业务较为分散，管理费用通常较高，如何优化供应链、降低运营成本是成功的关键。

从地域上而言，Aspen 的业务主要集中在南半球，而跨国药企主要集中在北半球，南半球竞争压力相比北半球平和很多。在 Aspen 30 亿美元的销售额中，非洲的贡献度约 30%，这说明非洲市场广泛被其他制药企业低估。另外，我国的企业一直认为艾滋病药无利可图，而 Aspen 就是一个靠艾滋病药物发家的例子，希望 Aspen 的案例能够为广大同仁带来灵感的火花，为后续的发展开创一条全新的出路。

Aspen 发家路上兼并的资产

1998 年，收购 Medhold，借壳上市，价格未知

1999 年，收购 South African Druggists，25 亿兰特

2004 年，收购原料公司 Fine chemical corporation，2.71 亿兰特

2004 年，收购 Royal Numico，获得惠氏 OTC、保健品的南非代理权

2006 年，收购印度 Astrix 50% 股权，3650 万美元

2006 年，收购仿制药公司 Generix International 50% 股权，价格未知

2006 年，收购 Brimchem SA，4000 万兰特

2008 年，控股 Shelys Group，实现东非地区业务扩张，价格未知

2008 年，收购 Latin American Businesses，获得拉美多国的业务，价格未知

2008 年，收购 GSK 4 个品牌药的国际经营权益，27 亿兰特

2009 年，股票收购 GSK 多个产品的代理权，46 亿兰特

2009 年，收购专科药公司 Eye Gene，价格未知

2009 年，收购 GSK 德国工厂，价格未知

2011 年，收购澳大利亚制药巨头 Sigma Pharma，9 亿美元

2012 年，收购 GSK 过期专利药产品（主要是 OTC）包，2.6 亿美元

2013 年，收购荷兰默沙东的原料生产线，3100 万欧元

2013 年，收购默沙东在澳大利亚的 11 个产品（主要是处方药）和荷兰原料产线，10 亿美元

2013 年，收购 GSK 抗血栓治疗产品包，11.3 亿美元

2013 年，收购 GSK 澳大利亚产品包，1.72 亿美元

2014 年，收购 GSK 无菌注射剂生产线，1.94 亿英镑

2014 年，收购雀巢在拉美地区的婴儿食品经营权益，1.8 亿美元

2015 年，收购阿斯利康麻醉药品管线（非美国、中国）经营权，7.66 亿美元

参考文献

［1］Robertson ES, Schlager N. "Aspen Pharmacare Holdings Limited." International Directory of Company Histories［M］. Vol. 239. Farmington Hills, US: St. James Press, 2022.

［2］Aspen. History［EB/OL］. https://www.aspenpharma.com/history/

［3］Aspen. Annual report［EB/OL］. https://www.aspenpharma.com/investor-information/

［4］Bishop C. Africa's Billionaires: Inspirational stories from the continent's wealthiest people［M］. Penguin Books, South Africa, 2017.

第二十一章

我国医药政策的演化和仿制药行业的发展

回顾历史，我国医药行业的发展大体可分为三个阶段。第一个阶段为 1949~1978 年，是由政府主导的公益性、普适性发展阶段，该阶段旨在解决缺医少药的问题，改善最基础的用药需求。在这 30 年中，药品经济以国家计划占主导，发展较为缓慢，药价也比较低廉。第二个阶段为 1978~2007 年，随着改革开放的实施，民营企业和外资企业逐渐出现，药品市场经济逐渐形成并高速发展。但在这一时期，也形成了"以药养医""代金销售"的市场机制，药品被层层加价，进而衍生出看病难、看病贵的问题。第三个阶段为 2007 年至今，缺医少药的问题基本得以解决，我国开始推行新一轮医改，在解决看病难、看病贵问题的同时淘汰落后、过剩的产能。随着全民医保制度的实施，我国医药市场得以二次腾飞，并逐渐成为全球第二大药品市场。由于我国制药工业起步较晚，基础较薄弱，仿制药长期占据市场的主导，药价居高不下，医疗开支在 GDP 中的占比逐年升高，医保资金结存率逐年下降。2018 年以后，我国开始推行"带量采购"（集采）的政策，仿制药价格逐渐进入了下行区间，行业利润整体变薄，仿制药行业即将进入快速整合的阶段，广大中小型仿制药企业面临着生死存亡的危机。

一、高度计划性的药品经济

虽然世界制药工业在 20 世纪上半叶已经得到了空前的发展，但当时的中国几乎没有自己的制药工业，进口药品都是富人们的奢侈品。1949 年 10 月，中华人民共和国成立，百废待兴，为了解决人民的基本用药需求，在国家的主导下，建立了华北制药、东北制药、新华制药、太原制药等国有制企业，"一五"期间，国家重点推进抗生素和解热镇痛药的产能建设，截至 1957 年底，全国拥有药厂 181 个，能生产原料 194 种，总产量超过 2000 吨，工业总产值达 2.12 亿元。

由于当时高度计划性的经济和落后的制药工业生产力，药品属于高度稀缺资源，药品生产和供给都在国家卫生部门的严格计划下进行，几乎不存在复杂的市场行为，而且药价也很低。20 世纪 60 年代初期，我国虽然进行了初步的监管法规探索，但没过多久就因"文化大革命"暴发而被长期搁置。直到 1978 年，我国的医药行业仍是一个高度计划性的产业。因为高度的计划性，在第一阶段的 30 年中，我国医药产业发展缓慢，医药工业总产值仅由 1952 年的 0.39 亿元增长至 1980 年的 48.95 亿元，药品总销售额也仅从 1953 年的 3.3 亿元缓慢增长至 1978 年的 39.0 亿元。1978 年以后，我国实施了改革开放，允许私人置办企业和海外投资，我国市场化的药品经济体制开始逐渐形成。

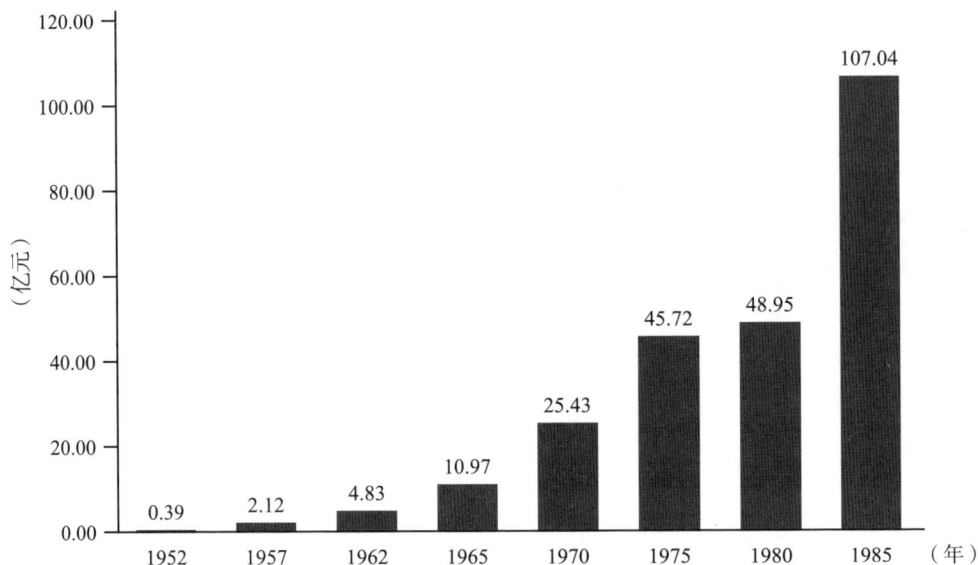

图 21-1　1952~1985 年间我国医药工业产值变化

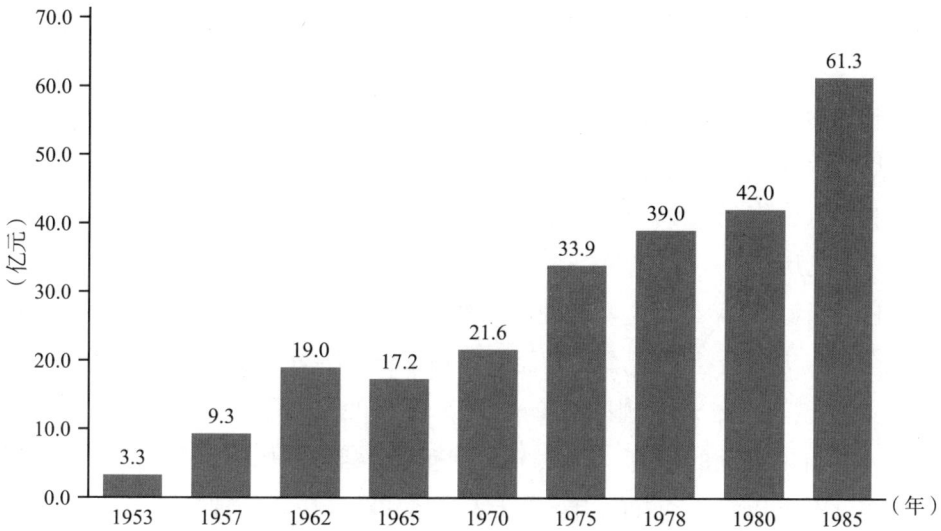

图 21-2 1953~1985 年间我国药品总销售额变化

二、我国药品法规和市场体系的形成

1. 我国主要药品法规的建立与形成

经过近 30 年的发展，我国医药工业实现了从无到有，总产值从 0.39 亿元增长至 48.95 亿元，但由于历史的原因，在长达 20 多年的历史中，我国并未形成正式的药品监管法规。改革开放以后，市场经济的形成，有效的监督管理是药品安全有效的基本保障。1979 年，国家出台了《新药管理办法（试行）》。该办法明确了新药的定义、分类、临床和审批各方面的要求，要求具有重大创新和特殊管理的药品由国家卫生部门审批，而一般药品则由各省市卫生部门审批。虽然该办法的出现，是我国药品监管事业的伟大进步，但仍然存在诸多漏洞与不足。由于当时技术专家和审批经验稀缺，很难做到科学地审评和审批，另外，由于一般药品的审批权被下放到各省市，这导致了各省市的审评标准和尺度不一，批准的药品质量千差万别，鱼龙混杂地涌入了市场。

为了规范市场上逐渐出现的乱象，1984 年 9 月，全国人大常委会通过了《中华人民共和国药品管理法》（简称《药品管理法》），伴随着该法的实施，国家卫生部门在 1985 年出台了《新药审批办法》，该办法要求制药企业在申报新药（中国未上市的药品和已上市药品改剂型、规格和适应症等）前须先进行临床试验申请，临床试验结束后向各省卫生厅提交资料，在各省获得同意以后转报国家卫生部审评和审批。《新药审批办法》在出台后又进行了多次补充和修订，直到 1995 年《新药审批办法》修订后，我国才完全结束了地方批准药品的历史。

1998 年，国家药品监督管理局（简称国家药监局）成立，在随后的三年里，全国人大常委会通过了《药品管理法》的第一次修订案，伴随着该修订案的实施，《药品注册管理办法（试行）》于 2002 年颁布，我国药品的注册和审批环境得以极大的规范，与此同时，随着地标升国标的不断推进，我国药品标准逐渐得以统一。2005 年，《麻醉药品和精神药品管理条例》正式出台，影响我国医药行业发展的主要法规基本成型。

虽然监管法规体系初步形成，但仍不够完善，2000~2005 年间，我国的药品监管政策依然可以"宽松"来形容，注册申报资料数据造假，生产环境不符合规范，大量伪劣新药获批上市，流通企业违法经营，违法、不实或虚假广告盛行，药品召回制度不够完善，不良反应频发。2006 年的"齐二药亮菌甲素事件"和"安徽华源生物克林霉素事件"引起了国家的高度关注，制药行业的"汰劣存优"由此被提上日程。

为了逐渐解决行业的乱象，国家药监局在 2007 年出台了新版《药品注册管理办法》，提高了药品注册审批的门槛和标准，降低了伪劣新药的市场准入。2011 年，《药品生产质量管理规范（2010 年修订）》（GMP）开始实施，大量合规性不符合要求的落后产能在 GMP 认证过程中被淘汰。为了解决注册申请积压和整顿申报数据的合规性问题，2015 年又出台了临床自查和注册制度改革的相关政策。2016 年，仿制药一致性评价正式启动，为仿制药的替代使用做了铺垫。近年来，我国相继出台了上市许可持有人制度、药物警戒制度，加入 ICH 并修订了《药品管理法》和《药品注册管理办法》，逐渐实现了与国际接轨。

随着监管法规的不断补充和完善，我国药品市场逐渐实现从无序到有序，再到合规的转变。2015 年以来，我国药品准入和监管环境发生了巨大的变化，但可归纳为"提高用药安全性""改善药品可及性""统一仿制药标准""鼓励创新"和"与国际接轨"五大方向。经过一系列的改革，我国药品准入门槛和质量标准大幅提高，合规性不符合新要求、竞争力不足的产能将进一步被淘汰。

除了监管法规，与药品准入息息相关的还有专利制度。1984年，我国出台了第一版《中华人民共和国专利法》（简称专利法），但该法只对药物的制备方法和生产工艺实施保护，对药物的本身和用途并不授予权利。这种专利制度的优点是有利于国内仿制药行业的发展，在日本和印度等国家也都存在过类似的政策，但缺点也很突出。一是不利于创新药发展，二是国外药品不愿意进口到中国来，三是国际上的各种压力。在经过漫长的药品专利真空期后，我国在1992年修订了专利法，除了改变原子核获得的物质（同位素）、疾病的诊断和治疗方法（用途）、动物和植物品种不授予专利外，其余的药物基本都可以获得专利保护。为了鼓励药品进口，原卫生部还出台了"行政保护"相关的政策，为进口新药提供行政保护，以补偿因专利真空为其带来的损失。尽管进口药因行政保护而无法仿制，但未进口中国或进口前已经存在仿制药的品种依然有机会可循。为了加入世界贸易组织，我国专利法在2000年再次进行了修订，从此基本与国际接轨，专利制度赋予的仿制药红利逐渐消失。

由于我国行业起步较晚，法律、规章、制度和政策都很大程度上参考了西方，在完成了本书前五章的研读后，相信读者很容易理解其中的逻辑。当然，我国的历史和国情也具有特殊性，这些法规制度中，也存在大量因地制宜的成分。

2. 我国医疗保障体系的建立与医疗制度改革

由于建国初期，国民经济基础薄弱，财政无法完全弥补亏损，为了维持医疗体系的正常运转，1954年出台了药品加成的政策，允许医院有药品加成的收入，其中西药的最高加成是15%。药品加成政策推出后，医疗卫生事业得以良好发展，医疗服务费也多次下调。1976年以后，国家还逐步缩减了对公立医院的财政补助比例。到20世纪90年代后期，政府补贴的比例下降至历史最低值，医院甚至被要求自负盈亏，"以药养医"行业规则逐渐形成。

随着市场经济的形成，20世纪80年代以后，我国进行了多次的医疗制度改革与尝试，包括招标、采购、药价控制和医院资源配给等。1998年，《国务院关于建立城镇职工基本医疗保险制度的决定》发布，开始在全国范围内构建城镇职工基本医疗保险制度。然而发达国家的先例已经说明，公立医疗保障制度的实施，就是国家医疗费用控制的开始。2002 年，《中共中央、国务院关于进一步加强农村卫生工作的决定》发布，开始构建新型农村合作医疗，2007 年，城镇居民基本医疗保险制度也开始构建，到 2009 年，全民医保制度开始推进和实施。随着医疗保障范围的不断扩大，政府财政补贴的费用在总医疗支出中的占比从 90 年代末期开始逐年提高。

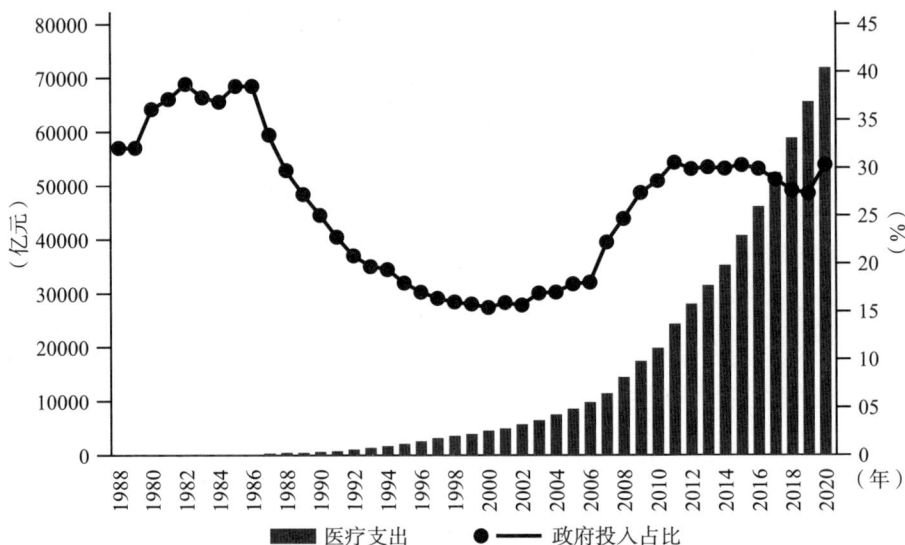

图 21-3　我国医疗支出变化（国家统计局）

由于医药市场的快速增长和"以药养医"的普遍现象，行业里逐渐衍生出大量的流通企业和医药代表，"带金销售"也逐渐成为世人皆知的潜规则。在高收入的诱惑之下，大量的医生放弃了执业而下海卖药，制药企业为了扩大销售额，为医生提供了高比例回扣，最终衍生出药价高涨，流通渠道层层加价，进而引发了老百姓看病难、看病贵等问题。

国家统计局报告的数据显示，自 1978~2007 年的 30 年间，我国卫生总费用增长了 105 倍，GDP 却仅增长了 73 倍，但看病难、看病贵的问题却日益突出。为了解决看病难、看病贵的问题，我国推动了新一轮医改。2009 年，《中共中央国务院关于深化医药卫生体制改革的意见》正式公布，正式标志着新一轮医改的开始。新一轮医改的力度之大，范围之广，远远超过了历史以往。

为了解决看病贵的问题，国家卫生部门出台了一品两规制度，有效减小了因以药养医带来的贿赂现象和过度用药现象的发生。2009 年，基本药物制度和全民医保制度开始推行，国家逐渐增加了投入比例，看病贵的问题得到了逐渐缓解，个人支出的卫生费用占比也出现了明显下降。但因为"以药养医"的问题，药价居高不下、流通渠道层层加价、医疗腐败的现象仍异常突出，医保资金的结存率逐渐下降。2011 年之后，福建三明提出了"三医联动"（即医药、医疗和医保）的医改措施，该措施后来在全国范围内得到了推广。2012 年之后，国家卫生部门出台了"限制抗生素使用""处方监控""两票制""取消药品加成"等诸多措施。2017 年，国家医疗保障局（简称医保局）成立，随后"仿制药带量采购""医保目录动态调整""疾病诊断相关分组"等政策相继出台，药品降价逐渐成为常态。而在看病难的问题上，我国逐渐推行了分级诊疗制度、县域共同体制度、家庭医师制度，让医疗资源得以有效分配。

近年来，为了改善国民的健康，国家又相继推出了"慢病医疗""大病医疗""罕见病医疗""鼓励发展儿童药"等相关政策，医保坚守保基本的原则，加大费用控制力度，加速支付结构转移。随着"健康中国 2030"战略的推进，我国开始培育"治未病"的健康理念。归结我国近年的医改政策，最宏观的目标都是为打造一个健康中国，而最宏观的目标之下，又可以归纳为九个大方向，涵盖药品的研发、生产、销售、使用、支付和保障的各个环节，具体如下表所示。

表 21-1　我国医改政策的九大方向

方向	内容
1.解决看病贵的问题	医保目录调整；基药目录调整；带量采购；集中采购；疾病诊断相关分组
2.解决看病难的问题	分级诊疗；慢病医疗；县域共同体
3.腾笼换鸟	加速新药审批；医保目录调整；基药目录调整；带量采购；集中采购；挂网采购
4.医疗控费	医保目录调整；基药目录调整；带量采购；疾病诊断相关分组；处方监控

方向	内容
5. 仿制药替代	一致性评价；上市许可持有人制度；专利链接制度；带量采购
6. 鼓励创新	加速新药审批；专利链接制度；医保目录调整；挂网采购
7. 救命药、抗癌药、儿童药、临床急需用药和罕见病用药保障	加速新药审批；医保目录调整；鼓励仿制的药品清单
8. 保障药品安全有效性	新修订《药品管理法》；新修订《药品注册管理办法》；《疫苗管理法》；药物警戒制度
9. "健康中国 2030"	基药目录调整；OTC 注册制度改革；处方药网售；专利链接制度；加入 ICH

三、我国医药市场的初期发展

改革开放以后，我国开始允许私人置办企业和海外投资，市场化的药品经济开始逐渐形成。1980 年，我国医药工业总产值仅为 48.95 亿元，但随着改革开放的不断深入，医药工业在国家政策的大力扶持之下开始腾飞。据文献报道，我国医药工业产值在"六五"和"七五"期间一直保持着 17% 的增长率，在 1990 年达到了 466 亿元，1980~1990 年间的复合增长率高达 22.7%。20 世纪 90 年代以后，随着市场成熟度的不断提高，医药工业产值的增长速度有所放缓，但在 2000 年仍达到了 1673 亿元，1990~2000 年间的复合增长率为 12.32%。2000 年以后，随着医疗保障制度的逐步构建，医药工业产值的增长速度又开始提速，在 2007 年达到了 6004 亿元，期间的复合增长率为17.32%，相比 20 世纪 90 年代有了明显的提升。

在这一时期，高速增长的用药需求、国家政策的大力扶持、相对宽松的监管环境和以药养医的行业规则，为很多"有志之士"带来了前所未有的发展机会。根据《中国医药体制改革与发展》一书中的数据，2007 年前后，我国拥有 6000 多家制药企业，12000 多家药品批发企业，代理机构上万家，医药代表几十万名。生产企业的毛利仅为 15%~30%，批发企业为 10%~15%，医院和零售商的毛利却高达 20%~30%，剩余近的 20% 的利润被隐形交易者取走。在那种时代背景之下，通常是"胆大者胜"而"心细者败"。在高速增长的国民经济和高速增长的药品市场之中，企业就像是搭乘在高速上升的电梯里，不论向什么方向运动，只要不犯本质性错误，结果都会是向上的。只要"老板"有钱有魄力，随便划定一个目标，团队逐级分解就能够形成所谓的"战略"。

然而，在美国医药行业发展史中已经有足够的案例说明，在高速的经济增长时期，必然会有人为了利润而挺身犯险。在 2000~2005 年间，我国食品、药品安全事件频发，其中最有名的是"鱼腥草不良反应事件""齐二药亮菌甲素事件""安徽华源生物克林霉素事件""刺五加注射液事件"和"三鹿奶粉事件"。

表 21-2　医药制造业规模以上工业企业工业销售产值变化（国家统计局）

年份	2000	2001	2002	2003	2004	2005	2006	2007	2008
产值/亿元	1673	1923	2240	2718	3067	4003	4764	6004	7482
增长率/%	/	14.91	16.48	21.37	12.84	30.50	19.01	26.02	24.62
年份	2009	2010	2011	2012	2013	2014	2015	2016	
产值/亿元	9022	11,169	14,262	16,936	20,129	23,200	25,738	28,418	
增长率/%	20.58	23.80	27.70	18.74	18.86	15.26	10.94	10.41	

四、我国医药市场的近期发展状况

全民医保制度的实施，为我国医药市场带来了二次腾飞的机会，IMS 的《前沿视点》报告显示，我国医药市场在 2008~2012 年间的平均增速超过 20%，2012 年的医院市场规模首次突破了 6000 亿元。但全民医保制度的实施也意味着新一轮医疗费用控制的开始，2012 年之后，各种费用控制开始成为常态。2012 年 8 月，"限抗令"政策出台，最大的市场门类抗生素增速大幅下滑，进而拉动了药品市场增速的整体下滑，2014 年的市场增长率下降到 13.4%。尽管如此，我国仍在此期间超越了日本成为全球第二大医药市场。2015 年以后，"辅助用药临床使用重点监控""辅助用药踢出医保"等措施相继出台，医药市场的增速进一步下滑；两票制出台后，2017~2018 年的市场增速进一步下降至 3.3%。近年来，因为集采和疫情的原因，我国医药市场甚至还出现了负增长。

由于特殊的历史原因，我国是一个以仿制药占主导的国家。但与西方国家 70%~80% 处方量和 20%~30% 销售额所不同的是，我国 2017 年仿制药销售额占比高达 58%。由于仿制药质量参差不齐，缺乏替代效应，专利失效的原研药仍占据 20% 的销售份额。为了扭转这种"畸形"的市场结构，国家推出了"仿制药带量采购"和"品牌药谈判入医保"等腾笼换鸟的政策措施。通过仿制药带量采购，仿制药在流通过程中的价格加成被砍掉，代金销售的行为逐渐被杜绝，专利过期的原研药逐渐被替代，医保费用也得以大幅度节省，最终达成了一石多鸟的效果。

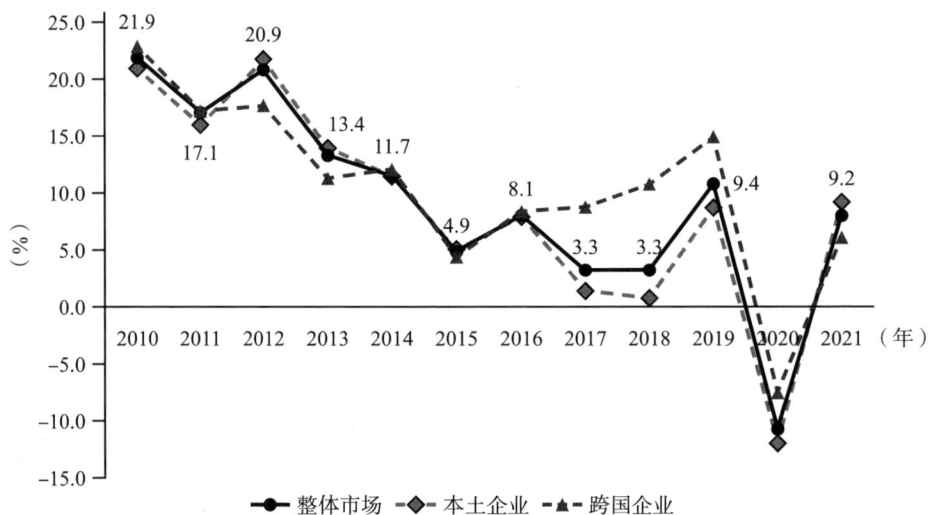

图 21-4 我国医药市场的增速变化（来源 IQVIA 前沿视点）

因为仿制药的带量采购，仿制药价格瞬间下降到极致，仿制药的利润大幅压缩。而与之形成鲜明对比的是，经过一致性评价，药品的准入门槛大幅提高，仿制药的研发和生产成本大幅度增加。在两大政策的作用之下，我国仿制药企业的生存变得更加困难。然而，这种困难可能不会因完成 500 个品种的集采而缓解，相反可能还会逐步加剧。其原因在于，随着我国老龄化的加剧和 GDP 增速的下降，医疗支出在 GDP 中的占比会逐渐攀升，国家的费用控制压力会进一步增大。

虽然从集采实施以来，行业里各种悲观的发声一直持续不断，但经笔者对 A 股上市的 14 家龙头仿制药公司（销售额超过 30 亿元，以化学仿制药或原料药为主营业务）的财务分析数据发现，它们的销售额增长速度和营业利润水平并没有受到明显的影响。14 家企业在 2021 年的平均营业利润水平高达 17.34%，2016~2021 年间的总平均水平也有 14.37%，并不低于国际仿制药巨头水准。这充分说明，行业的优势资源正在向头部聚集，"洗牌"的效应已经初现。因此打铁还需自身硬，只有自己的研发实力足够强，生产成本足够低，拥有差异化、高壁垒的产品管线，才能处于不败之地。

表 21-3　14 家 A 股上市仿制药公司的销售额变化（亿元）

公司	2016	2017	2018	2019	2020	2021	CACR/%
公司 A	38.33	41.54	46.52	44.70	27.39	30.58	−3.69
公司 B	40.93	50.02	50.95	53.88	64.85	66.44	8.41
公司 C	14.36	18.56	34.27	39.37	33.30	27.73	11.60
公司 D	85.66	114.35	163.52	176.36	164.64	172.77	12.40
公司 E	253.80	278.32	306.63	354.46	336.83	345.63	5.28
公司 F			62.11	75.89	60.96	64.78	10.58
公司 G	46.96	62.35	86.83	76.21	103.14	147.98	21.08
公司 H	18.75	22.19	29.44	36.47	32.58	33.36	10.07
公司 I	97.33	105.72	101.87	110.72	113.54	121.36	3.75
公司 J	123.31	154.46	186.34	218.07	203.69	204.41	8.79
公司 K	28.65	31.83	35.25	33.29	36.27	36.64	4.18
公司 L	32.83	37.32	34.20	43.99	48.48	50.94	7.60
公司 M	146.29	185.34	249.18	285.85	303.07	390.05	17.76
公司 N	51.02	74.12	116.80	147.67	103.71	127.98	16.56
合计	984.59	1184.39	1503.92	1696.93	1632.45	1820.65	10.78

表 21-4　14 家 A 股上市仿制药公司营业利润水平变化（％）

公司	2016	2017	2018	2019	2020	2021	平均
公司 A	42.52	41.28	36.97	18.93	2.89	19.17	26.96
公司 B	12.41	15.82	9.33	15.30	19.84	13.07	14.29
公司 C	23.11	14.33	9.45	13.89	20.99	18.47	16.71
公司 D	7.63	10.12	8.29	7.24	6.13	7.64	7.84
公司 E	7.31	8.41	9.49	9.58	10.32	8.26	8.90
公司 F			9.11	9.55	6.96	7.36	8.25
公司 G	31.30	33.98	41.81	33.68	40.37	34.35	35.91
公司 H	11.86	5.35	14.11	16.51	23.49	20.77	15.35
公司 I	0.13	2.35	−1.01	4.70	6.84	5.77	3.13
公司 J	10.13	19.61	−7.76	8.44	10.67	11.12	8.70
公司 K	6.77	9.31	9.57	12.94	11.70	11.91	10.37
公司 L	6.30	9.68	−2.45	4.34	6.73	61.28	14.31
公司 M	23.20	21.99	14.19	15.72	15.58	16.19	17.81
公司 N	3.35	8.66	15.29	16.41	7.59	7.34	9.77
平均	14.56	15.50	11.89	13.37	13.58	17.34	14.37

数据源自各公司年报，为避免产生不必要的纠纷，公司名称已隐藏。

五、中国仿制药市场的趋势展望

根据国务院办公厅印发的《"十四五"全民医疗保障规划》，2025 年国家和省级药品集中带量采购品种要达 500 个以上，而前 500 个品种的销售额超过了我国仿制药市场的 90%。如按照前几轮国家集采的降价幅度推算，在未来的 3 年里，我国仿制药市场可能会相比集采之前萎缩 50%~60%。但事实上根据笔者的大数据分析结果，各轮国家集采的仿制药市场，最大萎缩幅度在 30%~40% 之间，原因在于以量换价带来的销量增加和原研药处方的替代。

虽然前七轮国家集采仅覆盖了 294 个品种，但除了国家集采，各省各市也有地方性集采，降价几乎已经遍及整个仿制药市场。根据国家医疗保障局数据，我国已经执行了六批国家集采，涉及 234 个品种，自 2018 年实施以来，已累计节省费用超过了 2600 亿元，如按采购量计算，每年可节省 1016 亿元。2022 年 7 月，第七批集采成功开标，据估计预计每年可节省费用 185 亿元。

表 21-5　前七轮国家集采的降价情况

中标情况	品种数	平均降幅	开标时间	执行时间	执行进度
试点（4+7）	25	52%	2018.12	2019.03	1.8 倍
第一轮	25	59%	2019.09	2019.12	2.4 倍
第二轮	32	53%	2020.01	2020.04	2.2 倍
第三轮	56	53%	2020.08	2020.11	2.2 倍
第四轮	45	52%	2021.02	2021.05	1.8 倍
第五轮	61	56%	2021.06	2021.10	2.3 倍
第六轮	6	48%	2021.11	2022.05	/
第七轮	60	48%	2022.07	2022.11	/

截至目前，前三次国家集采中选品种的仿制药市场变化已经在市场数据中有所反映，大数据分析结果显示，中选品种的仿制药总销售额（入院价）通常会在集采后发生后的 1~2 年里萎缩 30%~40%，然后触底反弹，慢慢回到上升的区间，整个销售额曲线呈现出一个"弯钩形"。导致这样的原因有两个，一是集采的大幅降价带来了额外的增量，在价格一步到底的情况下，销量增加自然会带动市场的增长；二是个别品种在合同到期后，续约时发生一定程度的涨价。

三批集采的数据分析结果基本可以证明，"触底反弹"是集采中选仿制药总销售额变化的普遍规律，而且根据政策形势和用药需求预判，仿制药市场极有可能在"涅槃"之后长期持续增长。原因之一，集采的目的是节省医保资源、调整支付结构、控制不合理支出、实现仿制药替代，故从根本逻辑上讲，国家不但不会限制仿制药，反而会大力推进仿制药发展；原因之二，我国医疗支出在 GDP 中的占比明显低于发达国家，2020 年仅为 7.12%，而发达国家普遍在 10% 以上，未来医疗条件会有巨大的改善，这必将带来人均用药量的递增；原因之三，我国目前人均处方量仅有发达国家的三分之一到五分之一，甚至不如印度，未来可提升的空间非常大，尤其是人口的老龄化形势的不断加剧；原因之四，近年来国家所推行的慢病医疗、基层医疗、健康中国 2030 等诸多战略，人民的健康意识、疾病护理水平都会有质的提升，因此在未来的 10 年里，我国人均处方量有望翻 2~4 倍，而这些量的提升将主要反映在仿制药之上；原因之五，疾病诊断相关分组的实施，大方向上有利于低价的仿制药；原因之六，新品上市和原研处方替代带来的销量增加也不可忽略。总之，笔者坚信未来仿制药市场将是长期增长的，而大盘曲线的转折点可能出现在 2024~2026 年之间。

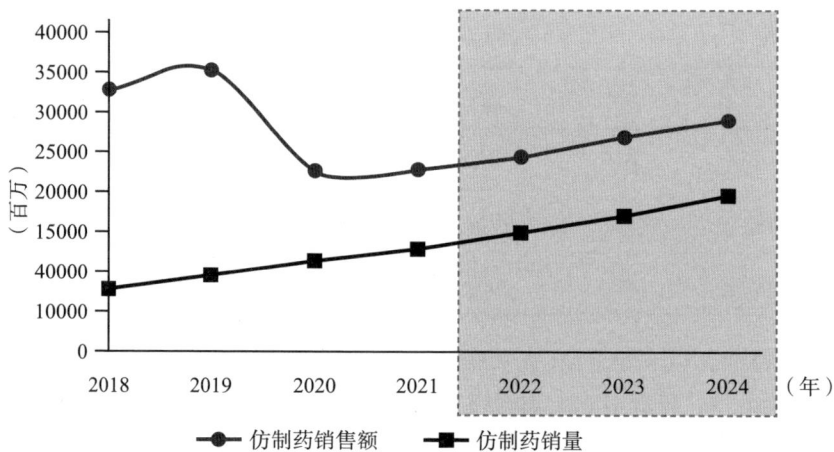

图 21-5　25 个 4+7 中选仿制药销售额和销量趋势预测

　　虽然笔者对宏观市场的长期发展趋势抱以乐观的态度，但中国拥有 4000 多家企业，仿制药资源严重过剩，竞争态势却不容乐观。一方面，申报数量高涨，竞争越演越烈。药品审评中心（CDE）的审评报告显示，其 2021 年的 ANDA 受理数高达 1791 件，建议批准 1003 件，已经超过了美国的同期水平，而且还有快速增长的趋势。另一方面，集采的总中标企业数量（标量）有限，已经显现出千军万马过独木桥的局面。按照当前的集采规则，500 个品种的标量最多不超过 5000 个（平均每个企业 1.2 个），企业要实现 30 亿以上的销售额，就必须拿下约 100 个标，为此它必须挤掉 80 个竞争对手。在这种高度激烈的竞争态势之下，仿制药企业的利润水平势必进一步下滑，大部分产品都将无利可图，因此仿制药立项切不可再"跑马圈地"。

（件）

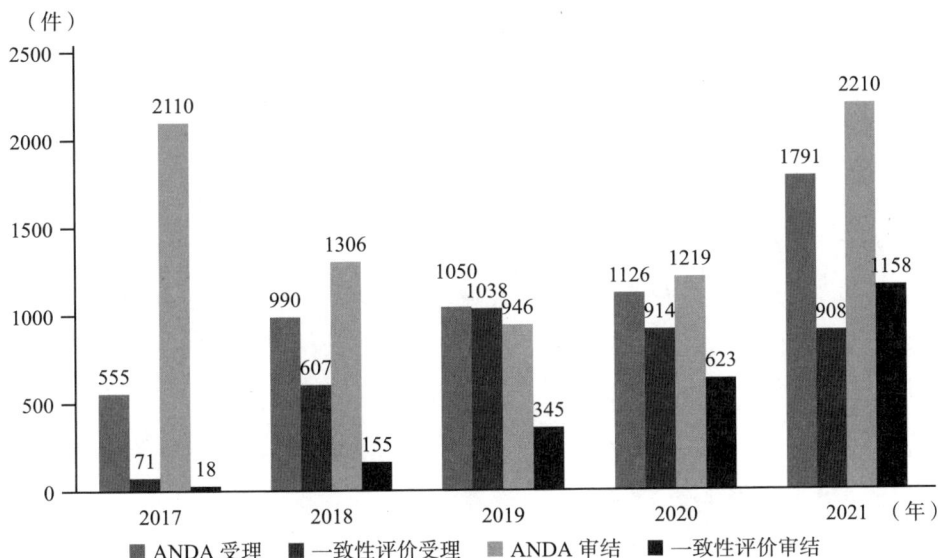

图 21-6　CDE 受理的 ANDA 和一致性评价申请数量变化

六、总结与讨论

为了快速形成规范、有序的医药市场，我国近年来广泛借鉴了发达国家的经验，不论是注册审批、市场监管，还是费用控制与医保支付，几乎都与发达国家有不同程度的相似性，因此在阅读完本书前五章的内容后，对我国的药政法规的形成逻辑就不难理解。当然，因为我国国情的特殊性，这种逻辑也存在独特的地方。例如美国、日本、欧洲等发达国家和地区是在仿制药替代和普及使用过程中逐渐实现医疗费用控制，而我国作为一个仿制药占主导的国家，更多是在费用控制过程中实现仿制药替代。

仿制药企业如想获得良好的发展，就必须实时研究国家政策，理解国家的政策逻辑，第一时间抓住政策带来的红利，顺应国家医改的方向迅速地战略转变和战略布局，方能保持不败。就近景而言，我国的药品政策并不利好仿制药，但从远景来看，对仿制药依然利好。就现状而言，国家需要行业涅槃，企业需要积极响应政策形势，否则只会陷入"囚徒困境"。另外，不论是注册监管的与国际接轨，还是集采的实施与推进，都为跨国仿制企业进入我国市场提供了有利条件，我国仿制药企业有必要防患于未然，要提前储备好"与狼共舞"的能力。

参考文献

［1］张颖，朱虹，韩月. 我国药品注册审批管理制度变迁［J］. 黑龙江医药，2017，3（6）：1221-1223.

［2］赵玥，陈永法. 现行《药品注册管理办法》历史演变及现状研究［J］. 经济与法，2012（13）：1.

［3］刘芸. 浅论药品的专利权保护［D］. 扬州：扬州大学，2012.

［4］田文君，刘宝杰. 药品加成政策从出场、在场到终结的哲学思考［J］. 改革与开放，2017（13）：59-60.

［5］萧易忻. 中印药业发展比较［J］. 华东理工大学学报（社会科学版），2015（5）：45-55.

［6］魏际刚. 中国医药体制改革与发展［M］. 北京：商务印书馆，2009.

［7］王锦霞. 中国医药五十年［M］. 北京：新华出版社，2000.

［8］江一帆. 面向21世纪的中国医药产业［J］. 中国药房，1996，7（4）：152-156.

［9］佚名. 中国制药业的"钱"报告［J］. 中外管理导报，1996（2）：40-42.

［10］王君平. 医药工业产值有望突破万亿元［N］. 人民日报海外版，2009，9（16）：1.

［11］刘行健.《中国的药品安全监管状况》白皮书发布，我国医药工业产值9年增逾4倍［N］. 证券时报，2008，7（19）：A04.

［12］周培奇. 医疗支出与宏观经济：中国和美国的比较［J］. 上海商学院学报，2010，11（6）：12-16.

［13］蒋昌松，祁鹏，郭丹. 我国药品集中采购制度历史变迁及改革发展趋势［J］. 中国医疗保险，2022（4）：5-11.

［14］国务院办公厅. 国务院办公厅关于印发"十四五"全民医疗保障规划的通知［EB/OL］. http://www.gov.cn/zhengce/content/2021-09-29/content_5639967.htm.

［15］黄晖. 公立医院取药药品加成改革研究——以江西肿瘤医院为例［D］. 南昌：江西财经大学，2017.

［16］NMPA. 2021 年度药品审评报告［EB/OL］. https://www.nmpa.gov.cn/directory/web/nmpa/xxgk/fgwj/gzwj/gzwjyp/20220601110541120.html.

［17］孙正阳，魏利军，陈欢. 浅谈新修订《药品管理法》和相关配套制度对国内制药行业的新要求及新影响［J］. 中国食品药品监管，2022（2）：36-42.

［18］郑国辰. 我国新药研制工作将发生战略性转移，由仿制、创仿结合到以创新为主［J］. 中国科技信息杂志，1995（7）：18.

［19］蔡弘. 医药包装产业发展与注册制度改革［J］. 中国食品药品监管，2018（9）：21-23.

第二十二章
跨国巨头对我国仿制药企战略布局的启示

通过前文对各国仿制药法规、市场形成机制及各大仿制药巨头兴衰成败的介绍，我们应该能够清晰地了解仿制药行业的运营逻辑和发展趋势，同时各大仿制药企业的战略模式、操盘方法也可为我们的发展或转型提供参考或借鉴。在撰写本书和《跨国药企成功启示录》的过程中，笔者深刻地意识到，创新药行业拼的是技术，拼的是投入，拼的是运气，所以被称为高投入、高风险的"赌博"；而 OTC 和快消品行业拼的是企业对市场的敏感度，拼的是业务开拓能力，拼的是商业化能力，几乎是一种纯商业的行为，或者叫"生意"；仿制药行业介于二者之间，拼的是战略战术，拼的是操盘能力，拼的是产品布局能力。

仿制药的低门槛性注定了它不会是绝对稀缺的资源，在市场形成的初期阶段，需求未满足度高，使用粗放的战略和操盘方法也能获得很好的发展，但随着市场的不断成熟，资源逐渐过剩，淘汰落后、过剩的产能是必然的趋势。因此仿制药企业想要在市场成熟期保持不败，必须根据自身的情况和环境的变化实时地调整发展战略。

随着新医改的实施，我国的仿制药产能已经逐渐进入淘汰阶段，在《药品生产质量管理规范（2010 年修订）》认证过程中，就有大量的落后产能因为合规性达不到要求而关门倒闭。2010 年以后，由于注册审批标准的逐渐提高，很多小微企业逐渐失去了新产品申报和开展一致性评价的能力，走向被淘汰的边缘。因此，过剩产能的淘汰并非集采之后才开始，只是集采加速了这一进程，从 2016 年以来的新产品和一致性评价申报数据中，我们就可以发现，胜负明显已分。

在这种产能整合与淘汰的大背景之下，仿制药企业想要继续生存和壮大，要么考虑转型，要么出海，要么实现差异化，结合本书前文内容，笔者在此对我国仿制药企业的战略转型和产品规划进行简单探讨，并给出以下个人的建议。

一、跨国巨头为我国企业战略制定或调整带来的启示

（一）跨国巨头的商业模式总结

从十五大仿制药巨擘的案例中我们不难发现，仿制药的商业模式大体可以分为两种类型，即研发驱动型和商业驱动型。研发驱动型是以研发为获得新产品的主要途径，其运营模式是研发→生产→销售，商业驱动型则以购买、授权、贴牌代卖为获得新产品的主要途径，其运营模式为购买（授权）→生产→销售，或直接贴牌销售。

1. 研发驱动型

纯粹的研发驱动型企业一般常见于仿制药市场形成的早期阶段，在市场供不应求的状态下，企业通过扩大产品准入、扩大产能就能迅速发展壮大，故加大研发是扩大产品管线和增加销售额的主要举措。然而，随着市场的逐渐成熟和企业的逐渐壮大，效益较好的企业通常会吞并效益较差的竞争对手，为了降低运营成本，同时也会收购或代卖一些品种，在这些情况下，纯粹的研发驱动型模式就变得非常罕见。因此，大部分国际仿制药公司其实是研发、商业双驱型，但两者间有主次之分，如果以研发占主导，可仍称之为研发驱动型。

对于典型的研发驱动型公司，研发投入普遍较高，大部分巨头的研发投入在销售额中的占比几乎都超过了 8%，部分企业甚至超过了 10%，代表企业有 Dr. Reddy、Lupin、Cipla、Sandoz、Sawai、Nichiiko、Amneal 等。研发驱动型公司通常讲究建立领先的技术平台，开发高门槛的产品，获得更高的附加值，也有公司利用技术平台仿创结合布局特色专科药管线，还有的公司聚焦于生物仿制药。为了建立特色技术平台的领先优势，通常这些企业在自主

开发的情况下，还会收购大量的技术平台公司，最终形成以技术平台为特色的高端产品管线，例如 Teva 的吸入剂和缓控释制剂，Mylan 的透皮制剂和预充注射剂，Watson 的缓控释制剂和透皮贴剂，Sandoz 的 biosimilar 都形成了明显的特色和领先的优势。

2. 商业驱动型

商业驱动型的企业通常不擅长于研发，业务特点是以技术壁垒不高的 OTC 和品牌仿制药为主导，部分公司也经营保健品、快消品和区域性的专利药品（代卖）。由于研发实力薄弱、研发投入低，打造产品管线的主要途径为"买"或"借"。研发能力不足，那就商业化能力来补，通常这样的公司市场感知能力、商业化能力和业务开拓能力极强，能够有效地从市场上购买或引进产品，然后差异化定位形成特色产品管线，代表有 Valeant（仅限 Pearson 掌舵时期）、Aspen、Stada 等。商业驱动型的公司研发投入普遍很低，大部分都在 3% 以下，研发费用仅用于必要的临床试验开发和各个市场的注册申报。

由于自己不做研发，商业驱动型公司在产品管线打造上具有很大的被动性，原因在于适合自己胃口的项目可能市场上买不到或不实惠，而能够买到且价格实惠的项目可能又不是特别想要的，因此他们只能广泛地在世界各地布局业务，然后根据每个市场的特征和消费者画像，建立地域化的仿制药 –OTC 或仿制药 – 品牌药的混搭产品包。另外，对于商业驱动型公司，因为频繁的并购和交易，通常对现金流要求非常高，如果不能正常回款，或产品无法有效定位就肯定引起资产减值，债台高筑。

事实上，在国际巨头中，大部分企业是研发和商业双向驱动，研发投入一般在 6% 左右。但双向驱动的公司，要求企业具有足够高的灵活度。

（二）跨国巨头常见的战略举措

由于仿制药的低门槛性，资源很容易过剩，全球各大仿制药市场的价格竞争都非常激烈，仿制药巨头为了保障利润水平和既定市场份额，通常会使用以下策略。

1. 控制原料供应

不论是何种商业模式的仿制药企业都难以对抗仿制药的价格竞争，所以仿制药必须注重成本的控制。原料作为仿制药的成本核心，高附加值的原料几乎就决定了高附加值的制剂。虽然近年来 Teva 因债务危机而大量甩卖资产，但在全球范围内仍保留了 13 个原料工厂（2021），几乎能够全面生产各种类型、各种难度的原料，除了 Teva，几乎纯商业模式运营仿制药业务的公司 Aspen 也都非常重视对原料控制，先后在南非、印度和欧洲布局了多个原料工厂，而印度仿制药巨头几乎都是原料出海起家，对原料的重视程度更是不言而喻。相反，没有原料的公司很容易丧失主动权，国际上也有多个因为原料受他人控制而过于被动，最后被迫易主的案例。

2. 降本增效

通常情况下，除了控制原料外，降低成本的举措还有优化供应链、生产设施升级、提升员工赋能等。经济的全球化决定了低附加值的制造业必须由高收入国家向低收入国家转移，仿制药巨头必须综合考虑低收入国家产业的完整度和收入水平进行动态的调整和布局，以实现利润的最大化。对于附加值相对较高、技术密集型产品的研发和生产，产业链有必要继续保留在发达国家，但企业如想控制成本，就只能通过生产线升级、员工赋能、产能优化等措施实现降本增效。就目前而言，日本仿制药巨头的产业链仍集中在国内，为了保持盈利能力，他们创造了全球最高的人均效能，沢井、日医工和东和三大龙头企业在 2021 年的人均销售额分别高达 78 万美元、61 万美元和 44 万美元，而跨国巨头的产业链则部分转移至了印度、东欧，人均效能普遍在 30 万～50 万美元，其中 Teva 2021 年的人均销售额约为 43 万美元，印度仿制药巨头可以充分享受人力成本的红利，2021 年人均销售额普遍在 10 万～15 万美元。除此以外，涉及仿制药成本的还有仓储成本、运输成本、跨境税收成本和回款周期等，仿制药企业必须加以统筹考虑。

3. 实现产品差异化

仿制药企业想要获得更高的利润必须让产品具有更高的价格。虽然仿制药无法完全独占市场，但开发高壁垒的产品可以降低竞争对手的数量，减少价格竞争的冲击，获得相对较高的附加值。从跨国仿制药巨头发展战略中我们不难发现，这些高附加值的产品主要是原料难以获得、高制剂技术壁垒、监管复杂而申报具有挑战性、国家特殊管控，或具有特定需求的小众化产品。除此以外，因为仿制药产品在不同国家或地区的利润水平不同，跨国巨头也积极根据各个细分地域市场的特点，建立特色的产品包。

4. 开拓新市场

众所周知，美国、欧洲 Top 5 仿制药市场竞争已经白热化，普通仿制药价格已经低至无利可图，仿制药企业的销售额和利润增长普遍遇到了瓶颈，为了进一步发展，企业必须开拓新的市场。此举在印度仿制药企业中的表现尤为突出。

5. 培植专科药

何为专科药？根据 IMS 的定义，专科药是用于复杂慢病或罕见病治疗的处方药，这些处方药通常具有以下特征：①较高的年治疗成本；②起始和维持治疗都需要高度专业的药物；③药物的使用过程需要专业的处置；④仅在有效的范围内配送；⑤需要广泛的监护和深刻的患者教育；⑥需要获得报销。专科药的这些特征要求制药企业拥有丰富的疾病管理经验和强大的临床专家资源，这些特征对一般仿制药企业而言是一种门槛，但相较一般治疗用药，专科药领域创新药迭代缓慢，大多是改良型产品，这对拥有特色技术平台、仿创结合、技术平台双驱型的企业而言，是既符合实际又具有前景的方向。综合国际各大仿制药巨头的案例，布局频率最高的领域为皮肤病、妇女保健、医学美容、眼科、呼吸科、疼痛管理和艾滋病管理等。

6. 强化载药技术平台

想要实现产品线差异化，就必须拥有遥遥领先的技术平台。Teva 在吸入制剂领域做了大量布局，重资收购了 Ivax、MicroDose、Gecko 等多家吸入制剂载药公司，该公司的吸入制剂市场份额仅次于葛兰素史克、阿斯利康和勃林格殷格翰等三大巨头，吸入制剂仿制药销售额曾超过 30 亿美元，而且该公司还开发出多个改良型的吸入制剂品牌药，形成一条强大的产品管线。除了 Teva，多个仿制药巨头也形成了自己的特色，例如，Sandoz 的 biosimilar，Mylan 的透皮制剂和预充式注射剂，Watson 的缓控释制剂和透皮贴剂等。

7. 强调在细分市场的足够领先优势

由于仿制药的低门槛性，仿制药价格竞争异常激烈，为了获得足够的话语权，企业必须建立遥遥领先的优势。但因为这种低门槛性，仿制药市场格局的多极化已经无法避免，巨头们只能想办法在某些细分市场建立足够的领先优势。例如，Sandoz 在德国拥有遥遥领先的优势，沢井在日本拥有遥遥领先的优势，Mylan 在法国和意大利有遥遥领先的优势，而 Teva 在美国有遥遥领先的优势等。

8. 布局创新药

众多仿制药巨头中，成功布局了创新药业务的只有 Watson 和 Teva，但从最终结局来讲，两家公司都没有成功。Teva 是没有完成转型就遭遇债务危机而无暇顾及，Watson 是在转型成功后无法在创新药上取得建树，最终资产减值和股价大跌，以 630 亿美元的价格卖给了艾伯维。除了跨国巨头，Ranbax、Dr. Reddy 等印度巨头也曾试图转型，但至今并未出现成功的先例，也鲜有印度仿制药巨头原创的新药（不包括合作开发或收购的项目）获得美国 FDA、PMDA、EMA 等权威监管机构批准。

对于失败的原因，笔者认为是仿制药企业和创新药企业的操盘理念、专业能力和知识储备的差异。创新药的发现需要长期的知识和技能积累，需要创新的思维主导，但仿制药企业大多摆脱不了"模仿"和"跟随"的思想桎梏，而且仿制药企业向创新药转型不是随便收购几个小 biotech 公司和几个青苗项目就能获得成功。首先，biotech 不等同于 bioscience，biotech 公司的强项是技术开发而非新药发现，众多美国 biotech 公司的案例已经证明，它们在完成 1~2 个成功的产品开发后通常会进入创新的瓶颈，要么通过兼并来打破瓶颈，要么免不了被收购的结局。其次，对于收购青苗项目，需要保持一种可遇而不可求的心态，一方面青苗项目失败率本身就很高，而且好的项目会第一时间被创新药巨头捡走；另一方面，仿制药企业缺乏慧眼识珠的能力，而且临床试验的设计和开发也非强项，会人为地增加项目失败的风险；最后，有一小部分仿制药企业所谓的"转型"，其实是一种"炒估值"或"做样子"的心态，从内心上并未对开发项目的成功抱以期望。

9. 模式创新

说到模式创新，最有名的就是"杠杆研发"的操盘手法，代表企业有 Valeant、Endo 和 Aspen，结果前两者失败了，后者成功了。失败的原因并非模式的错误，而是尺度的把控。这就如当年秦始皇修直道和长城一样，并不是最终秦朝因为这些工程灭亡了，我们就说这些战略是错误的。Valeant、Endo 和 Aspen 都在用杠杆操盘，但 Aspen 的负债率要小很多，没有超过 65%，而 Valeant 却一度接近 90%，最终失控。在 Valeant 和 Endo 出事以后，也曾有分析师盯上了 Aspen，该公司通过迅速甩卖资产，完成了负债率的下调，最终得以稳住大盘。除了"杠杆研发"，近年来快速兴起的 Amneal 也在使用高"杠杆"操盘，但 Amneal 的模式清晰，盈利能力较强，虽然从草根起家，但是短短十余年就蜕变成美国第三大仿制药巨头，"杠杆"就被称为"战略性负债"。

（三）跨国巨头的生存现状

本书所选取的 15 个仿制药公司案例，均为全球仿制药销售额排名前 30 的巨头，但鲜有企业的生存状态能够以"好"来形容。一是美国仿制药竞争白热化，价格下滑，市场萎缩；二是日本仿制药市场因为政府频繁调控药价变得无利可图，三是欧洲市场政策复杂多样，都是一些难"啃"的骨头；四是美国 FDA 批准的小分子普药数量越来越少，可仿资源大幅减小，仿制药前景整体不佳……在诸多因素的杂糅之下，仿制药企业的市值、市盈率普遍跌到了低谷。另外还有一些公司因为转型不成功而背上了巨额债务，Mylan、Teva、Allergan、Valeant、Endo 等巨头的信用评级一度被下调为垃圾级。如今 Teva 和 Mylan（Viatris）的市值已经跌到低于净资产，而 Allergan 被艾伯维"低价"收购，Valeant 和 Endo 漫步于破产的边缘。

相比西方巨头，印度、日本的仿制药公司生存状态还算良好，但业务发展也普遍遇到了瓶颈，增速放缓、利润下滑是共同的趋势。

二、基于我国药企本身的战略考量

在仿制药行业处于高速增长阶段，一切战略、策略都无关紧要，企业只需要保证有足够的产品准入，足够的产能供应，足够的渠道覆盖就能盈利。但这种粗放式的增长时代已经一去不复返，仿制药资源已经进入高度过剩的时代。在这种资源过剩的环境下生存，企业如想在残酷的优胜劣汰筛选中保持不败，首先必须有更低的价格和更好的质量，其次思想意识必须刷新，企业文化必须与时俱进，另外还必须有科学的操盘手法、卓越的管理能力和先进的发展战略。

2000 年前后，美国仿制药巨头就开始在年度报告中体现出全面的风险评估和清晰的战略规划，部分企业在战略部门的基础上，还成立了风险管控部门。相比美国仿制药企业，印度和日本巨头明显较晚，部分企业虽然在 2005 年前后将战略和风险评估写入了年报，但依然较为粗放，仅是扩大产能，聚焦某个领域的销售，强化销售力量，抓住某个政策带来的机遇等。但 2010 年之后，这些企业的战略规划开始变得更加精细，风险评估也变得更加全面。

从粗放到精细战略的演变说明公司在发展壮大，行业在变化，仿制药企业的战略战术也必须与时俱进，而且更加科学、合理。然而直到现在，我国依然很少有仿制药企业每年坚持开展战略研讨会，定期进行风险评估。即便有的公司会定期组织开展，但大多都是"老板"确定目标，各部门分解任务，能够精细地、专业地规划战略，且能保证战略有效实施的企业少之又少。

或许，部分企业已经无能为力，部分企业则还没有从高速增长的大市场梦中苏醒。在改革开放以来的 40 多年里，我国经济高速发展，用药需求快速增长，在缺医少药的情况下，仿制药行业获得了近 30 年的黄金发展期。自 20 世纪 90 年代形成"以药养医"以来，"带金销售"成为扩大市场的主流方式，仿制药企业只需要有足够的生产能力、足够的销售能力和足够的胆识魄力就能赚得盆满钵满，这让制药行业走出了大量的"煤老板"。时势造就英雄，不该否认他们的丰功伟绩，但时至今日，行业大环境已变，他们如想将自己的丰功伟绩发扬光大，就必须刷新自己的认知。

2005 年以前，企业可以不做研发，因为一个仿制药申请资料包总价仅几十万，企业可以随便购买，随便申报。2010 年前后，审批环境有所收紧，但申请资料包的价格也不过一二百万，有条件的企业依然可以随便购买，随便申报。2015 年开始，行业进入洗牌期，一切历史遗留的问题都要被推倒重来，仿制药企业也必须重塑自己。集采以后，生存环境的"逐渐恶化"，仿制药企业要想生存和发展，必须建立一套清晰的，适合内部和外部因素变化的发展战略。其中内部因素包括企业的资源（有形资源、无形资源）、能力（管理、执行、营销、财务、制造、研发、销售等）、价值链等，而外部环境通常包括政治、经济、社会、技术、行业等。企业成功的战略规划，不仅要结合内部和外部两大因素的实际情况，而且还要具有新颖性、独特性和可实施性。另外，由于环境因素的多变性，企业必须根据环境的变化进行及时调整战略，这就要求企业应定期地进行全面的风险评估和把控。

（一）我国仿制药企业的现状

经过改革开放以来 40 余年的高速发展，我国的医药工业总产值已经超过 3 万亿元，药品总销售额近 1190 亿美元（IQVIA 口径），是全球第二大药品市场。但我国一直是一个仿制药占主导的国家，市场规模约为 500 亿美元。

虽然产业规模较大，但大而不强，产品质量参差不齐，仿制药替代效应未发挥出来。根据 IMS 公开的报告，2017 年我国仿制药占市场总销售额的 58%，但专利到期的原研药却占据了 20% 的市场，部分原研药品种的市场占有率竟超过 80%。另外，我国仿制药资源分配也极其不平衡，销量大、技术壁垒较低的品种扎堆申报，注射用艾司奥美拉唑、左乙拉西坦等"大品种"的受理号均超过了 500 个，而临床急需的、高技术壁垒的特色品种却在国家发文鼓励申报的情况下依然无人问津。

目前我国有 4000 多家企业，但仅有恒瑞、扬子江等为数不多的几家企业能够进入全球销售额百强榜单，而在 IQVIA 的全球仿制药公司排名中，没有一家中国的仿制药企业进入前 40 强。产业集中度低，研发投入低，研发资源高度分散，产品高度同质化是我国仿制药行业的基本现状。国家统计局数据显示，2021 年我国医药制造业规模以上企业总研发投入为 942.4 亿元，研发投入强度仅为 3.19%，明显低于国际巨头的水平。

表 22-1　我国规模以上制药企业研发投入情况（国家统计局）

年份	2013	2014	2015	2016	2017	2018	2019	2020	2021
研发投入/亿元	347.7	390.3	441.5	488.5	534.2	/	609.6	784.6	942.4
投入强度/%	1.69	1.67	1.72	1.73	1.97	/	2.55	3.13	3.19

"研发不行销售来补，重销售轻研发"是我国大部分仿制药企业的一贯战略，据医药经济报文章《300 万医药代表缩至 50 万，"下岗"药代转型指南》数据，我国医药代表居然曾有 300 万之多（非官方数据，仅供参考），这个数据几乎是美国或整个欧洲制药行业从业人口的 4 倍，日本的 20 倍。2018 年以来，国家逐渐加大了集采的力度，仿制药逐渐不需要销售了，仿制药企业的出路在哪里？不仅如此，DRG 即将大面积实施，OTC 也可能全面踢出医保，这些政策的实施都可能加速优胜劣汰的分化。为了生存和发展，仿制药是时

候做出必要的改变了。

表 22-2　2020 年世界主要国家制药行业从业人口（万人）

国家或地区	美国（PhRMA）	日本（JMPA）*	欧洲（EFPIA）
研发（万人）	31.4	2.3	12.5
生产与质量（万人）	33.1	4.1	
市场与流通（万人）	22.9	5.5	
管理（万人）	2.9	2.2	
合计（万人）	90.3	14.0	83.0
人均产值（万美元）	79.7	62.2	42.6

*数据取自 2019 年，其余均为 2020 年数据。

根据当下的政策逻辑，仿制药需要有最好的质量，最低的价格，如果仿制药企业同时能够达到这两个标准，那么它能够艰难地、一如既往地生存下去，如果达不到这两个标准，要么及时出海，要么及时转型。

（二）我国制药企业所面临的环境与形势

1. 国际环境和趋势

（1）普遍的价格下降趋势　近年来，各发达国家和相对发达的发展中国家的医疗开支都在迅速飙升，而发展仿制药替代，促进仿制药大面积使用是节省医疗开支的最有效手段之一，故美国、加拿大、西欧诸国、日本、澳大利亚、巴西都在大力推进仿制药普及与替代，而随着仿制药渗透率的逐渐提高，价格竞争日趋激烈，仿制药价格呈现出一个持续下滑的趋势，美国、日本和欧洲部分国家的普通仿制药价格几乎已经无利可图。

（2）面临专利悬崖的小分子化学药市场正在减小　2010 年以后，美国 FDA 批准的小分子普药数量大幅减少，生物制品和罕见病用药数量大幅增加，这导致了 2020 年以后，仿制药的可仿资源大幅下降。

（3）一般的技术壁垒已经不是门槛，吸入、缓控释、透皮、脂质体等先进载药技术几乎已经被大部分仿制药巨头掌握，即便是后起之秀的印度仿制药巨头，也几乎都具备了以上制剂品种的开发能力。

（4）因为发达国家的市场已经饱和，仿制药巨头为了地区差异化布局，想办法打开发展中国家的市场是一个大趋势，这也就是近年来印度仿制药企业在我国异常活跃的原因。

（5）产业链向印度转移　相比其他国家，印度具有人力和环保成本低，产业链完善等优点，近年来欧美各大仿制药企业都在印度买厂置地，先后将原料、制剂工厂搬到了印度，甚至有的企业将部分研发设施也迁移到了印度。

（6）全球的仿制药标准有望统一　美国 FDA 正在推进 ICH 范围内统一审批标准，实现一份批文，可同时在多个国家上市，以节省仿制药的开发成本，促进仿制药的竞争。这个概念其实并不新鲜，在欧洲范围内。互认程序已经实施了多年，在 ICH 范围内推广是非常有可能的。

随着加入 ICH，我国医药市场开始快速接轨国际，这对我国企业而言，信息交流、技术合作、资源共享会变得更加通畅，可以为产品引进、出海或即将出海的企业提供便利。但随着市场的逐渐开放，国际仿制药巨头或印度仿制药的涌入会对我国的仿制药行业造成二次冲击。面对这样的国际形势，我国制药企业有必要加速标准升级，以达到发达国家水准，在提高产品竞争力的同时，以谋求产品输出。产品输出对象不一定是美国、日本等发达国家，但是有了这些国家的批文，便可以通畅地进入中东、东欧、东南亚、拉美和非洲等各个国家市场。除此以外，为了应对挑战，仿制企业还必须加快技术升级，提高产品的壁垒，以获得更高的竞争力，同时积极产线升级，优化供应链，实现成本的最低。

2. 国内政策和形势

基于笔者的理解与总结，我国近年来的医改政策，最宏观的目标都是为打造健康中国，而在宏观的目标之下，又可以归纳为九个大方向，即：①解决看病贵的问题；②解决看病难的问题；③控制不合理支出；④鼓励创新；⑤调整医保支付结构（腾笼换鸟）；⑥仿制药替代；⑦救命药、抗癌药、儿童药、罕见病临床用药保障；⑧保障药品的安全有效性；⑨建设"健康中国2030"。这些政策在近景上对创新药利好，对仿制药相对利空。根据当下的政策逻辑，仿制药需要有最好的质量，最低的价格，只有仿制药企业能够同时满足这两个要求才能艰难生存下去。但从远景来看，国家医疗控费、保基本、"健康中国2030"等战略的实施与推进必须要大力依赖仿制药的发展，未来

10年里，我国仿制药总处方量有望在当前的基础上翻2~4倍，在长期范围内将会呈现出一个增长的趋势。加之近年来集采、医保目录调整、DRG等重大举措，仿制药市场会呈现出一个"√"形的发展曲线，同时也间接地引导行业大规模整合，进一步压缩或淘汰过剩和落后的产能。在这种政策大变局之下，仿制药企业务必要预判国家的政策走势，产品布局要具有前瞻性，具有差异化特点。

3. 经济环境

未来几年，我国的经济增长速度将进一步下滑，医疗费用的控制力度可能进一步加大。1978年以来，我国医疗支出在GDP中的占比长期处于3%~5%之间，但随着全民医保制度的实施和经济增长的减速，医疗支出在GDP中的占比开始逐年提高，2020年已达7.12%，几乎接近中等发达国家的水平。因此，在未来几年里，更严厉的医疗控费将是不可避免的趋势。而与医保控费形成反差的是，"健康中国2030""人口老龄化"等诸多因素都会带来治疗需求量的上升，这种矛盾的趋势要求药品必须有全球最低的价格。除了利空的经济因素外，也有利好的因素，目前我国的人均GDP已经接近1.25万美元，超过了全球平均线，并且有望在2030年前超越美国成为全球第一大经济体，届时人均收入将相比当前再翻1~2倍，故仿制药企业要重视消费升级所带来的机遇，积极升级我们现有的产品，以差异化切分低、中、高端市场。另外，随着人均收入的不断提高，劳动力成本和环保成本将进一步上涨，产业链调整、升级和优化对于广大仿制药企业而言已是迫在眉睫的事。

4. 社会文化

中国人普遍存在"有病不医""讳疾忌医""只治不防"的意识形态，尤其是在广大的农村地区。随着"健康中国2030"战略的不断推进，我国人民的疾病意识和患者意识会有大幅提高，而且"治未病"的意识形态也将慢慢培养起来。这对慢病处方药、OTC的发展非常利好。但是由于以往部分企业轻质量、重广告营销的行为，让老百姓普遍对国内品牌认可度低，即便是最简单的钙片、奶粉、维生素都是洋品牌占主导。因此OTC或保健品企业务必要重视口碑和品牌的长远发展，重视社会的责任，以树立一个令人信赖、让人尊敬的形象。

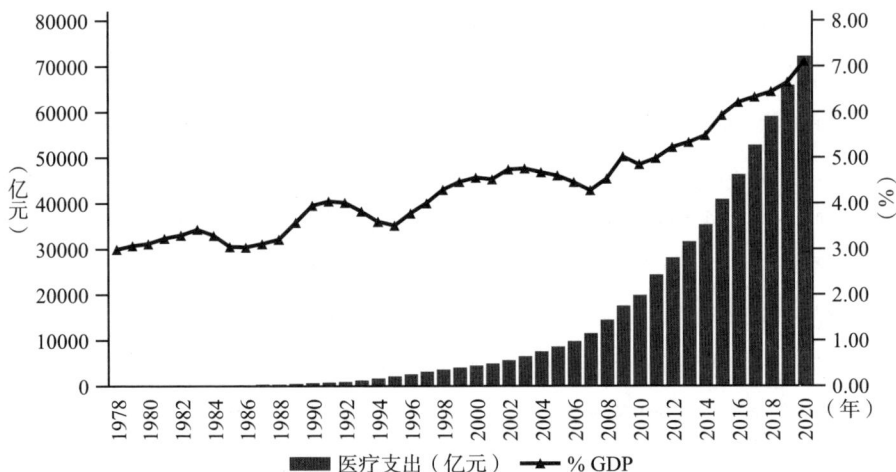

图 22-1　我国医疗支出增长变化

5. 技术环境

因为仿制药不是绝对稀缺的资源，低准入门槛必然导致资源过剩，国际巨头都强调高壁垒、高门槛、差异化。通常情况下，高门槛的品种包括合成难度高、制剂技术工艺复杂、制造困难、监管挑战等。常见合成难度高的产品包括多肽、前列腺素、手性中心较多的产品，虽然我国是全球第一大原料药出口国，但出口的产品多为大宗原料和中间体，高壁垒产品依然是稀缺资源。而常见技术壁垒较高的剂型包括吸入剂、植入剂、复杂注射剂（微球、纳米晶、纳米粒、脂质体等）、缓释口服液、儿童专用掩味制剂、透皮贴剂和复杂口服缓控释制剂（定位释放、渗透泵）等，这些制剂技术国外都已经发展成熟，但国内依然比较稀缺。虽然部分厂家获得了批文，但按一致性评价水准获批的，非常罕见。

综上，企业有必要实时地对内部因素和外部环境做权衡分析，以便全面的风险评估和战略的规划与调整。以上内容仅是抛砖引玉，可能会顾此失彼，也可能会时移世易。

（三）全面的风险管理

风险普遍存在，各大跨国仿制药巨头非常重视风险管理，几乎每年或每半年都要进行全面的风险评估，甚至部分公司还有专门的风险管理部。至于风险管理的方法学方法论，在各种专业的管理学书籍或 MBA 教程中都有系统的提及，在此不加以赘述，以下仅结合跨国巨头的案例和仿制药行业的特点进行简单的抛砖引玉。

根据国际仿制药巨头的风险评估案例，仿制药企业所面临的风险可分为内部风险和外部风险两种类型。内部风险包括领导风险（如领导辞职、失职、决策错误）、财务风险（回款、欠款、债务危机）、制度风险（如制度存在问题，让公司无法正常或高效运营、有效实施战略）、战略风险（战略错误或出现偏差）、技术风险（技术水平与项目不匹配）、质量风险（因某些原因导致药品质量不合格）、合规风险（合规性出问题，如兰伯西）、腐败风险（关键性员工贪污受贿）等，而外部风险则包括自然灾害、政治经济风险（如政局动荡、经济危机），法律风险（可能面临的法律诉讼、专利诉讼）、监管风险（监管环境变化、环保新要求）、降价风险（如医疗改革、医保费用控制、出现新竞争对手）、上游供应链风险（如原料被人垄断、水电供应出问题）、下游客户风险（下游客户被收购或被竞争对手抢走）、合同风险（产品收购、企业兼并带来的资产减值）等。

相比一般风险，企业兼并过程中带来的风险更为突出，而且隐匿，所以企业在兼并发动前必须要进行充分的风险评估，实时地调整兼并战略。早在21世纪初，Teva就已经将兼并企业存在的各种风险写入了年度报告，但该公司在十年之后，依然在"阴沟里翻了船"。

风险评估的目的是及时调整发展战略，企业可根据风险的等级进行不同的预案，如对于低风险，只需定期回顾即可；对于中风险，则应有相应的规避措施；对于高风险，则可能有必要调整战略决策。由于每个企业的处境和实际情况都不相同，以上内容仅为抛砖引玉。

（四）关于仿制药企业战略规划与调整的思考

1. 供应链优化

跨国巨头在形成初期规模后，第一件事就是供应链优化。供应链优化的目的是控制上下游风险，降低配送、仓储和铺货成本。举个例子，黑龙江的A公司的拳头产品是某大输液，但是生产大输液的包装瓶、胶塞的主产地是江浙地区，而其主要销量又来自于华南和西南地区，这样的情况下A公司需要到江浙地区采购低价的包材，回到黑龙江加工生产后再配送到西南和华南地区，双倍的运输成本让该公司很难取得成本优势，如果产品的市场足够大，那么该公司就有必要在华南或西南地区收购一家大输液生产工厂或建立上市许可持有人（MAH）合作。另外，对于在同一地区拥有多个生产工厂的企业，国际巨头的做法是让专业的人做专业的事——根据剂型特征和产品特点进行产能整合。随着经济的全球化，跨国巨头需要综合考虑产能和人力、运输、配送的成本，进行全球供应链的优化，而对我国企业而言，随着集采的不断推进，供应链优化也需提上日程。

2. 生产设施升级

优化产能，生产设施升级是降低成本的有效措施。随着仿制药价格的逐渐下滑，各大仿制药巨头都非常重视这一举措。及时淘汰过剩的产能，剥离利用率较低的生产线，通过人工智能、连续流制造等手段降低生产人员规模，提高人均产出比，是降低成本的最有效手段。例如 A 公司是一家人力密集型生产企业，其冻干车间每班次需要 50 人才能正常运转，而 B 公司则花了数亿元，引进了先进的人工智能生产线，称量、配液、罐装、冻干、压盖、灯检、包装、仓储几乎都依赖人工智能完成，每个班次可以压缩到 3~5 人。两公司的生产成本在以往的人力成本之下或许没有显著的区别，但随着人力成本的不断攀升，差异就会越来越显著。另需要说明的是，A 公司和 B 公司都是真实的存在。且放下本土企业不谈，在跨国巨头中，人均效能也是天差地别，沢井制药人均年销售额高达 78 万美元，Teva 为 43 万美元，而印度仿制药巨头仅为 10 万~15 万美元，虽然印度仿制药企业有巨大的人力成本优势，但盈利能力依然不及 Teva。

3. 控制原料

原料是仿制药成本的核心，只有拥有原料的企业才能够通过原料工艺优化来降低仿制药的生产成本。当年诺华为了降低原料成本，专门成立了数百人的科学家团队从事合成工艺优化。另外，翻看制药行业的发展史不难发现，青霉素、糖皮质激素、紫杉醇曾经都是价比黄金的药物，但经过多年的工艺改进，这些产品已经沦为廉价药。很多原料在新催化剂、新工艺路线、新合成方法（如酶化法、生物发酵法）作用下，生产成本可能出现指数级下降，而获得这种成本优势的企业可以在短期内淘汰大部分竞争对手。从另一个角度讲，没有原料的企业随时可能面临着原料被人垄断、原料供应商被竞争对手收购、突然的原料涨价或其他商业竞争行为带来的上游供应风险。除此以外，制剂生产企业为了让原料供应商提供合格、稳定的原料，必须向其提供完善的原料标准，这是一种间接的泄密行为。

表 22-3　控制原料的机遇与挑战

机遇	挑战
1. 可以保障高质量原料的持续、稳定供应 2. 可以通过优化工艺降低成本 3. 可以避免价值链损耗，提高利润空间 4. 可以开发高壁垒的品种 5. 可以提前布局，获得率先上市的机会 6. 可以根据企业的需要合理安排产能，周转资金	1. 原料可能被垄断或其他商业行为导致断供、涨价或质量不稳定 2. 可能间接泄露核心机密 3. 机会品种因原料无法采购而无法开发 4. 关联的原料供应商可能在产品获批后坐地起价 5. 原料采购中，可能被经销商层层加价

综合众多国际巨头的发家案例，它们通常会收购或控股多个具有原料研发生产能力的企业，在保障核心品种或重点发掘品种的原料供应的同时，布局高技术壁垒、常规途径无法采购的原料。作为全球第一大仿制药巨头的 Teva，强化原料供应一直是该公司多年不变的重点战略，鼎盛时期的 Teva 在全球范围内拥有近 20 家原料工厂，能够生产数百种各种类型、不同难度的原料，而强大、持续、稳定的原料供应是该公司能够获得高盈利水平的有效保障。

最后需要说明的是，原料属于高耗能、高污染产业，选址应具有前瞻性。除了原料，影响核心产品主供应链的原料中间体、特殊包材或辅料，企业也有必要加以控制。

4. 员工赋能，提高效率

跨国巨头都非常重视员工的素质提升，通过不断地员工培训，可以提高员工的技能和娴熟度，不但可以提高效率、降低出错率和沟通成本，还有助于战略的理解和实施。除此以外，建立崇高的企业愿景，形成积极向上的企业文化，让员工拥有荣誉感、归属感和使命感，是降低管理运营成本、留住高素质人才的有效措施。横向对比不难发现，跨国仿制药企业的管理成本普遍较低，而我国企业的管理成本普遍偏高，故我国药企具有很大的优化空间。

5. 技术升级，布局高壁垒的药物

由于仿制药的低门槛性是导致价格竞争和资源过剩的根本原因，所以高门槛的品种是在仿制药价格竞争中获得高额利润的有效保障，近年来，几乎所有国际仿制药巨头都在强调高门槛品种在产品线中所占的比例，而高门槛品种一般包括原料难以获得、高制剂技术壁垒、难于生产制造、监管挑战的产品。目前，国际巨头几乎普遍掌握了各种高壁垒载药技术，但在我国，高壁垒载药技术依然属于稀缺的资源，我国仿制药企业应重视技术升级，通过自主建设或合作开发等方式，建立高技术壁垒的载药平台。

然而建立技术平台不是一窝蜂地搞吸入、搞透皮，而是选择一到两个特色领域建立起龙头的地位。这不要求一定是大市场，而更应强调具有足够的发展潜力和是否能够获得龙头地位。在拥有强大的载药技术平台以后，企业不但可以发展仿创结合，实现高壁垒仿制药、创新制剂双驱的战略，还可以与某些产品的原研公司建立合作，为其升级产品而获得技术授权费，事实上，很多载药技术平台起家的公司都曾这样做过这样的事，如 ALZA、Alkermes、Bovial、Impax 等。

6. 布局专科药

不论任何仿制药巨头，在它们由"仿制"向"品牌"转型的路上，都会首先布局专科药。相比普药，专科药不依赖新分子创新，市面上的产品大多为改剂型品种，仿制药企业可以利用自己的技术平台实现产品线的布局与延伸。另外专科药通常要求企业拥有丰富的疾病管理经验和强大的专家资源，这对一般企业而言也是一种壁垒。国际巨头深耕的专科药领域包括呼吸科（吸入剂、鼻喷剂）、妇女保健科（性激素）、儿科（特殊载药手段，如掩味、液体缓释）、眼科（滴眼剂、眼部植入剂、眼部注射剂）、皮肤科（透皮制剂、局部制剂）、疼痛管理（管制药物）、艾滋病管理（仿制药、新复方搭配）等。

7. 模式创新

由于仿制药市场资源已经严重过剩，我们不能在插满红旗的地域里再玩跑马圈地，而是要想方设法，找准时机，在合适的位置上插上一面绿旗。虽然当前的行业形势对中小型企业而言是挑战大于机遇，但只要能找到鲜明的模式依然能够获得成功。Amneal、Intas、Alvogen 都是在每况愈下的大环境中逆风起飞的，尤其是 Amneal 还是一个白手起家、草根出身的企业。该公司

之所以能够成功，原因在于创始人大胆的高杠杆操盘，巧妙结合了印度低价劳动力和西方高效率的两大优势，短短十几年里，迅速发展成为美国第三大仿制药巨头。另外国内也有鲜明的案例，在京东、苏宁、阿里等诸多电商大战的背景之下，草根的拼多多依然能够快速崛起，并不是因为市场缺了它不行，而是它带来了以往电商所没有的全新模式。

说到电商，就不得不谈一下美国药界电商新锐 PillPack。PillPack 意为药袋子，是一家 2013 年才成立的在线药房，旨在提供私人定制的服务。同是卖药，但该公司所与众不同的是，将患者每次服用的药品分拣到各个做好标记的独立包装袋中，并通过 APP 提醒用户按时服药，告知服用方法和禁忌事项等。虽然该公司的模式并没有巨大的创新点，但是它解决了广大患者之痛，尤其是慢病患者。在 PillPack 出现之前，人们在服药之前需要花大量的时间去阅读说明书，老人可能还需要他人或放大镜的帮助。PillPack 虽为在线药房，但它承担了部分药品福利管理（PBM）的职能，包括审方、健康管理、保险服务等。因为新颖的模式，该公司发展极快，最终在 2018 年被亚马逊以 10 亿美元的价格收购。

PillPack 的案例说明，除了药品本身的价值之外，我们也应该关注服务所带来的附加值。除了销售模式的创新，中小型企业还可以利用国家上市许可持有人制度带来的研发、生产解绑的机会，根据自己的业务特点和公司实力灵活地规划商业模式。对于产能过剩的生产型企业，可以拆分出部分产能用以国内或国际代工，而对于没有生产能力的合同研究组织（CRO）或合同销售组织（CSO，即代理商），也可以自行孵化一些优势性品种。

8. 利用电商的机遇，布局 OTC 产品

相比处方药，OTC 的准入门槛较低，不仅对技术门槛没有过高要求，而且研发投入也相对较少，国际巨头 OTC 业务的研发投入普遍在 2%~4% 之间。OTC 开发新品，通常是已有产品的仿制或开发新剂型、新复方、新规格、新口味、新包装，或购买专利失效的品牌药，组织材料申请转为 OTC。事实上，成功转为 OTC 的处方药品种并不多，大部分企业的产品线打造都围绕着第一种类型实施，这就导致了产品高度同质化。而在高度同质化的世界里，产品能够脱颖而出的工具就是品牌和服务。由于成功打造一个品牌通常需要很长时间、很大精力，企业想要迅速建立起差异化的产品管线，只能高频率

地兼并、收购或授权引进。

基于以上特点，OTC 业务非常考验企业的品牌储备、市场感知能力、商业化能力和业务开拓能力，但这种能力并非一般仿制药企业所具备。因为低门槛性，OTC 业务的竞争比处方药更为激烈，近年来的利润下降趋势也非常明显。根据笔者整理，国际 OTC 和保健巨头在 2016~2020 年之间的总平均盈利水平（营业利润 / 销售额）仅为 11.63%，相比 2000~2004 年的 17.91%，已经下降了35%。因此，OTC 并不是广大仿制药企业的"诗与远方"。一直致力于 OTC 与保健业务打造的葛兰素史克，已经将其 OTC 与保健业务剥离为 Haleon 单独上市，而强生也发消息称即将剥离该公司旗下的 OTC 与保健品业务。

综合上述，并非所有企业都适合大规模布局 OTC，更何况保健品和快消品。由于这些业务需要品牌的驱动，品牌影响力和驰名品牌数量的多少决定着一个企业的成败，但是打造一个品牌需要多年的持续投入，企业想要快速建立品牌树，必须频繁收购。由于这种高商业属性，它要求企业能够根据市场变化和用户画像，随时随地调整产品管线。而为了达成这一结果，企业必须根据品牌战略实时地买进和卖出品种或业务，同时也要求业务版图非常广泛，否则收购、授权或贴牌的产品就无法在细分市场被有效定位以发挥出最大的经济价值。然而，这种高度灵活的经营模式、强大的业务开拓能力和商业化能力通常是以研发和生产起家、靠赚生产环节利润的仿制药企业所不具备的。从 15 个仿制药巨头的案例我们不难看出，普通仿制药企业转型做 OTC、保健品或快消品的成功案例，仅有 Aspen 和 Stada，而这两家企业正好具备了以上特点。

另外，OTC、保健和快消品需要企业有很强的财务能力、铺货能力和抗风险能力。中国的两大消费品大亨统一和康师傅几乎家喻户晓，二者大战已经持续多年，但产品创新和开发能力较强的统一一直竞争不过康师傅，甚至有人认为康师傅一直在模仿统一。"被模仿者"被"模仿者"打败的根本原因不是康师傅的战略先进，也非产品质量好，而是早期康师傅强大的铺货能力远非统一能比。为了追赶康师傅，10 多年来，统一和康师傅一直在渠道、仓储和配送能力竞赛，虽然如今的统一依然没有打败康师傅，但在两个大亨遥遥领先的渠道之下，其他方便面企业几乎已经没有生存空间。道理相似，我国的保健品牌已经足够多了，凭借中小型企业的铺货能力和财务能力想要撬动到大山，必须要有足够长的杠杆，故在转型之前必须要谨慎研究，规划出清晰可行的战略。

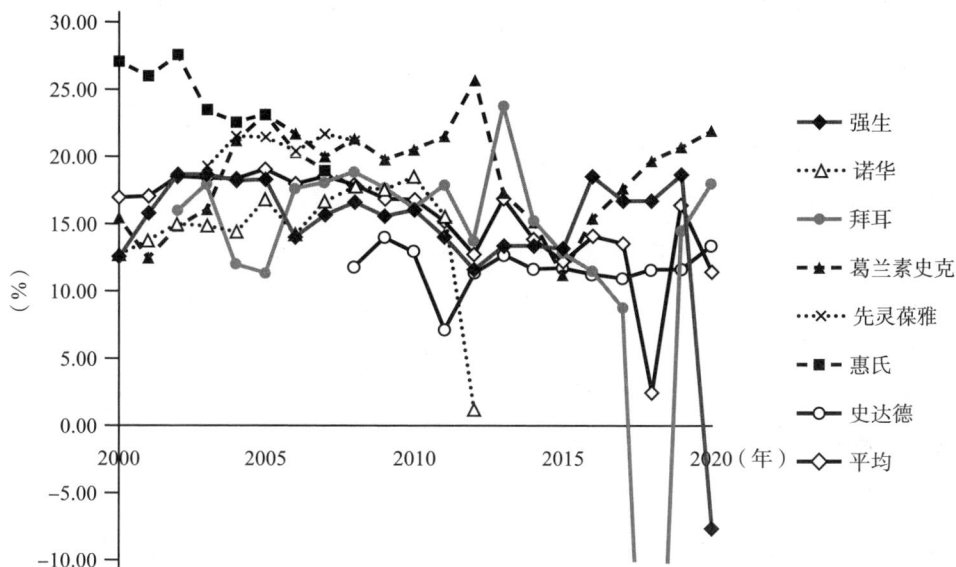

图 22-2　国际 OTC 和保健巨头的盈利状况

对于中小型仿制药企业，笔者建议可用小马过河、大浪淘沙的逻辑瓜分一点预期外的利润，但不建议盲目转型。一方面，我国正在推行的 OTC 制度改革，"健康中国 2030"强调的"治未病"理念，都对 OTC 利好；另一方面，电商的崛起也为渠道能力薄弱的中小型企业带来了机遇。但是机遇与挑战永远并存，建议广大读者要进"窄门"，产品布局不但要紧扣企业的特点，而且还必须有特色。为此，笔者建议中小型企业关注隐私性疾病（如性病、阳痿、早泄、痔疮、妇女保健、狐臭、口臭、脱发、便秘、女性隐私部位护理）用药，由于电商渠道对于这些产品的销售具有独特的优势，而且市场上尚未形成非常成熟的品牌。

9. 积极出海，开拓海外市场

根据仿制药品市场的成熟程度，可分为发达市场、规范市场、非规范市场和非法规市场四类。①发达市场（美国、德国、英国、加拿大、日本、法国、意大利、西班牙、澳大利亚等）监管体系完善、市场机制成熟，基本实现了仿制药替代；②规范市场（中国、韩国、俄罗斯、巴西）监管体系完善、市场机制相对成熟，已具备开展仿制药替代的条件或正在推行仿制药替代；③非规范市场（如拉美和亚洲大部分国家）监管体系相对完善、但市场机制不成熟，还存在着一定的缺医少药的问题，不具备仿制药替代的条件；④非法规市场（非洲和亚洲部分国家）无独立的监管体系，存在严重的缺医少药问题，通常需要借助发达国家或世界卫生组织的认证体系来控制药品质量，部分国家甚至还处于小作坊生产药品的时代。

在发达市场，仿制药的价格竞争非常激烈，平均药价一直处于下行区间，美国因仿制药处方量占比达到极限而市场逐步萎缩，英国、德国、法国、意大利、西班牙、加拿大、澳大利亚、日本等国家因市场规模较美国小而竞争压力稍微缓和，而且仿制药替代率也未达瓶颈，在短期内（如5年），还具有缓慢增长的空间，但药价低廉，普通产品可能无利可图。在规范市场，市场规模在中长期内（5~10年）会因各国大力发展仿制药替代而快速扩大，但药价也会因替代水平的逐步提高而快速下降。韩国、印度、巴西、俄罗斯和中国将是未来仿制药销量的增长极，虽我国可能会因为集采而出现市场波动，但将很快"触底反弹"，然后进入持续增长的区间。在非规范市场和非法规市场国家生活着30亿~40亿人口，他们或多或少存在着药品可及性的问题。对于这些国家而言，他们需要从"解决药品可及性"到实现"仿制药替代"，将是未来仿制药市场的远景所在。

基于以上情况，仿制药企业应根据自己的财力、产品特征选定特定区域市场，并根据市场的不同特点构建不同的产品包。如果打算布局美国市场，应仔细研究美国市场的供给情况，选择特色化、差异化、竞争不充分的小众品种，如果打算进入西欧发达国家市场，则事先要充分了解这些国家的招采机制，各产品的价格情况和竞争行情，如果打算进入中东、中亚和北非市场，需要研究伊斯兰宗教信仰对药品的特殊要求。对于大多数发展中国家，治疗心血管、糖尿病等疾病的普药品种销量较大，市场规模也较大，对于经济欠发达地区，如撒哈拉以南非洲、东南亚、南亚等，抗感染药依然是市场的主导。另外，世界卫生组织，各种慈善基金会都有药品捐赠项目，如艾滋病、疟疾、河盲症、锥形虫病等，我国仿制药企业也可以利用这种组织实现产品快速出海。

经过笔者的研究发现，成熟的大市场已经普遍资源过剩，产品特色和价格竞争力是成功的关键。目前我国人力成本介于印度和发达国家之间，生产设施水准也介于印度与发达国家之间，且具有原料产业的优势，但人均效率普遍较低，除了员工赋能不足外，市场供大于求，产能未得到有效利用是根本原因。因此，如果我国企业充分利用生产设施的优势，经过资源整合及员工赋能，完全有能力与印度仿制药企业在国际市场正面拼价格。除了自行申报产品，过剩的产能还可以为欧美仿制药企业代工，进一步提高产能利用率，以实现综合成本的下降。在成熟的大市场之外，还有很多未成熟的小市场，我国仿制药企业应该抓住"一带一路"的机遇，选择一个或数个人口规模较大、政局相对稳定、经济增长较快的小市场（如印度尼西亚、巴基斯坦、尼日利亚等）从头重点培育。另外，当今世界上还有很多非法规市场，仿制药只要获得美欧认证或世界卫生组织认证便可以进口销售，有的国家甚至还处于小作坊做药的时代，仿制药生产出来便可直接上市，对于小微型仿制药企业，这也是一种机会。

事实上，我国仿制药企业早期的出口规模比印度企业更大，但由于我国市场足够大，增长足够快，利润水平足够高，企业普遍缺乏向外开发新市场的动力，最终逐渐被印度药企反超，相继错过了美国和欧洲仿制药替代所带来的黄金时期。在印度仿制药占据绝对优势的情况下，我国仿制药出海必须有清晰的战略和足够的信心。

表 22-4　中印 20 世纪 90 年代药品出口额比较

年份	1991	1992	1993	1994	1998	1999	2000	2001	2002
中国（亿美元）	11.5	14.0	16.6	20.5	26.5	25.7	27.9	25.7	32.0
印度（亿美元）	1.6	2.7	2.9	3.8	11.2	12.4	13.8	18.2	38.0

对于大型仿制药企业而言，可以参考日本仿制药企业的战略模式，在国外收购 1~2 个相当体量的仿制药企业实现快速出海，而且国际仿制药企业市值普遍走低，是我国仿制药企业走出去的最佳时机。2015 年以后，日本仿制药政策大变天，从大力鼓励仿制药发展变成了频繁降低药价，政府甚至打算取消为发展仿制药而实施的各种补偿（开方补偿、配药补偿、入院补偿等），仿制药利润逐年下滑，跨国巨头被迫退出，本土巨头也只能出海开辟新市场，沢井、日医工和东和三大日本仿制药企业都是通过一两次大规模并购而迅速

完成了对美国市场的布局。

10. 积极引进技术或产品

产品授权引进是丰富产品管线的有效措施。对于大型企业而言，可以授权引进国外已经上市，或处于Ⅲ期临床阶段的产品，也可以收购青苗项目；但对于中小型企业而言，引进仿制药、新载药技术可能更为现实。一般情况下，国外已获批或即将获批的创新药，其中国区商业化权益的授权、首付款几乎都以"亿"为单位，比较适合商业化能力较强的大中型企业或专业的CSO，而收购青苗产品打造研发管线，更适合技术见长的biotech公司，目前信达、百济神州几乎都在大规模收购此类产品。中小型企业的产品引进建议聚焦成本具有明显优势的仿制药、高技术壁垒的仿制药、具有鲜明特色创新制剂产品或特色技术平台。

随着美国、欧洲Top 5和日本仿制药市场的逐渐变冷，印度和日本仿制药巨头都在想尽一切办法开拓新市场，这为我国仿制药企业产品引进带来了绝佳的机会。在过去的几年里，印度仿制药巨头一直在想方设法打开中国市场，甚至动用了国家外交资源。中小型企业可以趁此机会与印度或日本仿制药企业建立合作，购买其高壁垒产品批文或进口低成本产品参加集采，这种模式目前已经有公司走通，也有公司正在尝试。当然，引进仿制药也会面临诸多风险，比如因原料、辅料、包材或设备不匹配而无法转产或转产后成本大幅升高，因上市时间过于久远而申报资料缺失或审批标准改变导致无法获批，因综合成本（授权成本、咨询费、关税、直接采购成本）的原因在国内无价格优势等，仿制药企业在产品引进时都应该对这些因素有充分的预案。

11. 贸然多元化风险较大

很多企业一味地强调转型，但并未掌握转型的精髓，也未考虑企业自身的基因。有的中药企业直接转型做生物制品、细胞治疗，搞源头创新；也有的企业从药品转移到医疗器械；还有的企业则把精力集中到化妆品、功能食品和医美产品，很多轰轰烈烈的"转型"最终却赔了夫人又折兵。

一方面，企业转型要贴合实际，应紧扣自己的知识储备、商业模式特点和核心竞争力，另一方面，多元化的风险本身就很大，20世纪50~60年代制药巨头们风风火火的多元化行动，大多结果都是乘兴而至，铩羽而归。多元化或许是企业走出危机的有效手段之一，但多元化带来的风险包括运营成本升高、资源被分散、决策效率下降、现金流压力增大，贸然进入不熟悉的多元化领域很可能错选产品，错误用人，顾此失彼，甚至深陷泥潭。《哈佛商学院管理与MBA案例全书》中举了一个非常经典的案例，曾经名噪一时的沈阳飞龙公司就因为贸然多元化而折戟沉沙。其总裁在反思中提到，过于强调多元化，涉足了多个不熟悉的领域，某些事情管理者不熟悉，也没有熟悉人来实施，很多决策都是基于"大概""大致""好像""估计"等非理性判断。

因此，笔者认为多元化应贴合企业的资源、能力和内在基因，发展上下游，或横向业务相关的多元化。对于以OTC为主导的公司而言，可以适当布局一些保健品，在拥有OTC版本钙片的基础上，进一步开发保健品版的钙片。但对于纯粹的处方药企业，尤其是中小型公司，既没有品牌知名度，又没有强大的渠道销售能力，产品销量将来自哪里？在笔者认识的公司中，就有从处方药直接转型做面膜的中小型企业，也有从生物制品直接转型发展OTC的中小型公司，轰轰烈烈地搞了几年，不过都是自产自"销"，产品都是卖给自己员工而已。

12. 积极合并重组

我国行业集中度太低，前15大仿制药企业仅占据了25%仿制药销售额，而且在全球仿制药销售额排名中，没有一家中国仿制药企业销售额排名进入前40。因为行业集中度太低，研发资源也过于分散，国家统计局数据显示，我国规模以上制药企业2021年总研发投入为942.4亿元，但我国拥有4460家制药企业，平均每家企业的投入仅2100万元。行业集中度低，研发很难有突破，抗风险能力也比较差。随着集采、DRG等多重政策的不断推进，仿制药企业要么"囚徒困境"，要么"抱团取暖"。而近年来仿制药企业市值、市盈率的逐步回落，为我国仿制药企业之间的收购、合并提供了有利的条件。

纵观世界，欧洲全制药行业的从业人口仅有80万人，美国仅有90万人，而日本仅有14万，但中国却有数百万，资源严重过剩，导致大量的重复浪费和激烈的价格竞争。所以合并可以让广大中小型企业抗风险能力加强的同时，还能享受合并的红利，节省运营开支，提高研发能力，此外随着合并的不断进行，仿制药的价格竞争压力也会不断减小，对广大仿制药企业而言是机遇大于挑战。

因为兼并存在着巨大的风险，在兼并发动以前，国际仿制药巨头都会制定清晰的兼并战略，然后在战略框架之下不断寻找和评估合适的兼并标的，最后再发起收购邀约。如果获得对方同意，便可以进行尽职调查，估值谈判，最后再签订合并或收购协议。当然也有的公司不按套路出牌，直接收购公开股票成为最大股东，然而迫使对方接受谈判。这种行为即为不友好收购，如果对方强烈反抗，可能会启动毒丸计划。通常情况下，在收购邀约发出以后，收购方股票下跌，而被收购方股票上涨，如果双方合并后能够实现很好的包装整合，发挥出良好的协同效应，那么合并后的股票一般会持续上涨或先跌后涨。

凡是成功的兼并案都有一个共同的特点，那就是战略清晰、目标明确、估值精准、完美整合。兼并战略作为兼并行为的第一步，如果战略不清晰，那么第一步走错，将会步步错。根据国际巨头以往的案例，兼并战略一般是基于以下一个或几个出发点：①快速扩大业务规模，包括产能、研发能力等；②迅速进入新市场或扩大新地域市场的影响力；③获得新产品、增强或优化产品管线；④降低拳头产品的竞争压力，提高话语权；⑤优化供应链或强化上下游产业链的控制力；⑥资源互补，提高效率，降低运营成本；⑦快速获得新技术或建立技术的领先地位；⑧实现企业资源快速转移；等等。

然而兼并也存在着巨大的风险，而且这些风险较为隐匿，如果兼并不当，很容易带来资产减值，甚至债务危机。根据国际仿制药巨头的经典案例，兼并风险可归纳为以下几点：①无法找到合适的或物美价廉的标的；②可能会存在其他的竞标者，导致标的额外溢价；③无法获得融资去完成收购（支付分手费）；④兼并过程可能会受到各国反垄断部门的阻挠，甚至不批准；⑤无法按照战略目的进行有效整合；⑥两家公司企业文化差距太大，造成两家公司的人员长期斗争；⑦无法留住技术娴熟的职工和经验丰富管理人员，导致无法正常运营；⑧可能会有隐形的债务，如已知或未知的专利侵权、产品责任索赔等；⑨公司领导层视线被迫转移，降低了对关键性产品的关注度，导致产品销售失败或其他不可预期的风险；⑩操盘手的暗箱操作导致价格虚高等。

对于我国仿制药企业而言，除了兼并过程的诸多风险，阻碍合并的因素还包括：①仿制药企业的市值和市盈率相对偏高；②我国的上市仿制药企业多为家族控制或国有资本控制的上市公司，并非真正意义上的市场化企业，兼并操作手段不够灵活；③因为多年来很少发生兼并，缺乏兼并战略制定、合并过程操盘、合并后包装整合的高质量人才等。

但无论如何，未来的5~10年里，大型企业兼并中小企业，中小型企业间的合并重组必将常态化，由于好的资源总是稀缺的，先下手为强。与国外的仿制药企业相比，我国上市仿制药公司的资产数据都"太漂亮"了，大家都只管攒钱，却很少有企业花钱。最后需要说明的是，资源整合不是盲目收购，必须战略清晰、估值得当，而且"杠杆"也必须在可控的范围内，否则誉衡的悲剧又将重演。

13. 向创新药转型

转型做创新药应量力而行，或许大型企业比较贴合实际，就目前的政策环境而言，中小企业布局创新药是挑战大于机遇。此前，人们普遍认为 me-too 类药物在我国还有几年的窗口期，我国大型仿制药企业利用强大的销售资源可积累足够财富以走出国门，但这个窗口期结束得比大部分人估计的要早。2021 年 11 月，CDE 出台了《以临床价值为导向的抗肿瘤药物临床研发指导原则》，几乎将 me-too、me-worse 的入市路径封死，而对于已上市的产品，也被医保谈判"打"到了"地板"价，通过强大销售资源进行 fast follow（即快速跟进）的路径逐渐再难走通，因此，我国企业要实现向创新药的转型，必须突出临床优势，要么源头创新，要么布局 me-better。

由于我国基础研究的薄弱性和创新药产业的初级性，源头创新也并非易事，相对贴切的路径是 me-better。而所谓的 me-better 并不限于开发 best-in-class 的新分子，也可以是在原有的分子上进行改良，如氘代药物、糖基化药物、PEG 修饰药物、脂肪酸酰化多肽都已经有成功的案例。如果我国企业想要在原创新药上局部弯道超车美国，必须依赖新技术和新治疗理念，并且与美国要有差异化布局，一味的仿制与跟随只会被美国越落越远。这一点笔者建议同仁们研究日本制药企业的差异化靶点布局思路和方向，或许能够带来诸多启示。另外由于罕见病病种多而治疗起点低，有利于在差异化的赛道中建立领先优势，在某些特色罕见病领域深耕布局是我国创新药企业实现弯道超车美国的最现实路径。

此外，笔者要指出的是，仿制药企业直接转到源头创新，跨度太大，失败的风险较高，国际上也鲜有成功的案例。当年 Teva 和 Watson 都进行了大规模的布局，但最终结果都失败了。因此，转型要量力而行，在量力的情况下强化研发力量，扩大技术储备，积极引进国外上市的创新药或临床初期的青苗项目，逐渐建立产品管线是成功的关键。另外，由于"仿制"与"创新"的理念差异巨大，仿制药企业布局创新药，必须摆脱"仿制"与"跟随"的思想桎梏，最理想的方案是让创新药团队能够独立化运营。

14. 布局动物药

宠物是人们心灵的寄托，尤其是老龄化、单身家庭和无子家庭数量的逐渐增加，人们越来越离不开宠物，而宠物保健也成为一个不可忽视的市场。数据显示，我国城市猫犬宠物数量已经超过 1.1 亿只，宠物药品市场已达 70亿元人民币，宠物疫苗、驱虫药都是超过 10 亿元的大市场。除了驱虫药，抗感染药、解热镇痛药、止泻药也是宠物药品销售额的主要来源，对于拥有这些治疗领域产品且产能严重过剩的企业，不妨考虑布局宠物药。除了宠物，我国还有大量的家畜，家畜用药也可以成为业务扩张的方向。

表 22-5　全球 Top 动物保健公司（百万美元）

公司	2019	2020	2021	CACR（%）
Zoetis	6260	6675	7776	7.50
Merck	4393	4703	5568	8.22
Boehringer Ingelheim	4522	4704	5083	3.97
Elanco	3071	3273	4765	15.77
Covetrus	3976	4339	4575	4.79
Idexx	2407	2707	3215	10.13
Virbac	1051	1066	1259	6.20
Dechra	614	661	836	10.85
Phibro	828	800	833	0.20
Vetoquinol	444	489	617	11.58
Kyoritsu Seiyaku	499	524	545	2.98
Neogen	418	486	527	8.03

数据来源：以上公司财报。

事实上，动物保健是一个巨大的市场，目前市场规模约 550 亿美元，国际制药巨头中，默沙东、礼来（2019 年剥离为 Elanco）和勃林格殷格翰都有动物保健业务，2021 年销售额分别达 55.68 亿美元、42.95 亿欧元和 47.65 亿美元。虽然我国宠物药市场兴起比较晚，但已有大中型制药企业布局，建议各位读者不要盲目跟风。另外需要说明的是，宠物药也需要注册审批，而且销售模式与人用药品完全不同，企业在布局之前，应做好市场行情、准入方式和竞争情报的调研，做到科学地布局。

三、新形势下的产品线打造思考

在确定好战略后，企业就可以进行产品线规划。在产品线规划之前，企业应该对"打造几条产品线""每年可预算多少钱""布局多少产品"有清晰的认识，最好在 3~5 年期规划中纳入。否则产品线布局或产品选项的工作就显得有些盲目性和被动性。这就跟下棋一样，在开局之时就应想好打败对手的策略，而不是走出一步再规划下一步。

（一）结合国际案例对仿制药产品线设计的思考

1. 产品线设计所需要考虑的因素

通常情况下，打造一条产品线需要从资源的稀缺性、创新性、协同性、可持续性、前瞻性和技术可及性等几个维度进行综合考虑。

（1）稀缺性 仿制药不是绝对稀缺的资源，但可以根据准入门槛的高低筛选出相对稀缺的资源。近年来随着仿制药价格的逐渐下滑，几乎所有国际仿制药巨头都在强调高门槛产品的开发。所谓的高门槛，一般指原料难以获得、高制剂技术壁垒、难于生产制造、监管挑战。原料难以获得顾名思义是原料无法买到，一般是无人销售的冷门品种、原料合成工艺极其复杂的品种，或原料生产工艺中存在易燃、易爆、高压、剧毒反应的品种；高制剂技术壁垒通常为制剂研发难度高、投入大，需要特殊技术储备、特殊辅料、特殊设备才能研发成功的品种，如吸入剂、渗透泵片、植入剂、透皮贴等；而难于制造一般指需要定制化的车间、定制化的设备工艺，或生产工艺极其复杂的品种，例如易氧化、易挥发的产品；至于监管挑战，通常是因为产品的高度复杂，在申报审批或上市监管时需要一事一议或被严格管制的品种，如沙利度胺、利福昔明、毒麻精放等。这些产品因为准入门槛高，竞争对手相对较少，但市场需求大，属于相对稀缺的资源，产品附加值较高。

（2）创新性　近年来，国际仿制药巨头的产品布局都强调差异化，而这种差异化就可以理解为创新性。这种差异化创新又有两种形式，一种为技术创新，一种为理念创新。技术创新通常是企业利用领先的载药技术平台，开发技术特色的高壁垒仿制药和创新制剂，也被称为载药技术双驱的战略。对于理念创新，就是布局一些冷门、小众化而具有特定临床需求的品种，也就是此前笔者在诸多论坛演讲中提出的"特色小品种"。对于特色小品种的布局，笔者建议中小型企业要抓住电商带来的机遇，布局一些治疗隐私性疾病的产品，如性病、勃起功能障碍、阳痿、痔疮、狐臭、口臭、脱发、便秘、妇女私处护理等。因为具有隐私性，患者耻于现场就医、买药，电商将是这类产品的主要销售额来源。

（3）协同性　一条产品线好比一支作战部队，成功规划的产品管线就像是特种部队。协同性可包括根据研发技术平台布局产品、根据生产线布局产品和根据销售管线布局产品三种。纵观各大仿制药巨头，他们都非常重视建立特色技术平台，并根据技术平台布局系列产品，如 Teva 的缓控释制剂和吸入剂、Mylan 的透皮制剂和预充注射剂、Watson 的缓控释制剂和透皮制剂都形成了领先的优势。根据生产线布局产品是我国仿制药企业喜欢使用的方式，这种布局的优点是能够有效地利用产能，但容易忽略了产品本身的市场价值和市场竞争优势，在上市许可持有人制度实施以后，企业可以根据需要，在全行业范围内调整产能布局，这种产品线布局的逻辑正在被淡化。对于销售协同性而言，情况分为两种，集采产品无需考虑销售的协同性，非集采品种应考虑治疗领域的聚焦，OTC 则应重点考虑品牌树的协同性。OTC 和品牌仿制药需要企业有清晰的品牌战略，各大品牌之间，应有明显的君臣佐使的定位，既需要有赚钱的明星产品和金牛产品，也需要有陪衬的问题产品和瘦狗产品，这就像超市吸引顾客的打折品和药店赠品一样，是间接为明星产品和金牛产品服务的，因此对于一条产品线而言，不需要每个产品都赚钱，但需要利润的最大化，对于不同类型、不同患者画像的细分市场，企业还应该有特色的产品管线。

（4）延续性　对于任何一个新建技术平台、生产线和销售管线的企业而言，它们都会考虑当前产品的生命周期结束后，下一个研发、生产或销售的产品是什么，这就是产品线延续的理念。产品线延续是出于分摊成本的目的，相比研发和生产的延续性，销售管线的延续性更是重点。对于集采产品而言，因为无需销售渠道的投入，产品管线的延续性可以不加以重点讨论，但对于专科药和OTC而言，产品线的延续就显得尤为重要。由于专科药的特殊属性，不仅要求企业有丰富的疾病管理经验，还需要拥有强大的临床专家资源，在形成这些优势的过程中，企业都需要耗费大量的成本，在有新竞争产品出现时，应具有产品升级或替代的方案。对于OTC而言，品牌需要多年的打造和积累，企业必须有品牌树的搭建和延伸策略，除了布局协同性新品牌，还应注重品牌的延伸，例如开发新剂型、新包装、新规格、新口感、新用药人群等。

（5）前瞻性　由于新产品立项后，通常要3~5年后才能开发上市，故在布局产品管线时，我们要能够根据现有的政策、经济、治疗趋势和消费习惯的变化预示未来的市场需求。例如，老龄化是我国当前的一个大趋势，我们可以布局一条老年病治疗或管理的产品线，另外消费升级也是一个大趋势，我们产品线布局时应该注重低、中、高端差异化区分。另外，对于前瞻性布局的产品，企业可以通过市场教育来拉动消费习惯的转变，从中建立起强大品牌影响力，这好比"自己种树自己摘果"，这方面最典型的成功案例就是达泊西汀和米诺地尔。长期以来，广大仿制药企业的选项逻辑都是"别人把树养大，我们顺手摘果"，所以这两个产品一直无人问津，直到五六年前电商兴起，这两个产品被人逐渐把市场做大了，现在大家又一窝蜂涌入，但大部分跟风企业的结局都只会是"空吆喝"，因为消费者眼中只有"蔓迪"，而不是米诺地尔，这就是"自己种树自己摘果"的意义所在。

（6）技术可及性　技术可及性关系到所设计的产品线能不能被研发、生产和商业化。技术可及性不能局限于自己的技术能力和条件，还应充分考虑合作的可行性。对于无法自主研发、生产的品种，可以通过合作开发、授权引进、贴牌代卖、战略收购等多种途径实现商业化。随着经济的全球化，我们的目光不能再完全局限于国内，在有必要或收益更高的情况下，应积极推动国际合作。

2. 关于产品线打造和延续方法的方法学

产品线的打造方法有多种，在此重点介绍一下笔者惯用的方法学。在《跨国药企成功启示录》一书中，笔者介绍了市场增长向量矩阵和波士顿矩阵，这两种矩阵同样也适用于仿制药产品线的打造。基于市场增长向量矩阵的原理，在现有产品和现有市场的情况下，企业可以通过增加用药人群基数（增加适应症、口味、包装、剂型、规格）或提高购买频率（促销活动、赠药活动、医生教育、患者宣传、价格策略）来提高市场渗透率，以实现产品效益的最大化。这种模式简单而言就是在有机增长的基础上，添加一定无机增长的元素，一般适用于企业处于遥遥领先的地位或没有竞争的情况，是一种保守的策略。但市场环境不会一成不变，在有新的竞争对手出现时，企业必须开发新品或新市场以获得新的增长点。开发新市场有两层含义，一是通过产品二次定位开发新适用人群（如透明质酸用于医美），二是开拓新地域性市场（如出海），而在开发新市场也无法获得有效增长之时，企业必须开发新品，这就是产品线延续的意义。当产品线无法延续、延续失败或达不到战略需求时，企业必须布局新的领域，建立新的产品管线，最终实现多样化。

表 22-6　市场增长向量矩阵示意

	现有产品	新产品
现有市场	市场渗透	产品开发
新市场	市场开发	多样化

一般跨国巨头通常拥有多条产品管线，在仿制药企业中，比较有特色的就是眼科、皮肤科、妇女保健科、呼吸科、儿科、艾滋病管理和疼痛管理等专科药产品管线。这些管线要么是仿制药 – 改良型新品牌药 – 专利过期品牌药混搭，要么是 OTC– 仿制药混搭。举个例子，Mylan 在获得大量的艾滋病仿制药批文后，自行开发了新复方制剂，又授权引进了多个专利到期的品牌药，形成一条年销售额超过 5 亿美元的产品管线。拥有多条管线的优势是在剥离或放弃某一条无法获得竞争优势的产品管线时，不会引起总销售额的大幅波动。相反只有一条管线的公司，遇到这种情况之时，处境就非常危险。

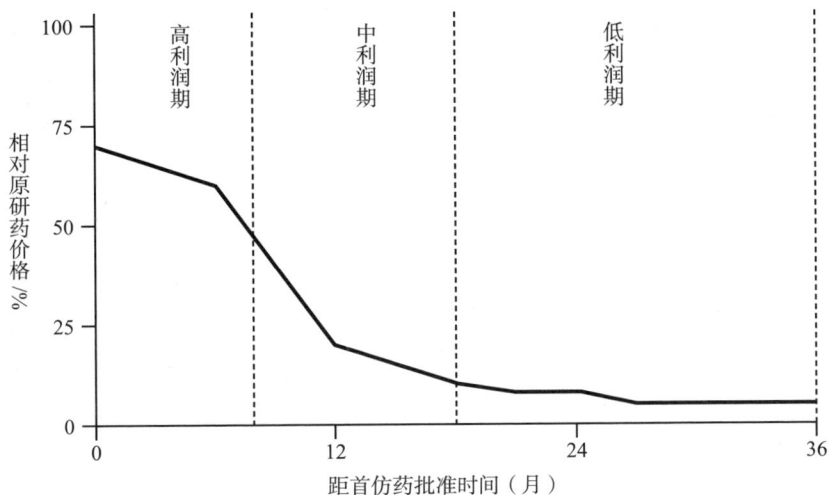

图 22-3　美国仿制药的生命周期示意图

　　每一个产品都有自己的生命周期，创新药的生命周期可能有十几年，普通仿制药的生命周期可能只有三五年，专科药、OTC 的生命周期可能有几年到几十年不等，企业有必要根据产品的生命周期不断地推陈出新，才能牢牢抓住用户，控制市场。在一个既定的产品线领域延续时，笔者推荐使用波士顿矩阵。

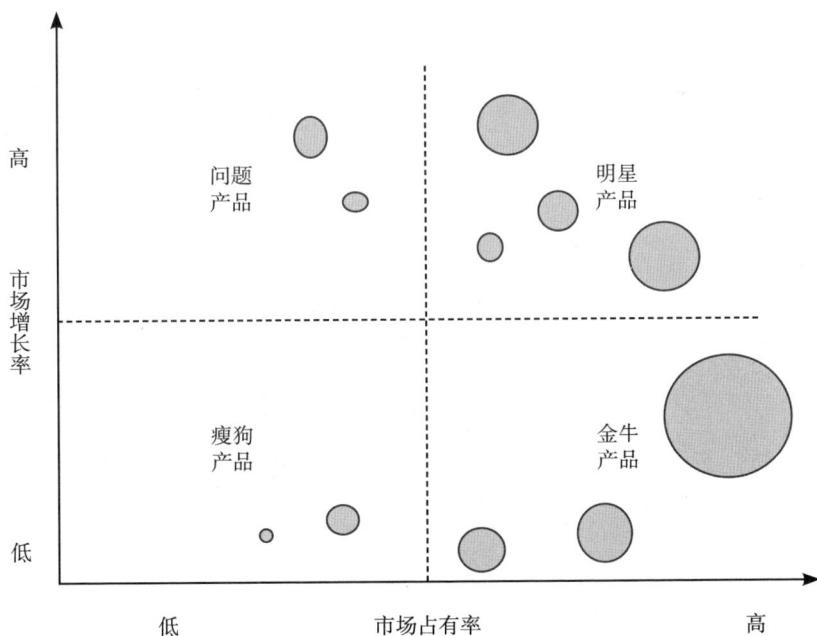

图 22-4　波士顿矩阵示意图

根据波士顿矩阵原理，新上市产品通常都是问题产品，需要高投入来开发市场，经过一定时期的市场开发（如学术宣传、患者教育），该产品就会转化为明星产品，成为公司盈利和提高市场影响力的利器。待产品进入市场成熟期以后，明星产品就会转化为金牛产品，企业可以降低市场投入，通过涨价等方式尽可能地的收割利润，为新品开发提供经济基础。当市场出现可替代的新品或产品面临专利悬崖时，金牛产品又会转化为瘦狗产品，企业应最大限度地收割利润，尽可能地转移资源。

综上，一条成功的产品管线应该同时具有问题产品、明星产品、金牛产品和瘦狗产品，并呈现出月牙形分布（成功的月牙）。因此，企业在具有吸金的明星或金牛产品时，应该注重潜力产品的开发与培育，以实现产品线的升级和延续。使用波士顿矩阵进行既定产品线规划时，操作也非常简单，可以征求销售或市场部门的意见，让他们确定主力品种（明星、金牛）、待发掘品种（问题）和陪衬品种（瘦狗），最终根据销售的需求、治疗趋势、研发趋势等因素和实际可布局品种的情况，筛选出短期、中长期和长期可布局的产品。在产品线出现无产品可布局或无法延续时，说明该产品线已经是夕阳产业，企业应该第一时间转移资源。这就是跨国企业频繁兼并、剥离业务的一大原因。

对于新产品线的打造，笔者根据自己的实战经验，建立了一个金字塔模型。金字塔模型的逻辑是企业在打造产品管线时，通常会布局多个产品，但核心打造的顶层产品往往只有一个，这就是所谓的"爆品"效应。在打造爆品之时，通常也会储备1~2个中层产品，即潜力产品，潜力产品是在爆品打造不成功或被市场淘汰时可迅速顶替爆品的后备军。在潜力品种之下，可能存在多个挖掘产品、陪衬产品和搅局产品。挖掘产品顾名思义是刚开发的新品或具有二次定位价值的老产品。陪衬产品是为了增加核心产品销量而放弃自身利益的产品，例如超市的赔钱打折品、药店的赠品等。而布局搅局产品的意义是打乱竞争对手的市场战略，为核心产品建立起行业龙头地位的产品。举个例子，我们开发了一种全新的钙制剂，这种钙制剂可能比现有的产品都有微弱的优势，但当前的市场被碳酸钙 D_3 牢牢占据，为了打乱这种市场格局，我们也开发一些碳酸钙 D_3 的产品，以超低的价格销售去打乱市场上现有品牌的价格体系。

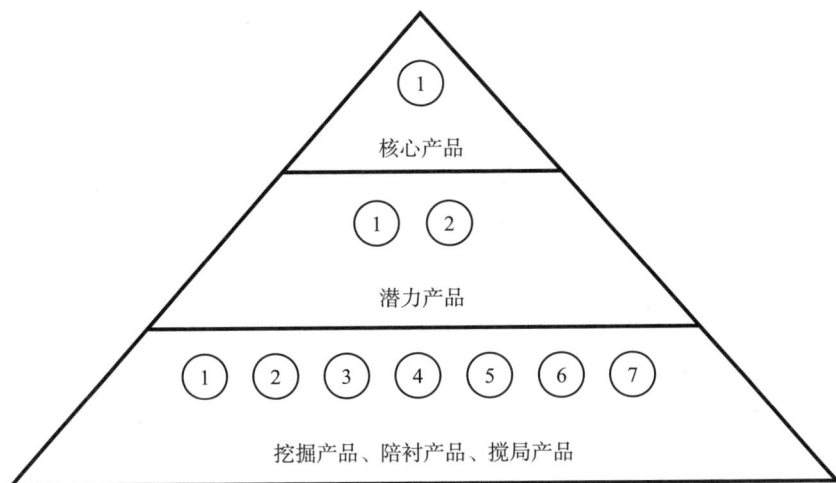

图 22-5　金字塔矩阵示意图

金字塔模型比较适用于 OTC 和品牌仿制药的产品布局，通常一条产品线要布局 5~10 个产品才能发挥其效应。顶层产品为波士顿矩阵中的明星或金牛产品，是赚钱的利器，通常 1 个足矣；中层产品为波士顿矩阵中的明星或已发掘出的问题产品，具有足够的优势赢得市场，是核心产品的协同者或延续者，一般情况下需有 1~2 个；而底层产品最少有 2 个，至少能够涵盖三种产品属性中的其中一种，如果能全面覆盖，那再好不过。当然搅局产品、陪衬产品不一定是新品，也可以是企业本身就打算放弃的鸡肋产品或接近有效期的一般产品，而且某些情况下，一种产品也可同时扮演这两种不同角色。

（二）结合产品线设计的项目评估与筛选

1. 项目评估的考虑点

在既定产品线下选项目就好比拿着图纸盖房，按部就班评估即可。对于无法形成产品线体系的特色、小众化品种、集采品种或机会性品种（如因专利漏洞、信息不对等性有机会率先上市的品种），应一事一议对待。通常情况下，完整地评估一个仿制药项目应包括以下几个内容。

（1）专利评估　仿制药在立项之前都应该充分评估原研产品的专利，包括化合物、适应症、联合用药、组合物、晶型水合物、制备工艺和中间体专利等。哪些专利是项目开发的限速因素，限速时间至何年何月？哪些专利对产品开发有影响，规避策略是什么？哪些专利可以挑战，挑战成功的概率有多大？哪些专利可能不会被授权，不被授权的概率有多大？这些问题，在项目论证之时应有一个合理的解释。

（2）临床优劣势评估　与竞争产品进行对比，总结拟立项产品的优点，如疗效优势（疗效好，不良反应小），剂型优势（结合特殊人群的顺应性考虑）、用法用量优势（肝肾功能不全者能否使用、是否需要调整剂量，是否全年龄段人群可以使用，是否存在交叉反应，是否一日 1 次给药等），获批适应症数量、治疗周期长短和治疗成本差异等。对于普通产品的疗效对比，可以参考权威 meta- 分析文献。对于同靶点具有多个品种的集采品种，建议选择 best-in-class，否则集采之后，价格都相当，一般的品种的处方量可能被best-in-class 替代，集采后辛伐他丁的处方量被阿托伐他汀和瑞舒伐他汀替代就是典型的案例。事实上，美国市场亦是如此，尽管同靶点会有很多产品，但处方量都会集中在 1~2 个产品之上。对于同靶点具有多个品种而选择 best-in-class 的方法，笔者建议使用对比评分法。

表 22-7　通过打分评定 DPP-4 抑制剂的优劣

通用名	降糖强度	不良反应	用药便捷性	市场影响力	市场潜力	原料成本	竞争压力	总分
西格列汀	5	5	4	5	5	4	1	29
沙格列汀	4	4	3	2	2	3	2	20
维格列汀	4	3	2	2	2	2	2	17
利格列汀	5	5	5	3	3	5	2	28
阿格列汀	4	4	3	1	2	4	1	19

注意：随意绘制，仅供理念参考。

（3）临床路径评估　通过国内外指南、说明书、专家共识等文献，评估产品各个适应症的临床路径（如几线用药，使用时是否需要临床监测等）和使用场景，是否存在可替代性，对现有产品相比，优劣势是什么？

（4）注册情报评估　评估该产品是否有在申报的竞争者，他们会在何时上市，竞争产品的上市数量对产品的估值带来什么样的影响，企业应该使用什么开发和申报策略以最短时间或最低成本拿下产品。

（5）政策环境评估　该产品是国家鼓励发展的产品还是限制发展的产品，医保是否有覆盖，是否属于基药品种，如果是新品，则获得医保覆盖的概率是多大等。

（6）竞争环境评估　应研究目前上市企业的数量，通过一致性评价的企业数量，已经申报的企业数量和在研的、未来可能申报的企业数量，竞争对手都是什么类型的企业，布局产品能否获得竞争优势等。在此笔者需要说明的是仿制药产品的立项，应紧扣供求关系，以竞争激烈与否作为出发点。

（7）潜在的市场评估　对于市场成熟的仿制药品种的市场评估，根据市场数据形成报告即可，对于未成熟的品种，可根据潜在适应症的发病情况、就诊情况、产品的用法用量、治疗周期、治疗负担，以及该产品在发达国家的渗透率情况进行综合地估算。在市场评估时，企业应对产品的市场定位有清晰的认识，并根据企业自身的销售能力和终端覆盖情况，进行合理的销售额预测。

（8）技术和实施方案评估　研发根据自身的技术特点评估该项目能不能开展，如不能开展，应转交商务拓展（BD）部门，评估外包与合作的可行性；生产部门评估生产线的协同性，如果生产线无法直接生产或经过小幅度改造仍无法生产，则也交由 BD 部门评估委托生产的可行性。如果技术评估不可行，合作也不可行，则该产品将无法通过立项。

（9）开发成本评估　包括研发费用和生产线改造费用预算，预计的单位生产成本等，如果是外包或合作项目，除了 CRO 或合作费用，企业的项目管理成本、转产费用也需要一并纳入。

（10）上市时间预测　根据可行的实施方案，乐观上市时间是何年何月，正常的上市时间是何年何月，最晚又是何年何月。如果项目延误，竞争格局会发生什么变化，对项目的估值会有何种影响等。

（11）风险评估和管理措施　在项目的选定开发方案下，可能存在何种风险，风险等级是多高，定期回顾分析的间隔时间是多久等。

（12）产品估值　基于研发费用、生产线改造成本、预计的生产成本和销售额预测结果，便可进行项目估值。同一个项目，不同企业的估值可能不同，但这是该项目在企业现有的资源和能力下可获得的投资回报率的综合反映，是非常有必要的。

（13）综合分析　任何项目都不是完美的，而是多维度综合折中的结果，建议综合以上内容，最后再进行 SWOT 分析。

对于研发成本低、研发风险小的 OTC 和保健品项目，评估方式则不需要像处方药一样复杂。一般情况下，销售或市场部门认为产品有市场需求，而且能够被合理定位，毛利水平也足够高，基本就可以立项。对于 OTC 产品的多样化（新增剂型、规格、包装、口味）开发，建议以规划的方式进行立项。每年根据产品管线情况和研发资源的配给规划一个产品包，对产品包进行估值，如果投入产出比能够达到企业需求，即可按部就班地进行开发。

2. 项目确立的过程

由于一个充分的项目评估报告需要耗费大量的时间和精力去完成，如果完成立项评估报告后再推进立项进程，势必会浪费大量的资源，而且效率也不高，因此建议采用两次决策制。第一次决策为预决策，立项部门只需初步整理资料，收集必要的支持性信息就可以开展预立项会，预立项会的目的是压缩范围，淘汰契合度低或价值不高的品种。经过预立项的初步筛选，大部分，甚至全部产品被淘汰，剩下的产品便可按上述要求进行深度评估并形成报告，如适合立项，便可推上立项会进行最终决策。

对于一个优秀的立项者，不仅要能够充分考虑到项目的方方面面，而且要能够站在产品线设计的角度和企业最高管理者的角度去思考项目的可行性，这样筛选出的项目才能贴合企业的需求，获得最大的通过率。

四、最后的寄语

虽然行业环境在每况愈下，但始终有逆风起飞者。国际仿制药巨头中，Amneal、Intas Pharma、Prasco Labs 和 Alvogen 都是成功的案例。所以我们不要盲目悲观，也不要盲目自信，要积极研究并发掘行业的痛点与迂结，坚持发展自己的特色，方能获得成功。或许因为行业在"洗牌"，我们拿到的"好牌"少了，但并不意味着我们一定就会失败，关键还得看如何出好手中的"牌"。相反，有的人原本拿有一手好"牌"，却一步步把自己推向失败。因此，一个系统的、具有前瞻性的、智慧的出"牌"策略是当下我国企业胜出的关键。

我们编写本书和《跨国企业成功启示录》的目的，只想为行业做出应有的贡献，望广大读者能够汲取其中的精华为己所用，祝广大读者能够踩出属于自己特色的通天大道！

参考文献

［1］魏利军，王立峰，王海盛. 跨国药企成功启示录［M］. 北京：中国医药科技出版社，2022.

［2］黄伟文. 300万医药代表缩至50万，"下岗"药代转型指南［EB/OL］. https://mp.weixin.qq.com/s?_biz=MjM5MTcyMjYxMw%3D%3D&mid=2651761258&idx=2&sn=6afe43f5ee242c195f57137604eaa719&scene=45#wechat_redirect.

［3］国家统计局. 统计数据［EB/OL］. http://www.stats.gov.cn/tjsj/.

［4］周培奇. 医疗支出与宏观经济：中国和美国的比较［J］. 上海商学院学报，2010，11（6）；12-16.

［5］哈佛商学院管理与MBA案例全书编写组. 哈佛商学院管理与MBA案例全书［M］. 北京：中央编译出版社，2017.

［6］工业和信息化部，中国医药企业协会. 2020年中国医药工业经济运行报告［EB/OL］. http://lwzb.stats.gov.cn/pub/lwzb/zxgg/202107/W020210723348608097291.pdf.

［7］Zoetis Inc. Financial report 2021［EB/OL］. https://www.sec.gov/edgar/searchedgar/companysearch.

［8］Merck & Co., Inc. Financial report 2021［EB/OL］. https://www.sec.gov/edgar/searchedgar/companysearch.

［9］Elanco animal health. Financial report 2021［EB/OL］. https://www.sec.gov/edgar/searchedgar/companysearch.

［10］ Boehringer Ingelheim. Annual report 2021［EB/OL］. https://www.boehringer-ingelheim.com/

［11］ Covetrus Inc. Financial report 2021［EB/OL］. https://www.sec.gov/edgar/searchedgar/companysearch.

［12］ Idexx Lab. Financial report 2021［EB/OL］. https://www.sec.gov/edgar/searchedgar/companysearch.

［13］ Virbac corporation. Annual report 2021［EB/OL］. https://us.virbac.com/

［14］ Dechra pharma. Annual report 2021［EB/OL］. https://www.dechra.com/

［15］ Phibro animal health. Financial report 2021［EB/OL］. https://www.sec.gov/edgar/searchedgar/companysearch.

［16］ Vetoquinol. Press release［EB/OL］. https://www.dechra.com/ https://www.vetoquinol.com/en/press

［17］ Kyoritsu Seiyaku. Annual report 2021［EB/OL］. https://kyoritsuseiyaku.co.jp/en/

［18］ Neogen corporation. Financial report 2021［EB/OL］. https://www.sec.gov/edgar/searchedgar/companysearch.

［19］ 萧易忻. 中印药业发展比较［J］. 华东理工大学学报（社会科学版），2015（5）：45-55.

［20］ 中华人民共和国中央政府. 药品监督管理统计年度报告（2020年）［EB/OL］. http://www.gov.cn/xinwen/2021-05/14/content_5606276.htm.

［21］ Johnson & Johnson. Johnson & Johnson Announces Plans to Accelerate Innovation，Serve Patients and Consumers，and Unlock Value through Intent to Separate Consumer Health Business［EB/OL］. https://www.jnj.com/johnson-johnson-announces-plans-to-accelerate-innovation-serve-patients-and-consumers-and-unlock-value-through-intent-to-separate-consumer-health-business.

［22］ PhRMA. The Economic Impact of the U.S. Biopharmaceutical Industry: 2020 National and State Estimates［EB/OL］. https://www.phrma.org/-/media/Project/PhRMA/PhRMA-Org/PhRMA-Org/PDF/0-9/2020-Biopharma-Jobs-ImpactsMarch-2022-Release.pdf

［23］EfpiA. The Pharmaceutical Industry in Figures［EB/OL］. https://efpia.eu/media/602709/the-pharmaceutical-industry-in-figures-2021.pdf

［24］JMPA. Databook 2022［EB/OL］. https://www.jpma.or.jp/news_room/issue/databook/en/rfcmr00000000an3-att/DATABOOK2022_E_ALL.pdf